Informatik-Fachberichte 280

Herausgeber: W. Brauer
im Auftrag der Gesellschaft für Informatik (GI)

Bernhard Westfechtel

Revisions- und Konsistenzkontrolle in einer integrierten Software-entwicklungsumgebung

Springer-Verlag
Berlin Heidelberg GmbH

Autor
Bernhard Westfechtel
Lehrstuhl für Informatik III, RWTH Aachen
Ahornstr. 55, W-5100 Aachen

D 82 (Diss. TH Aachen)

CR Subject Classification (1991): D.2.6, D.2.7, D.2.9, F.3.1

ISBN 978-3-540-54432-6   ISBN 978-3-642-76870-5 (eBook)
DOI 10.1007/978-3-642-76870-5

Dieses Werk ist urheberrechtlich geschützt. Die dadurch begründeten Rechte, insbesondere
die der Übersetzung, des Nachdrucks, des Vortrags, der Entnahme von Abbildungen und Tabellen, der Funksendung, der Mikroverfilmung oder der Vervielfältigung auf anderen Wegen und
der Speicherung in Datenverarbeitungsanlagen, bleiben, bei auch nur auszugsweiser Verwer-
tung, vorbehalten. Eine Vervielfältigung dieses Werkes oder von Teilen dieses Werkes ist auch
im Einzelfall nur in den Grenzen der gesetzlichen Bestimmungen des Urheberrechtsgesetzes
der Bundesrepublik Deutschland vom 9. September 1965 in der jeweils geltenden Fassung
zulässig. Sie ist grundsätzlich vergütungspflichtig. Zuwiderhandlungen unterliegen den Straf-
bestimmungen des Urheberrechtsgesetzes.

© Springer-Verlag Berlin Heidelberg 1991

Satz: Reproduktionsfertige Vorlage vom Autor

33/3140-543210 – Gedruckt auf säurefreiem Papier

Danksagung

Bei diesem Buch handelt es sich um die überarbeitete Fassung meiner Dissertation, die im Rahmen des IPSEN–Projekts über strukturbezogene, integrierte Softwareentwicklungsumgebungen entstanden ist und unter dem Titel ”Revisionskontrolle in einer integrierten Softwareentwicklungsumgebung” an der Rheinisch–Westfälischen Technischen Hochschule Aachen angenommen wurde.

Der Dank des Autors gilt vor allen anderen dem Initiator und Leiter des IPSEN–Projekts, Prof. Dr. Nagl, der die Arbeit betreut und jederzeit mit großem Interesse verfolgt hat. Seine große Diskussionsbereitschaft und seine vielen konstruktiven Anregungen haben maßgeblich zum Gelingen dieser Arbeit beigetragen.

Ferner danke ich dem Zweitgutachter, Prof. Dr. Kreowski, der die Mühe nicht gescheut hat, für diese doch recht umfangreiche Arbeit ein kompetentes Gutachten zu erstellen.

Mein Dank gilt weiterhin allen – jetzigen und auch ehemaligen – Kollegen, die mir in vielen Diskussionen wertvolle Anregungen gegeben haben. Besonders hervorzuheben ist hier Andy Schürr, der über lange Jahre hinweg als ständiger Diskussionspartner zur Verfügung stand und bei vielen Gesprächen zwischen Tür und Angel wertvolle und konstruktive Kritik übte. Insbesondere durch die Entwicklung der Spezifikationssprache PROGRESS, die von mir extensiv benutzt wurde, hat er dazu beigetragen, daß die Arbeit eine handfeste Gestalt annehmen konnte. Weiterhin danke ich auch Claus Lewerentz, dessen Dissertation den Ausgangspunkt für meine Überlegungen bildete und der in der Anfangsphase der Arbeit als kompetenter Gesprächspartner eine überaus wertvolle Hilfe war. Ferner danke ich Martin Lefering und Albert Zündorf, die Teile der Arbeit Korrektur gelesen haben.

Darüber hinaus bin ich auch den Diplomanden und Programmiererinnen, die sich bei der Implementierung von Werkzeugen außerordentlich engagiert haben, zu großem Dank verpflichtet. Hier sind zu nennen: Michael Broekmans, Ursula Cordts, Marita Lischewski, Gerd Metzen, Peter Heimann und Cornelia Weigmann.

Schließlich danke ich meinen Eltern und meiner Schwester für die moralische Unterstützung, die sie mir in den letzten Jahren – und natürlich auch vorher – gegeben haben. Meiner Freundin Monika danke ich für das Verständnis, das sie insbesondere in der Endphase der Arbeit aufgebracht hat.

Aachen, im Juni 1991

Zusammenfassung

Dieses Buch ist im Rahmen des IPSEN-Projekts entstanden, das sich mit integrierten, strukturbezogenen Softwareentwicklungsumgebungen befaßt. Es beschäftigt sich zum einen mit der Revisionskontrolle, d.h. der Kontrolle der zeitlichen Entwicklung von Softwaredokumenten (Anforderungsdefinitionen, Architekturen, Modulimplementationen etc.). Im Verlauf ihrer Lebensgeschichte durchlaufen Dokumente bezüglich ihres Inhalts nacheinander verschiedene Zustände, weil Fehler beseitigt werden, Optimierungen vorgenommen werden etc. Solche Zustände werden als Revisionen bezeichnet. Die Revisionskontrolle ist insbesondere bei der Wartung komplexer Softwaresysteme von herausragender Bedeutung.

Zum anderen befaßt sich dieses Buch mit der Konsistenzkontrolle. Die Dokumente eines Softwaresystems sind nicht voneinander unabhängig, sondern zwischen ihnen bestehen enge inhaltliche Beziehungen. Beispielsweise werden in der Architektur eines Softwaresystems Modulschnittstellen festgelegt, die bei der Ausprogrammierung der Modulimplementationen zu beachten sind, und die technische Dokumentation eines Softwaresystems muß Anforderungsdefinition, Architektur und Modulimplementationen korrekt beschreiben. Um diese externe Konsistenz abhängiger mit bestimmenden Dokumenten zu gewährleisten, muß der Softwareentwickler durch geeignete Werkzeuge unterstützt werden. Dabei ist insbesondere zu berücksichtigen, daß die Dokumente jeweils in verschiedenen Revisionen existieren und somit verwaltet werden muß, welche Revisionen sich konsistent kombinieren lassen.

In diesem Buch wird ein formaler Ansatz zur Revisions- und Konsistenzkontrolle dargestellt, der sich durch folgende Eigenschaften auszeichnet:
* Einheitliches formales Datenmodell. Die Revisions- und Konsistenzkontrolle beruht auf einem einheitlichen formalen Datenmodell, nämlich gerichteten, markierten und attributierten Graphen. Zur formalen Spezifikation von Werkzeugen werden programmierte Graphersetzungssysteme verwendet.
* Strukturbezogenheit. Die Werkzeuge zur Revisions- und Konsistenzkontrolle selbst arbeiten strukturbezogen, und sie sind mit anderen, ebenfalls strukturbezogenen Werkzeugen integriert.
* Dokumenttypunabhängigkeit. Die Werkzeuge zur Revisions- und Konsistenzkontrolle werden so weit wie möglich von den Typen der Dokumente unabhängig gehalten, deren Verwaltung unterstützt wird. Dadurch wird erreicht, daß die Werkzeuge sich allgemein einsetzen lassen.
* Arbeitsbereichsübergreifende Integration von Aktivitäten. Die Integration von Aktivitäten, die verschiedenen, voneinander abhängigen Arbeitsbereichen (Programmieren im Großen, Programmieren im Kleinen etc.) zuzuordnen sind, beschränkt sich nicht auf Konsistenzanalysen, sondern es werden Vorgaben erzeugt und abhängige Revisionen angepaßt, nachdem bestimmende Revisionen geändert worden sind.

Inhaltsverzeichnis

1 Motivation und Zielsetzung

Dieses Buch beschäftigt sich mit der Frage, wie sich die **Kontrolle der zeitlichen Entwicklung von Softwaresystemen** durch Werkzeuge unterstützen läßt. Der hier beschriebene Ansatz ist im Rahmen des IPSEN-Projekts entwickelt worden, das sich mit integrierten Softwareentwicklungsumgebungen befaßt. In diesem Kapitel beschreiben wir zunächst, mit welchen Problemen wir uns in diesem Buch auseinandersetzen und welche Ziele wir verfolgen.

Zunächst gehen wir in Abschnitt 1.1 darauf ein, wie sich die Erstellung von Softwaresystemen durch Werkzeuge unterstützen läßt, und skizzieren die charakteristischen Merkmale des IPSEN-Projekts. Abschnitt 1.2 enthält eine kurze Einführung in die Softwarekonfigurationsverwaltung, eine Disziplin, die sich mit der Kontrolle der Entwicklung und insbesondere der Wartung komplexer Softwaresysteme befaßt, die in mehreren Versionen existieren. In Abschnitt 1.3 werden dann die Revisionskontrolle, die sich mit der zeitlichen Entwicklung von einzelnen Softwaredokumenten beschäftigt, und die Konsistenzkontrolle, die sich mit der Korrektheit von Softwaredokumenten und der zwischen ihnen bestehenden Beziehungen auseinandersetzt, als Teilbereiche der Softwarekonfigurationsverwaltung eingeführt. Ferner wird der hier verfolgte Ansatz zur Revisions- und Konsistenzkontrolle in einer integrierten Softwareentwicklungsumgebung motiviert. Schließlich enthält Abschnitt 1.4 eine Übersicht über die weiteren Kapitel des Buchs.

1.1 Unterstützung der Softwareerstellung durch Werkzeuge

Softwaresysteme werden immer komplexer. Es gibt heute Systeme, die mehr als eine Million Zeilen Programmtext umfassen. Um diese Komplexität zu bewältigen, braucht man geeignete Methoden und Werkzeuge. Ende der 60er Jahre entstand eine Disziplin der Informatik, die als **Softwaretechnik** (englisch: **Software Engineering**) bezeichnet wird und sich mit der ingenieurmäßigen Erstellung von Softwaresystemen beschäftigt.

Um den Prozeß der Softwareerstellung zu strukturieren, sind Modelle entwickelt worden, die die Softwareerstellung in nacheinander ablaufende **Phasen** unterteilen. Ein Beispiel für ein solches Modell findet sich in /KKST 79/, wo die Phasen Problemanalyse, Entwurf, Implementierung, Funktions- und Leistungsüberprüfung, Installation und Abnahme sowie Wartung identifiziert werden. Alle der Wartung vorangehenden Phasen werden unter dem Begriff Entwicklung zusammengefaßt.

Phasenmodelle sind in verschiedener Hinsicht **idealisiert**:
* Die verschiedenen Phasen der Softwareentwicklung sind stark miteinander verschränkt. Insbesondere gibt es Rückgriffe bei Fehlern, Vorgriffe bei Schätzungen etc.

- Die Wartung eines Softwaresystems umfaßt in der Regel alle Aktivitäten, die im Rahmen der Entwicklung anfallen.
- Entwicklung und Wartung werden von phasenübergreifenden Aktivitäten (z.B. Dokumentieren) begleitet.

Aus diesen Gründen sind Modelle der Softwareerstellung entwickelt worden, die nicht die zeitliche Abfolge, sondern die logische Zusammengehörigkeit von Aktivitäten in den Vordergrund stellen. In solchen Modellen werden Aktivitäten nicht in Phasen, sondern in **Arbeitsbereichen** zusammengefaßt. Ein Beispiel dafür findet sich in /Na 90/. Dort werden die Arbeitsbereiche Requirements Engineering (Festlegung der Anforderungen), Programmieren im Großen (alle Aktivitäten oberhalb der Realisierung einzelner Module), Programmieren im Kleinen (Aktivitäten zur Realisierung einzelner Module), Projektmanagement, Dokumentation und Qualitätssicherung eingeführt.

Im Zuge der Entwicklung und Wartung von Softwaresystemen werden **Dokumente** erstellt, die jeweils das Ergebnis einer Aktivität in einem bestimmten Arbeitsbereich festhalten. Als Beispiele lassen sich etwa Anforderungsdefinitionen, Architekturen und Modulimplementationen anführen, die jeweils Ergebnisse von Aktivitäten in den Arbeitsbereichen Requirements Engineering, Programmieren im Großen bzw. Programmieren im Kleinen darstellen. Im Falle, daß die Aktivitäten noch nicht abgeschlossen sind, enthalten diese Dokumente Teile, die noch ausgestaltet werden müssen. Wir nennen solche Dokumente unvollständig.

Ein schwieriges Problem bei der Softwareerstellung besteht darin, die **Konsistenz von Dokumenten** zu gewährleisten. Zum einen muß jedes Dokument für sich betrachtet konsistent sein (**interne** Konsistenz); z.B. darf eine Modulimplementation keine syntaktischen Fehler enthalten. Zum anderen muß aber auch die **externe** Konsistenz gewährleistet sein: Dokumente sind nicht voneinander unabhängig, sondern es gibt zwischen ihnen Beziehungen, die sich aus dem zugrundeliegenden Modell der Softwareerstellung ableiten lassen. So hängt z.B. die Architektur eines Softwaresystems von der Anforderungsdefinition ab, und die Modulimplementationen hängen ihrerseits von der Architektur ab. Externe Konsistenz heißt, daß ein Dokument den Forderungen genügt, die sich aus den Dokumenten ergeben, von denen es abhängt. So muß z.B. eine Modulimplementation mit der entsprechenden Schnittstellenspezifikation in der Architektur konsistent sein. Diese gegenseitigen Abhängigkeiten gibt es auch bei unvollständigen Dokumenten.

Bei der Erstellung komplexer Softwaresysteme müssen Softwareentwickler durch geeignete Werkzeuge unterstützt werden. Eine Ansammlung derartiger miteinander (mehr oder weniger stark) kooperierender Werkzeuge wird als **Softwareentwicklungsumgebung** bezeichnet /DEFH 87/. Im Gegensatz zu einer Programmentwicklungsumgebung, die lediglich die Implementierung von Softwaresystemen unterstützt, impliziert der Begriff "Softwareentwicklungsumgebung", daß alle Aktivitäten der Softwareerstellung unterstützt werden. Natürlich hängt die Unterstützung von dem Lebenszyklusmodell (Phasenmodell, Arbeitsbereichsmodell o.ä.) ab, das von seiten der Ersteller der Softwareentwicklungsumgebung angenommen wurde.

Es gibt mittlerweile eine Fülle von Projekten, die sich mit Softwareentwicklungsumgebungen beschäftigen. Als Einstieg in die Literatur seien dem interessierten Leser etwa der Übersichtsaufsatz /DEFH 87/ und die Tagungsbände /He xx, CDW 86/ empfohlen. In /DEFH 87/ werden u.a. folgende **Arten** von **Softwareentwicklungsumgebungen** unterschieden:

- **Sprachspezifische Umgebungen**, die eine bestimmte Programmiersprache unterstützen (z.B. Interlisp /TM 81/ für Lisp, Rational /Mo 88/ für Ada, die Cedar–Umgebung /Te 84/ etc.). In diesen Umgebungen wird nicht zwischen verschiedenen Arbeitsbereichen unterschieden; alle Aktivitäten bewegen sich auf programmiersprachlichem Niveau.
- **Werkzeugkästen**, die aus einer Menge von Werkzeugen bestehen, die oft unabhängig voneinander entstanden sind und daher nur lose miteinander integriert sind (z.B. die auf Unix basierende Programmer's Workbench /KR 84/ und die von Apollo entwickelte Umgebung DSEE /CL 84/). Die Werkzeuge operieren in der Regel auf Textdateien.
- **Strukturbezogene Umgebungen**, in deren Zentrum syntaxgestützte Editoren für verschiedene Sprachen stehen (z.B. Gandalf /HN 86/, Mentor /DHKL 84/, Cornell Program Synthesizer /RT 88/, PSG /BS 86/ etc.). Die Werkzeuge einer strukturbezogenen Umgebung sind a priori aufeinander abgestimmt, d.h. sie haben eine einheitliche Benutzerschnittstelle und basieren auf einem einheitlichen internen Datenmodell. Dokumente werden intern nicht als Textdateien, sondern in einer Form abgespeichert, die ihre logische Struktur widerspiegelt.

Das vorliegende Buch ist im Rahmen des **IPSEN–Projekts** (Integrated Project Support ENvironment, /Na 89, Na 90a, ES 89/) entstanden, das darauf abzielt, Konzepte für die Erstellung von Softwareentwicklungsumgebungen zu erarbeiten und die Tragfähigkeit dieser Konzepte durch die Implementierung entsprechender Prototypen zu demonstrieren. Gemäß der oben beschriebenen Klassifikation handelt es sich dabei um strukturbezogene Umgebungen. Anstelle eines Phasenmodells der Softwareerstellung wird das oben angesprochene Arbeitsbereichsmodell zugrunde gelegt. Ein Prototyp, der das Programmieren im Großen, das Programmieren im Kleinen und die Dokumentation eines Softwaresystems sowie einige Aspekte des Projektmanagements unterstützt, wurde im Jahre 1988 fertiggestellt (der **IPSEN–Prototyp '88**, /EJS 88, Le 88b/).

Ein wichtiges Ziel von IPSEN besteht darin, die **Integration von Aktivitäten** zu unterstützen, die im Zuge der Erstellung eines Softwaresystems anfallen /LNW 88/. Dies betrifft sowohl die Aktivitäten innerhalb eines Arbeitsbereichs als auch die Zusammenhänge zwischen Aktivitäten in verschiedenen Arbeitsbereichen. Beide Aspekte werden durch den oben erwähnten IPSEN-Prototyp demonstriert. Innerhalb des Arbeitsbereichs Programmieren im Kleinen wird das syntaxgestützte Edieren, Analysieren und Ausführen von Programmen unterstützt.

Diese Aktivitäten können nahezu beliebig miteinander verzahnt werden (modifreie Umgebung). Die Integration zwischen verschiedenen Arbeitsbereichen wird durch Werkzeuge unterstützt, die es dem Softwareentwickler erleichtern, die externe Konsistenz zwischen verschiedenen Dokumenten zu überprüfen bzw. herzustellen. Dabei wird – wo immer dies möglich ist – der Übergang zwischen verschiedenen Arbeitsbereichen automatisiert (z.B. Erzeugen von Implementierungsvorgaben aus der Architektur). Falls sich der Übergang nicht automatisieren läßt, kann der Softwareentwickler selbst Beziehungen herstellen, die vom System verwaltet werden (z.B. Eintragen von Referenzen aus der Dokumentation in die Dokumente, auf die sie sich bezieht). Die Integrationswerkzeuge arbeiten nicht phasenorientiert, sondern gehen von einer Verschränkung der Aktivitäten in verschiedenen Arbeitsbereichen aus (z.B. werden inkonsistente Referenzen in der Dokumentation angezeigt, wenn die Objekte, auf die sie sich beziehen, gelöscht oder geändert worden sind).

Um die oben beschriebene enge Integration von Aktivitäten realisieren zu können, benötigt man für die interne Darstellung von Dokumenten ein einheitliches **Datenmodell**, das als allgemeine Grundlage für die Konzeption und Realisierung aller Werkzeuge dient.

Viele strukturbezogene Umgebungen (z.B. Gandalf, Mentor, PSG, Cornell Program Synthesizer) basieren auf **abstrakten Syntaxbäumen**, die sich für die Modellierung der kontextfreien Syntax von Dokumenten, insbesondere von Programmen, sehr gut eignen. Kontextsensitive Informationen werden in den oben genannten Umgebungen in Form von Symboltabellen dargestellt. Um inkrementelle kontextsensitive Analysen während des Edierens zu ermöglichen, werden in Umgebungen wie PSG und dem Cornell Program Synthesizer Symboltabellen als Attribute von Knoten des abstrakten Syntaxbaums behandelt und an die Stellen propagiert, an denen über die korrekte Verwendung von Symbolen entschieden werden muß.

Abstrakte Syntaxbäume haben den Nachteil, daß kontextfreie und kontextsensitive Relationen unterschiedlich modelliert werden. Kontextfreie Relationen werden als Baumkanten, kontextsensitive Relationen häufig mit Hilfe von Knotenattributen modelliert. Um kontextfreie und kontextsensitive Relationen einheitlich modellieren zu können, werden in IPSEN **Graphen** zur internen Modellierung von Dokumenten eingesetzt /Na 86/. Dabei handelt es sich oft, aber nicht immer um **abstrakte Syntaxgraphen**, d.h. abstrakte Syntaxbäume, die mit kontextsensitiven Kanten angereichert sind, die beispielsweise Bindungen angewandter Auftreten von Bezeichnern an ihre Deklarationen wiedergeben.

Um die Strukturen von Dokumenten und die auf ihnen durchgeführten Operationen zu modellieren, werden in IPSEN **Graphersetzungssysteme** benutzt. Graphersetzungssysteme haben in IPSEN eine lange Tradition; der zugrundeliegende Kalkül ist im Laufe der Jahre immer weiter entwickelt worden /Na 79, En 86, Le 88/. Den vorläufigen Endpunkt stellt die Sprache **PROGRESS** dar (**PRO**grammierte **GR**aph-Ersetzungs-System-Spezifikation, /Sc 89, Sc 91/). PROGRESS ist eine streng typisierte Sprache zur operationalen Spezifikation abstrakter Datentypen. Objekte werden als gerichtete, markierte und attributierte Graphen modelliert. Die Bestandteile von Graphen eines bestimmten Typs werden in einem Schema deklariert, das einem Entity–Relationship–Diagramm /Ch 76/ ähnelt. Der wesentliche Unterschied gegenüber ER–Ansätzen besteht in der Behandlung von Veränderungen: Im ER–Modell werden durch das Datenmodell primitive Operationen (Erzeugen/Löschen von einzelnen Entities, Schreiben von Attributen etc.) induziert, die mit Hilfe von Transaktionen prozedural zu komplexen Operationen zur Manipulation von Teilgraphen zusammengesetzt werden müssen. In PROGRESS läßt sich dagegen eine Graphersetzung, die einen Teilgraphen durch einen anderen ersetzt, deklarativ in graphischer Form beschreiben.

Dokumente werden in IPSEN mit Hilfe von Graphen nicht nur modelliert, sondern auch realisiert. Zur Realisierung wird das **Dokumentenverwaltungssystem GRAS** (GRAphen-Speicher, /BL 85, LS 88/) eingesetzt. GRAS stellt primitive Verwaltungs– und Inhaltsoperationen auf Graphen zur Verfügung. Jeder Graph ist eine Verwaltungseinheit, für die Operationen zum Erzeugen, Löschen, Öffnen etc. angeboten werden. Um den Inhalt eines Graphen zu bearbeiten, stellt GRAS Operationen zum Erzeugen/Löschen von Knoten/Kanten, Schreiben/Lesen von Knotenattributen, Navigieren durch Verfolgen von Kanten etc. zur Verfügung. GRAS ist kein Datenbanksystem, sondern eher ein Datenbanksystemkern. Insbesondere gibt es keine Möglichkeit, Schemata zu definieren. GRAS wird als Hilfsmittel zur Realisierung von PROGRESS–Spezifikationen eingesetzt. Z.Zt. gibt es noch kein Datenbanksystem, das PROGRESS direkt unterstützt.

1.2   Konfigurationsverwaltung: Bedeutung und Unterstützung

Unter **Konfigurationsverwaltung** versteht man zunächst allgemein die Disziplin, die sich mit der Erstellung beliebiger komplexer Systeme beschäftigt, die in mehreren Versionen existieren. Handelt es sich dabei um Softwaresysteme, so spricht man von **Softwarekonfigurationsverwaltung** /Ba 86, BHS 80/. Im Rahmen dieses Buchs konzentrieren wir uns auf die Verwaltung von Konfigurationen von Softwaresystemen – wobei wir jedoch gelegentlich einen Blick auf verwandte Gebiete, z.B. den CAD–Bereich werfen – und bezeichnen diese kurz mit Konfigurationsverwaltung.

Dabei verwenden wir den Begriff **Softwaresystem** in einem umfassenden Sinn: Zu einem Softwaresystem gehören alle Dokumente, die es beschreiben – also nicht nur Module, sondern auch Anforderungsdefinitionen, Architekturen, Dokumentationen etc. – und die zwischen ihnen bestehenden Beziehungen. Die Dokumente, aus denen sich ein Softwaresystem zusammensetzt, bezeichnen wir häufig auch als seine **Komponenten**.

Die **Konfigurationsverwaltung** dient dazu, die Entwicklung und insbesondere die Wartung komplexer Systeme in geregelte Bahnen zu lenken. Dies ist aus verschiedenen Gründen eine **schwierige Aufgabe:**

- Arbeiten mehrere Softwareentwickler unkoordiniert am gleichen System, so entsteht leicht ein heilloses Chaos: Änderungen werden gegenseitig überschrieben, nicht ausreichend getestete Module werden freigegeben etc. Mit Hilfe der Konfigurationsverwaltung ist die **Teamarbeit** so zu **koordinieren,** daß dieses Chaos verhindert wird, ohne die Produktivität der Softwareentwickler durch zu restriktive Kontrollen zu lähmen.

- Im Laufe der Lebenszeit eines Softwaresystems entstehen in der Regel viele, nebeneinander existierende **Versionen:** Die Anforderungen an die Funktionalität des Systems ändern sich, das System wird auf andere Rechner portiert, es wird an Schnittstellenänderungen der benutzten Basisbausteine angepaßt, Fehler werden beseitigt, ineffizient programmierte Module optimiert etc. Es ist schwierig, die Vielzahl von Ausprägungen der Komponenten eines Softwaresystems sowie deren Beziehungen untereinander zu überblicken und daraus Konfigurationen zusammenzustellen, die bestimmte vorgegebene Anforderungen erfüllen. Die Komplexität dieses Problems zu reduzieren, ist eine der Aufgaben der Konfigurationsverwaltung.

- Komplexe Softwaresysteme haben in der Regel eine lange **Lebensdauer.** Um solche Systeme erfolgreich warten zu können, müssen sowohl der Erstellungsprozeß als auch das erstellte Produkt sorgfältig dokumentiert werden. Eine der Aufgaben der Konfigurationsverwaltung besteht darin, dies möglichst von vorneherein sicherzustellen; Informationen über vor langer Zeit erstellte Softwaresysteme im nachhinein zu rekonstruieren, ist eine äußerst mühselige Aufgabe, die nur selten zu befriedigenden Ergebnissen führt.

Wie wichtig es ist, mit Hilfe der Softwarekonfigurationsverwaltung die Wartung komplexer Softwaresysteme in geordnete Bahnen zu lenken, läßt sich am Beispiel des Betriebssystems BS 2000 verdeutlichen. In /SP 89/ wird berichtet, daß erst im nachhinein die **zentrale Rolle** erkannt wurde, die die **Architektur** bei der Wartung eines derart komplexen Systems (Größenordnung: 1 Million Zeilen Programmtext) spielt. Allein die Rekonstruktion der Architektur des BS 2000 nahm mehrere Jahre in Anspruch! Dies zeigt deutlich, daß von vorneherein geeignete Werkzeuge zur Konfigurationsverwaltung eingesetzt werden müssen, die sich auf alle Arbeitsbereiche, insbesondere aber auf das Programmieren im Großen erstrecken und so die notwendigen Grundlagen für die Wartung bereitzustellen helfen.

Die Konfigurationsverwaltung läßt sich in zwei Teilbereiche gliedern, nämlich die Prozeß– und die Produktverwaltung. Unter **Prozeßverwaltung** versteht man die Kontrolle der Durchführung der Arbeitsschritte, die zur Erstellung einer neuen Konfiguration erforderlich sind. Insbesondere bei großen, industriell eingesetzten Softwaresystemen ist dieser Vorgang stark formalisiert. Die Prozeßverwaltung läßt sich als Teil des Projektmanagements auffassen; sie wird hier nicht behandelt. Dieses Buch beschäftigt sich mit (einem Teilaspekt) der **Produktverwaltung,** d.h. mit der Verwaltung der verschiedenen Versionen von (Komponenten von)

Softwaresystemen und der zwischen ihnen bestehenden Relationen. Es schließt dabei an Arbeiten an, die in /Le 88/ beschrieben sind.

Es gibt mittlerweile zahlreiche **Ansätze zur Konfigurationsverwaltung.** Einen Einblick in den derzeitigen Stand der Technik vermittelt das Studium der Tagungsbände, die zu den Workshops über Konfigurationsverwaltung in den Jahren 1988, 1989 und 1991 erschienen sind /Wi 88, Wi 89, Fe 91/. Die verschiedenen Ansätze unterscheiden sich insbesondere in Hinsicht auf die Grundbegriffe, auf denen sie basieren, sehr stark voneinander.

In diesem Buch sind insbesondere die **Begriffe** "Revision", "Konsistenz" und "Konfiguration" von Bedeutung, die wir in folgender Weise definieren:
- Eine **Revision** ist ein Zustand eines Dokuments zu einem bestimmten Zeitpunkt seiner Entwicklung. Im Verlauf ihrer Lebensgeschichte durchlaufen Dokumente bezüglich ihres Inhalts nacheinander verschiedene Zustände, weil Fehler beseitigt werden, Optimierungen vorgenommen werden etc. Insbesondere um die Wartung von Softwaresystemen zu unterstützen, ist es notwendig, die Entwicklungsgeschichte von Dokumenten zu verfolgen, d.h. Schnappschüsse ihrer Entwicklung zu verwalten. Solche Schnappschüsse bezeichnen wir als Revisionen.
- Der Begriff der **Konsistenz** wurde bereits in Abschnitt 1.1 eingeführt und bezog sich dort zunächst auf Dokumente ohne Entwicklungsgeschichte. Berücksichtigt man die zeitliche Entwicklung von Dokumenten, so ist der Konsistenzbegriff entsprechend zu verfeinern: Eine Revision r heißt **intern konsistent,** wenn ihr Inhalt für sich betrachtet korrekt ist. Ferner wird eine Revision r1 eines abhängigen Dokuments als **extern konsistent** mit einer Revision r2 eines bestimmenden Dokuments bezeichnet, wenn der Inhalt von r1 mit dem Inhalt von r2 "zusammenpaßt".
- Eine **Konfiguration** ist eine Version eines Softwaresystems, die sich aus Revisionen voneinander abhängiger Dokumente zusammensetzt, die in verschiedenen Arbeitsbereichen entstehen (Programmieren im Großen, Programmieren im Kleinen, Dokumentation etc.). Dabei lassen sich nicht beliebige Revisionen miteinander kombinieren, sondern es muß darauf geachtet werden, daß Revisionen voneinander abhängiger Dokumente miteinander konsistent sind.

Darüber hinaus spielt auch der Begriff der **Variante** in der Konfigurationsverwaltung eine wichtige Rolle. Meist bezieht man ihn auf Komponenten eines Softwaresystems. Unter einer Variante verstehen wir eine von mehreren alternativen Versionen, die zum gleichen Zeitpunkt koexistieren und denen eine Invariante gemeinsam ist. Beispielsweise können mehrere Realisierungsvarianten eines Moduls existieren, die die gleiche Schnittstelle haben, sich aber im Hinblick auf Laufzeit- und Speicherplatzeffizienz unterscheiden, auf verschiedenen Rechnern lauffähig sind etc. /Le 88/. In diesem Buch werden wir uns mit dem Variantenbegriff jedoch nicht näher auseinandersetzen. Im Mittelpunkt steht vielmehr der Revisionsbegriff, der sich gegenüber dem Variantenbegriff folgendermaßen abgrenzen läßt: Zum einen beziehen sich Varianten nicht auf die zeitliche Entwicklung von Dokumenten; zum anderen können sich Revisionen eines Dokuments in beliebiger Weise voneinander unterscheiden (es läßt sich i.a. keine Invariante angeben).

Entsprechend diesen Begriffsbildungen lassen sich verschiedene Teilbereiche der Konfigurationsverwaltung unterscheiden:

- **Revisionskontrolle.** Hier geht es um die Verwaltung der Entwicklungsgeschichte von Softwaredokumenten.
- **Konsistenzkontrolle.** Die Aufgabe der Konsistenzkontrolle besteht darin, die interne Konsistenz von Revisionen sowie die externe Konsistenz abhängiger mit bestimmenden Revisionen zu überwachen.
- **Variantenkontrolle.** Dies ist derjenige Teilbereich der Konfigurationsverwaltung, der sich mit der Verwaltung sowohl der gemeinsamen als auch der unterschiedlichen Eigenschaften von Varianten befaßt.
- **Konfigurationskontrolle.** Hier steht die Konstruktion von neuen Konfigurationen aus Varianten und Revisionen sowie die Verwaltung existierender Konfigurationen im Mittelpunkt.

Betrachten wir nun den **Stand der Technik** auf dem Gebiet der **Werkzeugunterstützung:** Klassifiziert man die z.Zt. existierenden Konfigurationsverwaltungswerkzeuge nach der Art der Umgebung, in die sie eingebettet sind, so zeigt sich, daß zwar auch in einigen sprachspezifischen und strukturbezogenen Umgebungen die Konfigurationsverwaltung unterstützt wird. Insgesamt dominieren jedoch die Ansätze, die der Kategorie **Werkzeugkästen** zuzurechnen sind. Die meisten der z.Zt. industriell eingesetzten Konfigurationsverwaltungswerkzeuge fallen in diese Kategorie. Sie operieren in der Regel auf Textdateien und kennen die Struktur der von ihnen verwalteten Objekte nicht. Ihre Stärken liegen in ihrer allgemeinen Anwendbarkeit und der Möglichkeit zur Integration mit bereits existierenden anderen Werkzeugen. Ihre Schwächen bestehen darin, daß sie insbesondere hinsichtlich der Kontrolle der Konsistenz des von ihnen verwalteten Datenbestands nur wenig Unterstützung bieten und der Grad der Integrierbarkeit existierender, nicht aufeinander abgestimmter Werkzeuge häufig eingeschränkt ist.

Dieses Buch beschäftigt sich dagegen mit (Teilbereichen) der **Konfigurationsverwaltung in einer strukturbezogenen Umgebung.** In diesem Bereich gibt es bisher nur vergleichsweise wenige Ansätze. Unser Ziel besteht nicht darin, kurzfristig industriell einsetzbare Konfigurationswerkzeuge zu entwickeln. Vielmehr geht es darum, im Kontext eines langfristig ausgelegten Forschungsprojekts die generellen Vorteile einer strukturbezogenen Umgebung auch in diesem Anwendungsgebiet zur Geltung zu bringen (strukturbezogene Arbeitsweise, enge Integration von Aktivitäten, sauberes und einheitliches Datenmodell, hohes Maß an Kontrolle der Konsistenz des Datenbestands).

1.3 Werkzeuge zur Revisions- und Konsistenzkontrolle in IPSEN

In diesem Buch werden zwei Teilbereiche der Konfigurationsverwaltung behandelt: Dies ist zum einen die **Revisionskontrolle**, d.h. die Kontrolle der zeitlichen Entwicklung von Dokumenten, und zum anderen die **Konsistenzkontrolle**, wobei weniger die interne Konsistenz als vielmehr die externe Konsistenz zwischen Revisionen voneinander abhängiger Dokumente im Vordergrund steht. Durch Revisions- und Konsistenzkontrolle werden wichtige Grundlagen für die Konfigurationskontrolle geschaffen, die jedoch hier nur ansatzweise behandelt wird.

Die **Revisionskontrolle** ist aus folgenden Gründen ein unverzichtbarer Bestandteil der Konfigurationsverwaltung:

- **Wartung alter Konfigurationen von Softwaresystemen:** Alte, an Kunden ausgelieferte Konfigurationen eines Softwaresystems müssen rekonstruiert werden können, um aufgetretene Fehler lokalisieren und beheben zu können. Hierzu gehört insbesondere die Bestimmung der Revisionen, die in der jeweiligen Konfiguration enthalten sind.
- **Wiederverwendung:** Softwaredokumente (z.B. Architekturen, Modulimplementationen etc.) lassen sich in einem anderen Kontext oft nicht unverändert wiederverwenden, sondern es sind häufig mehr oder weniger umfangreiche Modifikationen erforderlich. Dies führt dazu, daß unterschiedliche Revisionen entstehen, die sich in unterschiedlichen Kontexten einsetzen lassen.
- **Zurücksetzen von Änderungen:** Während der Entwicklung und Wartung eines Softwaresystems können Revisionen als Sicherungspunkte benutzt werden, zu denen zurückgesetzt werden kann, falls durchgeführte Änderungen nicht zum gewünschten Ergebnis führen.
- **Koordination der Teamarbeit:** Es ist unmöglich, große Softwaresysteme zu erstellen, wenn zu jedem Dokument nur dessen aktueller Zustand verwaltet wird, da in diesem Fall die von einem Softwareentwickler durchgeführten Änderungen sofort für alle anderen Entwickler sichtbar werden. Eine geordnete Zusammenarbeit ist nur möglich, wenn jeder Entwickler sich durch Auswahl geeigneter unveränderlicher Revisionen eine stabile Arbeitsumgebung schaffen kann und von ihm erzeugte neue Revisionen zu einem von ihm gewählten Zeitpunkt zur Benutzung freigibt.

Die **Konsistenzkontrolle** – insbesondere die Kontrolle der externen Konsistenz, auf die wir uns im folgenden konzentrieren werden – spielt aus folgenden Gründen eine zentrale Rolle:
- **Unterstützung des Übergangs zwischen verschiedenen Arbeitsbereichen:** Werkzeuge zur Kontrolle der externen Konsistenz unterstützen Softwareentwickler bei der Bearbeitung abhängiger Dokumente, indem sie Vorgaben erzeugen sowie Anpassungen und Konsistenzanalysen durchführen.

- **Unterstützung bei der Konfigurierung von Softwaresystemen**: Stellt man eine Konfiguration eines Softwaresystems zusammen, so hat man darauf zu achten, daß die ausgewählten Revisionen "zusammenpassen". Werden Konsistenzrelationen zwischen Revisionen voneinander abhängiger Dokumente verwaltet, so wird diese Aufgabe wesentlich erleichtert: Revisionen voneinander abhängiger Dokumente dürfen nur dann kombiniert werden, wenn sie durch Konsistenzrelationen miteinander verbunden sind.

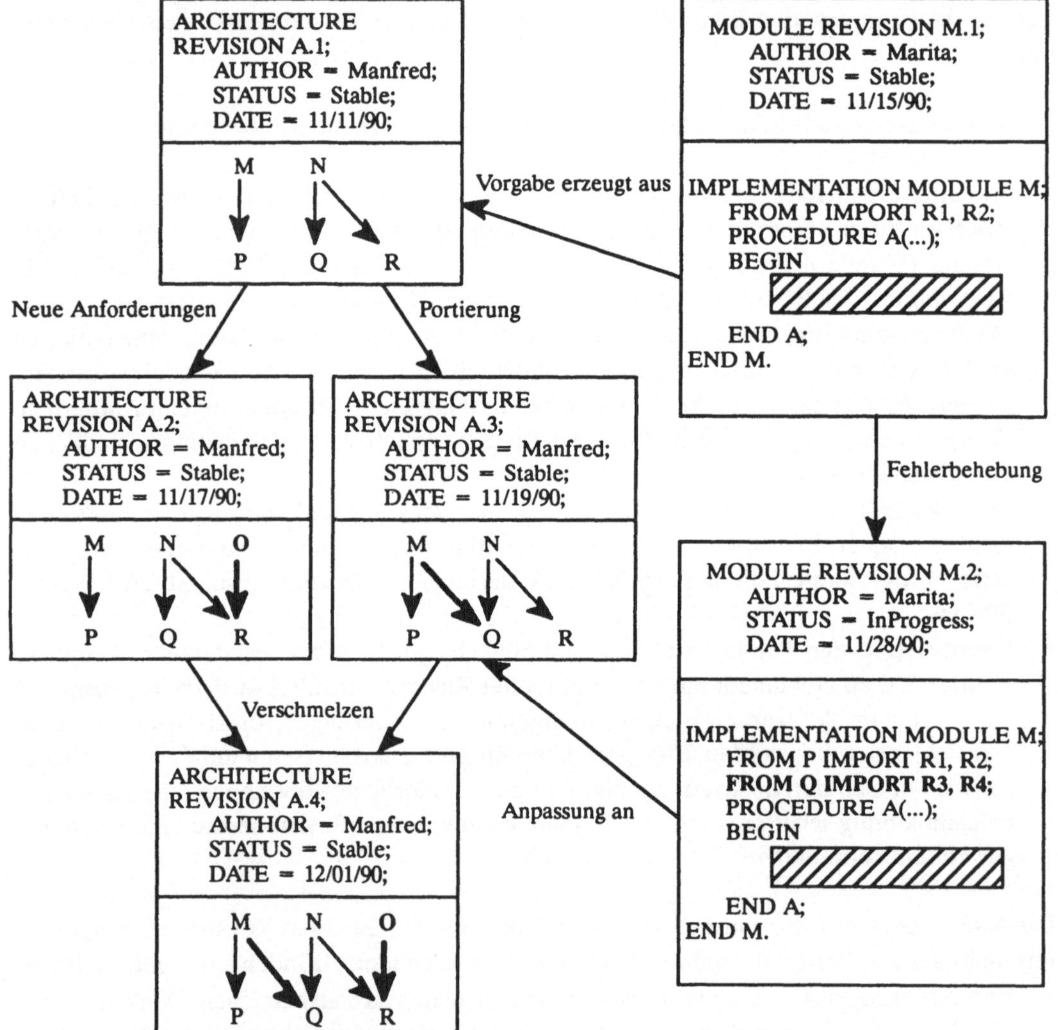

Abb. 1.1 Funktionalität der Werkzeuge zur Revisions– und Konsistenzkontrolle

Abb. 1.1 illustriert die **Funktionalität der Werkzeuge**, mit deren Modellierung und Realisierung wir uns in diesem Buch beschäftigen. Die Abbildung stellt die Entwicklungsgeschichten einer Architektur A und einer davon abhängigen Modulimplementation M sowie zwischen ihnen bestehende Beziehungen dar. Die anderen Module sind aus Gründen der Übersichtlichkeit nicht aufgeführt.

Die Aufgabe der **Revisionskontrolle** besteht darin, die **Entwicklungsgeschichte strukturierter Dokumente** zu verwalten. Ein solches Dokument ist im Falle einer Architektur ein Geflecht von Modulen, deren Exportschnittstellen spezifiziert werden (in der Abbildung nicht dargestellt) und die durch verschiedene Arten von Beziehungen (z.B. Importe) miteinander verbunden sind. Im Falle einer Modulimplementation handelt es sich um ein Programmstück, das aus Konstrukten zur Daten- und Ablaufstrukturierung zusammengesetzt ist.

Die Entwicklungsgeschichte eines Dokuments setzt sich aus Revisionen zusammen, denen verschiedene **Attribute** zugeordnet sind (z.B. Autor, Status und Datum der Erzeugung). Zwischen den Revisionen bestehen **Nachfolgerelationen**, aus denen sich entnehmen läßt, welche Revisionen auseinander hervorgegangen sind. So ist z.B. die Architekturrevision A.2 aus A.1 entstanden, indem die Architektur an neue Anforderungen an die Funktionalität des Systems angepaßt wurde. Zu diesem Zweck wurde ein neues Modul O eingefügt, das von R importiert. Die Revisionen eines Dokuments müssen bezüglich der Nachfolgerelationen i.a. nicht linear geordnet sein, sondern die Entwicklungsgeschichte kann auch Verzweigungen und Zusammenführungen enthalten. So ist z.B. parallel zu A.2 eine weitere Revision A.3 erstellt worden, um das System auf einen anderen Rechner zu portieren. Hierfür wurde zwischen M und Q eine neue Importbeziehung eingerichtet. Schließlich stellt A.4 eine Kombination von A.2 und A.3 dar.

Im folgenden beschreiben wir einige typische **Kommandos**, die ein Werkzeug zur Revisionskontrolle anbieten muß:
- **Ableiten:** Es wird eine Revision erzeugt, indem der Inhalt einer bereits bestehenden Revision kopiert wird, die entsprechende Nachfolgerelation hergestellt und die Attribute der neuen Revision geeignet initialisiert werden.
- **Edieren:** Der Inhalt einer Revision wird verändert, sofern der Status der Revision dies zuläßt (die Revision darf noch nicht stabil sein) und die entsprechenden Zugriffsrechte vorliegen. Der Inhalt der Revision wird mit einem strukturbezogenen Editor bearbeitet, der nicht der Revisionskontrolle, sondern einem Arbeitsbereich (z.B. Programmieren im Großen oder Programmieren im Kleinen) zuzuordnen ist. Auf der Ebene des Revisionskontrollwerkzeugs werden lediglich die Attribute neu gesetzt (z.B. Datum der letzten Änderung).
- **Einfrieren:** Nach evtl. mehreren Ediersitzungen wird die Revision eingefroren und damit gegen weitere Veränderungen geschützt.

- **Verschmelzen:** Mit Hilfe eines strukturbezogenen Verschmelzungsverfahrens wird eine neue Revision erzeugt, die zwei parallel zueinander entstandene Revisionen miteinander kombiniert. Auch hier kann die Hilfe von Werkzeugen des entsprechenden Arbeitsbereichs vonnöten sein.
- **Löschen:** Durch Löschen nicht mehr benötigter Revisionen wird die Entwicklungsgeschichte bereinigt.

Das **Zusammenspiel** dieser Kommandos läßt sich mit Hilfe eines **Zustandsübergangsdiagramms** veranschaulichen (Abb. 1.2).

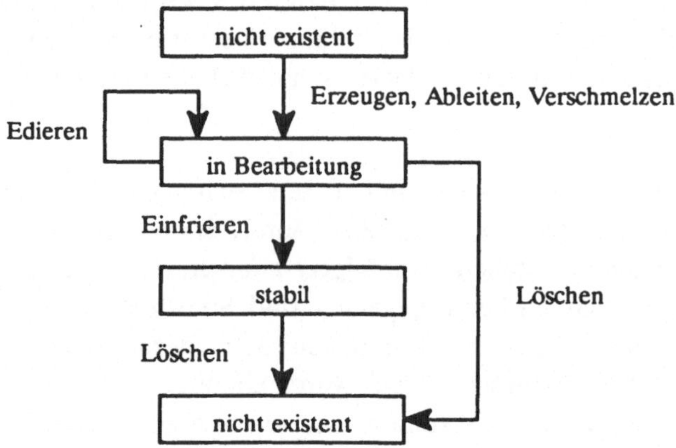

Abb. 1.2 Zustandsübergangsdiagramm für Revisionen

Die Aufgabe der **Konsistenzkontrolle** besteht darin, **Konsistenzrelationen** zwischen Revisionen voneinander abhängiger Dokumente zu verwalten. Beispielsweise muß zu jeder Revision einer Modulimplementation vermerkt werden, mit welchen Architekturrevisionen sie konsistent ist. So ist in Abb. 1.1 die Modulrevision M.1 mit der Architekturrevison A.1 konsistent; die gleiche Aussage gilt auch für M.2 und A.3.

Es reicht nicht aus, Konsistenzrelationen lediglich zu verwalten, sondern eine integrierte Softwareentwicklungsumgebung muß darüber hinaus Werkzeuge anbieten, die auf den Inhalten voneinander abhängiger Revisionen operieren und die Konsistenzrelationen mit Leben füllen:

- **Erzeugen von Vorgaben:** Aus bestimmenden Revisionen werden Vorgaben für abhängige Revisionen erzeugt. So ist beispielsweise in Abb. 1.1 aus der Schnittstelle für M in der Architekturrevision A.1 eine Vorgabe M.1 erzeugt worden, die Importklauseln und Prozedurköpfe enthält und anschließend ausprogrammiert worden ist (schraffierter Teil).
- **Aktualisieren:** Wird eine neue Revision eines bestimmenden Dokuments erstellt, so reicht es nicht aus, eine neue leere Vorgabe zu erzeugen, sondern es muß eine bereits existierende Revision angepaßt werden, ohne daß die nicht generierten Teile des Inhalts

verloren gehen. So ist beispielsweise in Abb. 1.1 die Modulrevision M.2 an die Architekturrevision A.3 angepaßt worden, indem für den Import M – > Q in der Architektur eine entsprechende Importklausel in der Modulimplementation generiert wurde.

- **Konsistenzanalysen:** Über das Erzeugen von Vorgaben und das Anpassen hinaus müssen auch Analysen angeboten werden, mit denen sich feststellen läßt, welche abhängigen Revisionen vom Übergang auf eine neue Revisionen eines bestimmenden Dokuments betroffen sind (in Abb. 1.1 nicht dargestellt).

In diesem Buch wird ein Ansatz zur Revisions- und Konsistenzkontrolle in einer strukturbezogenen, integrierten Softwareentwicklungsumgebung dargestellt, die darauf ausgelegt ist, den Softwareentwickler möglichst in allen Arbeitsbereichen zu unterstützen. Dabei spielt insbesondere die Frage eine große Rolle, wie sich ein geeigneter **Kompromiß** zwischen **Allgemeinheit** und "Intelligenz" der Werkzeuge erzielen läßt:
- Einerseits sollen die Werkzeuge allgemein, d.h. möglichst auf beliebige Dokumente (Anforderungsdefinitionen, Architekturen, Modulimplementationen etc.) anwendbar sein, um zu vermeiden, daß für jeden Dokumenttyp entsprechende Werkzeuge neu entwickelt werden müssen.
- Andererseits sollen die Werkzeuge intelligent sein, um dem Benutzer möglichst viel Hilfestellung bei der Bearbeitung von Dokumenten zu liefern. Dies setzt aber voraus, daß (mehr oder weniger spezifische) Annahmen über die logische Struktur von Dokumenten gemacht werden. Andernfalls muß man sich mit primitiven Werkzeugen zufrieden geben, die die logische Struktur der Dokumente nicht kennen (z.B. auf Textdateien basierende Werkzeuge, die Dokumente als Folgen von Textzeilen behandeln).

In diesem Buch haben wir der **Allgemeinheit** einen **hohen Stellenwert** eingeräumt. Es werden Annahmen über die Struktur von Dokumenten gemacht, die für eine möglichst große Klasse von Dokumenten gelten. Unter dieser Nebenbedingung wird versucht, die Werkzeuge so "intelligent" wie möglich zu machen. Auf den allgemeinen Werkzeugen zur Revisions- und Konsistenzkontrolle können in Zukunft spezifische Werkzeuge realisiert werden, die die Struktur der betreffenden Dokumente besser kennen und deshalb noch mehr "Intelligenz" zur Verfügung stellen.

Um die Brauchbarkeit des Ansatzes zu überprüfen, wird als Beispiel ein **Szenario** betrachtet, das sich an den **IPSEN–Prototyp '88** anlehnt (Abb. 1.3). In diesem Szenario spielt die Architektur eines Softwaresystems eine zentrale Rolle. Ausgehend von der Architektur werden die in ihr spezifizierten Module implementiert. Schließlich werden in einer technischen Dokumentation sowohl die Architektur als auch die Implementationen der in ihr spezifizierten Module beschrieben. Dieses Szenario beinhaltet also sowohl verschiedene Dokumenttypen als auch verschiedene Typen von Abhängigkeiten und eignet sich somit zum Studium sowohl der Revisions- als auch der Konsistenzkontrolle.

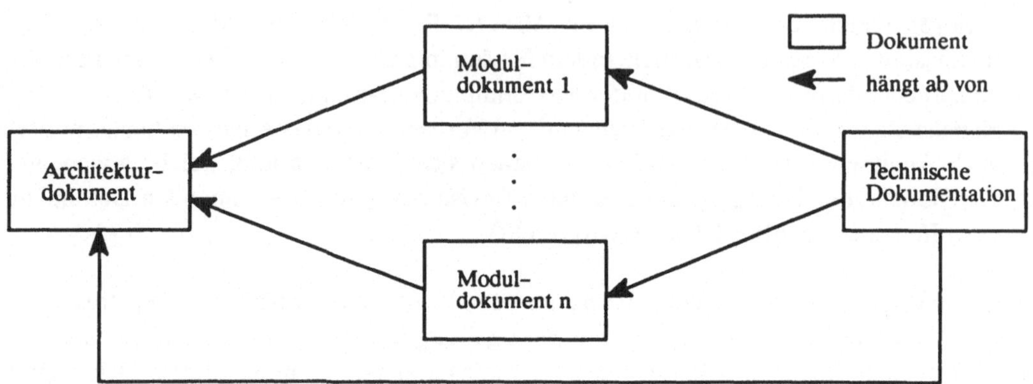

Abb. 1.3 Szenario zum Studium der Revisions- und Konsistenzkontrolle

In unserem Ansatz werden zwei Ebenen strikt voneinander getrennt (s. auch Abb. 1.1):

- **Auf der grobkörnigen Ebene** wird von der Internstruktur (d.h. dem Inhalt) der Revisionen völlig abstrahiert. Auf dieser Ebene geht es darum, die Entwicklungsgeschichte von Dokumenten und dokumentübergreifende Beziehungen darzustellen, wobei die Revisionen als atomare Objekte betrachtet werden.
- **Auf der feinkörnigen Ebene** interessiert dagegen die Internstruktur der Revisionen. Auf dieser Ebene wird beispielsweise beschrieben, wie beim Verschmelzen der Inhalt der Mischrevision konstruiert wird, wie man eine Implementierungsvorgabe erzeugt, und wie man den Inhalt einer Modulrevision an der Inhalt einer neuen Architekturrevision anpaßt.

Ein zentrales Anliegen dieses Buchs besteht darin, das **Modell** zur Revisions- und Konsistenzkontrolle zu **formalisieren**. Sichtet man die Literatur zur Konfigurationsverwaltung (z.B. /Wi 88, Wi 89/), so stellt man fest, daß insgesamt gesehen die dort beschriebenen Ansätze nur zu einem geringen Grad formalisiert sind. Dies ist sicher einer der Gründe dafür, daß wesentliche Grundbegriffe der Konfigurationsverwaltung auf so vielfältige und unpräzise Weise verwendet werden. Erstellt man ein formales Modell, so ist man dazu gezwungen, diese Begriffe zu formalisieren und zu präzisieren. Über die Begriffsklärung hinaus ist ein formales Modell aber auch eine unentbehrliche Grundlage für die Entwicklung eines komplexen Konfigurationsverwaltungssystems. Ein formales Modell läßt sich als Vorlage für die Implementierung verwenden und trägt so zu einer klaren Struktur des entwickelten Systems bei.

Unser formales Modell zur Revisions- und Konsistenzkontrolle basiert auf **Graphen.** Dabei bedienen wir uns extensiv der Spezifikationssprache **PROGRESS,** mit der sich sowohl die Struktur von Graphen als auch die Wirkungsweise graphverändernder Operationen auf einem hohen Abstraktionsniveau beschreiben lassen (s. auch Abschnitt 1.1). Somit liefert dieses Buch auch umfangreiche Beispiele für PROGRESS–Spezifikationen, die eindrucksvoll die Vorteile dieser Spezifikationssprache demonstrieren, aber auch Hinweise auf wünschenswerte Weiterentwicklungen der Sprache liefern.

Obwohl der Schwerpunkt dieses Buchs eindeutig auf der Modellierungsebene liegt, wird aber auch darauf eingegangen, wie die hier spezifizierten **Werkzeuge** zur Revisions- und Konsistenzkontrolle **realisiert** werden. Um den Realisierungsaufwand in Grenzen zu halten, ist es wichtig, geeignete Basisbausteine zu entwickeln, die möglichst allgemein verwendbar sind. Um derartige Basisbausteine geht es im Realisierungsteil dieses Buchs. Dabei stehen Fragen im Mittelpunkt, die im Zusammenhang mit dem Graphenspeicher **GRAS** stehen. Hier stellt sich beispielsweise das Problem, wie sich Revisionen von Dokumenten speicherplatzeffizient abspeichern lassen: Verschiedene Revisionen eines Dokuments haben ja in der Regel große Teile gemeinsam, deren Mehrfachspeicherung zu einem immensen Speicherplatzbedarf führen kann.

Zum Abschluß dieses Abschnitts fassen wir nun die wesentlichen Merkmale unseres Ansatzes zur Revisions- und Konsistenzkontrolle zusammen:

- **Einheitliches formales Datenmodell**: Die Revisions- und Konsistenzkontrolle beruht auf einem einheitlichen formalen Datenmodell, nämlich gerichteten, markierten und attribuierten Graphen. Zur formalen Spezifikation von Werkzeugen werden programmierte Graphersetzungssysteme verwendet.
- **Strukturbezogenheit**: Die Werkzeuge zur Revisions- und Konsistenzkontrolle selbst arbeiten strukturbezogen, und sie sind mit anderen, ebenfalls strukturbezogenen Werkzeugen der einzelnen Arbeitsbereiche integriert.
- **Dokumenttypunabhängigkeit**: Die Werkzeuge werden so weit wie möglich von den Typen der Dokumente unabhängig gehalten, deren Verwaltung unterstützt wird. Dadurch wird erreicht, daß die Werkzeuge sich allgemein einsetzen lassen und nicht jedesmal verändert werden müssen, wenn ein neuer Dokumenttyp hinzukommt.
- **Hohes Maß an Kontrolle der Konsistenz des Datenbestands**: Während die interne Konsistenz von Revisionen (kontextfreie und kontextsensitive Korrektheit) mit Hilfe von Werkzeugen überwacht wird, die nicht Gegenstand dieses Buchs sind, besteht ein herausragendes Merkmal des hier beschriebenen Ansatzes darin, daß die externe Konsistenz zwischen Revisionen voneinander abhängiger Dokumente kontrolliert wird (z.B. Konsistenz einer Modulimplementation mit der Spezifikation der Modulschnittstelle in der Architektur eines Softwaresystems).
- **Arbeitsbereichsübergreifende Integration von Aktivitäten**: Die Integration von Aktivitäten, die verschiedenen, voneinander abhängigen Arbeitsbereichen (Programmieren im Großen, Programmieren im Kleinen etc.) zuzuordnen sind, beschränkt sich nicht auf Konsistenzanalysen, sondern es werden Vorgaben erzeugt und abhängige Revisionen angepaßt, nachdem bestimmende Revisionen geändert worden sind.

1.4 Kapitelübersicht

Es folgt nun eine kurze Übersicht über die Gliederung des Buchs:

- In Kapitel 2 wird ein Überblick über **unseren Ansatz zur Revisions– und Konsistenzkontrolle** in IPSEN gegeben, der dann ab Kapitel 4 ausführlich dargestellt wird. Dabei soll erreicht werden, daß der Leser ein intuitives Verständnis des Ansatzes erwirbt. Um den Rahmen eines einführenden Überblicks nicht zu sprengen, wird auf eine formale Spezifikation zunächst verzichtet.

- In Kapitel 3 wird dann ein Literaturüberblick über **andere Ansätze zur Konfigurationsverwaltung** gegeben. Dabei beschränken wir uns nicht auf die in diesem Buch behandelten Bereiche (Revisions– und Konsistenzkontrolle), sondern setzen uns auch mit Varianten– und Konfigurationskontrolle auseinander. Durch dieses Kapitel soll dem Leser ein allgemeiner Überblick über den Stand der Technik auf dem Gebiet der Konfigurationsverwaltung vermittelt werden. Ferner soll er in die Lage versetzt werden, den in IPSEN verfolgten Ansatz einzuordnen.

- In Kapitel 4 wird die **Revisions– und Konsistenzkontrolle auf der grobkörnigen Ebene** modelliert. Es werden Revisionsgraphen eingeführt, deren Knoten Dokumente bzw. Revisionen und deren Kanten Relationen zwischen ihnen repräsentieren. Ferner werden Operationen zur Manipulation solcher Revisionsgraphen beschrieben (Erzeugen einer Nachfolgerevision, Löschen einer Revision, Verschmelzen von Revisionen, Anpassen einer abhängigen an eine bestimmende Revision etc.). Das Modell berücksichtigt insbesondere Konsistenzrelationen zwischen Revisionen voneinander abhängiger Dokumente. Es bildet das Gerüst für das Material, das in den folgenden Kapiteln behandelt wird.

- In Kapitel 5 wird das **grobkörnige Modell verfeinert,** um die Internstruktur von Revisionen und dokumentübergreifende Relationen auf der feinkörnigen Ebene darzustellen. Es legt die formalen Grundlagen für die nachfolgenden Kapitel bereit

- Kapitel 6 ist der Modellierung der **Konsistenzkontrolle auf der feinkörnigen Ebene** gewidmet. Es wird ein allgemeiner Ansatz zum Erzeugen von Vorgaben und Aktualisieren abhängiger Dokumente entwickelt, der sich auf solche Dokumente anwenden läßt, die intern als abstrakte Syntaxgraphen modelliert sind.

- Kapitel 7 befaßt sich mit der **Revisionskontrolle auf der feinkörnigen Ebene,** die erst nach der Konsistenzkontrolle behandelt wird, um dem Einfluß arbeitsbereichsübergreifender Abhängigkeiten auf die Revisionskontrolle Rechnung tragen zu können. Die einzig interessante Operation ist hier das **Verschmelzen von Revisionen,** während die übrigen Operationen entweder trivial sind (z.B. Kopieren oder Löschen einer Revision) oder nicht unmittelbar etwas mit Revisionskontrolle zu tun haben (z.B. strukturbezogenes Edieren). Es wird ein Ansatz zum Verschmelzen von Revisionen präsentiert, der sich auf beliebige Dokumente anwenden läßt, die intern als abstrakte Syntaxgraphen modelliert sind.

- Während die Kapitel 4–7 der Modellierung der Revisions- und Konsistenzkontrolle gewidmet sind, befaßt sich Kapitel 8 mit **Realisierungsaspekten**. Dabei stehen Erweiterungen des Dokumentenverwaltungssystems GRAS im Mittelpunkt. Wir gehen u.a. darauf ein, wie sich Basisoperationen zur effizienten Abspeicherung von Revisionen sowie für Undo/Redo und Transaktionen mit Hilfe von Protokollen graphverändernder Operationen realisieren lassen.

2 Ein Ansatz zur Revisions- und Konsistenzkontrolle in IPSEN

Nachdem im letzten Kapitel erläutert wurde, welche Probleme in diesem Buch behandelt werden, soll nun ein **Überblick** über die **Lösungsansätze** gegeben werden, die in den folgenden Kapiteln dann ausführlich dargestellt werden. Dabei soll erreicht werden, daß der Leser ein intuitives Verständnis der Lösungsansätze erwirbt. Um den Rahmen eines einführenden Überblicks nicht zu sprengen, wird auf eine Formalisierung zunächst verzichtet.

Die **Gliederung** dieses Kapitels folgt i.w. der weiteren Gliederung des Buchs ab Kapitel 4 (in Kapitel 3 wird ein Literaturüberblick über andere Ansätze zur Konfigurationsverwaltung gegeben): In Abschnitt 2.1 werden zunächst Revisions- und Konsistenzkontrolle auf der grobkörnigen Ebene modelliert, d.h. von der Internstruktur der Revisionen wird an dieser Stelle noch abstrahiert. Abschnitt 2.2 ist dann der Modellierung der Revisionskontrolle auf der feinkörnigen Ebene gewidmet. Abschnitt 2.3 geht auf die Modellierung der Konsistenzkontrolle auf der feinkörnigen Ebene ein. In Abschnitt 2.4 werden Probleme behandelt, die bei der Realisierung der Revisions- und Konsistenzkontrolle auftreten. Schließlich bringt Abschnitt 2.5 eine kurze Zusammenfassung dieses Kapitels.

2.1 Modellierung der Revisions- und Konsistenzkontrolle auf der grobkörnigen Ebene

In diesem Abschnitt wird ein grobkörniges Modell der Revisions- und Konsistenzkontrolle entwickelt, das einen **allgemeinen Kern** hat und sich gemäß eines konkreten **Szenarios** spezialisieren läßt. Als Beispiel, mit dessen Hilfe diese Spezialisierung vorgeführt wird, wird das IPSEN'88-Szenario herangezogen (Abb. 1.3). Bei der Beschreibung des Modells gehen wir zunächst auf **statische Aspekte** (Arten von Objekten und Relationen) und danach auf **dynamische Aspekte** (Operationen auf Objekten und Beziehungen) ein. Das im folgenden skizzierte Modell wird in Kapitel 4 ausführlich und formal dargestellt.

Beginnen wir mit der **Modellierung der statischen Struktur**: Die im Modell darzustellenden **Objekte** sind Dokumente (d.h. Revisionsgruppen) und einzelne Revisionen, die durch **Attribute** näher beschrieben werden (Dokumentname, Revisionsnummer, Erzeugungsdatum etc.). Zwischen diesen Objekten gibt es verschiedene Arten von **Relationen**, die die Entwicklungsgeschichte von Dokumenten wiedergeben, Dokumente mit ihren Revisionen verbinden sowie Abhängigkeiten und Konsistenzen darstellen.

In unserem grobkörnigen Modell zur Revisions– und Konsistenzkontrolle werden zwei Ebenen unterschieden (Abb. 2.1): Die **Dokumentenebene** umfaßt die Dokumente eines Softwaresystems und die zwischen ihnen bestehenden Relationen. Analoges gilt für die **Revisionsebene**, die sich als Verfeinerung der Dokumentenebene auffassen läßt. Dieser Ansatz hat den Vorteil, daß man sich auf der Dokumentenebene zunächst einen groben Überblick über die Struktur eines Softwaresystems verschaffen kann und dann bei Bedarf in die Revisionsebene einsteigen kann, um sich dort im Detail darüber zu informieren, welche Revisionen es gibt und wie sie zueinander in Beziehung stehen.

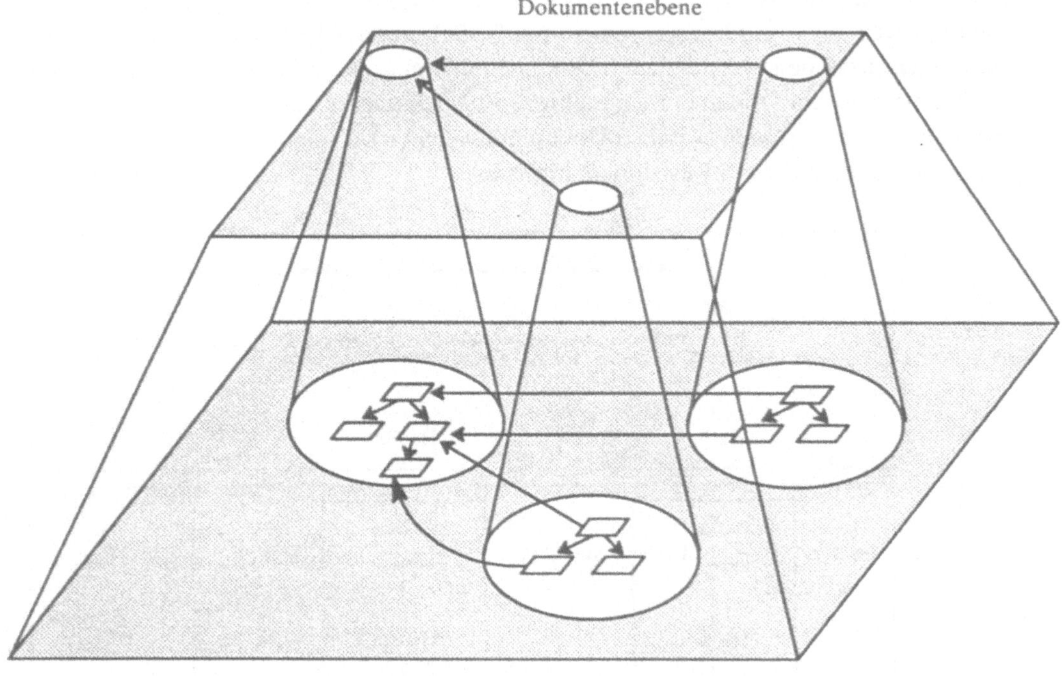

Abb. 2.1 Zwei–Ebenen–Modell für die Revisions– und Konsistenzkontrolle

Betrachtet man zunächst die Dokumente als voneinander unabhängig, so erhält man das **Revisionsmodell** als Teil des oben dargestellten Zwei–Ebenen–Modells. Im Revisionsmodell sind folgenden Relationen relevant:

- Mit Hilfe von **Revisionsrelationen** werden vertikale Beziehungen zwischen der Dokumenten– und der Revisionsebene ausgedrückt. Zu jeder Revision gibt es genau ein Dokument, dem diese vermöge einer entsprechenden Relation zugeordnet ist.

- Mit Hilfe von **Nachfolgerelationen** wird die Entwicklungsgeschichte dargestellt. Sind zwei Revisionen durch eine Nachfolgerelation verbunden, so besagt dies, daß die Nachfolgerevision aus der Vorgängerrevision durch Ableiten oder Verschmelzen hervorgegangen ist.

Hinzu kommt das **Konsistenzkontrollmodell**, das die Abhängigkeiten zwischen Dokumenten und zugehörigen Revisionen in verschiedenen Arbeitsbereichen berücksichtigt. In diesem Zusammenhang sind folgende Relationen von Bedeutung:

- Mit Hilfe von **Konsistenzrelationen** wird ausgedrückt, welche **Revisionen** voneinander abhängiger Dokumente tatsächlich zusammenpassen.
- Die Relationen in der Dokumentenebene drücken lediglich **Abhängigkeiten** zwischen **Dokumenten** aus ("soll konsistent sein mit"). Auf dieser Ebene kann über die externe Konsistenz zwischen verschiedenen Dokumenten keine Aussage mehr getroffen werden, da nunmehr jedem Dokument i.a. mehrere Entwicklungszustände zugeordnet sind. Die Abhängigkeitsrelationen zwischen Dokumenten lassen sich als Vergröberung von Konsistenzrelationen zwischen Revisionen auffassen.

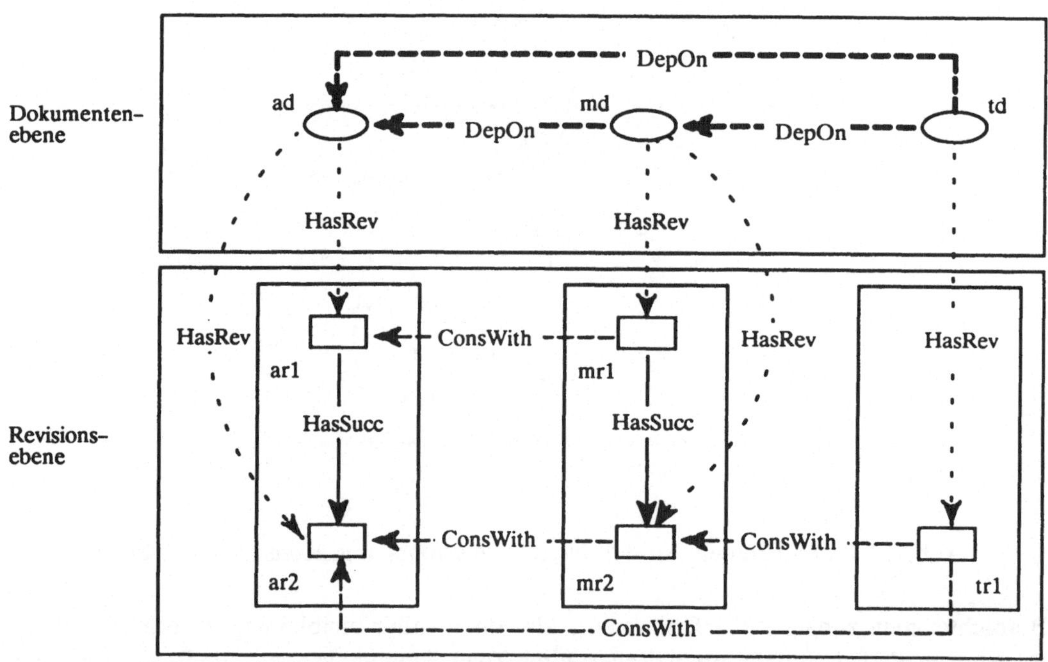

Abb. 2.2 Beispiel für einen Revisionsgraphen

Das Modell zur Revisions– und Konsistenzkontrolle wird mit Hilfe von Graphen formalisiert, die im folgenden als **Revisionsgraphen** bezeichnet werden. Ein Beispiel für einen (Ausschnitt aus einem) Revisionsgraphen zeigt Abb. 2.2. Ein Revisionsgraph ist ein gerichteter, attributierter, knoten- und kantenmarkierter Graph (auch kurz als gakk-Graph bezeichnet). Die oval dargestellten Knoten repräsentieren Dokumente, die rechteckig gezeichneten Knoten stehen für Revisionen. Revisions-, Nachfolge-, Konsistenz- und Abhängigkeitsrelationen werden durch Kanten mit der Markierung HasRev ("HasRevision"), HasSucc ("HasSuccessor"), ConsWith ("ConsistentWith") bzw. DepOn ("DependsOn") dargestellt. Knotenattribute sind in der Abbildung nicht berücksichtigt worden.

Anhand des Beispiels aus Abb. 2.2 läßt sich die **Bedeutung** der **Konsistenzrelationen** für die **Konfigurierung** von Softwaresystemen veranschaulichen: In der Dokumentenebene repräsentieren ad, md und td jeweils ein Architektur-, Modul- bzw. Dokumentationsdokument[1]. Um eine konsistente Konfiguration dieses (Teils eines) Softwaresystems zu erhalten, muß man Revisionen kombinieren, die miteinander konsistent sind. {ar2, mr2, tr1} ist ein Beispiel für eine solche konsistente Konfiguration. Dagegen macht es keinen Sinn, ar1, mr2 und tr1 zu kombinieren, da weder mr2 noch tr1 mit ar1 konsistent sind (Modulimplementation und Dokumentation also nicht mit der Architektur zusammenpassen).

Bei der **Modellierung statischer Eigenschaften** von **Revisionsgraphen** wird zwischen allgemeinen Aspekten, die unabhängig von einem konkreten Szenario sind, und szenariospezifischen Aspekten unterschieden. Wie dies formal geschieht, wird später (in Kapitel 4) beschrieben. An dieser Stelle seien lediglich einige Beispiele angeführt, um die Abgrenzung zu verdeutlichen:

- **Allgemeine Eigenschaften** von Revisionsgraphen: Es gibt Dokument- und Revisionsknoten; es wird zwischen Revisions-, Nachfolger-, Konsistenz- und Abhängigkeitskanten unterschieden; Revisionskanten verbinden Dokumentknoten und Revisionsknoten; das Revisionsgeflecht eines Dokuments (Revisionsknoten und Nachfolgerkanten) bildet einen zusammenhängenden, zyklenfreien Graphen mit einem Wurzelknoten; etc.
- **Szenariospezifische Eigenschaften** von Revisionsgraphen: Es gibt Knoten für Architektur-, Modul- und Dokumentationsdokumente; es gibt Abhängigkeitskanten zwischen Modul- und Architekturknoten sowie zwischen Dokumentations- und Modul- bzw. Architekturknoten; Abhängigkeitskanten zwischen Modul- und Architekturknoten geben n:1-Beziehungen wieder; etc.

Wir kommen nun zur **Modellierung von Veränderungen**. Wie bei der Modellierung der statischen Struktur, so wird auch hier zwischen allgemeinen und szenariospezifischen Aspekten unterschieden. Darüber hinaus werden auch das Revisions- und das Konsistenzkontrollmodell operational voneinander getrennt. Insgesamt führt dies zu einem mehrschichtigen Ansatz (Abb. 2.3):

- Auf der untersten Schicht der **Basisoperationen** wird i.w. das **Revisionsmodell** festgelegt, d.h. es werden Operationen auf Revisionen spezifiziert (Ableiten, Edieren, Verschmelzen

---

1. Man beachte, daß es sich hier nur um einen Ausschnitt aus einem Revisionsgraphen handelt. I.a. sind viele Moduldokumente von einem Architekturdokument abhängig (s. Abb. 1.3).

etc.). Die Operationen sind **szenariounabhängig**. Ferner wird auf dieser Schicht noch nicht festgelegt, auf welche Weise die Kontrolle der externen Konsistenz unterstützt wird. Es werden aber schon entsprechende Basisoperationen zum Erzeugen/Löschen von Abhängigkeits–/Konsistenzrelationen angeboten.

- Auf der darüber liegenden Schicht der **szenariounabhängigen komplexen Operationen** wird das **Konsistenzkontrollmodell** festgelegt, d.h. es wird auf grobkörniger Ebene die Funktionalität von Werkzeugen zur Kontrolle der externen Konsistenz modelliert. Dabei werden zum einen Basisoperationen auf Revisionen modifiziert, so daß sie Konsistenzrelationen zwischen Revisionen berücksichtigen. Zum anderen werden Basisoperationen auf Konsistenz–/Abhängigkeitsrelationen zu komplexen Operationen zusammengefaßt.

- Schließlich wird auf der Schicht der **szenariospezifischen komplexen Operationen** noch das konkrete Szenario festgelegt. Die hier angebotenen Operationen entsprechen 1 : 1 den Kommandos, die man beispielsweise in einem um die Revisionskontrolle erweiterten IPSEN–Prototyp '88 dem Benutzer anbietet. Dabei werden die konkreten Dokumenttypen und die Eigenschaften der zwischen ihnen definierten Abhängigkeitsrelationen beachtet.

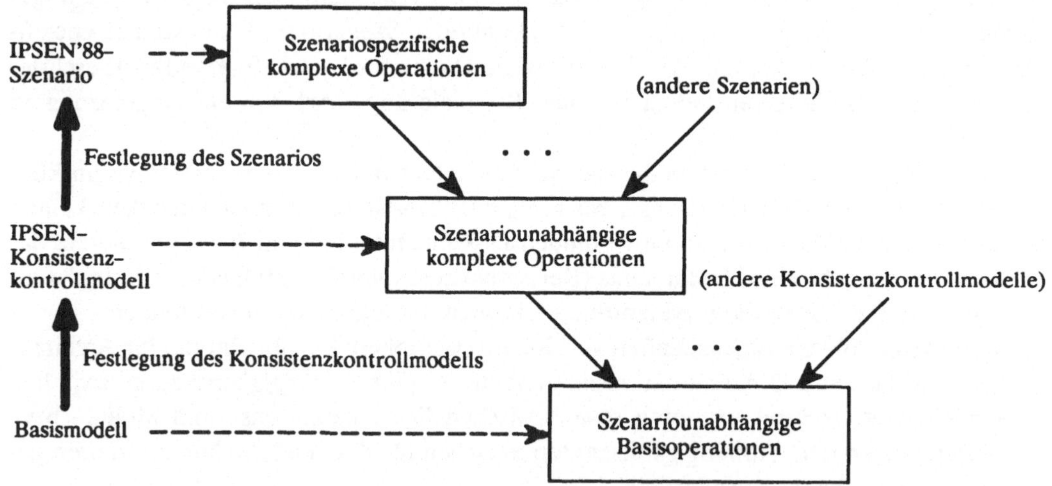

Abb. 2.3 Schichten von Veränderungsoperationen

Dieser Schichtenansatz ist durch die **Wiederverwendung auf Spezifikationsebene** motiviert. Spezifiziert man die szenariospezifischen komplexen Operationen, ohne sich auf entsprechende Elementaroperationen abzustützen, so muß man jedesmal, wenn man ein neues Szenario betrachtet oder ein anderes Konsistenzkontrollmodell zugrunde legt, von Grund auf eine neue Spezifikation erstellen. Dies wird dadurch vermieden, daß wiederverwendbare Basisschichten entwickelt werden.

Betrachten wir nun zunächst die **Basisoperationen**: Neben elementaren Operationen zum Erzeugen/Löschen von Abhängigkeits–/Konsistenzrelationen werden Operationen auf Revisionsgeflechten angeboten (Abb. 2.4), deren Wirkungsweise bereits in Abschnitt 1.3 ansatzweise beschrieben wurde (s. insbesondere Abb. 1.1). Abgesehen vom Edieren und Einfrieren, die jeweils Revisionsattribute verändern (Inhalt bzw. Status einer Revision), wirken sich alle anderen Operationen auch auf die Struktur von Revisionsgeflechten aus:

- **Erzeugen** erzeugt ein Dokument mit seiner ersten Revision (in Abb. 2.4 nicht dargestellt).
- **Ableiten** erzeugt einen Knoten für eine neue Revision, deren Inhalt anfänglich mit dem Inhalt der Vorgängerrevision übereinstimmt.
- **Verschmelzen** erzeugt einen Knoten für eine neue Revision, deren Inhalt aus den Inhalten von zwei Vorgängerrevisionen konstruiert wird.
- **Löschen** löscht einen Revisionsknoten mitsamt seinen ein– und auslaufenden Kanten.

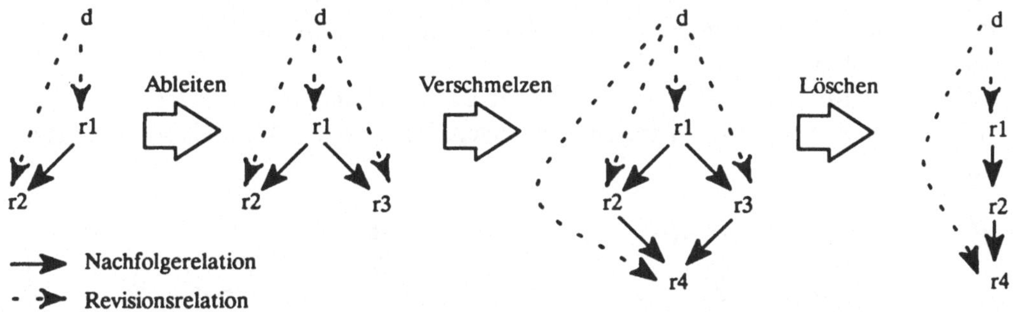

Abb. 2.4 Operationen zur Manipulation von Revisionsgeflechten

Auf der Schicht der **szenariounabhängigen komplexen Operationen** wird das Konsistenzkontrollmodell festgelegt. Revisions– und Konsistenzkontrollmodell werden voneinander getrennt, weil sich ausgehend vom gleichen Revisionsmodell verschiedene Konsistenzkontrollmodelle definieren lassen. Dabei gibt es eine ganze Reihe von Optionen hinsichtlich der Unterstützung durch Werkzeuge zur Kontrolle der externen Konsistenz:

- Werden dem Benutzer Konsistenzanalysen angeboten?
- Kann er sich Vorgaben erzeugen lassen?
- Sind die Vorgaben verbindlich, oder können sie vom Benutzer modifiziert werden?
- Lassen sich abhängige Revisionen inkrementell aktualisieren (d.h. an Änderungen von bestimmenden Revisionen anpassen)?
- Welche Operationen müssen explizit angestoßen werden, welche Operationen werden automatisch aktiviert?
- Wie eng sind die Aktivitäten in verschiedenen Arbeitsbereichen miteinander gekoppelt?

Im IPSEN–Prototyp '88 – der den Ausgangspunkt für den hier beschriebenen Ansatz zur Revisions– und Konsistenzkontrolle bildete, aber selbst noch keine Revisionen unterstützte –

wird die enge **Integration zwischen verschiedenen Arbeitsbereichen** durch Werkzeuge unterstützt, die Vorgaben erzeugen und abhängige Dokumente sofort inkrementell aktualisieren, wenn Änderungen am bestimmenden Dokument durchgeführt werden. Die Integration zwischen verschiedenen Arbeitsbereichen wird in diesem Buch **verallgemeinert**: Es wird überwacht, welche Revisionen voneinander abhängiger Dokumente miteinander konsistent sind, und es werden Werkzeuge angeboten, mit deren Hilfe Revisionen abhängiger Dokumente an Revisionen bestimmender Dokumente angepaßt werden.

Das folgende einfache **Beispiel** dient dazu, das diesem Buch zugrundeliegende Konsistenzkontrollmodell zu illustrieren (Abb. 2.5):

a) Wir gehen anfänglich davon aus, daß es eine Architekturrevision ar1 und eine damit konsistente Modulrevision mr1 für ein Modul M gibt.

b) Es wird eine neue Architekturrevision ar2 erzeugt (z.B. weil die Architektur aufgrund veränderter Anforderungen modifiziert werden muß). Dabei wird die Schnittstelle des Moduls M geändert.

c) Es wird eine Modulrevision mr2 erzeugt, die anfänglich mit ar1 konsistent ist.

d) mr2 wird an die Schnittstellenänderungen angepaßt, die in der Architektur durchgeführt wurden.

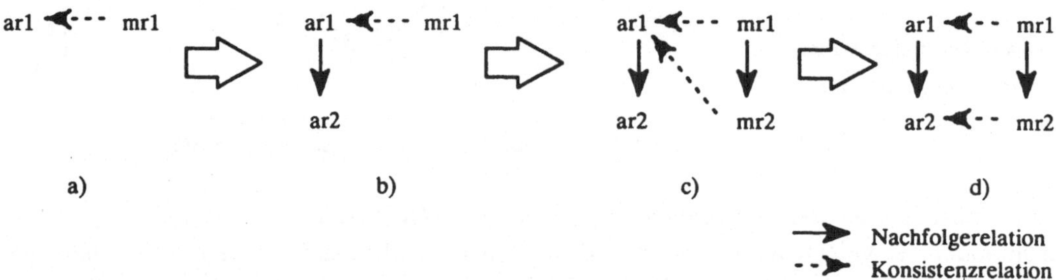

Abb. 2.5 Integration zwischen Architektur- und Modulrevisionen

Während im IPSEN-Prototyp '88 abhängige Dokumente sofort aktualisiert werden, haben wir uns hier für eine **inkrementelle Aktualisierung auf Anforderung** entschieden. Es erscheint i.a. nicht sinnvoll, nach jedem Edierkommando, das eine Revision eines bestimmenden Dokuments verändert, Revisionen davon abhängiger Dokumente zu aktualisieren. Es vergehen i.a. mehrere Ediersitzungen, bis eine Aktualisierung angebracht ist. Im Gegensatz zu der engen Kopplung, die im IPSEN-Prototyp '88 realisiert ist, entscheidet nun der Benutzer, wann eine Revision eines abhängigen Dokuments aktualisiert werden soll. Dabei muß er sowohl die zu aktualisierende Revision als auch die entsprechende Revision des bestimmenden Dokuments explizit angeben. Diese Art der Kopplung erlaubt es dem Benutzer, zu kontrollieren, wann und wohin Änderungen zu propagieren sind.

Insbesondere bei der **Teamarbeit** würde die im IPSEN–Prototyp '88 realisierte zeitlich enge Kopplung zu unerwünschten Effekten führen. Werden z.B. Architektur und Modulimplementation von verschiedenen Personen bearbeitet, so wird der Implementierer ständig mit den Änderungen konfrontiert, die der Entwerfer an der Architektur durchgeführt hat. U.U. haben diese Änderungen nur experimentellen Charakter und werden später wieder verworfen. Die in diesem Buch verfolgte Integrationsstrategie erlaubt es dagegen, die Aktivitäten mehrerer Benutzer voneinander zu isolieren und Änderungen erst zu propagieren, wenn sie freigegeben worden sind.

Zusammenfassend läßt sich das im folgenden zugrunde gelegte **IPSEN–spezifische Konsistenzkontrollmodell** durch folgende Merkmale charakterisieren:
- Es werden auf Anforderung Vorgaben für abhängige Dokumente erzeugt.
- Es wird verhindert, daß erzeugte Vorgaben zerstört werden.
- Die inkrementelle Aktualisierung von Revisionen abhängiger Dokumente wird unterstützt.
- Revisionen abhängiger Dokumente werden erst auf Anforderung aktualisiert.

Schließlich sind noch die **szenariospezifischen komplexen Operationen** zu erörtern: Hier werden die komplexen Operationen der mittleren Schicht auf ein bestimmtes Szenario zugeschnitten. So wird beispielsweise im Falle des IPSEN'88–Szenarios festgelegt, daß man Architektur-, Modul- und Dokumentationsdokumente erzeugen kann. Ferner werden die Operationen zur Kontrolle der externen Konsistenz entsprechend den Restriktionen bezüglich der Abhängigkeitsrelationen eingeschränkt. So ist es beispielsweise nicht erlaubt, eine Architekturrevision an eine Modulrevision anzupassen. Schließlich werden noch einige szenariounabhängige komplexe Operationen in bestimmten Fällen zusammengefaßt.

Um die **Beziehungen zwischen den verschiedenen Schichten** zu verdeutlichen, betrachten wir als Beispiel das **Erzeugen einer Programmiervorgabe** (Abb. 2.6):
a) Aus der Sicht des Benutzers eines erweiterten IPSEN–Prototyps '88 handelt es sich um eine atomare Operation.
b) Auf der Schicht der szenariounabhängigen komplexen Operationen sind zwei Operationen erforderlich:
  1. Es wird ein Moduldokument erzeugt, dessen erste Revision zunächst leer ist.
  2. Die Programmiervorgabe wird erzeugt, indem der Inhalt der Modulrevision an den Inhalt der Architekturrevision angepaßt wird. Ferner wird zwischen den Dokumenten eine Abhängigkeits- und zwischen den Revisionen eine Konsistenzrelation eingetragen.

Auf dieser Schicht werden also zwei zueinander orthogonale Operationen "Erzeugen eines Dokuments" und "Anpassen an eine bestimmende Revision" angeboten, die auf der darüber liegenden Schicht in bestimmten Fällen kombiniert werden.

c) Schließlich wird auf der Schicht der dokumenttypunabhängigen Basisoperationen das Anpassen noch in mehrere Elementarschritte zerlegt:

1. Es wird eine Abhängigkeitsrelation erzeugt.
2. Der Inhalt der Modulrevision wird verändert.
3. Es wird eine Konsistenzrelation erzeugt.

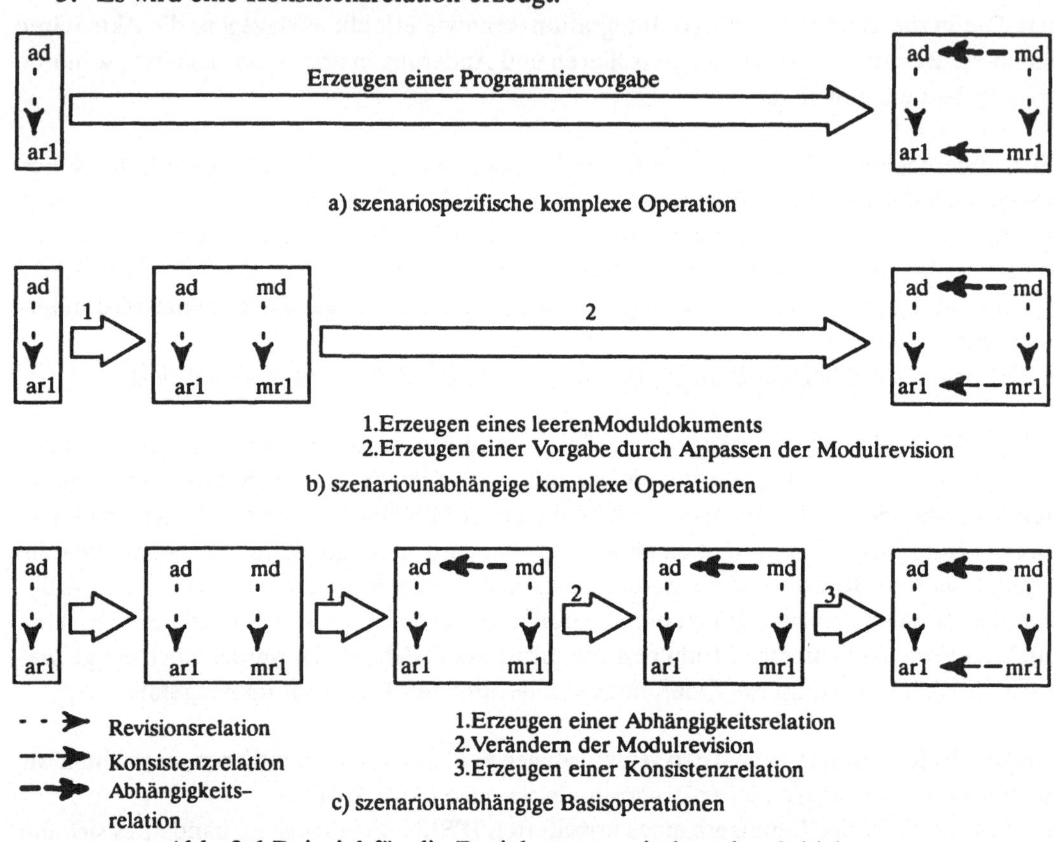

Abb. 2.6 Beispiel für die Beziehungen zwischen den Schichten

2.2 Modellierung der Revisionskontrolle auf der feinkörnigen Ebene

Nachdem im letzten Abschnitt die Revisions– und Konsistenzkontrolle auf der grobkörnigen Ebene beschrieben wurde, wenden wir uns nun der **feinkörnigen Ebene** zu. Revisionen werden nun nicht mehr als atomar, sondern als strukturierte Objekte betrachtet. Im folgenden gehen wir zunächst auf die **Revisionskontrolle** ein; die Konsistenzkontrolle wird dann im nächsten Abschnitt behandelt. Der hier skizzierte Ansatz wird in Kapitel 7 ausführlich und formal beschrieben.

Im grobkörnigen Modell wurde bewußt von der Internstruktur der Revisionen völlig abstrahiert, um einen möglichst **allgemeinen Ansatz** zur Revisions– und Konsistenzkontrolle zu entwickeln. Es wurde lediglich vorausgesetzt, daß es Operationen gibt, um den Inhalt einer Revision zu kopieren (beim Ableiten), zu verändern (beim Edieren) oder zu löschen bzw. die Inhalte zweier Revisionen zu verschmelzen. Dieser Abstraktion vom Inhalt liegt die gleiche Philosophie wie den **Werkzeugkästen–Ansätzen** zugrunde.

Betrachtet man die oben aufgezählten **Operationen** auf Revisionen, so zeigt sich, daß es aus Sicht der Revisionskontrolle in fast allen Fällen nicht erforderlich ist, die Internstruktur der Revisionen zu kennen. Dies ist beim Kopieren oder Löschen offensichtlich. Beim Edieren – oder allgemeiner: Verändern des Inhalts einer Revision – geht man davon aus, daß es ein Werkzeug gibt – typischerweise einen strukturbezogenen Editor des betreffenden Arbeitsbereichs –, das vom Werkzeug zur Revisionskontrolle den Inhalt einer Revision erhält und diesen dann auf irgendeine Weise verändert. Die Bearbeitung des Inhalts selbst ist nicht Gegenstand der Revisionskontrolle.

Anders verhält es sich dagegen beim **Verschmelzen von Revisionen**: Hier handelt es sich um ein Problem der Revisionskontrolle, das nicht gelöst werden kann, ohne die Internstruktur der Revisionen zu betrachten. Der Rest dieses Abschnitts setzt sich daher mit der Frage auseinander, wie sich das Verschmelzen von Revisionen unterstützen läßt.

Das Verschmelzen von Revisionen wird eingesetzt, um verschiedene **Zweige eines Revisionsgeflechts zusammenzuführen** (Abb. 2.7). Als Ausgangspunkt dienen Revisionen a1 und a2, die aus einem gemeinsamen Vorfahren b entwickelt worden sind. b bezeichnen wir als **Basisrevision**, a1 und a2 als **Alternativrevisionen**. Das Ziel des Verschmelzens besteht nun darin, eine **Mischrevision** m zu erstellen, die die Revisionen a1 und a2 miteinander kombiniert. Dabei soll m relativ zu b möglichst alle Änderungen enthalten, die beim Übergang von b zu a1 bzw. a2 durchgeführt worden sind.

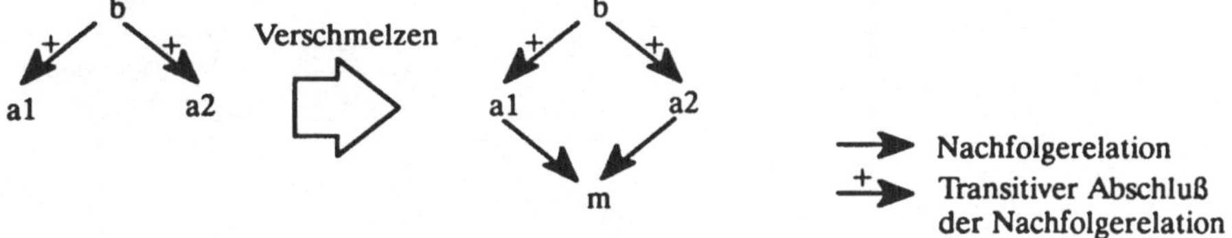

Abb. 2.7 Zusammenführen von verschiedenen Zweigen eines Revisionsgeflechts

An das Verschmelzungsverfahren stellen wir im einzelnen folgende **Anforderungen**:
* Änderungen sollen so weit wie möglich **automatisch** kombiniert werden.

- **Konflikte** – d.h. Änderungen, die zueinander in Widerspruch stehen – sollen erkannt werden. Im Falle eines Konflikts soll der Benutzer entscheiden, wie der Konflikt aufzulösen ist (**interaktives Verfahren**).
- Das Verfahren soll so **allgemein** wie möglich sein, um zu vermeiden, daß für jeden Dokumenttyp ein eigenes Verschmelzungsverfahren entwickelt werden muß.
- Das Verfahren soll so **intelligent** wie möglich sein, um zu gewährleisten, daß ein möglichst sinnvolles Ergebnis erzielt wird.

Die Forderungen nach Allgemeinheit und Intelligenz stehen zueinander in Widerspruch: Das Verschmelzungsverfahren ist nämlich umso intelligenter, je mehr Wissen über die Struktur der Dokumente ausgenutzt wird. Andererseits ist es aber auch umso spezieller, je mehr spezifische strukturelle Annahmen gemacht werden. Bei der Entwicklung eines Verschmelzungsverfahrens muß man sich daher um eine geeignete **Balance zwischen Allgemeinheit und Intelligenz** bemühen.

Diese Balance wird dadurch erreicht, daß man sich auf eine **einheitliche interne Modellierung** von Dokumenten abstützt. Um Dokumente intern zu modellieren, werden in IPSEN **abstrakte Syntaxgraphen** eingesetzt /He 89/. Als Ausgangspunkt dient dabei eine **normierte EBNF** /En 86, He 89/, aus der die abstrakte Syntax gewonnen wird, indem man von Schlüsselworten und Begrenzern abstrahiert. Um kontextsensitive Relationen darzustellen, werden den aus der kontextfreien Grammatik abgeleiteten abstrakten Syntaxbäumen kontextsensitive Kanten überlagert.

Konkrete Syntax: VAR V1, V2 : (< TypeDef >);

Abstrakte Syntax:

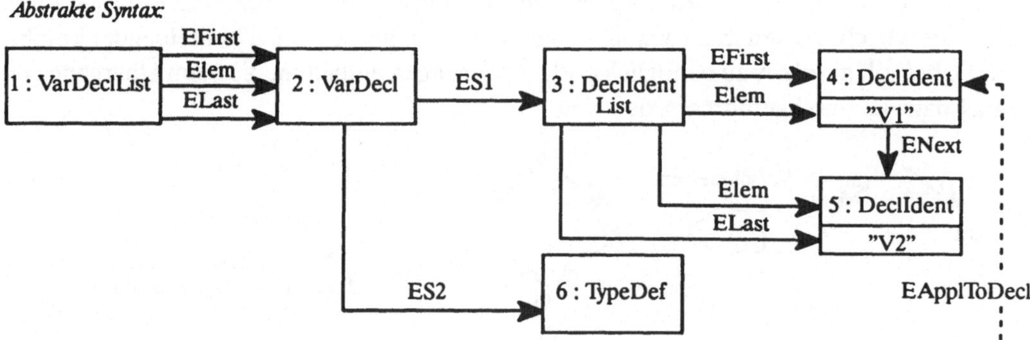

Abb. 2.8 Beispiel für einen abstrakten Syntaxgraphen

Abb. 2.8 zeigt als Beispiel einen Ausschnitt aus einem abstrakten Syntaxgraphen, der eine Modula-2-Variablendeklaration darstellt. In einem abstrakten Syntaxgraphen sind verschiedene **Arten** von **Knoten** enthalten: **Listenknoten** (Knoten 1 und 3) dienen zur Darstellung von Listenstrukturen. **Strukturknoten** (Knoten 2) repräsentieren verbundartige Strukturen; beispielsweise besteht eine Variablendeklaration aus einer Bezeichnerliste und einer Typdefinition. **Bezeichnerknoten** (Knoten 4 und 5) und **Platzhalterknoten** (Knoten 6) sind Blätter des abstrakten Syntaxbaums, die lexikalische Einheiten bzw. nicht expandierte Inkremente repräsentieren. Der kontextfreien Struktur sind **kontextsensitive Kanten** überlagert, die z.B. Bindungen zwischen angewandten und deklarierenden Auftreten darstellen.

Auf abstrakten Syntaxgraphen werden **baumorientierte Operationen** angeboten, die dazu dienen, Platzhalter zu expandieren, Listenelemente einzufügen, Bezeichner zu ändern sowie Teilbäume zu löschen. Diese Operationen verändern nicht nur das Baumgerüst, sondern führen auch **inkrementelle kontextsensitive Analysen** durch, in denen die kontextsensitiven Kanten aktualisiert werden. Dabei werden Inkonsistenzen (z.B. nicht deklarierte Bezeichner) erkannt, aber nicht verboten.

Das von uns entwickelte, strukturbezogene Verschmelzungsverfahren läßt sich durch folgende **Merkmale** charakterisieren:
- Es ist anwendbar auf **beliebige Dokumente**, sofern sie intern als abstrakte Syntaxgraphen modelliert sind.
- Es orientiert sich an der **kontextfreien Struktur** von Dokumenten[2].
- Es erhält die **kontextfreie Korrektheit**, d.h. ausgehend von einer kontextfrei korrekten Basisrevision und kontextfrei korrekten Alternativrevisionen wird eine kontextfrei korrekte Mischrevision produziert.
- Es erkennt **kontextfreie Konflikte**, d.h. widersprüchliche Änderungen am abstrakten Syntaxbaum.
- Es arbeitet **regelorientiert**. Dabei lassen sich die Regeln danach klassifizieren, auf welche Arten von Inkrementen sie angewendet werden (Bezeichner-, Listen- und Strukturregeln).
- Es beruht auf einem **3–Wege–Vergleich**: Zunächst werden a1 und a2 miteinander verglichen. Wird ein Unterschied festgestellt, so werden a1 und a2 jeweils mit b verglichen. Durch diese Vergleiche läßt sich rekonstruieren, was sich beim Übergang von b nach a1 bzw. a2 geändert hat. b spielt somit die Rolle eines "Schiedsrichters", der (in vielen Fällen) entscheidet, wie im Falle eines Unterschieds zwischen a1 und a2 die Mischrevision m auszusehen hat.
- Um abstrakte Syntaxgraphen auf einfache Weise miteinander vergleichen zu können, werden **eindeutige Knotenbezeichner** eingesetzt: Wird ein Knoten neu erzeugt, so erhält er einen neuen, bisher noch nie verwendeten Knotenbezeichner. Beim Kopieren im Zuge des Ableitens einer Revision bleiben die Knotenbezeichner erhalten. Korrespondierende Knoten in verschiedenen Revisionen lassen sich also anhand eindeutiger Knotenbezeichner miteinander identifizieren.

---

2. Auf die Behandlung kontextsensitiver Relationen kommen wir später noch zurück.

Abb. 2.9 zeigt ein **Beispiel**, das die Arbeitsweise des **Verschmelzungsverfahrens** verdeutlicht. Es werden verschiedene Revisionen eines Modula-2-Programms dargestellt, das i.w. aus einer Variablendeklaration und einer Zuweisung eines Werts an die deklarierte Variable besteht. Um die Darstellung übersichtlich zu halten, wird die externe Repräsentation (d.h. der Programmtext) und nicht die interne Repräsentation als abstrakter Syntaxgraph gezeigt. Änderungen sind durch Schrägschrift, Einfügungen durch Unterstreichen dargestellt. Die Zeilennummern dienen dazu, den Bezug auf Programmstellen zu erleichtern. Es sei aber darauf hingewiesen, daß das Verschmelzungsverfahren inkrement- und nicht zeilenorientiert arbeitet.

```
Basisrevision b:
  1 MODULE M;
  3     VAR Colour : (White, Grey, Black);
  4 BEGIN
  5     Colour := White
  6 END M.
```

```
Alternativrevision a1:
  1 MODULE M;
  3     VAR Colour : (White, Grey, Black);
  4 BEGIN
  5     Colour := Grey
  6 END M.
```

```
Alternativrevision a2:
  1 MODULE M;
  2     TYPE ColourType = (White, Grey, Black);
  3     VAR Colour : ColourType;
  4 BEGIN
  5     Colour := Black
  6 END M.
```

```
Mischrevision m:
  1 MODULE M;
  2     TYPE ColourType = (White, Grey, Black);
  3     VAR Colour : ColourType;
  4 BEGIN
  5     Colour := Grey
  6 END M.
```

Abb. 2.9 Beispiel für die Anwendung des kontextfreien Verschmelzungsverfahrens

Im Beispiel wird je eine Listen-, Struktur- bzw. Bezeichnerregel angewendet:

- **Listenregel:** Beim Vergleich der Deklarationslisten von a1 bzw. a2 stellt sich heraus, daß die Deklaration in Zeile 2 nur in a2, nicht aber in a1 vorkommt. Nun wird a2 mit b verglichen. Da die Deklaration in b nicht enthalten ist, wird gefolgert, daß sie beim Übergang von b nach a2 eingefügt worden ist. Daher wird sie automatisch in die Mischrevision eingefügt.

- **Strukturregel:** Ein weiterer Unterschied zwischen a1 und a2 wird in der Typdefinition der Variablendeklaration (Zeile 3) festgestellt. Durch den Vergleich von a1 und a2 mit b läßt sich rekonstruieren, daß die Typdefinition beim Übergang nach a1 unverändert blieb und beim Übergang nach a2 ersetzt wurde. Diese Ersetzung wird auch in der Mischrevision durchgeführt.

- **Bezeichnerregel**: Schließlich wird festgestellt, daß in Zeile 5 die Bezeichner auf der rechten Seite der Zuweisung unterschiedlich sind. In diesem Fall kann durch den Vergleich mit b keine automatische Entscheidung getroffen werden. Es liegt ein Konflikt vor, weil die Bezeichner in allen drei Revisionen verschieden sind. Dieser Konflikt wird vom Benutzer aufgelöst (hier wird angenommen, daß er sich für den Bezeichner aus a1 entscheidet).

Das oben beschriebene kontextfreie Verfahren bietet dem Softwareentwickler bereits eine recht wertvolle Hilfestellung beim Verschmelzen von Revisionen. Da es aber keine kontextsensitiven Relationen berücksichtigt, verhält es sich nicht so intelligent, wie es eigentlich wünschenswert wäre. Ein Beispiel für die **Grenzen des kontextfreien Verschmelzens** zeigt Abb. 2.10, in der verschiedene Revisionen eines Modula–2–Programms dargestellt sind, das die Fakultät einer natürlichen Zahl berechnet. Beim Übergang von der Basis b zu den Alternativrevisionen a1 und a2 werden folgende Änderungen durchgeführt:
- b → a1 : Im Rumpf der Prozedur Fac wird in die IF–Anweisung ein zusätzlicher Zweig eingeführt, um den Einstieg in die Rekursion für den Wert 1 zu verhindern (Zeilen 10 und 11).
- b → a2 : Die Prozedur Fac wird in eine Funktion umgewandelt (Zeilen 5, 9, 15, 21); außerdem wird der Eingabeparameter von Fac in Argument umbenannt (Zeilen 3, 7, 15).

Werden a1 und a2 bezüglich b kontextfrei verschmolzen, so entsteht eine Mischrevision m, die kontextfrei und sogar kontextsensitiv korrekt ist, aber dennoch in folgender Hinsicht **fehlerhaft** ist:
- In Zeile 10 ist das angewandte Auftreten des Eingabeparameters von Fac nicht von dessen Umbenennung erfaßt worden, sondern bezieht sich nun auf die im äußeren Block deklarierte Variable Input (Zeile 2).
- In Zeile 11 steht weiterhin eine Zuweisung, die sich ursprünglich auf den nunmehr eliminierten Ausgabeparameter von Fac bezog, nun aber fälschlicherweise auf die im äußeren Block deklarierte Variable Result (Zeile 2) Bezug nimmt. Diese Zuweisung ist durch eine RETURN–Anweisung zu ersetzen.

Man beachte, daß diese Fehler u.U. erst zur Laufzeit des Programms bemerkt werden (und dies auch nur, wenn der Benutzer die Zahl 1 eingibt, da ansonsten der neu eingefügte Zweig der IF–Anweisung nicht durchlaufen wird).

Aus diesem Beispiel lassen sich folgende Lehren ziehen:
- Das kontextfreie Verfahren **übersieht kontextsensitive Zusammenhänge** zwischen Änderungen beim Übergang von b nach a1 bzw. a2.
- Dies ist besonders **gefährlich**, wenn **keine Inkonsistenzen entstehen**. Wären nämlich im Beispiel Input und Result nicht im äußeren Block deklariert, so würde m in den Zeilen 10 und 11 nicht deklarierte Bezeichner enthalten, die den Softwareentwickler auf eine falsche Verschmelzungsentscheidung aufmerksam machen.

Basisrevision b:

```
 1  MODULE Example;
 2      VAR Input, Result : CARDINAL;
 3      PROCEDURE Fac(Input : CARDINAL;
 4                         VAR Result : CARDINAL);
 6      BEGIN
 7          IF Input = 0 THEN
 8              Result : = 1
12          ELSE
13              Fac(Input-1, Result);
14              Result : = Input . Result
16          END
17      END Fac;
18  BEGIN
19      Read(Input);
20      Fac(Input, Result);
22      Write(Result);
23  END Example.
```

Alternativrevision a1:

```
 1  MODULE Example;
 2      VAR Input, Result : CARDINAL;
 3      PROCEDURE Fac(Input : CARDINAL;
 4                         VAR Result : CARDINAL);
 6      BEGIN
 7          IF Input = 0 THEN
 8              Result : = 1
10          ELSIF Input = 1 THEN
11              Result : = 1
12          ELSE
13              Fac(Input-1, Result);
14              Result : = Input . Result
16          END
17      END Fac;
18  BEGIN
19      Read(Input);
20      Fac(Input, Result);
22      Write(Result);
23  END Example.
```

Alternativrevision a2:

```
 1  MODULE Example;
 2      VAR Input, Result : CARDINAL;
 3      PROCEDURE Fac(Argument : CARDINAL)
 5                         : CARDINAL;
 6      BEGIN
 7          IF Argument = 0 THEN
 9              RETURN 1
12          ELSE
15              RETURN Argument . Fac(Argument-1)
16          END
17      END Fac;
18  BEGIN
19      Read(Input);
21      Result : = Fac(Input);
22      Write(Result);
23  END Example.
```

Mischrevision m:

```
 1  MODULE Example;
 2      VAR Input, Result : CARDINAL;
 3      PROCEDURE Fac(Argument : CARDINAL)
 5                         : CARDINAL;
 6      BEGIN
 7          IF Argument = 0 THEN
 9              RETURN 1
10          ELSIF Input = 1 THEN
11              Result : = 1
12          ELSE
15              RETURN Argument . Fac(Argument-1)
16          END
17      END Fac;
18  BEGIN
19      Read(Input);
21      Result : = Fac(Input);
22      Write(Result);
23  END Example.
```

Abb. 2.10 Nicht zu Inkonsistenzen führendes, dennoch fehlerhaftes Verschmelzen

- Um eine aus der Sicht des Softwareentwicklers "korrekte" Mischrevision zu konstruieren, benötigt man i.a. **dokumenttypspezifisches Wissen** (z.B. bei der Umwandlung der Zuweisung in eine RETURN–Anweisung in Zeile 11).

Wie läßt sich nun das Verschmelzungsverfahren intelligenter machen, ohne daß dabei seine allgemeine Anwendbarkeit verloren geht? Zu diesem Zweck wurde eine **kontextsensitive Erweiterung** des Verfahrens entwickelt, die sich durch folgende Eigenschaften auszeichnet:

- Das Verfahren beruht auf der Analyse von **Bezeichnerbindungen**. Diese stellen einen wichtigen Teil der kontextsensitiven Syntax dar: In nahezu allen Sprachen für Softwaredokumente gibt es kontextsensitive Regeln, die die Beziehungen zwischen angewandten und deklarierenden Auftreten für irgendwelche Objekte festlegen.
- An das kontextfreie Verschmelzen (das nun keine angewandten Auftreten von Bezeichnern mehr behandelt) schließt sich eine **Phase** zur Behandlung von Bezeichnerbindungen an.
- Ausgehend von den Bindungen in a1, a2 und b werden **erwartete Bindungen** berechnet und mit den tatsächlichen Bindungen verglichen.
- Ein **Bindungskonflikt** liegt vor, wenn die erwartete Bindung nicht eindeutig berechnet werden kann. Ein solcher Konflikt muß vom Benutzer aufgelöst werden, d.h. er muß entscheiden, auf welche Deklaration das angewandte Auftreten sich beziehen soll.
- Eine **Bindungsanomalie** liegt vor, wenn erwartete und tatsächliche Bindung nicht übereinstimmen. In diesem Fall wird versucht, eine **automatische Korrektur** des angewandten Auftretens durchzuführen, um die tatsächliche mit der erwarteten Bindung in Einklang zu bringen.
- Das Verfahren kann i.a. **nicht garantieren**, daß die **kontextsensitive Korrektheit** bezüglich der Bezeichnerbindungen erhalten wird: Sind b, a1 und a2 in dieser Hinsicht kontextsensitiv korrekt, so folgt daraus nicht, daß auch m kontextsensitiv korrekt ist.

Im obigen Beispiel bringt die kontextsensitive Erweiterung insofern Vorteile, als die Fehler in Zeile 10 und 11 erkannt und teilweise behoben werden:

- Die angewandten Auftreten von Input in Zeile 10 werden in der Alternativrevision a1 und der Mischrevision m an unterschiedliche Deklarationen gebunden (Zeile 3 bzw. Zeile 2). Daraus, daß das angewandte Auftreten nur in einer der Eingaberevisionen – nämlich a1 – vorkommt, wird geschlossen, daß es in der Mischrevision an dieselbe Deklaration wie in a1 gebunden werden soll. Um dies zu erreichen, wird Input durch Argument ersetzt **(konsistente Umbenennung angewandter Auftreten)**.
- Analog wird festgestellt, daß die angewandten Auftreten von Result in Zeile 11 in a1 und m an unterschiedliche Deklarationen gebunden sind (Zeile 4 bzw. Zeile 2). In diesem Fall ist es jedoch nicht möglich, die Bindungen zur Übereinstimmung zu bringen. Daher wird eine Warnung ausgegeben, die den Benutzer auf eine **Anomalie** beim Verschmelzen hinweist.

2.3   Modellierung der Konsistenzkontrolle auf der feinkörnigen Ebene

Nachdem in Abschnitt 2.1 die **Kontrolle der externen Konsistenz** auf der grobkörnigen Ebene erläutert wurde, gehen wir im folgenden auf die **feinkörnige Ebene** ein (ausführliche Darstellung s. Kapitel 6). Hier ist nun zu klären, wie sich Vorgaben erzeugen, Konsistenzanalysen und Aktualisierungen durchführen lassen. Von besonderem Interesse ist dabei das **Aktualisieren:** Um eine abhängige an eine bestimmende Revision anpassen zu können, muß man feststellen, was sich auf seiten der bestimmenden Revision geändert hat. Insofern ist das Aktualisieren schwieriger zu unterstützen als das Erzeugen von Vorgaben und das Analysieren der externen Konsistenz.

Um die mit dem Aktualisieren verbundenen Probleme zu illustrieren, wird das in Abschnitt 2.1 angegebene **Beispiel** für den Übergang zwischen verschiedenen Arbeitsbereichen (s. Abb. 2.5) wieder aufgegriffen. Im folgenden gehen wir davon aus, daß die Architektur eines Softwaresystems mit Hilfe des IPSEN–Modulkonzepts /Na 90, Le 88/ und die Modulimplementationen in Modula–2 beschrieben werden. Abb. 2.11 zeigt nun ein Beispiel für das Aktualisieren einer Modulrevision:

a) Aus der Schnittstelle für das Datentypmodul M1, das den Typ T1 und die Prozeduren P1 und P2 exportiert, wurde eine Programmiervorgabe erzeugt, die anschließend vom Implementierer ausgefüllt wurde.

b) Es wird eine neue Architekturrevision ar2 erzeugt, in der die Schnittstelle des Moduls M1 verändert ist: Die Prozedur P1 erhält einen zusätzlichen Parameter F2, dessen Typ T2 vom Modul M2 importiert wird. Ferner wird der Bezeichner der Prozedur zu P3 geändert. Schließlich wird noch die Prozedur P2 aus der Schnittstelle gelöscht.

c) Es wird eine Modulrevision mr2 erzeugt, deren Inhalt anfänglich mit dem Inhalt von mr1 übereinstimmt.

d) Die Modulrevision mr2 wird an die Architekturrevision ar2 angepaßt: Die Prozedur P1 wird umbenannt und erhält einen zusätzlichen Parameter, dessen Typ durch eine entsprechende Importklausel im Modulrumpf sichtbar gemacht wird. Ferner wird die Implementation von P2 gelöscht.

Eine Möglichkeit, das Aktualisieren zu realisieren, besteht darin, einen **Vergleich** zwischen der alten und der neuen bestimmenden Revision durchzuführen und dann die generierten Teile der abhängigen Revision anzupassen. Um den Vergleich durchzuführen, kann dasselbe Verfahren benutzt werden, das auch beim Verschmelzen von Revisionen eingesetzt wird. Um die generierten Teile der abhängigen Revision dann anzupassen, müssen die Korrespondenzen zwischen generierten und bestimmenden Inkrementen ermittelt werden. Diese brauchen nicht explizit durch Datenstrukturen dargestellt zu werden, sondern lassen sich mit Hilfe des verwendeten Transformationsverfahrens rekonstruieren.

Architekturrevision ar1

```
. . .
DATATYPE_MODULE M1;
  INTERFACE_PART
    EXPORT_PART
      TYPE T1;
        PROCEDURE P1(VAR F1 : T1);
        PROCEDURE P2(VAR F1 : T1);
    END;
  END;
  REALIZATION_PART
    . . .
  END;
END;
. . .
```

Modulrevision mr1

```
IMPLEMENTATION MODULE M1;
  . . .
  TYPE T1 = . . . ;
  PROCEDURE P1(VAR F1 : T1);
  BEGIN
    . . .
  END P1;
  PROCEDURE P2(VAR F1 : T1);
  BEGIN
    . . .
  END P2;
  . . .
END M1.
```

◄─· ConsWith ──

Architekturrevision ar1

```
. . .
DATATYPE_MODULE M1;
  INTERFACE_PART
    EXPORT_PART
      TYPE T1;
        PROCEDURE P1(VAR F1 : T1);
        PROCEDURE P2(VAR F1 : T1);
    END;
  END;
  REALIZATION_PART
    . . .
  END;
END;
. . .
```

Modulrevision mr1

```
IMPLEMENTATION MODULE M1;
  . . .
  TYPE T1 = . . . ;
  PROCEDURE P1(VAR F1 : T1);
  BEGIN
    . . .
  END P1;
  PROCEDURE P2(VAR F1 : T1);
  BEGIN
    . . .
  END P2;
  . . .
END M1.
```

◄─· ConsWith ──

HasSucc

Architekturrevision ar2

```
. . .
DATATYPE_MODULE M1;
  INTERFACE_PART
    BASED_ON_PART
      GENERAL_IMPORT_FROM M2 : T2;
    EXPORT_PART
      TYPE T1;
        PROCEDURE P3(VAR F1 : T1'; F2 : T2);
        PROCEDURE P2(VAR F1 : T1);
    END;
  END;
  REALIZATION_PART
    . . .
  END;
END;
. . .
```

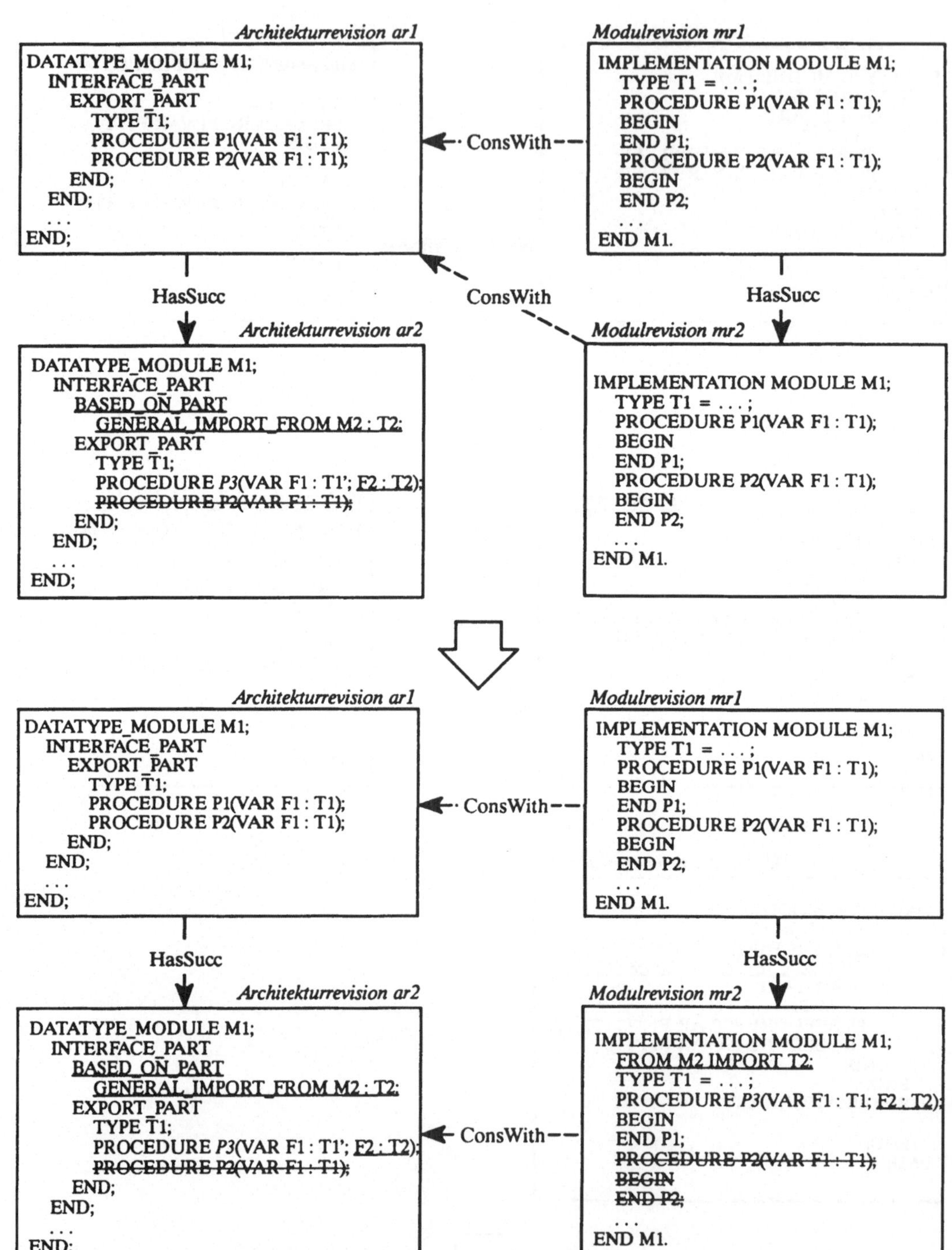

Abb. 2.11 Beispiel für das Aktualisieren einer abhängigen Revision

Dieser Ansatz hat jedoch folgende **Nachteile:**
- Er läßt sich nur einsetzen, wenn man Revisionen verwaltet. Dies ist eine zu starke Einschränkung, da es wünschenswert ist, das Aktualisieren auch in Softwareentwicklungsumgebungen anwenden zu können, in denen zu jedem Dokument nur dessen aktueller Zustand verwaltet wird (z.B. im IPSEN–Prototyp '88).
- Ferner wird vorausgesetzt, daß sich Korrespondenzen zwischen abhängigen und bestimmenden Inkrementen algorithmisch rekonstruieren lassen. Dies ist aber nur möglich, wenn eine Reihe einschränkender Annahmen erfüllt ist: Generierte Teile dürfen nicht verändert werden, beim Erzeugen einer Vorgabe sind keine Benutzerinteraktionen erforderlich (deterministische Transformation), und der Benutzer hat keine Möglichkeiten, selbst Korrespondenzen per Hand herzustellen (z.B. Referenzen von der technischen Dokumentation in dort beschriebene Dokumente).

Aus diesen Gründen haben wir uns dafür entschieden, Korrespondenzen explizit durch **graphübergreifende Kanten** darzustellen. Die Kanten werden als graphübergreifend bezeichnet, weil sie Knoten verschiedener Dokumentgraphen (z.B. eines Modulgraphen zur Darstellung einer Modulimplementation und eines Architekturgraphen zur Darstellung der Architektur eines Softwaresystems) miteinander verbinden. Anhand der graphübergreifenden Kanten wird, wie unten noch gezeigt wird, beim Aktualisieren festgestellt, was sich geändert hat. Dieser Ansatz ist insofern allgemeiner, als er sich auch in Softwareentwicklungsumgebungen ohne Revisionskontrolle einsetzen läßt. Ferner lassen sich damit auch dokumentübergreifende Relationen behandeln, die nicht algorithmisch rekonstruierbar sind (z.B. Referenzen in der Dokumentation).

Die in IPSEN verwendeten graphübergreifenden Kanten ähneln den **Links**, die in **Hypertextsystemen** /Co 87/ dazu benutzt werden, um nichthierarchische Beziehungen zwischen verschiedenen Bestandteilen eines strukturierten Textes (z.B. eines Aufsatzes) herzustellen. In folgenden Punkten unterscheidet sich jedoch die Behandlung von graphübergreifenden Kanten und Links:
- Während in Hypertextsystemen Links stets vom Benutzer, d.h. **manuell** eingetragen werden, werden in IPSEN graphübergreifende Kanten teilweise manuell (z.B. von der Dokumentation ausgehende Referenzen) und teilweise **automatisch** hergestellt. Letzteres geschieht, wenn der Übergang von einem Arbeitsbereich in einen anderen durch eine automatische Transformation unterstützt wird (z.B. Übergang vom Programmieren im Großen zum Programmieren im Kleinen).
- Während in Hypertextsystemen Links uneingeschränkt zwischen beliebigen Bestandteilen eines Hypertextes hergestellt werden dürfen, werden in IPSEN Operationen auf graphübergreifenden Kanten gemäß der durch den Revisionsgraphen festgelegten grobkörnigen Struktur eingeschränkt. Bevor der Benutzer beispielsweise von einer Dokumentationsrevision ausgehende Referenzen auf Inkremente eintragen kann, muß zu der jeweiligen Zielrevision eine entsprechende grobkörnige Relation hergestellt worden sein.

Dies ist wiederum nur möglich, wenn die für Revisionsgraphen definierten Konsistenzbedingungen eingehalten werden. Somit handelt es sich hier um ein **syntaxgesteuertes Hypertextsystem.**

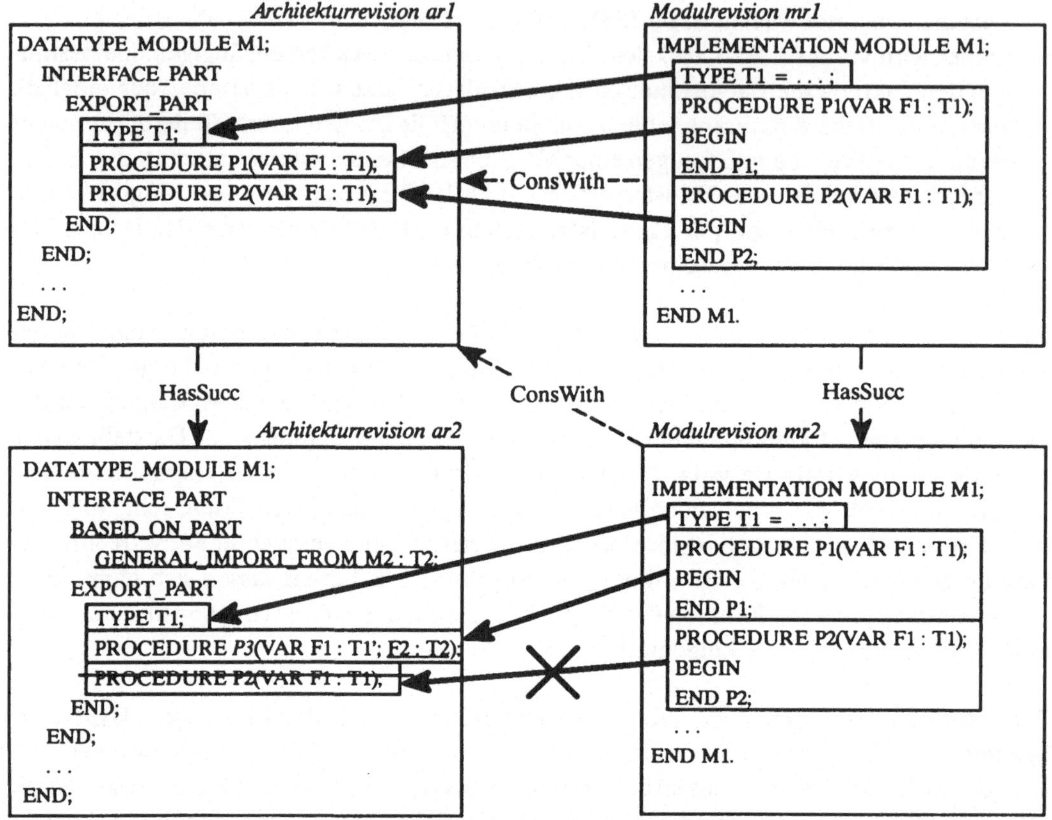

Abb. 2.12 Beispiel für den Einsatz graphübergreifender Kanten

Abb. 2.12 deutet an, wie **graphübergreifende Kanten** beim Aktualisieren abhängiger Revisionen **eingesetzt** werden. Die Abbildung zeigt die Situation, die unmittelbar vor der Anpassung von mr2 an ar2 vorliegt (s. auch Abb. 2.11). Beim Erzeugen einer Vorgabe werden graphübergreifende Kanten gezogen, die generierte Inkremente mit ihren Urbildern verbinden[3]. Beim Ableiten einer abhängigen Revision werden graphübergreifende Kanten zur bestimmenden Revision kopiert. Um die abhängige an eine neue bestimmende Revision anpassen zu können, werden die graphübergreifenden Kanten umgelenkt, sofern dies jeweils möglich ist (d.h. das entsprechende Inkrement in der neuen bestimmenden Revision noch

3. Man beachte, daß nur ein kleiner Teil dieser Kanten in der Abbildung eingezeichnet ist (nämlich zwischen Typ– bzw. Prozedurdeklarationen).

existiert). Mit Hilfe der nun vorliegenden graphübergreifenden Kanten wird dann die abhängige Revision aktualisiert. In unserem Beispiel geschieht dies auf folgende Weise[4]:

- Da in die Importklausel und die Deklaration des formalen Parameters F2 keine graphübergreifenden Kanten einlaufen, werden entsprechende Inkremente in der Modulrevision neu erzeugt und mit ihren Urbildern durch Kanten verbunden.
- Da es keine aus P2 auslaufende Kante mehr gibt, wird diese – beim Erzeugen als generiert gekennzeichnete – Prozedur aus der Modulimplementation entfernt.
- Schließlich wird durch einen Vergleich von Bezeichnern, die durch eine graphübergreifende Kante miteinander verbunden sind, festgestellt, daß in der Architektur der Bezeichner P1 durch P3 ersetzt wurde, und die entsprechende Änderung in der Modulimplementation durchgeführt.

Dieses Beispiel zeigt insbesondere, daß sich die Fälle **"Löschen einer Deklaration"** und **"Ändern eines Bezeichners"** mit Hilfe graphübergreifender Kanten **automatisch unterscheiden** lassen. Wären letztere nicht vorhanden, so hätte man nur die Wahl, sich beim Aktualisieren mehr oder weniger willkürlich für eine der beiden Möglichkeiten zu entscheiden oder den Benutzer zu fragen. In beiden Fällen sind die Konsequenzen unangenehm: Im ersten Fall wird u.U. eine falsche Entscheidung getroffen (z.B. eine alte Prozedurimplementation gelöscht und eine neue Prozedurimplementation mit leerem Rumpf erzeugt), im zweiten Fall sind viele Benutzerinteraktionen erforderlich.

Nachdem wir oben einen ersten Eindruck davon vermittelt haben, wie ein **inkrementeller Transformator** arbeitet, der Dokumente einer Quellsprache L (z.B. die IPSEN-MIL[5]) in Dokumente einer Zielsprache L' (z.B. Modula-2) transformiert, wenden wir uns nun der Frage zu, wie man einen solchen Transformator konstruiert. Offensichtlich ist es unbefriedigend, für jedes Paar von Sprachen einen Transformator von Grund auf neu schreiben zu müssen. Es ist wünschenswert, den Erstellungsaufwand in ähnlicher Weise zu reduzieren, wie dies etwa im Falle syntaxgestützter Editoren geschieht /Ko 91, Sc 91/. Dort wird aus einer normierten EBNF ein Teil des syntaxgestützten Editors (der kontextfreie Teil) automatisch erzeugt, ein weiterer Teil per Hand geschrieben, und den verbleibenden Teil bilden sprachunabhängige Basisbausteine. Es stellt sich nun die Frage, ob sich ein ähnlicher **allgemeiner Ansatz** auch bei der Erstellung eines inkrementellen Transformators verfolgen läßt.

Dies ist in der Tat der Fall, wenn man sich hinsichtlich der Klasse der untersuchten Transformationsprobleme einschränkt: Betrachtet man entsprechend dem Szenario, das dem IPSEN-Prototyp '88 zugrunde liegt, die Integration zwischen Architektur-, Modul- und Dokumentationsdokumenten, so stellt sich heraus, daß es sich dabei abgesehen von den Referenzen, die manuell in die Dokumentation eingetragen werden, i.w. um **automatische kontextfreie inkre-**

---

4. Man beachte, daß die Aktualisierung selbst in Abb. 2.12 nicht dargestellt ist.
5. "MIL" steht für "Module Interconnection Language".

mentelle 1:1–Transformationen handelt. Im folgenden beschränken wir uns darauf, diese Klasse von Transformationen zu untersuchen, und legen folgende **Annahmen** zugrunde:

- Es gibt eine **1:1–Beziehung zwischen** generierten **Bildinkrementen** des abhängigen Dokuments und den entsprechenden **Urinkrementen** des bestimmenden Dokuments. So wird z.B. jeder Prozedurdeklaration in der Schnittstelle eines Moduls, das in der Architektur spezifiziert wird, eine entsprechende Prozedurimplementation im Modulrumpf zugeordnet.

- Es gibt eine partielle Funktion, die einem Inkrementtyp der bestimmenden Sprache höchstens einen Inkrementtyp der abhängigen Sprache zuordnet (deterministische Transformation). Diese Funktion ist bezüglich der Inkrementtypzuordnung i.a. nicht injektiv. So gibt es z.B. in Modula–2 keine verschiedene Modularten, während in der IPSEN–MIL zwischen Datenobjekt–, Datentyp– und Funktionsmodulen unterschieden wird.

- Die Transformation ist **kontextfrei**, d.h. sie berücksichtigt nur die Baumstruktur eines Dokuments, während kontextsensitive Relationen keine Rolle spielen.

- Die ˮTopologieˮ des abstrakten Syntaxbaums wird durch die Transformation i.w. **nicht verändert**; d.h. Vater–Sohn–Beziehungen und die Reihenfolge in Listen bleiben erhalten.

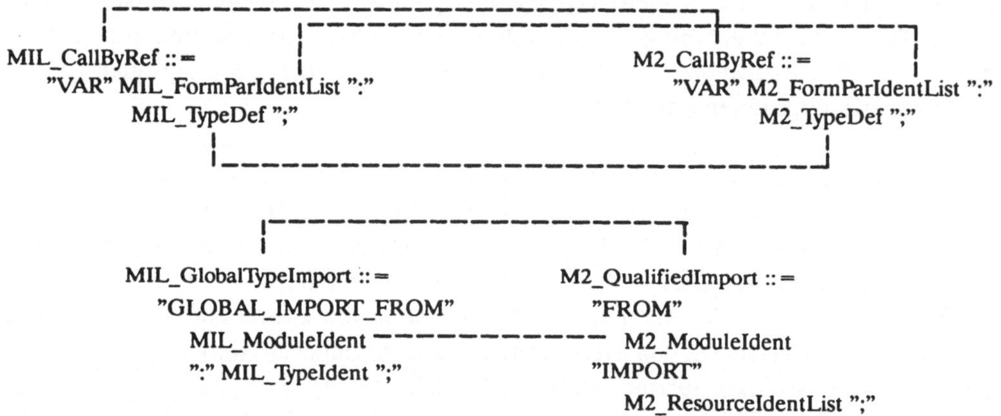

Abb. 2.13 Beispiele für Produktionskorrespondenzen

Die grundlegende Idee des Ansatzes besteht darin, Teile des Transformators aus einer Beschreibung von Beziehungen zwischen den EBNF's der Quell– bzw. Zielsprache zu generieren. Die Gesamtheit dieser Beziehungen wird als **EBNF-Korrespondenz** bezeichnet. Letztere setzt sich aus **Produktionskorrespondenzen** zusammen, die Beziehungen zwischen einzelnen Produktionen herstellen. Abb. 2.13 gibt dafür zwei Beispiele:

- Sowohl in der IPSEN–MIL als auch in Modula–2 können Prozeduren Variablenparameter haben. Daher läßt sich zwischen den entsprechenden Produktionen eine Korrespondenz herstellen, die sowohl die linken Seiten als auch die Bestandteile der rechten Seiten zueinander in Beziehung setzt.

- In ähnlicher Weise läßt sich auch eine Korrespondenz zwischen Typimporten in der IPSEN–MIL und qualifizierten Importen in Modula–2 herstellen. Bei der Betrachtung der rechten Seiten stößt man allerdings auf ein Problem: Im IPSEN–MIL–Typimport wird nur eine Ressource importiert (nämlich der von einem Datentypmodul exportierte Typ[6]), während im Modula–2–Import eine Liste von Ressourcen importiert wird. Zwischen dem Typbezeichner und der Liste von Ressourcenbezeichnern läßt sich keine Korrespondenz herstellen.

Das zweite Beispiel zeigt bereits, daß sich i.a. mit Hilfe von Produktionskorrespondenzen die Beziehungen zwischen den beteiligten Grammatiken nur unvollständig beschreiben lassen. Liegen die Grammatiken **schief** zueinander, so sind Sonderfallbehandlungen erforderlich (mehr dazu in Kapitel 6).

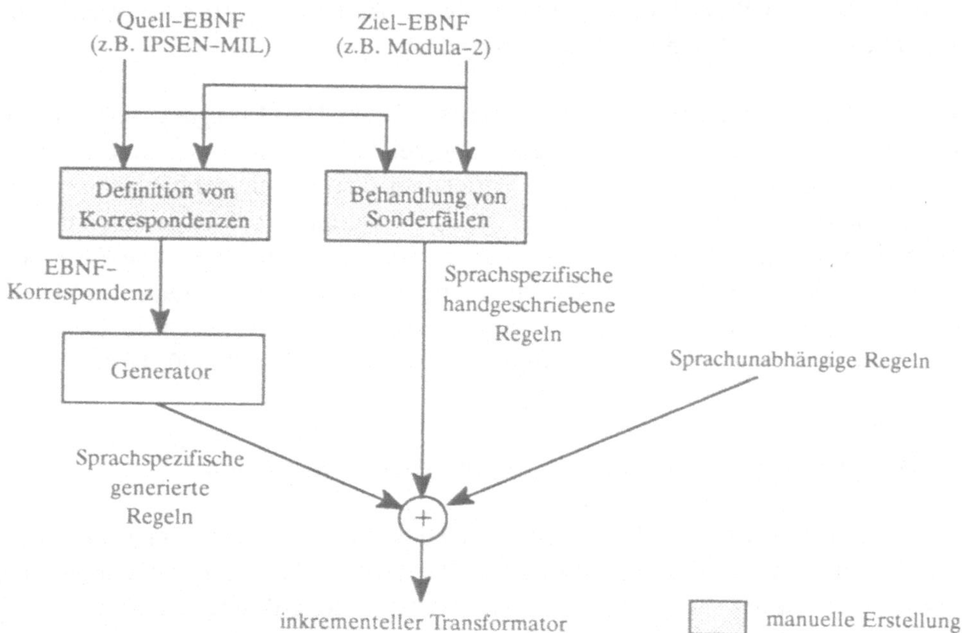

Abb. 2.14 Erstellung eines inkrementellen Transformators

Abb. 2.14 gibt einen Überblick über die **Vorgehensweise** bei der Erstellung eines inkrementellen Transformators. Als Ausgangspunkt dienen die normierten EBNF's der Quell– und der Zielsprache, die gleichzeitig auch den Aufbau der entsprechenden abstrakten Syntaxbäume festlegen. Zwischen den Regeln dieser EBNF's werden Korrespondenzen definiert, aus

---

6. Man beachte, daß der IPSEN–MIL–Typimport in der Modulschnittstelle steht. Die Zugriffsoperationen eines Datentypmoduls werden erst im Modulrumpf benötigt, dem jedoch eigene Importe zugeordnet sind.

denen sich (in Zukunft automatisch[7]) **sprachspezifische Transformationsregeln generieren** lassen. Hinzu kommt eine Reihe von **handgeschriebenen sprachspezifischen Transformationsregeln**. Die sprachspezifischen werden mit den **sprachunabhängigen Regeln** kombiniert, so daß insgesamt ein inkrementeller Transformator entsteht, der als abstrakte Syntaxgraphen dargestellte Dokumente der Quellsprache in die Zielsprache transformiert.

Um dem Leser ein Gefühl für die **Abgrenzung** zwischen den verschiedenen **Klassen** von **Regeln** zu vermitteln, greifen wir das **Beispiel** aus Abb. 2.12 noch einmal auf:

- Die Transformation des formalen Parameters läßt sich mit sprachspezifischen generierbaren und sprachunabhängigen Regeln bewerkstelligen.
- Im Gegensatz dazu werden bei der Transformation des Typimports auch sprachspezifische handgeschriebene Regeln eingesetzt (um den Bezeichner in der Ressourcenliste zu erzeugen und in Beziehung zum Typbezeichner zu setzen).
- Das Löschen der Prozedurdeklaration sowie das Ändern des Prozedurbezeichners läßt sich mit sprachunabhängigen Regeln abhandeln.

In Kapitel 6 wird der oben beschriebene Ansatz am Beispiel des **Übergangs** von der **IPSEN-MIL** nach **Modula-2** demonstriert. In diesem Beispiel liegt der Anteil der sprachspezifischen generierbaren, sprachspezifischen handgeschriebenen bzw. sprachunabhängigen Regeln bei etwa 42, 31 bzw. 27 % des Gesamtumfangs der Spezifikation, so daß insgesamt nur ca. 30 % des Transformators per Hand geschrieben werden muß. Dieses recht positive Ergebnis muß aber natürlich insofern relativiert werden, als bei größeren Unterschieden zwischen den beteiligten Sprachen auch der handgeschriebene Anteil größer wird (z.B. beim Übergang vom Requirements Engineering zum Programmieren im Großen /Le 90, Ja 92/).

2.4 Realisierung der Revisions- und Konsistenzkontrolle

Der Schwerpunkt dieses Buchs liegt auf der **Modellierungsebene**: Der Ansatz zur Revisionsund Konsistenzkontrolle, der in den bisherigen Abschnitten dieses Kapitels dargestellt wurde, wird in den Kapiteln 4–7 mit Hilfe von PROGRESS formalisiert. Darüber hinaus geht Kapitel 8 dann auf die Frage ein, wie sich die zuvor beschriebenen Konzepte **realisieren** lassen. Im folgenden geben wir einen kurzen Überblick über die dort behandelten Probleme und Lösungsansätze.

Bei der **Entwicklung von Werkzeugen** ist i.a. eine Fülle von Problemen auf unterschiedlichen Ebenen zu lösen: Die Funktionalität muß beschrieben werden, die Benutzerschnittstelle muß geeignet gestaltet werden, es müssen Architekturüberlegungen angestellt werden, und die Bausteine der Architektur müssen schließlich in eine möglichst effiziente Implementierung

---

7. Ein entsprechender Generator ist noch nicht realisiert.

umgesetzt werden. Diese Fragen sind zu einem großen Teil allgemeiner Natur, d.h. nicht spezifisch für die Revisions- und Konsistenzkontrolle. Allgemeine Fragen, die die Werkzeugentwicklung im Rahmen des IPSEN-Projekts betreffen, werden in /Sc 91, Le 88, En 86, Sc 86/ diskutiert. Wir gehen also im folgenden nur auf die speziellen Probleme ein, die bei der Realisierung von Werkzeugen zur Revisions- und Konsistenzkontrolle entstehen. Dabei beschränken wir uns auf die Erläuterung von Erweiterungen der Basisschichten, auf denen die Werkzeuge aufsetzen.

Wir konzentrieren uns hier auf Probleme, die im Zusammenhang mit dem **GRAS-System** stehen, das in IPSEN als Basiskomponente zur Speicherung und Bearbeitung von Graphen seit vielen Jahren erfolgreich eingesetzt wird. Im Zuge der Revisions- und Konsistenzkontrolle haben sich allerdings einige Mängel gezeigt, die sowohl zu Erweiterungen von GRAS selbst als auch zur Entwicklung allgemeiner Hilfsbausteine oberhalb von GRAS geführt haben.

Insbesondere werden in Kapitel 8 folgende Probleme diskutiert:
- Im Bereich der **Revisionskontrolle** ist auf der Realisierungsebene darauf zu achten, daß die Revisionen eines Dokuments speicherplatzeffizient abgespeichert werden. Dies läßt sich mit Hilfe von **Deltas** erreichen: Es werden nicht alle Revisionen vollständig abgespeichert, sondern sie werden größtenteils mit Hilfe von Folgen von Änderungsoperationen rekonstruiert.
- Im Bereich der **Konsistenzkontrolle** spielen, wie in Abschnitt 2.3 gezeigt wurde, **graphübergreifende Kanten** eine zentrale Rolle. Da diese nicht von GRAS unterstützt wurden, mußte eine Realisierung graphübergreifender Kanten entwickelt werden, die die Anforderungen der Konsistenzkontrolle erfüllt.

Im folgenden gehen wir lediglich auf Deltas ein und verschieben die Diskussion der graphübergreifenden Kanten auf Kapitel 8, da in diesem Zusammenhang technische Details besprochen werden müssen, deren Behandlung nicht in den Rahmen des vorliegenden Kapitels paßt.

Um Revisionen eines Dokuments effizient abzuspeichern, lassen sich Deltas einsetzen. Ein **Delta** ist eine Folge von Änderungsoperationen, die, angewendet auf eine Revision r1, eine weitere Revision r2 liefert. Ist r1 Vorgänger von r2, so spricht man von einem **Vorwärtsdelta**; ist dagegen r1 Nachfolger von r2, so handelt es sich um ein **Rückwärtsdelta**.

Abb. 2.15 demonstriert einige Möglichkeiten zum Einsatz von Deltas. In Teil a) werden die Nachfolgerelationen zwischen den Revisionen eines Dokuments dargestellt. Die Teile b)–d) zeigen dann verschiedene mögliche Rekonstruktionsrelationen. Dabei stehen zwei Revisionen r und r' in einer **Rekonstruktionsrelation**, wenn r' sich aus r durch Anwenden eines Deltas rekonstruieren läßt. Im einzelnen zeigen die Teilabbildungen b)–d) folgende Möglichkeiten:

b) **Nur Vorwärtsdeltas:** Nur die Wurzel des Revisionsgeflechts wird vollständig abgespeichert; alle anderen Revisionen werden aus ihr mit Hilfe von Vorwärtsdeltas rekonstruiert.

c) **Vorwärts– und Rückwärtsdeltas:** Diese Art der Abspeicherung wird z.B. in RCS /Ti 85/ dazu benutzt, Revisionsbäume abzuspeichern. In RCS hat ein Revisionsbaum einen ausgezeichneten Stamm, dessen jüngste Revision (dies sei hier r4) vollständig abgespeichert wird. Aus dieser Revision werden alle anderen Revisionen mit Hilfe von Deltas rekonstruiert. Diese Lösung verursacht im Mittel den gleichen Speicherplatzbedarf wie Lösung a), führt jedoch zu einem durchschnittlich geringeren Rekonstruktionsaufwand, da i.a. auf jüngere Revisionen mit höherer Wahrscheinlichkeit zugegriffen wird als auf ältere.

d) **Nur Rückwärtsdeltas:** Alle Blätter eines Revisionsgeflechts werden vollständig abgespeichert. Um eine innere Revision zu rekonstruieren, gibt es dann i.a. mehrere Möglichkeiten, aus denen die effizienteste auszuwählen ist. Diese Lösung erfordert gegenüber b) und c) einen höheren Speicherplatzaufwand, führt aber zu geringeren Rekonstruktionszeiten.

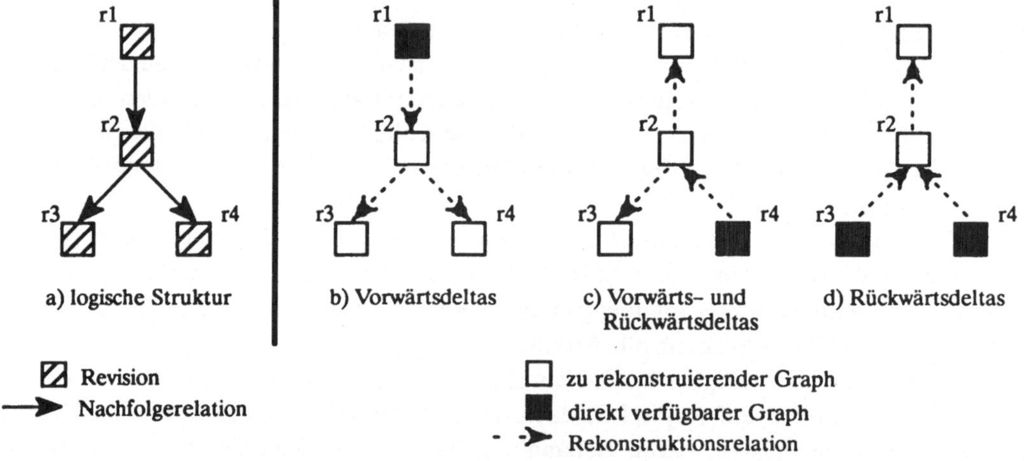

Abb. 2.15 Möglichkeiten zum Einsatz von Deltas

Bisher wurde die effiziente Abspeicherung von Revisionen durch GRAS nicht unterstützt: Um eine neue Revision aus einer bereits bestehenden ableiten zu können, muß der Inhalt der letzteren kopiert werden. Zu diesem Zweck wurde bisher von GRAS eine Operation Copy-Graph angeboten, die einen Graphen nicht nur logisch, sondern auch physikalisch kopiert. Darüber hinaus wird nun eine weitere Operation **DeltaCopyGraph** bereitgestellt, die eine logische, aber nicht eine physikalische Kopie zieht (Abb. 2.16). DeltaCopyGraph sorgt dafür, daß in Zukunft einer der beiden Graphen aus dem anderen mittels eines **Graphdeltas** rekonstruiert wird und somit nicht explizit abgespeichert wird. Der Parameter Forward legt dabei die Richtung des Deltas (Vorwärts– bzw. Rückwärtsdelta) fest. Die Semantik der übrigen von GRAS angebotenen Verwaltungsoperationen (z.B. Öffnen, Schließen, Löschen von Graphen) bleibt unverändert; allerdings wird deren Implementierung modifiziert. So wird z.B. beim Öffnen der als Parameter übergebene Graph ggf. durch Anwenden von Deltas rekonstruiert.

```
PROCEDURE DeltaCopyGraph(Pool : Poolname;
                         SourceGraph, TargetGraph : Graphname;
                         Forward : BOOLEAN;
                         VAR Status : TStatus);
   (*  kopiert im Graphpool Pool den Graphen SourceGraph in den Graphen TargetGraph. Falls Forward
       = TRUE gilt, wird TargetGraph aus SourceGraph mittels eines zunächst leeren Vorwärtsdeltas re-
       konstruiert. Falls Forward = FALSE gilt, wird umgekehrt SourceGraph aus TargetGraph mittels
       eines zunächst leeren Rückwärtsdeltas rekonstruiert. *)
```

Abb. 2.16 Operation zum effizienten Kopieren eines Graphen

Um das effiziente Kopieren von Graphen, aber auch die übrigen Verwaltungsoperationen zu realisieren, benutzt GRAS intern eine graphartige Datenstruktur, die als **Verwaltungsgraph** bezeichnet wird und Graphen sowie die zwischen ihnen bestehenden Graphdeltas verwaltet. Um die Struktur von Verwaltungsgraphen sowie die zwischen ihnen bestehenden Graphdeltas zu spezifizieren, wurde PROGRESS eingesetzt. Die Modellierung mit Graphen spielt also auch bei der Realisierung der Revisionskontrolle eine wichtige Rolle.

Ein Verwaltungsgraph setzt sich aus folgenden **Bestandteilen** zusammen (s. Abb. 2.17, die ein Beispiel für einen Verwaltungsgraphen und seine Beziehung zum Revisionsgraphen gibt):

* **Zustandsknoten**, die Graphzustände repräsentieren. Ein Zustand ist entweder **direkt verfügbar**, oder er wird durch Anwendung von Deltas rekonstruiert. Ferner lassen sich Zustände danach klassifizieren, ob sie für die Anwendung **sichtbar** sind oder nur als (interne) Zwischenzustände bei der Rekonstruktion sichtbarer Zustände dienen.
* **Deltaknoten**, die Folgen von innerhalb einer Sitzung ausgeführten Operationen repräsentieren.
* **Rekonstruktionskanten**, die beschreiben, auf welchen Quellzustand ein Delta angewendet wird und welchen Zielzustand man durch Anwenden des Deltas erhält.

Abb. 2.18 gibt ein Beispiel für den **Einsatz von Verwaltungsgraphen**:
* **Ableiten einer Revision:** Wendet man auf den Graphen r2 die Operation DeltaCopyGraph mit dem Parameter FALSE an, so wird ein direkt verfügbarer, sichtbarer Zustand eingeführt, der den Graphen r4 repräsentiert und mit r2 durch ein zunächst leeres Rückwärtsdelta verbunden ist.
* **Edieren einer Revision:** Beim Öffnen von r4 sind keine Rekonstruktionen erforderlich, da r4 direkt verfügbar ist. Während des Edierens werden sämtliche Änderungsoperationen und deren Inversen protokolliert. Letztere bilden dann beim Schließen das Rückwärts-

delta. Im Verwaltungsgraphen wird – aus technischen Gründen – ein indirekt verfügbarer, unsichtbarer Zwischenzustand eingeführt, der den Zustand beim Öffnen von r4 repräsentiert. Ferner werden der neue Zustand von r4 und das Rückwärtsdelta in den Verwaltungsgraphen eingetragen.

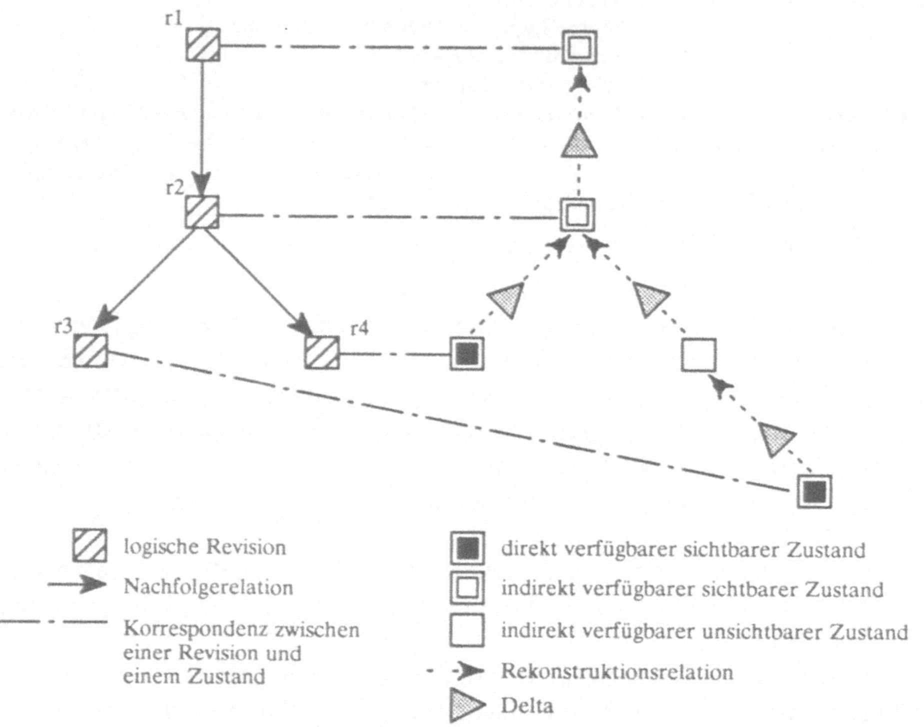

Abb. 2.17 Beispiel für einen Verwaltungsgraphen (rechts) und seine Beziehung zum Revisionsgraphen (links)

Die oben beschriebene GRAS-Erweiterung um Graphdeltas zeichnet sich durch folgende **Eigenschaften** aus:

- **Allgemeiner Mechanismus:** Mit Hilfe von Graphdeltas lassen sich Revisionen beliebiger, als Graphen dargestellter Dokumente (Anforderungsdefinitionen, Architekturen, Modulimplementationen etc.) effizient abspeichern. Dies entbindet die Anwendungen von der Aufgabe, für jede Graphenklasse auch ein entsprechendes Verfahren zur effizienten Abspeicherung von Revisionen zur Verfügung zu stellen.

- **Flexibler Einsatz von Deltas:** Es wird von der Anwendung entschieden, ob und ggf. in welcher Weise Deltas zur Abspeicherung von Revisionen benutzt werden. Dies ermöglicht es der Anwendung, einen geeigneten Kompromiß zwischen dem Speicherplatzbedarf zur Abspeicherung von Revisionen und dem Laufzeitbedarf zu ihrer Rekonstruktion festzulegen.

- **Trennung von Revisionsmodell und Deltas:** Es wird kein Revisionsmodell in GRAS verankert. Zum einen wird dadurch vermieden, daß man sich auf ein spezielles Revisionsmodell festlegt, das nicht allgemein akzeptiert wird. Zum anderen würde die Einführung eines Revisionsmodells implizieren, daß an der GRAS–Schnittstelle Revisionsgraphen mit vordefinierter Struktur verwaltet werden müßten. Die Orthogonalität des bisherigen Ansatzes, durch GRAS lediglich allgemeine Operationen auf beliebigen Graphen zur Verfügung zu stellen und Graphenklassen ausschließlich oberhalb von GRAS zu spezifizieren, ginge verloren.

- **Automatische Verwaltung von Deltas:** Die Anwendung steuert zwar, ob bzw. in welcher Weise Graphdeltas benutzt werden. Die Abspeicherung und Anwendung von Deltas – insbesondere die Auswahl des günstigsten Rekonstruktionswegs – wird aber von GRAS selbst übernommen und bleibt für die Anwendung unsichtbar, die sich um diese Aufgaben also nicht zu kümmern braucht.

- Es werden sowohl **Vorwärts–** als auch **Rückwärtsdeltas** unterstützt.

- Deltas werden durch **Protokollieren** gewonnen, d.h. die Änderungsoperationen, die auf einen Graphen angewendet werden, werden mitsamt ihren Inversen aufgezeichnet und später als Deltas genutzt. Dies hat den Vorteil, daß zur Realisierung von Deltas, Undo/Redo und Transaktionen jeweils derselbe **Basismechanismus** verwendet werden kann.

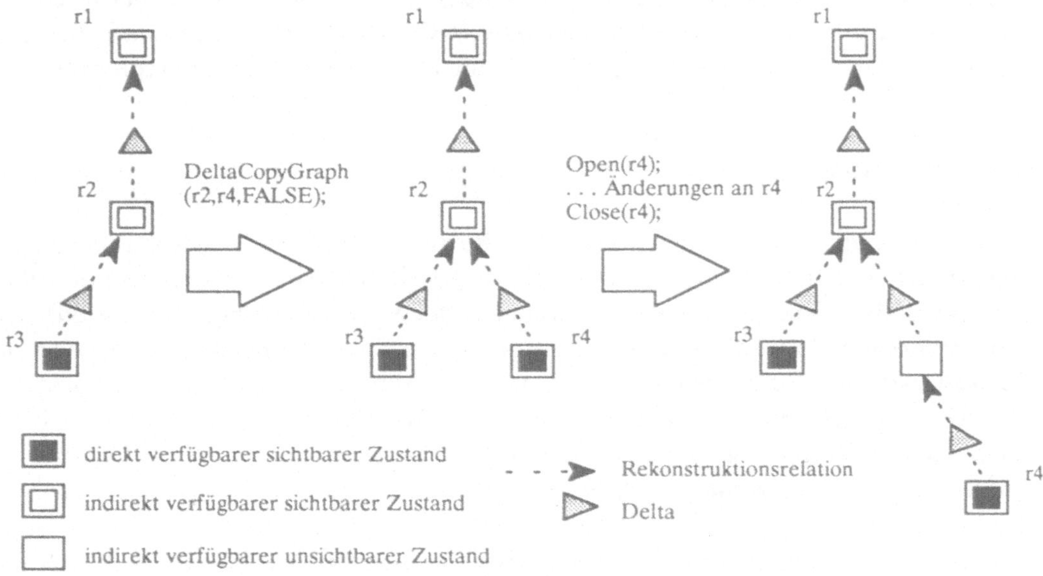

Abb. 2.18 Beispiel für den Einsatz von Verwaltungsgraphen

Auf den letzten Punkt gehen wir nun noch ausführlicher ein: Folgen von Änderungsoperationen sind nicht nur für die effiziente Abspeicherung von Revisionen bedeutsam, sondern spielen auch bei der Realisierung von **Undo** und **Redo** eine Rolle. Mit Undo bzw. Redo wird im folgenden das Zurücksetzen bzw. erneute Ausführen von Benutzerkommandos bezeichnet. In interaktiven Systemen sind Undo und Redo von großem Nutzen, da sie es dem Benutzer ermöglichen, versehentlich durchgeführte Änderungen rückgängig zu machen, beim interaktiven Testen von Programmen die Ausführung vor- und rückwärtslaufen zu lassen, etc. Undo und Redo werden in diesem Buch unter dem Begriff **Benutzer-Recovery** zusammengefaßt (durch den Benutzer gesteuerte Recovery-Maßnahmen).

Im Gegensatz dazu stehen Recovery-Maßnahmen, die vom System ergriffen werden, z.B. um nach Systemabstürzen oder im Falle von Änderungen, die zu logischen Inkonsistenzen führen, logisch konsistente Zustände zu rekonstruieren. Es handelt sich dabei um interne Mechanismen, die unter dem Begriff **System-Recovery** zusammengefaßt werden. In diese Kategorie fallen beispielsweise **Transaktionen**. Transaktionen dienen dazu, logisch zusammengehörige Operationen zusammenzufassen, die konsistenzerhaltende Zustandsübergänge bewirken und entweder als Ganzes oder überhaupt nicht wirksam werden (Atomarität).

In allen oben aufgeführten Bereichen (Deltas, Benutzer-Recovery, System-Recovery) spielen also Folgen von Änderungsoperationen eine zentrale Rolle. Daher fassen wir diese Bereiche unter dem Begriff der **Änderungsverwaltung** zusammen. Eine wesentliche Eigenschaft unseres Ansatzes zur Änderungsverwaltung besteht darin, daß die verschiedenen Bereiche integriert behandelt werden, indem sie auf den gleichen Basismechanismus zurückgeführt werden. Wie dies geschieht, wird in Kapitel 8 noch ausführlicher besprochen.

2.5 Zusammenfassung

In diesem Kapitel haben wir einen Ansatz zur Revisions- und Konsistenzkontrolle in einer integrierten Softwareentwicklungsumgebung dargestellt. Dabei wurde zwischen Modellierungs- und Realisierungsaspekten unterschieden. Bei der Modellierung der Revisions- und Konsistenzkontrolle wurde zunächst die grobkörnige Ebene betrachtet, auf der von der Internstruktur der Revisionen abstrahiert wird. Es wurden Revisionsgraphen eingeführt, deren Knoten Dokumente und Revisionen und deren Kanten Revisions-, Nachfolge-, Konsistenz- und Abhängigkeitsrelationen repräsentieren. Bei der Modellierung von Operationen auf Revisionsgraphen wurde ein mehrschichtiger Ansatz verfolgt, wobei das Konsistenzkontrollmodell und das Szenario als Parameter eingingen. Auf der feinkörnigen Ebene wurde zunächst die Revisionskontrolle betrachtet. Es wurde ein strukturbezogenes Verfahren zum Verschmelzen von Revisionen beschrieben, das auf abstrakten Syntaxgraphen basiert und sowohl kontextfreie als kontextsensitive Relationen berücksichtigt. Danach wurde die Konsistenzkontrolle betrachtet. Hier wurde zunächst die zentrale Rolle graphübergreifender Kanten verdeutlicht und anschließend ein allgemeiner Ansatz zur inkrementellen, kontextfreien 1:1-Transformation von bestimmenden in abhängige Dokumente skizziert. Dabei wurde wiederum vorausgesetzt, daß Dokumente intern als abstrakte Syntaxgraphen modelliert sind. Schließlich wurde auf der Realisierungsebene die Frage behandelt, wie sich Revisionen eines Dokuments effizient mit Hilfe von Graphdeltas abspeichern lassen. In allen angesprochenen Bereichen wurde großer Wert darauf gelegt, den verfolgten Ansatz so allgemein wie möglich zu halten und dabei dennoch ein möglichst hohes Maß an Strukturbezogenheit und Intelligenz zu erreichen.

3 Andere Ansätze zur Konfigurationsverwaltung

Nachdem im letzten Kapitel ein Ansatz zur Revisions- und Konsistenzkontrolle in einer integrierten Softwareentwicklungsumgebung beschrieben wurde, wird in diesem Kapitel nun ein Überblick über **andere Ansätze** gegeben. Dabei beschränken wir uns nicht auf die Revisions- und Konsistenzkontrolle, sondern gehen auf das diese Bereiche umfassende Gebiet der **Konfigurationsverwaltung** ein.

Das vorliegende Kapitel ist folgendermaßen **gegliedert:** In Abschnitt 3.1 befassen wir uns zunächst mit der Frage, in welcher Weise wichtige Grundbegriffe wie Version, Konfiguration, Variante, Familie und Revision in der Literatur definiert werden. In Abschnitt 3.2 beschäftigen wir uns dann mit Werkzeugen, die die Konfigurationsverwaltung unterstützen und die nach den von ihnen abgedeckten Aufgaben, den zugrundeliegenden Begriffen und dem Typ der Entwicklungsumgebung klassifiziert werden können. In Abschnitt 3.3 fassen wir schließlich die Erkenntnisse zusammen, die wir bei dem Studium der verschiedenen Ansätze gewonnen haben.

Das Ziel dieses Kapitels besteht darin, einen **Überblick über den Stand der Technik** auf dem Gebiet der Konfigurationsverwaltung zu vermitteln. Dem Leser soll ein Gefühl dafür vermittelt werden, welche Probleme in diesem Bereich studiert werden, auf welche Weise Grundbegriffe wie Konfiguration, Variante und Revision gebraucht werden und welche typischen Werkzeuge zur Konfigurationsverwaltung entwickelt worden sind. Anhand dieses Überblicks läßt sich dann der in IPSEN verfolgte Ansatz zur Revisions- und Konsistenzkontrolle hinsichtlich der gewählten Grundbegriffe und der Funktionalität der Werkzeuge einordnen.

Als **Ergänzung** zu dem hier präsentierten Material seien dem Leser, der sich einen Überblick über den Stand der Technik auf dem Gebiet der Konfigurationsverwaltung verschaffen möchte, vor allem die Tagungsbände /Wi 88/, /Wi 89/ und /Fe 91/ empfohlen. Das vorliegende Kapitel kann eine grundlegende Einführung in die Konfigurationsverwaltung nicht ersetzen. In diesem Zusammenhang verweisen wir insbesondere auf die Lehrbücher /BHS 80/ und /Ba 86/.

3.1 Grundbegriffe

Wichtige **Grundbegriffe** der Konfigurationsverwaltung wie Version, Variante, Revision, Konfiguration und Familie werden in der Literatur in vielen **unterschiedlichen Bedeutungen** verwendet. In diesem Abschnitt soll nun versucht werden, einen Überblick über die verschiedenen Ansätze zu vermitteln, indem einige Kriterien zu ihrer Klassifizierung angegeben werden. Als Ausgangspunkt wählen wir den Begriff der Version:

Eine **Version** ist eine von mehreren Ausprägungen eines Objekts.

Dabei lassen wir zunächst offen, was ein Objekt ist und was wir unter einer Ausprägung im einzelnen verstehen. Ausgehend von dieser diffusen Charakterisierung verschaffen wir uns dann allmählich eine präzisere Vorstellung von den verschiedenen Ansätzen zur Definition der Grundbegriffe der Konfigurationsverwaltung.

Versionen lassen sich nach folgenden Kriterien klassifizieren:

3.1.1 Versionen auf unterschiedlichen Systemebenen

Versionen werden auf **unterschiedlichen Ebenen** eingesetzt /Wi 87a/. Definiert man die Benutzerschnittstelle einer Softwareentwicklungsumgebung als Trennlinie, so kann man zwischen externen und internen Versionen unterscheiden:

- **Externe Versionen** sind für den Benutzer sichtbar. Es handelt sich um Objektversionen, die vom Benutzer manipuliert werden.
- **Interne Versionen** sind für den Benutzer unsichtbar. Sie dienen typischerweise als Hilfsmittel, um bestimmte Funktionen von Datenbanksystemen zu realisieren. Dies betrifft zum einen die ordnungsgemäße Abarbeitung parallel ablaufender Transaktionen (concurrency control) und zum anderen die Wiederherstellung eines konsistenten Zustands nach einem Systemausfall (recovery).

Im folgenden werden wir uns ausschließlich mit externen Versionen beschäftigen. Dabei lassen wir der Einfachheit halber den Zusatz "extern" weg.

3.1.2 Heterogenität/Homogenität der Versionsmenge

Die **Versionen** eines Objekts bilden eine **Menge**, die entweder heterogen oder homogen sein kann:

- Die Versionsmenge heißt **heterogen**, wenn ihre Elemente in unterschiedlichen Notationen vorliegen. Man spricht in diesem Zusammenhang auch von unterschiedlichen **Repräsentationen** eines Objekts. Als Beispiele lassen sich etwa die Quelltext– und die übersetzte Fassung eines Moduls anführen.
- Die Versionsmenge heißt **homogen**, wenn alle ihre Elemente in derselben Notation vorliegen. Als Beispiel lassen sich verschiedene Versionen des Quelltextes eines Moduls anführen.

Der Begriff der Version wird in diesen beiden Fällen völlig unterschiedlich verwendet:

- Im ersten Fall sind Versionen **qualitativ verschiedene Repräsentationen** desselben Objekts. Die Versionsmenge enthält für jeden Repräsentationstyp genau ein Objekt und entspricht somit einem Verbund im Sinne klassischer Programmiersprachen.
- Im zweiten Fall werden verschiedene **konkrete Objekte** desselben Typs unter einem **abstrakten Objekt** subsumiert. Die Versionen bilden eine Menge, deren Kardinalität beliebig variieren darf. Die Versionsmenge wird häufig als **Familie** bezeichnet, um die Verwandtschaft der einzelnen Versionen zum Ausdruck zu bringen.

In der Literatur zur Konfigurationsverwaltung wird der Begriff Version vorwiegend in der zuletzt beschriebenen Bedeutung verwendet. Wir schließen uns im folgenden dieser Begriffsbildung an.

3.1.3 Manuelle/automatische Erzeugung von Versionen

Bei den unter Versionskontrolle gestellten Objekten wird häufig zwischen Quellobjekten und abgeleiteten Objekten unterschieden /Ti 88/. Ein **Quellobjekt** wird manuell vom Benutzer mit Hilfe eines Editors erstellt; als typisches Beispiel läßt sich der Quelltext eines Moduls anführen. Ein **abgeleitetes Objekt** – z.B. der entsprechende übersetzte Code – wird dagegen automatisch erzeugt.

In manchen Fällen ist die **Unterscheidung** zwischen Quellobjekten und abgeleiteten Objekten **problematisch.** Es gibt abgeleitete Objekte, die manuell modifiziert werden. Dies gilt z.B. für die zunächst automatisch erzeugte graphische Repräsentation einer Architektur, die anschließend vom Benutzer "verschönert" wird, oder für "geflickte" Zielprogramme. Ähnliches gilt auch für eine Programmiervorgabe, die vom Modulimplementierer ausgefüllt wird.

Im folgenden sprechen wir nur dann von einem abgeleiteten Objekt, wenn es vollständig automatisch erzeugt werden kann (z.B. übersetzter Code). In **unserem Ansatz** zur Revisions- und Konsistenzkontrolle spielen im Sinne dieser Definition nur **Quellobjekte** eine Rolle. Mit der Verwaltung abgeleiteter Objekte werden wir uns dagegen nicht auseinandersetzen. Wir werden später noch sehen, daß abgeleitete Objekte insbesondere in Werkzeugkasten–Umgebungen, in denen Texteditoren und Compiler verwendet werden, eine große Rolle spielen.

3.1.4 Arten versionierter Objekte

Bisher haben wir eine Version als eine Ausprägung eines Objekts definiert und dabei offengelassen, was ein Objekt ist. Ansätze zur Versionskontrolle lassen sich anhand der Arten der versionierten Objekte klassifizieren. Zu diesem Zweck lassen sich folgende Kriterien verwenden:

- Allgemeinheit
- zugrundeliegendes Datenmodell
- Granularität

3.1.4.1 Allgemeinheit

Ein Versionsmodell kann sich entweder auf eine spezifische Klasse von Objekten beziehen, oder es bezieht sich auf Objekte, von deren konkreten Eigenschaften abstrahiert wird. Hinsichtlich des **Abstraktionsgrades** reicht das Spektrum von spezifischen Modellen, die sich z.B. auf Module einer bestimmten Programmiersprache beziehen (z.B. Cedar /LS 83/ oder Ada /Wi 85/), über Modelle, die ebenfalls auf Modulen basieren, jedoch von der zugrundeliegenden Programmiersprache abstrahieren /Es 85/, bis zu allgemeinen Modellen, die sich auf beliebige, z.B. in Form von Dateien dargestellte Objekte beziehen /Ti 85, LM 85/.

Unser Ansatz zur Revisions- und Konsistenzkontrolle ist insofern allgemein, als er sich auf beliebige Softwaredokumente bezieht, es wird aber vorausgesetzt, daß diese in bestimmter Weise intern modelliert werden (s.u.).

3.1.4.2 Zugrundeliegendes Datenmodell

Bei den allgemeinen Versionsmodellen hängt die Bedeutung des Begriffs Objekt davon ab, auf welches **Datenmodell** man Bezug nimmt. In Softwareentwicklungsumgebungen, die ein konventionelles Dateiverwaltungssystem zur Datenhaltung verwenden, ist ein Objekt eine Datei; häufig handelt es sich dabei um Textdateien /Ti 85/. Dagegen basieren strukturbezogene Softwareentwicklungsumgebungen häufig auf abstrakten Syntaxbäumen (z.B. /BS 86, RT 88/) oder Graphen (z.B. /LS 88, WWFT 88/). Schließlich sind auch im Bereich der Nichtstandard-Datenbanksysteme Ansätze zur Versionsverwaltung entwickelt worden, die jeweils auf das zugrundeliegende Datenmodell Bezug nehmen. Dies kann z.B. ein objektorientiertes Modell /Zd 86/ oder ein Entity-Relationship-Modell /DGL 86, BMT 88/ sein.

In unserem Ansatz zur Revisions- und Konsistenzkontrolle legen wir generell Graphen zugrunde und setzen an einigen Stellen (beim Verschmelzen von Revisionen und der Kontrolle der externen Konsistenz) voraus, daß Softwaredokumente intern als abstrakte Syntaxgraphen modelliert sind.

3.1.4.3 Granularität

Ein weiteres Kriterium zur Klassifizierung von Versionsmodellen ist die Größe der versionierten Objekte. Ein Softwaresystem läßt sich als ein **komplexes Objekt** auffassen, das sich aus Teilsystemen, Modulen und schließlich aus Modulfragmenten zusammensetzt. Auf jeder dieser Ebenen können Versionen abnehmender Größe verwaltet werden.

Definiert man entsprechend der Abgrenzung zwischen Programmieren im Großen und Programmieren im Kleinen die Modulebene als Trennlinie, so lassen sich **Versionen im Großen** und **Versionen im Kleinen** unterscheiden /WS 88/. Im Bereich des Programmierens im Großen werden Versionen von Softwaresystemen, Teilsystemen und Modulen betrachtet. Im Bereich des Programmierens im Kleinen geht es um die Frage, wie eine Modulversion sich aus Versionen von Modulfragmenten zusammensetzt. In strukturbezogenen Ansätzen sind solche Fragmente syntaktische Einheiten der Programmiersprache; liegen Textdateien zugrunde, so handelt es sich um Folgen von Textzeilen.

Aus der Perspektive des Programmierens im Großen sind Modulversionen atomare Objekte, die zu Versionen von Teilsystemen und Versionen vollständiger Softwaresysteme zusammengesetzt werden. Versionen von zusammengesetzten Objekten werden auch als **Konfigurationen** bezeichnet. In diesem Sinn haben wir den Begriff "Konfiguration" in Kapitel 1 auch eingeführt. Einigen Ansätzen zur Konfigurationsverwaltung liegt ein zweistufiges Modell zugrunde, in dem eine Konfiguration als eine Menge von Modulversionen definiert wird /Ti 85/. In anderen Ansätzen lassen sich Konfigurationen schachteln /Es 85/. Auf diese Weise wird erreicht, daß sich eine Konfiguration eines vollständigen Softwaresystems aus Konfigurationen von Teilsystemen zusammensetzen läßt.

Nicht alle Ansätze zur Versionsbildung im Großen betrachten Modulversionen als atomare Objekte. In einigen neueren Ansätzen werden vollständige Softwaresysteme als atomare Objekte angesehen, d.h. es gibt nur Versionen ganzer Softwaresysteme und nicht mehr Versionen von Teilsystemen oder Modulen /Li 89, Re 89, AHM 89, MSK 89/. Diese Ansätze bezeichnen wir als **systemorientiert**, während die bisher betrachteten Modelle als **komponentenorientiert** einzustufen sind.

Komponentenorientierte und **systemorientierte Ansätze** haben zueinander **komplementäre Eigenschaften:**
- Die **komponentenorientierten Ansätze** gehen davon aus, daß ein Modul eine logisch abgeschlossene Einheit bildet, die auch getrennt von anderen Einheiten gewartet werden sollte. Zu jedem Modul werden Versionen verwaltet, die in geeigneter Weise zu Konfigurationen zusammengesetzt werden müssen. Einerseits erreicht man dadurch eine hohe Flexibilität hinsichtlich der Konstruktion von Konfigurationen; andererseits erweist sich die Aufgabe, die jeweils geeigneten Versionen auszuwählen und konsistent zu kombinieren, bei großen Softwaresystemen als außerordentlich komplexes Problem.
- Um das Problem der Versionsauswahl zu vereinfachen, werden in den **systemorientierten Ansätzen** von vornherein nur Versionen ganzer Softwaresysteme betrachtet. Es wird eine ganzheitliche Perspektive eingenommen: Logisch zusammengehörige Änderungen,

die mehrere Module betreffen, werden zusammengefaßt und führen insgesamt zu einer neuen Version des Softwaresystems. Der Vorteil der systemorientierten Ansätze besteht. darin, daß das Problem, Modulversionen in geeigneter Weise zu kombinieren, a priori vermieden wird. Andererseits geht aber auch die Flexibilität verloren, die die komponentenorientierten Ansätze auszeichnet. Wird beispielsweise bei der Erstellung einer neuen Systemversion in einem Modul ein Fehler behoben, so bereitet es Probleme, diese Änderung selektiv – d.h. ohne die anderen bei der Erstellung der Systemversion durchgeführten Änderungen – in eine andere Systemversion einzubringen. Dies steht im Widerspruch zu der Forderung nach der Wiederverwendbarkeit von Modulversionen in verschiedenen Kontexten.

In **unserem Ansatz** zur Revisions– und Konsistenzkontrolle wird die Versionsbildung im Kleinen nicht betrachtet; dies ist weiterführenden Arbeiten vorbehalten. Wegen der Probleme, die ein systemorientierter Ansatz hinsichtlich der Wiederverwendbarkeit bereitet, haben wir uns für einen **komponentenorientierten Ansatz** entschieden: Eine **Konfiguration** eines Softwaresystems setzt sich aus **Revisionen** von Softwaredokumenten zusammen. Softwaredokumente sind logische Einheiten und bieten sich damit aus der Perspektive der Wiederverwendung als Einheiten an, deren Entwicklungsgeschichte zu verwalten ist. Nach unserer Auffassung lassen sich ausgehend vom komponentenorientierten Ansatz die Vorteile des systemorientierten Ansatzes dadurch erreichen, daß man logisch zusammengehörige Änderungen in langen Transaktionen zusammenfaßt, die eine neue Konfiguration erzeugen /Be 87a/. Ferner lassen sich die dem komponentenorientierten Ansatz inhärenten Konfigurierungsprobleme dadurch entschärfen, daß man Konsistenzrelationen verwaltet, die wertvolle Informationen darüber liefern, welche Revisionen sich zu einer Konfiguration kombinieren lassen.

3.1.5 Arten der Versionsbildung : Varianten und Revisionen

In vielen Versionsmodellen wird zwischen zwei **Arten der Versionsbildung** unterschieden:
- Versionen, die zu einem bestimmten Zeitpunkt koexistieren und zueinander alternative Ausprägungen darstellen, werden **Varianten** genannt. Varianten von Systemen oder Bausteinen entstehen typischerweise, wenn ein Softwaresystem auf unterschiedlichen Maschinen lauffähig sein soll, unterschiedliche Anforderungen hinsichtlich der Funktionalität und Benutzerschnittstelle bestehen, unterschiedliche Eigenschaften hinsichtlich der Lauf– und Speicherplatzeffizienz gewünscht werden etc.
- Versionen, die die zeitliche Entwicklung von Softwaresystemen reflektieren, werden als **Revisionen** bezeichnet. Im Verlauf ihrer Erstellung durchlaufen Objekte bezüglich ihres Inhalts verschiedene Zustände. Eine Revision ist ein Zustand eines Objekts zu einem bestimmten Zeitpunkt seiner Entwicklung. Revisionen entstehen typischerweise dadurch, daß Fehler behoben werden, Optimierungen durchgeführt werden etc. Dabei ist es aus

verschiedenen Gründen sinnvoll, auch alte Zustände in der Entwicklungsgeschichte aufzubewahren (Wartung alter Revisionen, Zurücksetzen experimenteller Änderungen etc.).

Die Unterscheidung zwischen Varianten und Revisionen findet sich nicht in allen Versionsmodellen wieder. Es gibt eine Reihe von Ansätzen, denen ein einheitlicher **Versionsbegriff** zugrunde liegt /Li 89, Wi 87a, LS 83, Zd 86, Eh 89/. Die Verwendung eines einheitlichen Versionsbegriffs ist entweder dadurch motiviert, daß kein fundamentaler Unterschied zwischen Varianten und Revisionen gesehen wird, oder das entsprechende Modell ist als allgemeine Grundlage für die Definition spezifischer Modelle gedacht, in denen dann zwischen Varianten und Revisionen unterschieden werden kann.

Falls zwischen Varianten und Revisionen unterschieden wird, gibt es verschiedene **Alternativen**, diese **Begriffe** relativ zueinander **anzuordnen**:
* Der Begriff **Variante** liegt **oberhalb** des Begriffs **Revision**, d.h. zu jedem Objekt gibt es verschiedene Varianten und zu jeder Variante wiederum verschiedene Revisionen /KH 82, Es 85/. Bei dieser Anordnung der Begriffe Variante und Revision behandelt man jede Variante als selbständige Einheit, die unabhängig von den anderen Varianten gewartet wird. Diese Organisationsform bietet sich an, wenn sich verschiedene Varianten sehr stark voneinander unterscheiden. Dies gilt z.B. für die Realisierungen eines abstrakten Datentyps Menge mit Hilfe einer linearen Liste bzw. eines AVL-Baums.
* Der Begriff **Revision** wird als **übergeordnet** angesehen /MSK 89/. In diesem Fall legt der Benutzer zunächst eine Revision eines Objekts fest und hat anschließend Zugriff auf alle Varianten. Bei dieser Organisationsform wird die Menge aller Varianten als zu wartende Einheit aufgefaßt. Sie bietet sich an, wenn sich verschiedene Varianten nur geringfügig unterscheiden. Dies kann z.B. für ein betriebssystemabhängiges Modul der Fall sein, zu dem es eine Unix BSD 4.2- und eine Unix V-Variante gibt, deren spezifische Teile mit Hilfe von bedingten Übersetzungsanweisungen gekennzeichnet sind.
* Die Begriffe **Variante** und **Revision** werden **gleichrangig** behandelt /Re 89/. Varianten und Revisionen werden als zueinander orthogonale Dimensionen angesehen. Eine Konfiguration entsteht, indem man in jeder Dimension eine geeignete Koordinate festlegt. Mit diesem orthogonalen Ansatz lassen sich die beiden zuvor beschriebenen Organisationsformen kombinieren. Zum einen kann man durch Festlegung einer Revision alle Varianten zu einem bestimmten Zeitpunkt betrachten; zum anderen läßt sich auch die Entwicklungsgeschichte einer einzelnen Variante verfolgen.

In **unserem Ansatz** werden Varianten bisher nicht betrachtet. Ausgehend von einer früheren Arbeit zu diesem Thema /Le88/, sind wir aber davon überzeugt, daß es sinnvoll ist, zwischen **Varianten** und **Revisionen** zu **unterscheiden**. Die Abgrenzung läßt sich folgendermaßen durchführen: Zum einen beziehen sich Varianten nicht auf die zeitliche Entwicklung von Dokumenten. Zum anderen können sich Revisionen eines Dokuments i.a. beliebig voneinander unterscheiden, während es nach unserer Überzeugung nur dann sinnvoll ist, von Varianten zu sprechen, wenn sich eine gemeinsame Invariante angeben läßt (s.u.).

3.1.6 Charakteristika von Variantenmodellen

Ein wichtiges Kriterium zur Klassifizierung von Variantenmodellen besteht darin, ob bzw. welche Gemeinsamkeiten der Varianten – d.h. die **Invarianten** – formalisiert werden. Eine formal beschriebene Invariante hat den Vorteil, daß sich benutzende Objekte auf bestimmte Eigenschaften verlassen können, die unabhängig davon gelten, welche Variante konkret eingesetzt wird. In diesem Fall sprechen wir von einem "semantischen" Variantenmodell. Fast alle dem Autor bekannten "semantischen" Variantenmodelle lassen sich dem Bereich des Programmierens im Großen zuordnen (Ausnahme: der in /Wi 87a/ dargestellte und weiter unten skizzierte Ansatz, der sich auf den CAD–Bereich bezieht, sich aber auch auf beliebige Softwaredokumente anwenden läßt). Dabei bezieht sich der Variantenbegriff auf Module oder Teilsysteme; um die Erläuterung zu vereinfachen, betrachten wir hier nur Varianten von Modulen.

Ein Modul besteht aus einer Schnittstelle, die sein äußeres Verhalten festlegt, und einem Rumpf, der die Implementierung der Schnittstelle enthält. Dieses Konzept läßt sich verallgemeinern, indem man verschiedene Rümpfe zuläßt, die dieselbe Schnittstelle implementieren. Die Schnittstelle ist die Invariante, die das äußere Verhalten bestimmt, das für die benutzenden Module relevant ist. Der Begriff **Variante** bezieht sich hier auf die **Realisierung**, d.h. auf den Modulrumpf /KH 82/ und – da die zur Realisierung benötigten Importe i.a. jeweils unterschiedlich sind – auch auf die darunter liegende Teilarchitektur.

Analog bietet es sich an, **Varianten** von **Schnittstellen** zu betrachten /MK 88/. In diesem Zusammenhang stellt sich die Frage, wie man den Begriff der Invariante definiert. Hier bieten die Konzepte der Generizität und der Vererbung brauchbare Ansatzpunkte. Instanzen eines generischen Moduls lassen sich als Varianten auffassen, deren Schnittstellen sich in den aktuellen Parametern unterscheiden, die bei der Instantiierung angegeben werden. In objektorientierten Ansätzen lassen sich Unterklassen als Varianten ihrer Oberklassen auffassen, da eine Unterklasse die Eigenschaften ihrer Oberklasse erbt. Beschränkt man sich in den Unterklassen auf Anreicherungen der Schnittstelle (Einführung zusätzlicher Ressourcen), so stellt die Schnittstelle der Oberklasse den allen Unterklassen gemeinsamen Anteil dar.

In den bisher betrachteten Ansätzen zur Variantenbildung ist i.a. nicht sichergestellt, daß sich verschiedene Varianten im Sinne der Definition der Semantik von Programmiersprachen (Ausführungssemantik) gleich oder ähnlich verhalten. Insofern ist der oben eingeführte Begriff des "semantischen" Variantenmodells zu relativieren. Wir haben diesen Begriff gewählt, um die oben beschriebenen Ansätze gegenüber anderen Variantenmodellen abzugrenzen, in denen überhaupt keine Invarianten formal festgelegt werden. Ein **im engeren Sinne semantisches Variantenmodell** für algebraische Spezifikationen wird in /Eh 89/ beschrieben. In /NS 87a, Pe 89/ werden Ansätze dargestellt, die die mit Hilfe von Vor- und Nachbedingungen spezifizierte Semantik der von einem Modul exportierten Ressourcen berücksichtigen.

Bisher haben wir den **Variantenbegriff** lediglich auf die Architektur von Softwaresystemen bezogen. Ein Variantenbegriff, der sich auf **beliebige Objekte** bezieht und es dennoch gestattet, Invarianten zu formalisieren, wird in /Wi 87a/ entwickelt. In diesem Ansatz wird das Prinzip der Vererbung von der Klassen- auf die Instanzenebene übertragen. Man spricht in diesem Zusammenhang von Objektvererbung: einem versionierten Objekt werden Attribute zugeordnet, deren Werte an alle Versionen vererbt werden. So läßt sich z.B. die Schnittstelle eines Moduls als ein Attribut auffassen, das an alle Rümpfe vererbt wird.

Wie bereits erwähnt wurde, wird in **unserem Ansatz** der Variantenbegriff nicht berücksichtigt. In einer früheren Arbeit /Le 88/ wurde die Bildung von Varianten im Bereich des Programmieren im Großen untersucht. Dort bezog sich der Variantenbegriff auf die Realisierung der Schnittstelle eines Moduls (**Realisierungsvarianten**). In weiterführenden Arbeiten muß untersucht werden, wie sich **Schnittstellenvarianten** definieren lassen und wie man den Variantenbegriff für andere Dokumente (Anforderungsdefinitionen, Dokumentationen, etc.) definieren kann.

3.1.7 Charakterisierung von Revisionsmodellen

Während der Variantenbegriff in der Literatur meistens zueinander alternative Versionen eines Objekts bezeichnet, die zu einem bestimmten Zeitpunkt koexistieren, bezieht sich der Revisionsbegriff auf die zeitliche Entwicklung von Objekten. Während es – zumindest im Falle "semantischer" Variantenmodelle – eine Invariante gibt, die die gemeinsamen Eigenschaften aller Varianten zum Ausdruck bringt, unterscheiden sich in **Revisionsmodellen** die verschiedenen Entwicklungszustände eines Objekts i.a. in beliebiger Weise voneinander, sind also **unsemantisch**.

Revisionsmodelle lassen sich anhand der folgenden Kriterien klassifizieren:
* Struktur der Nachfolgerelation
* unveränderliche/veränderliche Revisionen
* Zustandsmodell für Revisionen

3.1.7.1 Struktur der Nachfolgerelation

Mit Hilfe einer Nachfolgerelation wird festgehalten, welche Revisionen auseinander hervorgegangen sind. Hinsichtlich der Struktur der Nachfolgerelation sind die folgenden Fälle zu unterscheiden (Abb. 3.1):

a) Im einfachsten Fall sind die Revisionen eines Objekts in einer **linearen Sequenz** angeordnet, die widerspiegelt, in welcher zeitlichen Reihenfolge sie entstanden sind /KH 82, Le 88/. Dahinter steht die Vorstellung, daß sich die Revisionen entsprechend ihrer Entstehungszeitpunkte auf eine lineare Zeitachse abbilden lassen.

b) Die Entwicklungsgeschichte eines Objekts läßt sich nicht immer durch eine lineare Sequenz in befriedigender Weise wiedergeben. Insbesondere bei der Wartung eines Softwaresystems kann es erforderlich sein, Nachfolger alter Revisionen zu erzeugen. Angenommen, r1 gehört zu einer bereits an Kunden ausgelieferten Konfiguration eines Softwaresystems, die intern bereits weiterentwickelt wird (Revision r2). Entdeckt nun der Kunde einen Fehler, so muß dieser zunächst in der alten Revision behoben werden (Revision r3). Auf diese Weise entsteht ein **Revisionsbaum** /Ti 85/.

c) Wenn sich die Entwicklungsgeschichte verzweigt, dann ist es in der Regel wünschenswert, die verschiedenen Zweige wieder zusammenzuführen. Diesen Vorgang bezeichnet man als Verschmelzen. Durch das Verschmelzen entstehen Revisionen, die mehrere Vorgänger haben; die Nachfolgerelation bildet dann einen **azyklischen Graphen** /Oq 89/.

In **unserem Ansatz** haben wir uns für den allgemeinsten Fall – d.h. azyklische Graphen – entschieden.

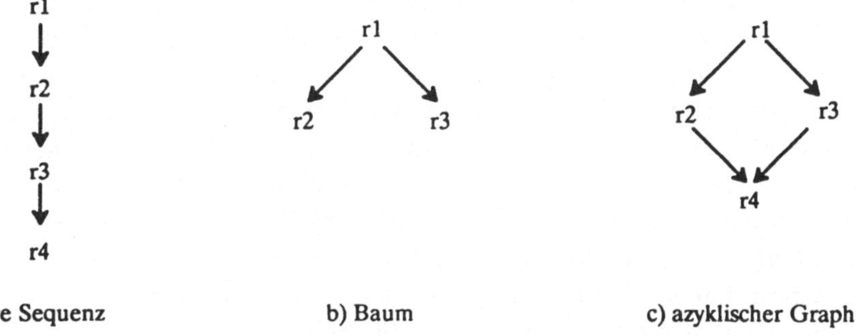

a) lineare Sequenz   b) Baum   c) azyklischer Graph

Abb. 3.1 Strukturen der Nachfolgerelation

Obwohl sich, wie wir gesehen haben, Verzweigungen in der Entwicklungsgeschichte nicht immer vermeiden lassen, so wird man sich dennoch grundsätzlich darum bemühen müssen, so wenig Verzweigungen wie möglich entstehen zu lassen bzw. einmal entstandene Zweige so bald wie möglich wieder zusammenzuführen. Andernfalls sieht man sich mit dem Problem der **Mehrfachwartung** konfrontiert: Da auf verschiedenen Zweigen liegende Revisionen i.a. große Teile gemeinsam haben, müssen Änderungen, die diese gemeinsamen Teile betreffen, mehrfach durchgeführt werden.

Verzweigungen im Revisionsbaum werden häufig dazu benutzt, um **Varianten zu simulieren**. Dieser Ansatz führt jedoch sowohl bei großen als auch bei kleinen Unterschieden zwischen den Varianten zu **Problemen**: Im Falle großer Unterschiede sollte man für jede Variante eine eigene Entwicklungsgeschichte verwalten; im Falle kleiner Unterschiede sollte man sich beispielsweise der bedingten Übersetzung bedienen, um das Problem der Mehrfachwartung zu umgehen.

3.1.7.2 Veränderliche/unveränderliche Revisionen

Verschiedene Ansätze zur Revisionskontrolle lassen sich danach unterteilen, ob Revisionen **unveränderlich** oder **veränderlich** sind. Im ersten Fall wird bei jeder Änderung eine neue Revision erzeugt /FM 86/; mit "Änderung" ist dabei eine Ediersitzung gemeint. Im zweiten Fall durchläuft eine Revision zunächst eine Folge von Ediersitzungen, bevor sie vom Benutzer explizit eingefroren, d.h. gegen weitere Änderungen geschützt wird.

Die **Vor-** und **Nachteile** unveränderlicher und veränderlicher Revisionen sind zueinander komplementär:

- Unveränderliche Revisionen unterstützen einen vorsichtigen Entwicklungsstil. Es ist sichergestellt, daß eine Revision einen zeitlich konstanten Inhalt hat. Dies ist insbesondere bei der Wartung von Softwaresystemen von Vorteil, da die Unveränderlichkeit von Revisionen garantiert, daß sich Konfigurationen, die gewartet werden sollen, exakt rekonstruieren lassen (vorausgesetzt, daß die daran beteiligten Revisionen auch gegen Löschen geschützt sind). Außerdem verhindern unveränderliche Revisionen unerwünschte Interferenzen zwischen den Aktivitäten mehrerer Softwareentwickler.
- Veränderliche Revisionen haben den Vorteil, daß der Benutzer bestimmt, wann eine neue Revision zu erzeugen ist. Die Entwicklungsgeschichte bleibt übersichtlich. Unveränderliche Revisionen führen dagegen schnell zu einer unübersichtlichen Menge von Entwicklungszuständen, die zumeist nur von kurzfristigem Interesse sind. Um dies zu verhindern, muß im Falle unveränderlicher Revisionen die Entwicklungsgeschichte entweder manuell oder mit Hilfe automatischer Verfahren bereinigt werden.

In unserem Ansatz haben wir uns für veränderliche Revisionen entschieden, um zu erreichen, daß die Entwicklungsgeschichte übersichtlich bleibt.

3.1.7.3 Zustandsmodell

Als letztes Merkmal zur Klassifizierung von Revisionsmodellen verwenden wir das jeweils zugrundeliegende **Zustandsmodell**. Mit "Zustand" ist hier nicht der Zustand eines Objekts gemeint, sondern der Zustand einer Revision. Ein Zustandsmodell läßt sich formal durch einen endlichen Automaten beschreiben. Typische Zustände sind z.B. "in Bearbeitung", "stabil" und "freigegeben". Als Beispiele für Operationen, die Zustandsübergänge bewirken, lassen sich "Bearbeiten", "Einfrieren" und "Freigeben" anführen. Das in unserem Ansatz verwendete Zustandsmodell wurde in Abb. 1.2 dargestellt. Es handelt sich dabei um das einfachste Modell, das für veränderliche Revisionen denkbar ist.

3.1.8 Relationen zwischen Versionen

Als letztes Merkmal zur Klassifizierung von Versionsmodellen betrachten wir im folgenden die **Arten** von **Relationen**, die in den verschiedenen Ansätzen zwischen Versionen definiert werden. Einige dieser Relationen sind oben bereits behandelt worden. Zu den wichtigsten Relationen zwischen Versionen gehören die folgenden:

- Nachfolgerelation
- Kompatibilitätsrelation
- Kompositionsrelation
- Abhängigkeitsrelation
- Konsistenzrelation

Die oben genannten Relationen lassen sich danach unterscheiden, ob sie **Versionen desselben Objekts** oder **Versionen unterschiedlicher Objekte** miteinander verknüpfen. Für Nachfolge- und Kompatibilitätsrelationen trifft der erste Fall, für alle übrigen Arten von Relationen der zweite Fall zu.

Von der **Nachfolgerelation** war bereits ausführlich bei der Charakterisierung von Revisionsmodellen die Rede. Daher gehen wir auf diese Relation im folgenden nicht mehr ein.

Kompatibilitätsrelationen spielen insbesondere in Versionsmodellen, die dem Programmieren im Großen zuzuordnen sind, eine Rolle. Dabei bezieht sich der Begriff der Version auf ein Modul oder ein Teilsystem. Eine Version $v2$ heißt (aufwärts-)kompatibel zu einer Version $v1$, wenn sich $v1$ durch $v2$ ersetzen läßt. Es gibt verschiedene Formalisierungen des Kompatibilitätsbegriffs, die sich zum einen auf syntaktische, zum anderen auf semantische Aspekte der Modulschnittstellen und -rümpfe beziehen /NS 87a, Pe 89, Eh 89/.

Die übrigen noch zu besprechenden Relationen verbinden Versionen verschiedener Objekte miteinander. Sie werden durch **Relationen "induziert"**, die vor der Einführung von Versionen **zwischen nichtversionierten Objekten** bestanden. Um diese Relationen zu erläutern, gehen wir daher im folgenden zunächst von nichtversionierten Objekten aus.

Die **Kompositionsrelation** wurde bereits oben erwähnt, als verschiedene Versionsmodelle gemäß der Granularität der versionierten Objekte klassifiziert wurden. Bezüglich der Struktur der Kompositionsrelation lassen sich Bäume und azyklische Graphen unterscheiden. Ein weiteres Unterscheidungskriterium besteht darin, ob das übergeordnete Objekt einen Inhalt besitzt oder nur dazu dient, die untergeordneten Objekte zusammenzufassen.

Zwischen zwei Objekten o1 und o2 besteht eine **Abhängigkeitsrelation**, wenn der Inhalt von o1 vom Inhalt von o2 abhängt. Von Abhängigkeitsrelationen wird in der Regel verlangt, daß sie keinen Zyklus bilden. Abhängigkeitsrelationen können danach klassifiziert werden, ob die beteiligten Objekte Quellobjekte oder abgeleitete Objekte sind. Ein Beispiel für eine Relation zwischen Quellobjekten stellt die Abhängigkeit einer Modulimplementation von der Architektur eines Softwaresystems dar; als Beispiel für eine Relation zwischen einem abgeleiteten Objekt und einem Quellobjekt läßt sich die Abhängigkeit des Zielcodes eines Moduls vom entsprechenden Quelltext anführen.

Die Begriffe **Abhängigkeitsrelation** und **Kompositionsrelation** lassen sich **nicht strikt** voneinander **trennen**. So läßt sich z.B. die Benutzt-Relation zwischen Teilsystemen unter der Voraussetzung, daß keine Zyklen zugelassen sind, sowohl als Abhängigkeits- als auch als Kompositionsrelation auffassen. Während im Bereich Softwareentwicklungsumgebungen in diesem Fall meistens von Abhängigkeitsrelationen gesprochen wird, werden im CAD-Bereich zur Modellierung der Struktur von Hardwarekomponenten, die ähnlich wie Module oder Teilsysteme von Softwaresystemen über wohldefinierte Schnittstellen kommunizieren, in der Regel Kompositionsrelationen verwendet /CGK 89/.

Zwischen zwei Objekten o1 und o2 besteht eine **Konsistenzrelation**, wenn o1 von o2 abhängt und der Inhalt von o1 tatsächlich mit dem Inhalt von o2 "zusammenpaßt". Beispielsweise ist unmittelbar nach der erfolgreichen Übersetzung der Zielcode konsistent mit dem Quelltext; diese Konsistenz geht verloren, wenn der Quelltext anschließend verändert wird. Analog ist eine Modulimplementation konsistent mit der Architektur, wenn sie den dort fixierten Implementierungsvorgaben genügt.

Bisher haben wir bei der Diskussion der Kompositions-, Abhängigkeits- und Konsistenzrelationen nichtversionierte Objekte betrachtet. Führt man nun Versionen ein, so stellt sich die Frage, wie diese **Relationen** auf **versionierte Objekte** zu **übertragen** sind. Dabei sind vier verschiedene Fälle denkbar: Objekt-Objekt-, Objekt-Version-, Version-Objekt- und Version-Version-Relationen. Unterschiedliche Versionsmodelle lassen sich danach klassifizieren, welche dieser Fälle berücksichtigt werden und welche Semantik ihnen jeweils zugeordnet wird. So kann man z.B. im Falle einer Objekt-Objekt-Relation zwischen o1 und o2 entweder fordern, daß mindestens zwei zueinander in Relation stehende Versionen v1 und v2 existieren, oder verlangen, daß für alle Paare (v1, v2) eine entsprechende Version-Version-Relation vorliegt. Auf diese Fragen werden wir in Kapitel 4 noch ausführlicher eingehen.

In **unserem Ansatz** sind Nachfolge-, Konsistenz- und Abhängigkeitsrelationen von Bedeutung. **Nachfolgerelationen** verbinden Revisionen des gleichen Dokuments, **Konsistenzrela-**

tionen verlaufen zwischen Revisionen verschiedener Dokumente. **Abhängigkeitsrelationen** stellen Verbindungen zwischen Dokumenten her und lassen sich als vergröberte Darstellungen von Konsistenzrelationen auffassen. Kompatibilitäts– und Kompositionsrelationen wurden in unserem Ansatz bisher nicht berücksichtigt.

3.2 Werkzeuge

In diesem Abschnitt stellen wir eine Reihe von **Werkzeugen** dar, die die Konfigurationsverwaltung unterstützen. Natürlich ist die Auswahl, die wir getroffen haben, willkürlich. Wir haben uns aber darum bemüht, zum einen bekannte und in der Literatur häufig zitierte Werkzeuge zu berücksichtigen und zum anderen ein hinsichtlich der Funktionalität und des jeweils zugrundeliegenden Versionsmodells möglichst breites Spektrum abzudecken. Der Überblick soll dem Leser einerseits einen Einblick in den derzeitigen Stand der Technik vermitteln und es ihm andererseits ermöglichen, den in IPSEN verfolgten Ansatz einzuordnen.

Um den Umfang dieses Abschnitts in Grenzen zu halten, werden die einzelnen Ansätze jeweils in knapper Form erläutert. Das Ziel der Beschreibung besteht nicht darin, ein detailliertes Verständnis der verschiedenen Ansätze zu vermitteln, sondern der Leser soll vor allem einen Eindruck von der **Vielfalt** der **Konfigurationsverwaltungssysteme** erhalten, die bisher entwickelt worden sind.

Typ der Umgebung Werkzeug	Werkzeugkasten	sprachspezifische Umgebung	strukturbezogene Umgebung
Make	x		
RCS	x		
DSEE	x		
Adele	x		
NSE	x		
PACT	x		
Cedar System Modeller		x	
CONFIG		x	
PIE		x	
Gandalf			x

Abb. 3.2 Klassifikation von Werkzeugen nach dem Typ der Umgebung

Um dem Leser beim Vergleich der verschiedenen Ansätze Hilfestellung zu leisten, wird versucht, einige ihrer Vor- und Nachteile herauszuarbeiten. Dabei wird sich zeigen, daß insbesondere hinsichtlich der **Strukturbezogenheit** und der **Konsistenzkontrolle** bei vielen Ansätzen erhebliche **Defizite** bestehen, die zu beheben wir uns zum Ziel gesetzt haben.

Im folgenden werden verschiedene Konfigurationsverwaltungswerkzeuge beschrieben, wobei die Darstellung jeweils in vier Punkte gegliedert ist:

- **Typ der Umgebung** (Abb. 3.2). Hier unterscheiden wir zwischen Werkzeugkästen, sprachspezifischen und strukturbezogenen Umgebungen (s. Abschnitt 1.1).

- **Versionsmodell.** Unter diesem Punkt wird das Versionsmodell skizziert, das dem jeweiligen Werkzeug zugrunde liegt. Abb. 3.3 faßt die jeweils in der Originalliteratur definierten Begriffe in Form einer Tabelle zusammen (zur Einordnung s. Abschnitt 3.1).

- **Funktionalität.** Es wird beschrieben, welche Aufgaben der Konfigurationsverwaltung jeweils unterstützt werden (Abb. 3.4). Dabei wird gemäß /Ti 88/ zwischen folgenden Aufgaben unterschieden:

  - **Identifikation:** Um die Entwicklung und Wartung von Softwaresystemen wirksam zu kontrollieren, müssen die Komponenten von Softwaresystemen sowie ihre Versionen zuverlässig und aussagekräftig identifiziert werden.

  - **Änderungsüberwachung:** Mit Hilfe der Änderungsüberwachung wird festgehalten, welche Komponenten geändert worden sind, was im einzelnen geändert wurde, wer die Änderungen durchgeführt hat, wann und aus welchem Grund sie durchgeführt wurden.

  - **Auswahl von Versionen:** Der Benutzer eines Konfigurationsverwaltungssystems muß bei der Aufgabe unterstützt werden, Komponentenversionen so zu Konfigurationen zu kombinieren, daß die jeweils gestellten Anforderungen erfüllt werden.

  - **Konstruktion ausführbarer Programme:** Die Versionsauswahl ist in der Regel nur der erste Schritt zu einem ausführbaren Programm. Um Speicherplatz zu sparen, werden häufig nur Quelltexte, nicht jedoch die entsprechenden übersetzten Fassungen permanent gespeichert. Nach der Versionsauswahl müssen daher die Quelltexte in der richtigen Reihenfolge übersetzt und gebunden werden.

  - **Koordination der Teamarbeit:** Die Änderungen, die verschiedene Benutzer durchführen, müssen aufeinander abgestimmt werden. So muß beispielsweise verhindert werden, daß ein Benutzer Änderungen eines anderen Benutzers überschreibt; es muß dafür gesorgt werden, daß Änderungen hinreichend getestet sind, bevor sie anderen Benutzern zugänglich gemacht werden etc.

- **Bewertung.** Hier versuchen wir, einige wichtige Vor- und Nachteile des jeweils dargestellten Werkzeugs herauszuarbeiten. Dabei wird besonderer Wert auf den Aspekt der Kontrolle der internen und externen Konsistenz der im Zuge des Software-Lebenszyklus erstellten Dokumente gelegt.

Make

makefile: Textdatei, die Abhängigkeiten zwischen beliebigen Unix-Dateien sowie die Konstruktion abgeleiteter Objekte beschreibt

RCS

revision: Revision einer Textdatei

revision group: Menge aller Revisionen einer Textdatei

configuration: Menge von Revisionen, die zu paarweise verschiedenen Revisionsgruppen gehören

DSEE

version: Revision einer Textdatei

variant branch: Zweig in der Entwicklungsgeschichte einer Textdatei

system model: Textdatei, die Abhängigkeiten zwischen Dateien sowie die Konstruktion abgeleiteter Objekte beschreibt

configuration thread: Beschreibung einer Konfiguration durch eine Folge von Regeln

bound configuration thread: Konfiguration, die durch ein Systemmodell und eine Konfigurationsbeschreibung festgelegt wird

Adele

family: Menge der Versionen eines Moduls

interface version: Version einer Modulschnittstelle

realization version: Variante eines Modulrumpfs

dependency graph: Abhängigkeitsgraph der Familien

configuration description: Konfigurationsbeschreibung durch Regeln

composition list: Konfiguration, die durch eine Konfigurationsbeschreibung und einen Abhängigkeitsgraphen festgelegt wird

NSE

component: Menge von Dateien, die zusammen eine logische Komponente eines Softwaresystems bilden

component revision: Revision einer Komponente (in der Regel ist nur die neueste Revision sichtbar)

environment: Datenbasis, die eine hierarchisch strukturierte Menge von Komponenten enthält

PACT

complex object: Objekthierarchie, die durch azyklische Kompositionsrelationen aufgespannt wird

version: Revision eines komplexen Objekts

Cedar System Modeller

version: unveränderliche Ausprägung einer Textdatei, die z.B. ein Systemmodell, eine Modulschnittstelle oder einen Modulrumpf enthält

system model: Konfiguration eines Cedar-Programms; die in den Quelltexten spezifizierten Abhängigkeiten werden an konkrete Versionen gebunden

CONFIG

version: Version einer Übersetzungseinheit bzw. eines Programmsystems. Eine Version eines Programmsystems wird durch ein Paar (Revision, Variante) beschrieben.

revision: Identifikation einer Revision (z.B. Nummer)
variant: Variantenbeschreibung durch eine Menge von (Attribut, Wert)-Paaren

PIE

    layer: Schicht in einem Netzwerk, die aus Tripeln (Knoten, Attribut, Wert) besteht und eine Menge logisch zusammengehöriger Änderungen enthält
    context: Konfiguration eines Netzwerks, die sich aus einer Folge übereinander gelegter Schichten zusammensetzt

Gandalf

a) Gandalf-Prototyp

    version: Variante eines Modulrumpfs

    revision: Revision einer Variante eines Modulrumpfs

    instantiation: Konfiguration, die sich aus einer Menge von Revisionen zusammensetzt

b) Neuer Gandalf-Ansatz

    variant: Variante eines Teils eines Softwaresystems

    revision: Revision eines Softwaresystems, zu dem es mehrere Varianten geben kann

Abb. 3.3 Vergleich von Werkzeugen anhand der ihnen zugrundeliegenden Begriffe

Typ der Umgebung / Werkzeug	Identifikation	Änderungs-kontrolle	Versions-auswahl	Konstruktion ausführbarer Programme	Koordination der Teamarbeit
Make				x	
RCS	x	x	x		x
DSEE	x	x	x	x	x
Adele	x	x	x	x	x
NSE				x	x
PACT*	x	x	x	x	x
Cedar System Modeller	x		x	x	
CONFIG	x		x		
PIE	x		x		
Gandalf	x	x	x	x	x

* Die Entwicklung der PACT-Konfigurationsverwaltungswerkzeuge ist noch nicht abgeschlossen.

Abb. 3.4 Klassifizierung von Werkzeugen nach den abgedeckten Aufgaben

In den nun folgenden Einzelabschnitten werden die in Abb. 3.2 bis Abb. 3.4 aufgeführten Werkzeuge beschrieben. Hierzu wird jeweils vorab die Kurzbeschreibung des Werkzeugs in einer entsprechenden Abbildung vorangestellt. Hieran schließen sich Erläuterungen zu dieser Kurzcharakterisierung an. Zum Abschluß jedes Unterabschnitts erfolgt eine Bewertung des entsprechenden Werkzeugs.

3.2.1 Make

Typ der Umgebung: Werkzeugkasten

Versionsmodell:
  makefile: Textdatei, die Abhängigkeiten zwischen beliebigen Unix-Dateien sowie die
    Konstruktion abgeleiteter Objekte beschreibt

Funktionalität: Konstruktion ausführbarer Programme

Abb. 3.5 Charakteristika von Make

Typ der Umgebung: Make /Fe 79, Fe 88/ ist ein Werkzeug, das zu der Unix-Programment-wicklungsumgebung gehört, die standardmäßig in allen Unix-Systemen enthalten ist. Unix ist der Kategorie Werkzeugkästen zuzurechnen.

Versionsmodell: Die mit Hilfe von Make verwalteten Objekte sind beliebige, voneinander abhängige Unix-Dateien. Zu jeder Datei gibt es nur eine, nämlich die aktuelle Revision. Make kennt also keine Revisionskontrolle. Die Abhängigkeiten werden in einer als Makefile bezeichneten Textdatei spezifiziert, die eine Folge von Regeln enthält. Jede Regel besteht aus einer Liste von Zieldateien, einer Liste von Quelldateien und einem Kommando. Durch die Regeln werden Abhängigkeiten zwischen Dateien definiert. Jede Zieldatei einer Regel ist von allen Quelldateien abhängig. Mit Hilfe des entsprechenden Kommandos werden die Zieldateien aus den Quelldateien abgeleitet.

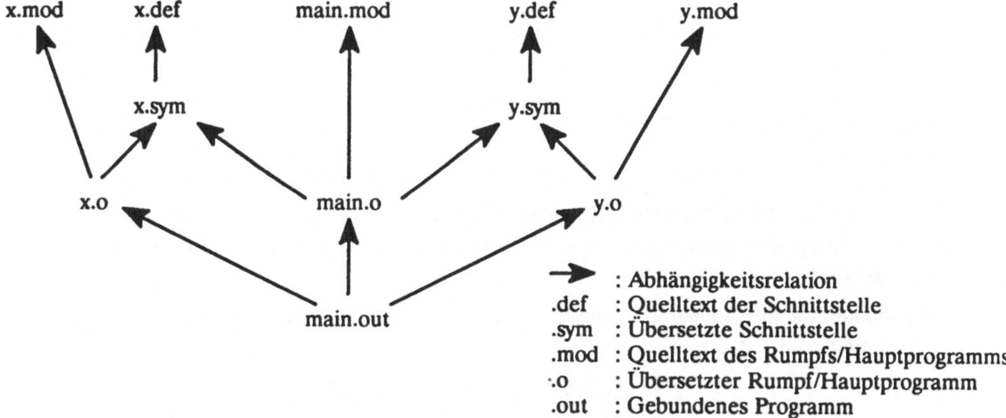

Abb. 3.6 Abhängigkeitsgraph für ein Modula-2-Programm

Funktionalität: Make dient dazu, abgeleitete Objekte (typischerweise übersetzte Programm-stücke) mit den entsprechenden Quellobjekten konsistent zu halten. Eine typische Anwen-dung von Make besteht darin, nach Änderungen von Modulquelltexten dafür zu sorgen, daß die davon betroffenen Module in der richtigen Reihenfolge neu übersetzt und gebunden werden (Konstruktion ausführbarer Programme). Die übrigen Aufgaben der Konfigurationsverwaltung werden nicht unterstützt. Make konstruiert aus dem Makefile zunächst einen Abhängigkeitsgraphen. Abb. 3.6 zeigt als Beispiel einen Abhängigkeitsgraphen für ein Modula–2–Programm, das aus einem Hauptprogramm main und zwei Modulen x und y besteht, die von main importiert werden. Danach wird durch einen Vergleich von Zeitmarken festgestellt, welche Ziele nicht mehr mit ihren Quellen konsistent sind. Die Aktionen, die zur Wiederherstellung der Konsistenz auszuführen sind, werden zunächst topologisch sortiert und anschließend nacheinander ausgeführt.

Bewertung: Make hat dank seiner Einfachheit und seiner vielseitigen Einsetzbarkeit im Laufe der Jahre große Popularität erlangt. Es hat sich insbesondere bei der Aufgabe bewährt, übersetzte Programme mit ihren Quellprogrammen konsistent zu halten. Allerdings muß darauf hingewiesen werden, daß der Vergleich von Zeitmarken ein sehr primitiver Mechanismus ist, um die Konsistenz von Ziel– mit Quellobjekten festzustellen. Zudem werden Änderungen in den Regeln selbst nicht berücksichtigt. Wenn z.B. die Optionen, mit denen der Compiler aufgerufen wird, im Makefile geändert werden, muß eine Neuübersetzung manuell ausgelöst werden (z.B. durch Löschen des übersetzten Codes). Ein weiteres Konsistenzproblem beim Einsatz von Make besteht darin, die im Makefile spezifizierten Abhängigkeiten mit den Abhängigkeiten konsistent zu halten, die z.B. in Form von Importklauseln in den Quellprogrammen selbst spezifiziert werden. Um dieses Problem zu lösen, sind eine ganze Reihe von Werkzeugen entwickelt worden, die anhand von Quelltextanalysen Makefiles automatisch erzeugen (s. z.B. /Wa 84/).

3.2.2 RCS

Typ der Umgebung: Werkzeugkasten

Versionsmodell:
>   revision: Revision einer Textdatei
>   revision group: Menge aller Revisionen einer Textdatei
>   configuration: Menge von Revisionen, die zu paarweise verschiedenen Revisionsgruppen
>   gehören

Funktionalität: Identifikation, Änderungskontrolle, Versionsauswahl, Koordination der
>   Teamarbeit

Abb. 3.7 Charakteristika von RCS

Typ der Umgebung: Bei RCS /Ti 82, Ti 85/ handelt es sich um ein Unix–Werkzeug, das in ähnlicher Weise wie sein Vorläufer SCCS /Ro 75/ Revisionen von Textdateien verwaltet.

Versionsmodell: Die Revisionen einer Textdatei werden jeweils zu einer Revisionsgruppe zusammengefaßt, die bezüglich der Nachfolgerelation einen Baum bildet. RCS unterstützt zwar auch das Verschmelzen von Revisionen; dem Resultat des Verschmelzens wird jedoch ein eindeutiger Vorgänger zugeordnet. Jede Revision ist gegen Veränderungen geschützt und trägt eine Reihe von Attributen, deren Werte teilweise vom System (Nummer, Autor, Erzeugungszeitpunkt) und teilweise vom Benutzer (symbolischer Name, Zustand, Änderungskommentar) festgelegt werden. Der Zustand einer Revision wird von RCS wie ein Kommentar behandelt und hat auf die ausführbaren Operationen keinen Einfluß. Revisionen, die zu paarweise verschiedenen Revisionsgruppen gehören, lassen sich zu Konfigurationen kombinieren.

Funktionalität: Eine neue Revision wird aus einer bestehenden abgeleitet, indem sich der Benutzer mit Hilfe eines Checkout–Kommandos eine Kopie beschafft, die er anschließend modifiziert (Abb. 3.8). Um zu verhindern, daß bei der Arbeit im Team versehentlich mehrere Benutzer dieselbe Revision weiterentwickeln, kann beim Checkout eine Sperre errichtet werden. Nach Ausführung des Checkout–Kommandos bearbeitet der Benutzer die erzeugte Kopie so lange mit beliebigen Unix–Werkzeugen, bis ein Zustand erreicht ist, der gesichert werden soll. Anschließend wird mit Hilfe von Checkin die zu sichernde Revision an RCS übergeben und ein entsprechender Nachfolger im Revisionsbaum erzeugt, der gegen Veränderungen geschützt ist. Insgesamt wird also die Erzeugung von Revisionen vom Benutzer gesteuert (veränderliche Revisionen im Sinne von Unterabschnitt 3.1.7.2). Um Speicherplatz zu sparen, wird nur eine Revision einer Revisionsgruppe vollständig abgespeichert, während alle anderen aus ihr mit Hilfe von Deltas rekonstruiert werden. Abgesehen von der Verwaltung einzelner Revisionsgruppen unterstützt RCS in rudimentärer Form auch die Verwaltung von Konfigurationen: Die Operation Checkout läßt sich nicht nur auf eine einzelne Revisionsgruppe anwenden, sondern sie kann sich auch auf alle Revisionsgruppen eines Verzeichnisses beziehen. Die auszuwählenden Revisionen lassen sich mit Hilfe der ihnen zugeordneten Attribute beschreiben.

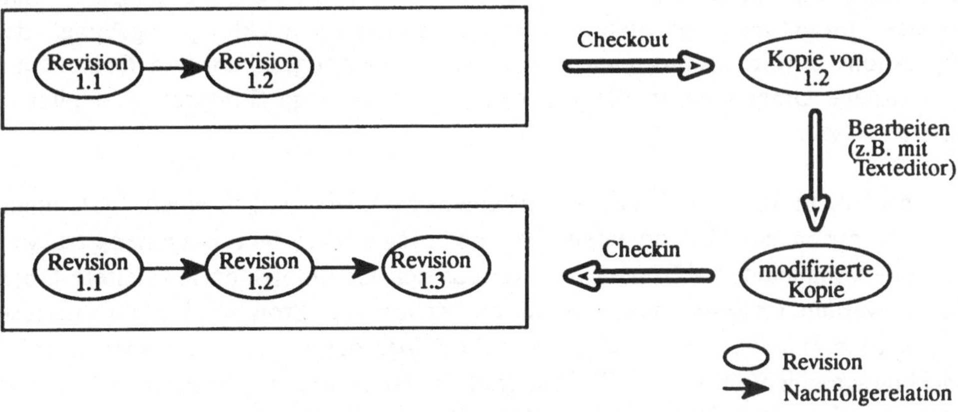

Abb. 3.8 Checkout/Checkin–Zyklus von RCS

Bewertung: RCS ist ein wertvolles, allgemein einsetzbares Hilfsmittel, um die Entwicklungsgeschichten von als Textdateien realisierten Softwaredokumenten festzuhalten und Revisionen effizient abzuspeichern. Da RCS die Struktur der von ihm verwalteten Dokumente nicht kennt (Black–Box–Ansatz), hat es auch keine Möglichkeit, deren Konsistenz zu überwachen. Der Benutzer kann lediglich mit Hilfe des Zustandsattributs Aussagen über den Inhalt einer Revision machen. RCS betrachtet Revisionsgruppen isoliert voneinander und bietet keine Möglichkeit, um die externe Konsistenz zwischen Revisionen verschiedener Dokumente direkt mit Hilfe von Relationen auszudrücken. Dies läßt sich nur indirekt erreichen, indem man z.B. allen zu einer konsistenten Konfiguration gehörenden Revisionen denselben symbolischen Namen zuordnet.

3.2.3 DSEE

Typ der Umgebung: Werkzeugkasten

Versionsmodell:
> version: Revision einer Textdatei
> variant branch: Zweig in der Entwicklungsgeschichte einer Textdatei
> system model: Textdatei, die Abhängigkeiten zwischen Dateien sowie die Konstruktion
> > abgeleiteter Objekte beschreibt
> configuration thread: Beschreibung einer Konfiguration durch eine Folge von Regeln
> bound configuration thread: Konfiguration, die durch ein Systemmodell und eine
> > Konfigurationsbeschreibung festgelegt wird

Funktionalität: Identifikation, Änderungskontrolle, Versionsauswahl, Konstruktion ausführbarer
Programme, Koordination der Teamarbeit

Abb. 3.9 Charakteristika von DSEE

Typ der Umgebung: DSEE /LM 85, LC 84, LCS 88/ ist eine auf Apollo–Arbeitsplatzrechnern verfügbare, programmiersprachenunabhängige Softwareentwicklungsumgebung, deren Konfigurationsverwaltungswerkzeuge a priori aufeinander abgestimmt sind. Es handelt sich um eine offene Umgebung, in die sich beliebige Werkzeuge (Editoren, Compiler etc.) integrieren lassen.

Versionsmodell: In ähnlicher Weise wie in einem Makefile wird in einem Systemmodell beschrieben, aus welchen Dokumenten (Textdateien) sich ein System zusammensetzt, wie die Dokumente voneinander abhängen und wie aus den Quellobjekten abgeleitete Objekte produziert werden. Im Systemmodell ist nur die "generische" Struktur eines Systems festgelegt; es werden lediglich die Dokumente, nicht jedoch deren Revisionen spezifiziert. Die Entwicklungsgeschichte wird in DSEE auf ähnliche Weise wie in RCS dargestellt. Um eine konkrete Konfiguration festzulegen, wird das Systemmodell mit einer Konfigurationsbeschreibung (configuration thread; abgekürzt: CT) kombiniert, die aus einer Folge von Regeln besteht, mit denen anhand von Attributwerten spezifiziert wird, welche Revisionen auszuwählen sind.

Funktionalität: Während es sich bei Make und RCS um einzelne Werkzeuge handelt, die jeweils nur Teilaspekte der Konfigurationsverwaltung unterstützen, deckt DSEE alle Aufgaben der Konfigurationsverwaltung ab. Es gibt eine Reihe von Werkzeugen, die u.a. dazu dienen, Revisionen von Textdateien zu verwalten, diese zu einer Konfiguration zu kombinieren, daraus abgeleitete Objekte zu erzeugen, sowie Monitore auf Dokumente zu setzen, so daß bei Änderungen dieser Dokumente Ereignisse ausgelöst werden. In Abb. 3.10 wird der Weg von der Konfigurationsbeschreibung bis zum ausführbaren Programm in Form eines SA–Diagramms dargestellt: Aus dem Systemmodell, der Konfigurationsbeschreibung und den Entwicklungsgeschichten der Komponenten ermittelt der Konfigurator eine gebundene Konfigurationsbeschreibung (bound configuration thread; abgekürzt: BCT), die für jedes Dokument angibt, welche Revision ausgewählt worden ist und wie das entsprechende abgeleitete Objekt zu konstruieren ist. Wie in Make werden die erforderlichen Ableitungsschritte topologisch sortiert. Abgeleitete Objekte werden in einem Pool verwaltet. Bevor ein abgeleitetes Objekt erzeugt wird, wird nachgesehen, ob der Pool bereits ein passendes abgeleitetes Objekt enthält. Dabei werden sämtliche Informationen berücksichtigt, die das Resultat der Ableitung beeinflussen (Compilerversion, Optionen, Quelltextrevision etc.). Wenn ein Objekt nicht im Pool gefunden wird, so wird der Übersetzer aktiviert. Schließlich werden alle übersetzten Programmteile gebunden.

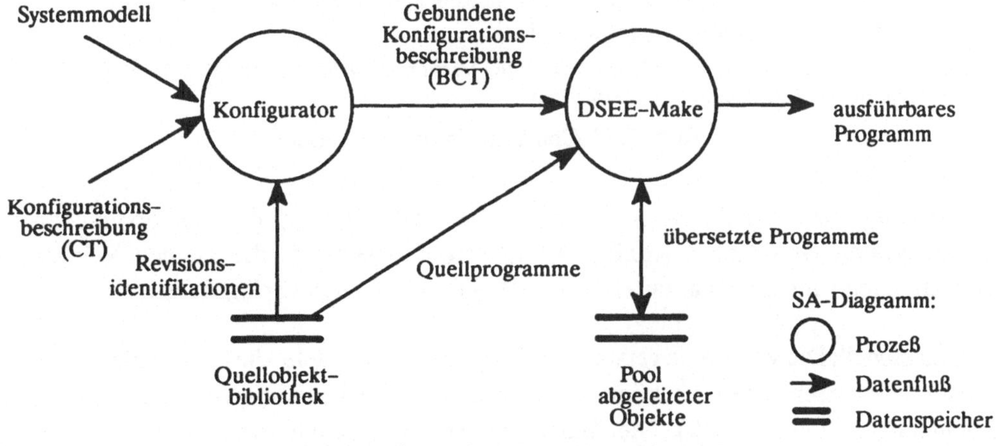

Abb. 3.10 Konfigurationsverwaltung in DSEE

Bewertung: DSEE ist eine umfassende Umgebung mit a priori aufeinander abgestimmten Werkzeugen, die insbesondere flexible Möglichkeiten zur Beschreibung von Konfigurationen bieten. Hinsichtlich der Konsistenz von und zwischen Revisionen gelten i.w. die gleichen

Aussagen wie für RCS. Durch die Definition von Monitoren und das Auslösen von Ereignissen bietet DSEE eine primitive Möglichkeit, um die externe Konsistenz zwischen verschiedenen Dokumenten (z.B. einem Quellprogramm und seiner Dokumentation) zu überwachen. Am präzisesten wird die Konsistenz von übersetzten Objekten mit den entsprechenden Quellobjekten kontrolliert. Während Make sich auf einen Vergleich von Zeitmarken beschränkt, werden in DSEE alle Informationen berücksichtigt, die das Resultat des Übersetzungs-/Bindevorgangs beeinflussen. Hinsichtlich der Konsistenz des Systemmodells mit den in den Quelltexten spezifizierten Abhängigkeiten treten die gleichen Probleme wie bei Make auf. Ferner setzt der DSEE-Ansatz voraus, daß die Struktur eines Systems nicht davon abhängt, welche Revisionen ausgewählt werden. Dies ist jedoch oft nicht der Fall, da z.B. in verschiedenen Revisionen einer Modulimplementation u.U. unterschiedliche Importe benötigt werden.

3.2.4 Adele

Typ der Umgebung: Werkzeugkasten

Versionsmodell:
    family: Menge der Versionen eines Moduls
    interface version: Version einer Modulschnittstelle
    realization version: Variante eines Modulrumpfs
    dependency graph: Abhängigkeitsgraph der Familien
    configuration description: Konfigurationsbeschreibung durch Regeln
    composition list: Konfiguration, die durch eine Konfigurationsbeschreibung und einen
        Abhängigkeitsgraphen festgelegt wird

Funktionalität: Identifikation, Änderungskontrolle, Versionsauswahl, Konstruktion ausführbarer
    Programme, Koordination der Teamarbeit

Abb. 3.11 Charakteristika von Adele

Typ der Umgebung: Adele /Es 85, BE 86, BE 87, Es 88/ ist ein programmiersprachen- und betriebssystemunabhängiges Konfigurationsverwaltungssystem, das zu den Werkzeugkasten-Ansätzen zählt und u.a. unter Unix, VMS und MS/DOS verfügbar ist.

Versionsmodell: Die von Adele verwalteten Objekte sind Module, die in beliebigen Programmiersprachen geschrieben sein können. Die Versionen eines Moduls werden zu einer Familie zusammengefaßt (Abb. 3.12). Die Ausprägungen einer Familie sind in einer dreistufigen Hierarchie angeordnet: Zunächst gibt es Versionen der Schnittstelle, wobei nicht zwischen Varianten und Revisionen unterschieden und auch keine Invariante festgelegt wird. Zu jeder Schnittstellenversion gibt es Varianten des Modulrumpfs, denen jeweils eine lineare Folge von Revisionen zugeordnet ist. Die Familien eines Softwaresystems sind in einem azyklischen Abhängigkeitsgraphen angeordnet. Eine Familie F1 heißt abhängig von einer Familie F2, wenn es mindestens eine Version von F1 gibt, die Ressourcen benutzt, die von einer Schnittstellenversion von F2 exportiert werden. Konfigurationen werden in einer regelorientierten Sprache beschrieben, die Konstrukte zur Verfügung stellt, um Versionen mit Hilfe von Attributwerten auszuwählen.

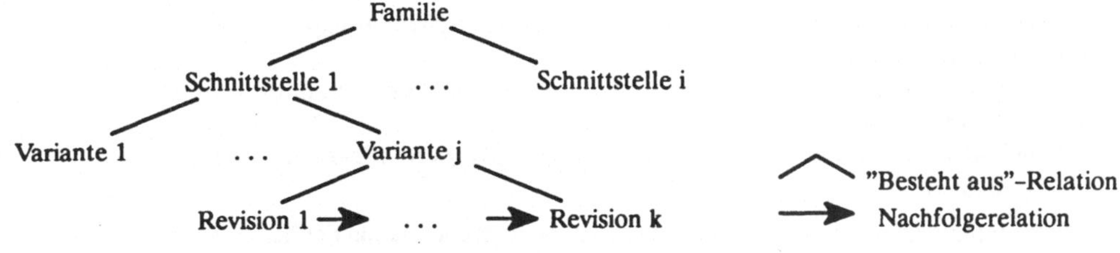

Abb. 3.12 Struktur einer Familie in Adele

Funktionalität: Adele stellt für einige Programmiersprachen Quelltextanalysatoren zur Verfügung, mit deren Hilfe sich der Abhängigkeitsgraph der Familien automatisch ermitteln läßt. Eine Konfiguration eines Teilsystems wird konstruiert, indem gemäß einer Konfigurationsbeschreibung für die Wurzelfamilie und alle über Abhängigkeitsrelationen von ihr aus erreichbaren Familien jeweils genau eine Revision des Modulrumpfs ausgewählt wird. Die Konstruktion abgeleiteter Objekte wird von Adele nicht unmittelbar unterstützt. Adele bietet einen allgemeinen Mechanismus zur Behandlung von Ereignissen an. Als Ereignis wird dabei die Änderung des Ziels einer Relation definiert, die vom Benutzer oder der Anwendung zwischen zwei beliebigen von Adele verwalteten Objekten hergestellt werden kann. Die Ereignisbehandlung kann beispielsweise dazu benutzt werden, das Neuübersetzen und Binden von Programmen auszulösen.

Bewertung: Adele ist ein sprachunabhängiges Konfigurationsverwaltungssystem, das wie DSEE mächtige Möglichkeiten bietet, um Konfigurationen mit Hilfe von Attributwerten zu beschreiben. Im Gegensatz zu DSEE beschränkt sich Adele von vorneherein darauf, Programme zu verwalten. Es wird ein rudimentär ausgestaltetes Modulkonzept zugrunde gelegt, das der Menge der Versionen eines Moduls eine Struktur aufprägt, ansonsten aber keinerlei Semantik hat. Wie in DSEE und RCS muß der Benutzer durch geeignete Vergabe von Attributwerten und entsprechende Selektionsregeln dafür sorgen, daß konsistente Konfigurationen gebildet werden. Um korrekte Abhängigkeitsgraphen zu erhalten, bietet Adele Quelltextanalysatoren an. Allerdings ist zu beachten, daß der Abhängigkeitsgraph die Abhängigkeiten zwischen Modulversionen in stark vergröberter Form darstellt. Wie in DSEE wird bei der Konfigurierung vorausgesetzt, daß die Struktur des Systems nicht davon abhängt, welche Versionen ausgewählt werden. Dies kann dazu führen, daß Versionen von Modulen ausgewählt werden, die in der zu konstruierenden Konfiguration überhaupt nicht benötigt werden.

3.2.5 NSE

Typ der Umgebung: Werkzeugkasten

Versionsmodell:
> component: Menge von Dateien, die zusammen eine logische Komponente eines Softwaresystems bilden
> component revision: Revision einer Komponente (in der Regel ist nur die neueste Revision sichtbar)
> environment: Datenbasis, die eine hierarchisch strukturierte Menge von Komponenten enthält

Funktionalität: Konstruktion ausführbarer Programme, Koordination der Teamarbeit

Abb. 3.13 Charakteristika von NSE

Typ der Umgebung: NSE /AHM 89, Mi 89/ ist ein auf SUN-Rechnern verfügbares Konfigurationsverwaltungssystem, das sich mit beliebigen Unix-Werkzeugen kombinieren läßt.

Versionsmodell: Während sich in Adele, DSEE und RCS der Versionsbegriff auf die Komponenten eines Softwaresystems bezieht (komponentenorientierter Ansatz), basiert NSE auf einem systemorientierten Ansatz, in dem i.w. nur Versionen von Softwaresystemen betrachtet werden. Im Mittelpunkt des NSE-Ansatzes stehen Datenbasen (in der Originalliteratur: environments), die jeweils eine konkrete Konfiguration eines Softwaresystems enthalten. Die Objekte (components), die zu einer Datenbasis gehören, sind in einer Hierarchie angeordnet, an deren Blättern sich Unix-Dateien befinden. Obwohl NSE intern eine lineare Folge von Objektrevisionen verwaltet, sind für den Benutzer in der Regel jeweils nur die aktuellen Zustände sichtbar. Nur in Konfliktfällen ist es möglich, auf alte Revisionen zuzugreifen (s.u.).

Funktionalität: Innerhalb einer Datenbasis arbeitet ein Benutzer in ähnlicher Weise wie in einer konventionellen Unix-Programmierumgebung. NSE stellt Operationen zur Verfügung, um mehrere Datenbasen miteinander zu integrieren. Mit Hilfe von Datenbasen lassen sich die Aktivitäten in einem Team von Softwareentwicklern koordinieren. So kann man beispielsweise Datenbasen in einer Hierarchie anordnen, die aus einer öffentlichen und mehreren privaten Datenbasen besteht. Dabei finden die Entwicklungsaktivitäten in den privaten Datenbasen statt, während die öffentliche Datenbasis dazu dient, von verschiedenen Benutzern durchgeführte Änderungen miteinander zu integrieren. Ein Entwickler kopiert zunächst die Objekte, auf die er zugreifen will, in seine private Datenbasis, modifiziert sie dort und kopiert sie anschließend in die öffentliche Datenbasis zurück. Diese Arbeitsweise erinnert an den Checkout/Checkin-Zyklus von RCS. Während in RCS jedoch Sperren gesetzt werden, um die Aktivitäten mehrerer Entwickler miteinander zu koordinieren, wird in NSE ein optimistisches Synchronisationsverfahren benutzt, das keine Sperren setzt, aber mit Hilfe der intern verwalteten Revisionen beim Zurückkopieren Konflikte erkennt. Nur im Konfliktfall werden alte Revisionen dem Benutzer sichtbar gemacht, der dann mit Hilfe entsprechender Verschmelzungswerkzeuge die von einem anderen Benutzer durchgeführten Änderungen mit seinen eigenen kombiniert.

Bewertung: Der wesentliche Fortschritt des NSE-Ansatzes gegenüber einer konventionellen Unix-Programmierumgebung besteht darin, daß die Integration zwischen verschiedenen Datenbasen unterstützt wird. Das optimistische Synchronisationsverfahren, das zur Koordination der Aktivitäten in einem Entwicklungsteam eingesetzt wird, hat allerdings den Nachteil, daß Konflikte erst sehr spät erkannt werden. Hinsichtlich der Konsistenz der verwalteten Objekte verhält sich NSE genauso wie eine konventionelle Unix-Umgebung. NSE bietet keine Unterstützung, um die Entwicklungsgeschichte von Objekten zu verwalten. Schließlich weist der hier verfolgte systemorientierte Ansatz zwei gravierende Nachteile auf: Zum einen gibt es keine explizite Information darüber, welche Revision eines Dokuments in einer bestimmten Konfiguration verwendet wird; zum anderen geht die Flexibilität des komponentenorientierten Ansatzes verloren, der es ermöglicht, Revisionen in nahezu beliebiger Weise zu Konfigurationen zu kombinieren.

3.2.6 PACT

Typ der Umgebung: Werkzeugkasten

Versionsmodell:
    complex object: Objekthierarchie, die durch azyklische Kompositionsrelationen aufgespannt wird
    version: Revision eines komplexen Objekts

Funktionalität: Identifikation, Änderungskontrolle, Versionsauswahl, Konstruktion ausführbarer
    Programme, Koordination der Teamarbeit

Abb. 3.14 Charakteristika von PACT

Typ der Umgebung: PACT /Th 89, Si 89, Oq 89/ ist eine Softwareentwicklungsumgebung, die auf PCTE /BMT 88/ basiert. PCTE bietet eine Standardschnittstelle zur Implementierung von Softwareentwicklungswerkzeugen an, die von der zugrundeliegenden Basismaschine und dem verwendeteten Betriebssystem weitgehend abstrahiert. PCTE ist primär darauf ausgerichtet, existierende Werkzeuge miteinander zu integrieren. Im Rahmen des PACT-Projekts werden oberhalb von PCTE u.a. allgemeine Basisdienste entwickelt, die sich in vielen Systemen wiederverwenden lassen. Dazu gehören insbesondere Basisdienste für die Revisionsverwaltung.

Versionsmodell: Im Mittelpunkt von PCTE steht ein Objektverwaltungssystem, das im Gegensatz zu einem herkömmlichen Dateiverwaltungssystem auf einem erweiterten Entity-Relationship-Modell beruht. Entity- und Relationstypen sowie die Typen ihnen zugeordneter Attribute werden mit Hilfe eines Schemas deklariert. Es existieren vordefinierte Entity- und Relationstypen, die von PCTE speziell unterstützt werden. Insbesondere gibt es Kompositionsrelationstypen, mit deren Hilfe Entities in einer azyklischen Hierarchie komplexer Objekte angeordnet werden. Ein atomares Entity entspricht dabei typischerweise einer Datei in einem konventionellen Dateiverwaltungssystem. Die interne Struktur atomarer Entities wird nicht mit Hilfe des PCTE-Datenmodells dargestellt, sondern die auf PCTE basierenden Werkzeuge können ihr eigenes Datenmodell verwenden.

Die im Rahmen von PACT entstandenen Basisdienste für die Revisionsverwaltung beziehen sich auf Revisionen komplexer Objekte. Auf beliebigen Stufen der Objekthierarchie lassen sich Revisionen definieren, die durch eine azyklische Nachfolgerelation geordnet sind (Abb. 3.15). Bezüglich der Granularität der revisionierten Objekte handelt es sich um einen flexiblen Ansatz, der Revisionen einzelner Dokumente (RCS) bzw. eines Softwaresystems (NSE) als Spezialfälle beinhaltet. Für die Versionsbildung im Kleinen eignet sich PACT jedoch nicht, da sich Dokumentfragmente aus Effizienzgründen nicht als PCTE-Entities darstellen lassen.

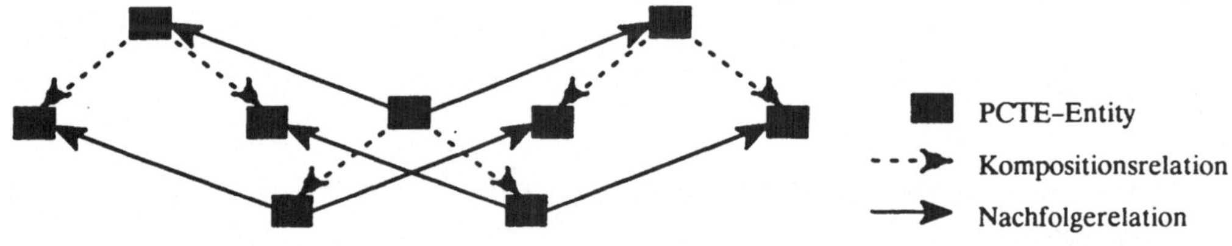

Abb. 3.15 Revisionen komplexer Objekte in PACT

Funktionalität: Die PACT-Basisdienste für die Revisionsverwaltung umfassen eine Reihe von Standardoperationen auf Revisionen komplexer Objekte. So wird z.B. beim Ableiten einer neuen Revision eines komplexen Objekts aus einer bereits existierenden die entsprechende Objekthierarchie kopiert, und alle kopierten Objekte werden mit ihren Originalen durch Nachfolgerelationen verbunden. Auf diese Weise entstehen zunächst Revisionsbäume. Das Verschmelzen von Revisionen läßt sich durch nachträgliches Eintragen von Nachfolgerelationen ausdrücken.

Bewertung: Der PACT-Ansatz zur Revisionskontrolle zeichnet sich dadurch aus, daß sich Revisionen auf beliebigen Stufen der Objekthierarchie verwalten lassen. Da es in PCTE und PACT bisher i.w. um die Entwicklung von Basisbausteinen ging, die von den verwalteten Objekten völlig abstrahieren, können über das Thema "Konsistenzkontrolle" an dieser Stelle nur allgemeine Aussagen gemacht werden. Einerseits erschwert der auch PCTE zugrundeliegende Black-Box-Ansatz die Kontrolle der Konsistenz der verwalteten Objekte; andererseits muß aber darauf hingewiesen werden, daß das PCTE-Datenmodell zumindest auf der grobkörnigen Ebene die notwendigen Hilfsmittel bereitstellt, um Informationen über die interne Konsistenz mit Hilfe von Attributen und über die externe Konsistenz mit Hilfe von Relationen auszudrücken.

3.2.7 Cedar System Modeller

Typ der Umgebung: sprachspezifische Umgebung

Versionsmodell:
    version: unveränderliche Ausprägung einer Textdatei, die z.B. ein Systemmodell, eine
       Modulschnittstelle oder einen Modulrumpf enthält
    system model: Konfiguration eines Cedar-Programms; die in den Quelltexten spezifizierten
       Abhängigkeiten werden an konkrete Versionen gebunden

Funktionalität: Identifikation, Versionsauswahl, Konstruktion ausführbarer Programme

Abb. 3.16 Charakteristika des Cedar System Modellers

Typ der Umgebung: Der System Modeller /Sc 82, LS 83, LS 83a/ gehört zu der von XEROX entwickelten Cedar–Programmierumgebung, die die Erstellung von Programmen unterstüzt, die in der Programmiersprache Cedar geschrieben sind /Te 84/.

Versionsmodell: Cedar ist eine Programmiersprache mit einem Modulkonzept, das wie z.B. Modula–2 zwischen Schnittstelle und Rumpf unterscheidet. Sowohl die Schnittstelle als auch der Rumpf eines Moduls können in mehreren Versionen vorhanden sein. Eine Version einer Übersetzungseinheit wird durch eine Datei realisiert, deren Inhalt unveränderlich ist. Eine Datei wird eindeutig durch einen Namen, der nicht mit dem Modulnamen übereinzustimmen braucht, und eine Zeitmarke identifiziert. Verschiedene Versionen einer Übersetzungseinheit dürfen sich beliebig voneinander unterscheiden. Im Sinne der Begriffsbildung aus Abschnitt 3.1 werden Versionen sowohl zur Varianten- als auch zur Revisionsbildung benutzt.

Ein wichtiger Unterschied zwischen Cedar und Modula–2 besteht darin, daß bereits die Cedar–Programmiersprache selbst die Verwendung verschiedener Modulversionen vorsieht. Dies bezieht sich sowohl auf Schnittstellen- als auch auf Rumpfversionen. Ein Programmsystem kann mehrere Versionen einer Schnittstelle bzw. eines Rumpfs gleichzeitig enthalten. Im Gegensatz zu Modula–2 unterscheidet die Cedar–Programmiersprache zwischen Übersetzungsabhängigkeiten, die für den Compiler relevant sind, und Bindeabhängigkeiten, die das Ergebnis des Bindevorgangs bestimmen. Übersetzungsabhängigkeiten und Bindeabhängigkeiten werden durch unterschiedliche Sprachkonstrukte spezifiziert. Die im Programmtext spezifizierten Abhängigkeiten sind ungebunden, d.h. es ist nicht festgelegt, auf welche Versionen sie sich beziehen. Es ist zulässig, daß sich innerhalb einer Übersetzungseinheit mehrere Abhängigkeiten auf dasselbe Modul beziehen (d.h. es lassen sich mehrere Modulversionen gleichzeitig benutzen). Dabei wird ein Modul durch einen logischen und nicht durch einen physischen (d.h. Datei-) Namen angesprochen.

Die Aufgabe eines Systemmodells besteht nun darin, die in Cedar-Übersetzungseinheiten spezifizierten Abhängigkeiten an konkrete Versionen zu binden. Ein Systemmodell beschreibt die Abhängigkeiten zwischen Versionen von Übersetzungseinheiten, indem es den im Programmtext spezifizierten ungebundenen Abhängigkeiten Dateinamen zuordnet. Die Kommandos zum Übersetzen und Binden des Programmsystems sind normalerweise nicht explizit im Systemmodell vorhanden, sondern werden daraus mit Hilfe von Standardregeln abgeleitet.

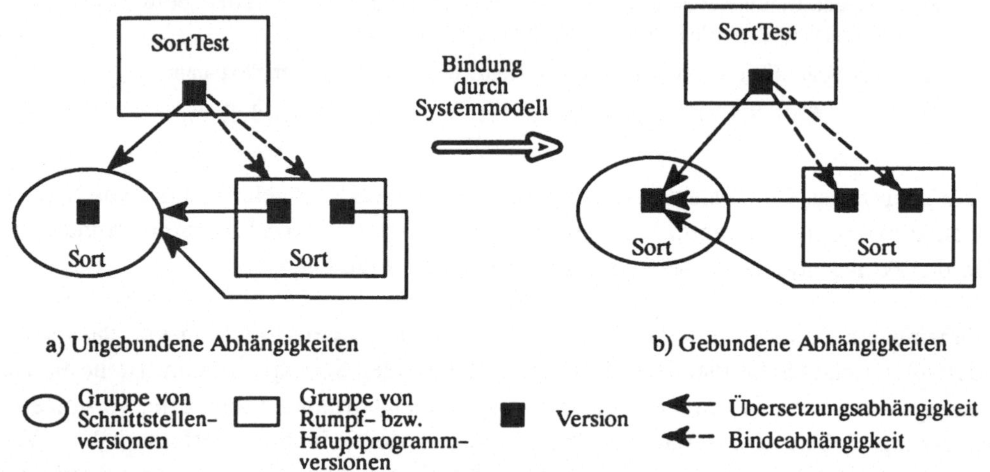

Abb. 3.17 Bindung von Abhängigkeiten durch das Cedar-Systemmodell

Abb. 3.17 illustriert die Funktion des Systemmodells anhand eines einfachen Beispiels: Das (Kopf–)Modul SortTest dient dazu, die Laufzeiteffizienz zweier unterschiedlich implementierter Sortierprozeduren (Quicksort und Heapsort) miteinander zu vergleichen. Um dies zu erreichen, muß im Quelltext des Moduls SortTest zunächst eine Übersetzungsabhängigkeit von der Schnittstelle des Moduls Sort hergestellt werden, welches die Prozedur SortProc (in der Abb. nicht dargestellt) exportiert. Ferner werden zwei unterschiedlich benannte Bindeabhängigkeiten

QuickVersion, HeapVersion : Sort

definiert. Dies ermöglicht es, mit

QuickVersion.SortProc (bzw. HeapVersion.SortProc)

die Quicksort-Implementierung (bzw. Heapsort-Implementierung) aufzurufen.

Durch Quelltextanalysen lassen sich die Übersetzungs– und Bindeabhängigkeiten in einen Graphen übersetzen, der in Abb. 3.17a) schematisch dargestellt ist. Die Ungebundenheit einer Abhängigkeit kommt dadurch zum Ausdruck, daß ihr Zielobjekt eine Versionsgruppe ist. Die Übersetzungs– und Bindeabhängigkeiten lassen sich als formale Parameter auffassen, die zunächst nur an Modulnamen und nicht an konkrete Versionen gebunden sind. Dies wird erst durch das Systemmodell erreicht, das den Abhängigkeiten jeweils Dateinamen

zuordnet, z.B.
   Quicksort.cedar!(July 2, 1983, 14:44:09).
Das Ergebnis des Bindeprozesses zeigt Abb. 3.17b): jede Abhängigkeit bezieht sich nun auf
eine konkrete Version.

Vergleicht man das Systemmodell von Cedar mit dem Systemmodell von DSEE, so fällt
insbesondere folgender Unterschied auf: Während in DSEE Versionsbeschreibung und
Systemmodell voneinander getrennt sind, beschreibt ein Cedar–Systemmodell eine konkrete
Konfiguration durch die Versionen, aus denen sie sich zusammensetzt, und die zwischen
ihnen bestehenden Abhängigkeiten. Ein Cedar–Systemmodell entspricht also nicht einem
DSEE–Systemmodell, sondern eher einer DSEE–Konfiguration (BCT, s. Abb. 3.10).

Funktionalität: Beim Aufruf des System Modellers gibt der Benutzer ein aktuelles Systemmodell an. Anschließend bearbeitet er Übersetzungseinheiten mit Hilfe eines Texteditors.
Da jedes Edieren eine neue Version erzeugt, muß auch das entsprechende Systemmodell
modifiziert (genauer: eine neue Version des Systemmodells erzeugt) werden. Dieser Vorgang
wird weitgehend automatisch unterstützt: Am Ende einer Ediersitzung benachrichtigt der
Texteditor den System Modeller, der seinerseits unter Anwendung heuristischer Regeln das
Systemmodell aktualisiert. Insbesondere wenn im Quelltext zusätzliche Übersetzungs– oder
Bindeabhängigkeiten definiert werden, kann sich ein manuelles Edieren des Systemmodells
als notwendig erweisen. Das Übersetzen und Binden von Cedar–Programmen wird in ähnlicher Weise wie in DSEE unterstützt.

Bewertung: Cedar zeichnet sich durch ein sehr flexibles Modulkonzept aus, das es erlaubt,
daß in einem Programmsystem mehrere Versionen einer Schnittstelle bzw. eines Rumpfs
gleichzeitig benutzt werden. Die Unveränderlichkeit von Versionen macht die Wartung von
Softwaresystemen sicherer, da noch benötigte Zustände nicht versehentlich überschrieben
werden können; andererseits entsteht eine große Flut von Versionen, die zum großen Teil nur
von vorübergehendem Interesse sind. Hinsichtlich der Konsistenz von abgeleiteten mit den
entsprechenden Quellobjekten gelten die gleichen Aussagen wie für DSEE. Ferner überprüft
der System Modeller die Konsistenz eines Systemmodells mit den entsprechenden Quellprogrammen, und er aktualisiert das Systemmodell, wenn neue Quellprogrammversionen erzeugt worden sind.

3.2.8 CONFIG

Typ der Umgebung: sprachspezifische Umgebung

Versionsmodell:
   version: Version einer Übersetzungseinheit bzw. eines Programmsystems. Eine Version eines
      Programmsystems wird durch ein Paar (Revision, Variante) beschrieben.

revision: Identifikation einer Revision (z.B. Nummer)
variant: Variantenbeschreibung durch eine Menge von (Attribut, Wert)-Paaren

Funktionalität: Identifikation, Versionsauswahl

Abb. 3.18 Charakteristika von CONFIG

Typ der Umgebung: CONFIG /Wi 85, Wi 86, Wi 87/ ist ein Konfigurator, der sich auf Programme anwenden läßt, die in einer Programmiersprache mit Modulkonzept formuliert sind (z.B. Modula-2, Ada etc.). In der Literatur ist bisher nur eine Prototypimplementierung in Prolog beschrieben, die noch nicht in eine entsprechende Programmentwicklungsumgebung integriert ist.

Versionsmodell: In allen bisher betrachteten Ansätzen werden Abhängigkeiten zwischen Modulen sowohl in einer von den Quelltexten getrennten Beschreibung als auch in den Quelltexten selbst spezifiziert. Um diese Redundanz und die dadurch implizierten Konsistenzprobleme zu vermeiden, wird in /Wi 85, Wi 86, Wi 87/ vorgeschlagen, die Versionskontrolle in die Programmiersprache zu integrieren. Dabei wird eine Programmiersprache mit Modulkonzept vorausgesetzt (z.B. Ada oder Modula-2). Die grundlegende Idee besteht darin, in den Importklauseln selbst die Versionen importierter Übersetzungseinheiten festzulegen. Um Konstrukte für die Versionskontrolle sprachlich auszudrücken, werden verschiedene Möglichkeiten vorgeschlagen. In /Wi 86, Wi 87/ wird eine echte Spracherweiterung um einen sogenannten CONFIG-Block beschrieben; in /Wi 85/ wird gezeigt, wie sich im Falle von Ada echte Spracherweiterungen durch Ausnutzung von Pragmata (Anweisungen an den Compiler) umgehen lassen.

Wie in Cedar wird eine Übersetzungseinheit (Schnittstelle oder Rumpf) durch einen logischen Namen und nicht durch einen Dateinamen identifiziert. Jede Übersetzungseinheit kann in mehreren Versionen existieren, die sich in beliebiger Weise voneinander unterscheiden können und durch Dateien realisiert sind. Abb. 3.19 zeigt ein Beispiel, das /Wi 87/ entnommen ist. Das Hauptprogramm Main existiert in einer Version, während es zwei Versionen der getrennt übersetzten Prozedur Sort gibt (Quicksort bzw. Heapsort).

Jeder Version einer Übersetzungseinheit ist ein CONFIG-Block zugeordnet, der folgende Informationen umfaßt:
- In einer Versionsdefinition, die durch das Schlüsselwort VERS eingeleitet wird, wird der Version eine Menge von Paaren (re, va) zugeordnet, wobei re eine Revisionsindikation und va eine Variantenindikation ist. Revisionen und Varianten werden in diesem Ansatz also gleichrangig behandelt. Bei einer Revisionsindikation kann es sich z.B. um eine Nummer handeln, während eine Variantenindikation aus einer Menge von (Attribut, Wert)-Paaren besteht. So ist etwa der einzigen Version des Hauptprogramms die Menge
  { (1, Speed = High), (1, Speed = Low) }

zugeordnet. Die Mengen, die je zwei Versionen einer Übersetzungseinheit zugeordnet sind, müssen paarweise disjunkt sein. Sie werden bei der Konfigurierung eines Programmsystems zur Versionsauswahl benutzt (s.u.).

- Jede Importklausel enthält eine Versionsauswahl, die ebenfalls durch das Schlüsselwort VERS eingeleitet wird, jedoch eine andere Bedeutung hat als die oben beschriebene Versionsdefinition. Eine Versionsauswahl ist eine Funktion, die einem Paar (re, va) ein Paar (re', va') zuordnet, das dazu benutzt wird, um genau eine Version der importierten Übersetzungseinheit zu identifizieren. In unserem Beispiel besagt etwa die Versionsauswahl, die dem Import von Sort zugeordnet ist, u.a. : "Nimm dieselbe Revision; falls Speed = High ist, wähle den Quicksort-Algorithmus."

Eine Konfiguration setzt sich aus einer Menge von Versionen zusammen, wobei je zwei Versionen zu verschiedenenen Übersetzungseinheiten gehören und die Menge transitiv über die Importbeziehungen abgeschlossen ist.

```
            Main.Version1
CONFIG VERS = 1 : { Speed = { High, Low } };
    USE Sort VERS =
    SAME : { Speed = High } = > { Kind = Quicksort },
           { Speed = Low } = > { Kind = Heapsort };
PROC Main IS
    ...
    Sort(A, B);
    ...
END Main;


            Sort.Version1
CONFIG VERS = 1 : { Kind = Quicksort };
PROC Sort(...) IS
    — Quicksort-Algorithmus
END Sort;


            Sort.Version2
CONFIG VERS = 1 : { Kind = Heapsort };
PROC Sort(...) IS
    — Heapsort-Algorithmus
END Sort;
```

Abb. 3.19 Versionsdefinition und –auswahl im CONFIG–Block

Funktionalität: Der Konfigurator erhält als Eingabe ein Tripel (n, re, va). Zunächst wird eine Version des Hauptprogramms n ermittelt, der u.a. das Paar (re, va) zugeordnet ist. Aus (re, va) lassen sich dann die entsprechenden Versionsidentifikationen (re', va') für importierte Module berechnen. Durch transitiven Abschluß über die Importe wird die gewünschte Konfiguration auf deterministische Weise ermittelt; d.h., daß das Eingabetripel (n, re, va) die gewünschte Konfiguration bereits eindeutig festlegt. Starten wir in unserem Beispiel etwa mit dem

Tripel

    (Main, 1, Speed = High),

so wird zunächst die einzige Version des Hauptprogramms ausgewählt und anschließend eine
Version der Sortierprozedur gesucht, deren Versionsdefinition das Paar

    (1, Kind = Quicksort)

umfaßt. Diese Bedingung wird von der Version 1 der Prozedur Sort erfüllt.

Bewertung: Der hier vorgestellte Ansatz vermeidet zwar die Redundanzen, die in Cedar, aber
auch in Adele und DSEE in Kauf genommen werden, und berücksichtigt insbesondere, daß
die Importbeziehungen davon abhängen, welche Versionen von Übersetzungseinheiten ausgewählt werden. Andererseits geht die Übersicht über die Abhängigkeiten zwischen den
Modulversionen verloren, weil diese Information über sämtliche Quelltexte verteilt ist. Ein
weiterer Nachteil besteht darin, daß bei der Erzeugung einer neuen Version einer Übersetzungseinheit auch (nichtlokale) Änderungen an Versionsinformationen der importierenden
Übersetzungseinheiten erforderlich sind, um die neue Version in einer Konfiguration benutzen zu können. Versionsdefinitionen und Importklauseln müssen ”bottom up” hinauf zur
Wurzeleinheit erweitert werden, damit der dort startende, ”top down” arbeitende deterministische Konfigurator eine Konfiguration zusammenstellen kann, die die neue Version enthält.

3.2.9 PIE

Typ der Umgebung: sprachspezifische Umgebung

Versionsmodell:
      layer: Schicht in einem Netzwerk, die aus Tripeln (Knoten, Attribut, Wert) besteht und eine
          Menge logisch zusammengehöriger Änderungen enthält
      context: Konfiguration eines Netzwerks, die sich aus einer Folge übereinander gelegter
          Schichten zusammensetzt

Funktionalität: Identifikation, Versionsauswahl

Abb. 3.20 Charakteristika von PIE

Typ der Umgebung: PIE /GB 80/ ist ein System, das Konfigurationen von Softwaresystemen
verwaltet, die in der objektorientierten Programmiersprache Smalltalk geschrieben sind.

Versionsmodell: Das Versionsmodell, das PIE zugrunde liegt, ist von Smalltalk weitgehend
unabhängig. PIE verfolgt einen systemorientierten Ansatz zur Konfigurationsverwaltung.
Die Objekte, aus denen sich ein Softwaresystem zusammensetzt, und deren Beziehungen
werden in einem Netzwerk dargestellt. Als Beispiel für Objekte lassen sich Smalltalk–Klas-
sendefinitionen, als Beispiel für Beziehungen Spezialisierungen nennen. Ein Knoten des
Netzwerks trägt Attribute, die auf benachbarte Knoten verweisen können. Eine Konfiguration des Netzwerks (in der Originalliteratur : context) besteht aus einer Folge übereinander

gelegter Schichten (Abb. 3.21). In einer Schicht (layer) werden jeweils logisch zusammmen-gehörige Änderungen gruppiert, die i.a. mehrere Objekte des Softwaresystems betreffen können. Eine Schicht enthält eine Menge von Tripeln (Knoten, Attribut, Wert). Um den Wert eines Knotenattributs in einer Konfiguration zu ermitteln, werden die übereinander gelegten Schichten sequentiell durchsucht.

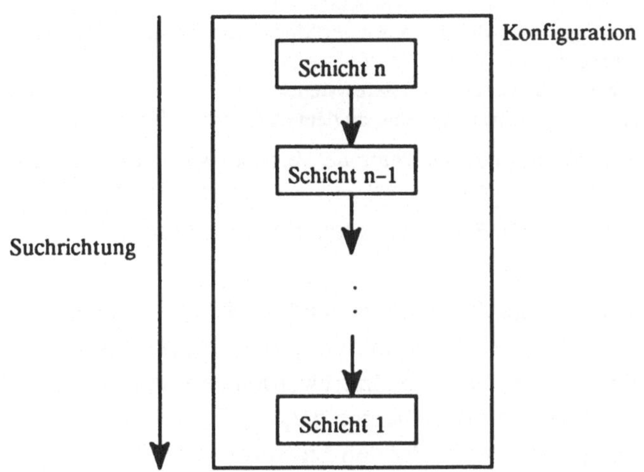

Abb. 3.21 Aus Schichten zusammengesetzte Konfigurationen in PIE

Funktionalität: Mit Hilfe von PIE läß sich ein bereits existierendes Netzwerk in eine Schicht umwandeln. Bevor der Benutzer Änderungen durchführt, definiert er eine Schicht, der diese Änderungen zugeordnet werden sollen. Schichten lassen sich in beliebiger Weise kombinieren. Dadurch ist es möglich, Änderungen zu verschmelzen, die in einer Schicht durchgeführten Änderungen auszublenden etc.

Bewertung: Die Stärke von PIE besteht darin, daß logisch zusammengehörige Änderungen, die mehrere Objekte betreffen, explizit zusammengefaßt werden können. Ferner lassen sich Änderungen sehr flexibel kombinieren. Ob eine Kombination sinnvoll ist, kann allerdings nur der Benutzer selbst entscheiden; PIE stellt keine Mechanismen zur Verfügung, um die Verträglichkeit von Änderungen auszudrücken. Ein weiteres Problem besteht darin, daß PIE keine Unterstützung dafür bietet, Versionen von Komponenten eines Softwaresystems zu verwalten. Eine komponentenorientierte Versionsverwaltung erscheint wünschenswert, wenn man davon ausgeht, daß Dokumente logisch abgeschlossene Einheiten bilden, die sich somit auch als Verwaltungseinheiten bei der Wartung von Softwaresystemen anbieten.

3.2.10 Gandalf

Typ der Umgebung: strukturbezogene Umgebung

Versionsmodell:
a) Gandalf-Prototyp
    version: Variante eines Modulrumpfs
    revision: Revision einer Variante eines Modulrumpfs
    instantiation: Konfiguration, die sich aus einer Menge von Revisionen zusammensetzt
b) Neuer Gandalf-Ansatz
    variant: Variante eines Teils eines Softwaresystems
    revision: Revision eines Softwaresystems, zu dem es mehrere Varianten geben kann

Funktionalität: Identifikation, Änderungskontrolle, Versionsauswahl, Konstruktion ausführbarer
    Programme, Koordination der Teamarbeit

Abb. 3.22 Charakteristika von Gandalf

Typ der Umgebung: Das Gandalf-Projekt /HN 86, Ha 82/ befaßt sich mit strukturbezogenen Softwareentwicklungsumgebungen, in deren Mittelpunkt syntaxgesteuerte Editoren stehen, die aus einer formalen Beschreibung generiert werden und auf Softwaredokumenten operieren, die intern durch abstrakte Syntaxbäume dargestellt werden. Im Rahmen des Gandalf-Projekts ist ein Prototyp entstanden, der den Entwurf und die Implementierung von Softwaresystemen sowie einige Aspekte des Projektmanagements unterstützt.

Versionsmodell: Die Architektur eines Programmsystems wird in Gandalf in einer Sprache beschrieben, in die ein Versionsmodell integriert ist. Jedem Modul ist eine eindeutige Schnittstelle zugeordnet, die in der gewählten Implementierungssprache (C) formuliert ist. Für den Modulrumpf gibt es mehrere Varianten, bei denen es sich entweder um Kompositionen oder um Implementationen handelt. Im Falle einer Komposition setzt sich das entsprechende Modul aus weiteren Modulen zusammen, die die exportierten Ressourcen zur Verfügung stellen (Summationsmodul). Andernfalls gibt es eine lineare Folge von Revisionen, die Implementationen der exportierten Ressourcen enthalten. In einer Revision können Ressourcen von Modulen benutzt werden, die in einer Importklausel aufgezählt sind, die der Variante zugeordnet ist. Alle Revisionen zu einer Variante haben also dieselben Importe. Jedem Modul ist genau eine Standardvariante und jeder Implementation genau eine Standardrevision zugeordnet. Eine Konfiguration besteht aus einer transitiv abgeschlossenen Menge von Modulrevisionen.

Funktionalität: Mit Hilfe eines syntaxgesteuerten Editors, der stets die kontextfreie Korrektheit der edierten Dokumente garantiert, werden die Architektur eines Programmsystems und die Rümpfe der in ihr enthaltenen Module bearbeitet. Alle Bearbeitungsvorgänge finden in einer privaten Datenbasis statt. Beim Zurückkopieren in die öffentlichen Datenbasis wird die kontextsensitive Korrektheit der bearbeiteten Dokumente überprüft. Eine Konfiguration eines Programmsystems wird wie üblich durch transitiven Abschluß über Importklauseln und Kompositionen ermittelt. Wird in einer Importklausel oder Komposition nur der Modulname angegeben, so werden dessen Standardvariante bzw. –revision ausgewählt. Der Konfigurator erkennt Konflikte in der Versionsauswahl (eine Konfiguration darf nicht mehrere Versionen desselben Moduls enthalten) sowie die Verwendung syntaktisch fehlerhafter oder unvollständiger Implementationsrevisionen.

Bewertung: Das Versionsmodell, das Gandalf zugrunde liegt, ist insbesondere insofern eingeschränkt, als ein Modul nicht mehrere Schnittstellenversionen haben kann. Hinsichtlich der Konsistenzkontrolle leistet Gandalf deutlich mehr als die bisher vorgestellten Werkzeuge: Alle Dokumente sind stets kontextfrei korrekt; die in der öffentlichen Datenbasis enthaltenen Dokumente sind darüber hinaus auch kontextsensitiv korrekt. Die von Gandalf verwalteten Informationen über kontextsensitive Korrektheit werden vom Konfigurator benutzt, um die Korrektheit einer Konfiguration ohne Neuübersetzungen überprüfen zu können. Ein Nachteil von Gandalf besteht darin, daß die Konsistenz des Datenbestands durch eine Reihe von Einschränkungen gewährleistet wird, die die Arbeit des Benutzers erschweren. Z.B. ist es nicht möglich, die Schnittstelle eines Moduls im nachhinein zu verändern.

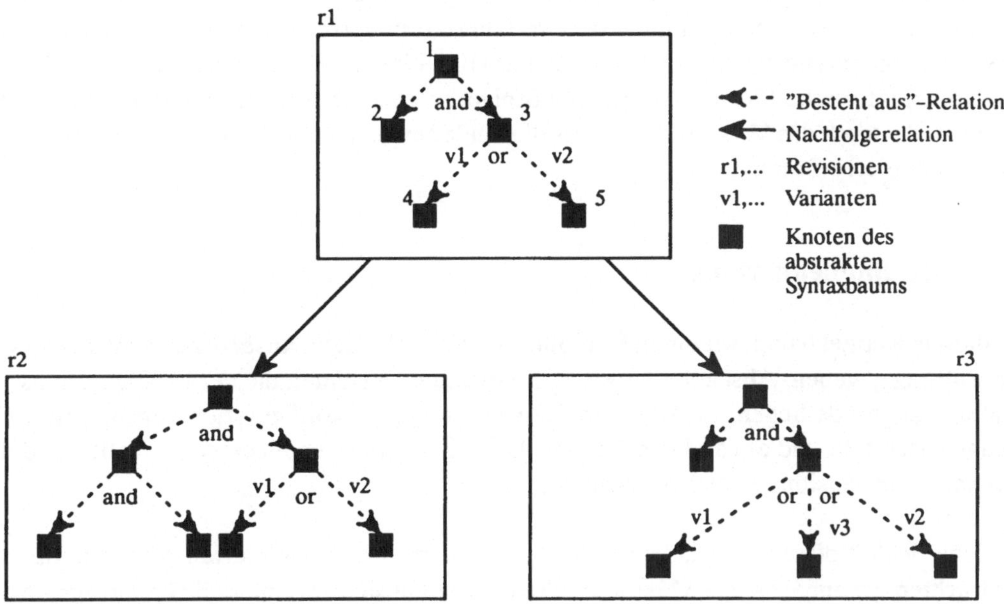

Abb. 3.23 Der "inverse" Gandalf–Ansatz zur Konfigurationsverwaltung

Vor kurzem wurde im Rahmen des Gandalf–Projekts ein Ansatz zur Konfigurationsverwaltung entwickelt, der sich von dem oben dargestellten radikal unterscheidet /MSK 89/. Während in der Architekturbeschreibungssprache von Gandalf der Begriff "Variante" oberhalb des Begriffs "Revision" liegt, kehrt der neue Ansatz die Anordnung dieser Begriffe um und verallgemeinert sie (Abb. 3.23): Eine Revision ist ein Zustand eines Softwaresystems – und nicht, wie oben, eines einzelnen Moduls – zu einem bestimmten Zeitpunkt seiner Entwicklung. Im Gegensatz zu NSE wird die Entwicklungsgeschichte eines Softwaresystems explizit durch Nachfolgerelationen dargestellt. Jede Revision umfaßt eine Menge von Varianten, die jeweils durch Attribute charakterisiert werden.

In dem abstrakten Syntaxbaum, der die Internstruktur einer Revision repräsentiert, werden variantenspezifische Teile durch Unterbäume dargestellt, die einen gemeinsamen Vater haben. Die Einführung von Varianten führt zu einer Unterscheidung von and–Knoten und or–Knoten. Ist ein and–Knoten in einer Variante enthalten, so sind es auch alle seine Söhne. Dagegen dienen or–Knoten zur Darstellung einer 1–aus–n–Auswahl. Beispielsweise gehören zu der Variante v1 der Revision r1 in Abb. 3.23 die Knoten 1, 2, 3 und 4, nicht aber der Knoten 5.

Hinsichtlich der Entwicklungsgeschichte ist der neue Gandalf–Ansatz systemorientiert und weist damit grundsätzlich die gleichen Probleme auf, die schon bei der Beschreibung von NSE und PIE angesprochen wurden. Bisher ist die Entwicklungsgeschichte auf eine Baumstruktur beschränkt, und es ist noch kein Verfahren zum Verschmelzen von Revisionen eines Softwaresystems entwickelt worden. Auch mit Hilfe eines solchen Verfahrens läßt sich nicht die kombinatorische Flexibilität des feinkörnigeren komponentenorientierten Ansatzes erreichen, da durch das Verschmelzen stets die Änderungen an allen Komponenten miteinander kombiniert würden.

3.3 Zusammenfassung

In diesem Kapitel haben wir einen **Überblick** über verschiedene **Ansätze** zur **Konfigurationsverwaltung** gegeben. Abschnitt 3.1 war den Modellen gewidmet, die der Konfigurationsverwaltung zugrunde liegen. In Abschnitt 3.2 wurden einige Konfigurationsverwaltungswerkzeuge vorgestellt und anhand des Typs der Umgebung, der abgedeckten Aufgaben und des verwendeten Versionsmodells klassifiziert.

Welche Schlußfolgerungen lassen sich nun aus dem hier präsentierten Material ziehen? Betrachten wir zunächst die Versionsmodelle: Hier hat sich gezeigt, daß **Grundbegriffe** wie Version, Variante, Revision, Familie und Konfiguration in **vielfältiger Weise verwendet** werden. Dies macht insbesondere die Abb. 3.3 deutlich, die die Definitionen der Begriffe zusammenfaßt, auf denen die in Abschnitt 3.2 dargestellten Werkzeuge basieren. Der Versuch, im Bereich der Konfigurationsverwaltung eine Standardterminologie einzuführen /Ti 88/, ist bisher gescheitert.

Der **Stand** der **Technik** auf dem Gebiet der **Werkzeugunterstützung** bietet ebenfalls noch kein befriedigendes Bild. Die meisten Werkzeuge zur Konfigurationsverwaltung sind der Kategorie "Werkzeugkasten" zuzurechnen. Ein wesentliches Ziel bei der Entwicklung solcher Werkzeuge besteht darin, sie möglichst allgemein, d.h. für die Verwaltung beliebiger Dokumente einsetzen zu können. Da von der Struktur der verwalteten Dokumente meist völlig abstrahiert wird, wird deren Konsistenz von den Konfigurationsverwaltungswerkzeugen selbst kaum kontrolliert. In vielen Fällen obliegt es dem Benutzer, die Werte von Attributen, mit deren Hilfe die Dokumentversionen beschrieben werden, geeignet festzulegen. Das Konfigurationsverwaltungswerkzeug selbst hat meist keine Möglichkeit, die "Korrektheit" der Attributvergabe zu überprüfen. Die Konstruktion konsistenter Konfigurationen wird somit nur unzureichend unterstützt.

Hinsichtlich der Grundbegriffe und der Werkzeugunterstützung läßt sich **unser Ansatz** folgendermaßen einordnen:

* Wegen der Probleme, die ein systemorientierter Ansatz hinsichtlich der Wiederverwendbarkeit bereitet, haben wir uns für einen komponentenorientierten Ansatz entschieden: Eine Konfiguration eines Softwaresystems setzt sich aus Revisionen von Softwaredokumenten zusammen. Softwaredokumente sind logische Einheiten und bieten sich damit aus der Perspektive der Wiederverwendung als Einheiten an, deren Entwicklungsgeschichte zu verwalten ist. Um die Konstruktion konsistenter Konfigurationen zu unterstützen, werden Konsistenzrelationen verwaltet, die wertvolle Informationen darüber liefern, welche Revisionen sich zu einer Konfiguration kombinieren lassen.

* Auch in unserem Ansatz wird großer Wert darauf gelegt, daß die Werkzeuge zur Konfigurationsverwaltung allgemein verwendbar sind. Auf der grobkörnigen Ebene wird deshalb völlig von der Internstruktur der Revisionen abstrahiert. Auf der feinkörnigen Ebene wird die Allgemeinheit dadurch erreicht, daß Dokumente intern in einheitlicher Art und Weise modelliert werden. In Kapitel 2 wurde gezeigt, daß sich für Dokumente, die als abstrakte Syntaxgraphen dargestellt sind, allgemein verwendbare, strukturbezogene Werkzeuge zur Revisions- und Konsistenzkontrolle entwickeln lassen. Durch diese Strukturbezogenheit und das hohe Maß an Konsistenzkontrolle unterscheidet sich unser Ansatz von den Werkzeugkasten-Ansätzen, die im Bereich der Konfigurationsverwaltung eine dominante Rolle spielen.

4 Modellierung der Revisions- und Konsistenzkontrolle auf der grobkörnigen Ebene

Nachdem im letzten Kapitel ein allgemeiner Literaturüberblick über andere Ansätze zur Konfigurationsverwaltung gegeben wurde, wird in den nun folgenden Kapiteln der in IPSEN verfolgte Ansatz ausführlich beschrieben. Als Ausgangspunkt dienen die in Kapitel 2 dargestellten Überlegungen, die nun in ein **formales Modell** umgesetzt werden. Mit einem solchen Modell werden mehrere Ziele verfolgt:

- Die **Grundbegriffe** der Revisions- und Konsistenzkontrolle sollen präzise definiert werden.
- Die **Funktionalität** entsprechender Werkzeuge soll spezifiziert werden.
- Das Modell soll darüber hinaus auch als **Ausgangspunkt für die Implementierung** der Werkzeuge dienen.

Das in diesem Kapitel präsentierte Material schließt sich an die Überlegungen in Abschnitt 2.1 an und läßt sich anhand folgender Kriterien einordnen:

- **Ebene der Modellierung.** In Kapitel 2 haben wir zwischen der grobkörnigen und der feinkörnigen Ebene unterschieden. Wir beschränken uns hier zunächst auf die **grobkörnige Ebene**, d.h. Revisionen werden als atomare Objekte betrachtet, von deren Internstruktur abstrahiert wird.
- **Allgemeinheit.** Bei der Entwicklung des Modells zur Revisions- und Konsistenzkontrolle unterscheiden wir zwischen **allgemeinen Aspekten**, die unabhängig von konkreten Dokumenttypen und den zwischen ihnen bestehenden Abhängigkeitsrelationen sind, und **spezifischen Aspekten**, die sich ergeben, wenn man ein konkretes Szenario betrachtet. Bei der Betrachtung spezifischer Aspekte beziehen wir uns auf das Szenario, das dem IPSEN-Prototyp '88 zugrunde liegt.
- **Statische/dynamische Aspekte.** Zum einen wird die **statische Struktur** von Softwaresystemen beschrieben, deren Dokumente in mehreren Revisionen vorliegen. Zum anderen werden auch die **Veränderungen** spezifiziert, die durch die Ausführung von Operationen zum Erzeugen von Revisionen, Anpassen von abhängigen Revisionen etc. bewirkt werden.

Dokumente, Revisionen und deren Relationen werden mit Hilfe von **Revisionsgraphen** /We 89/ modelliert. Dabei wird zunächst der korrekte Aufbau von Revisionsgraphen durch eine Fülle von **Konsistenzbedingungen** beschrieben. Anschließend werden **Veränderungsoperationen** spezifiziert, die diese Bedingungen beachten.

Als Hilfsmittel zur formalen Beschreibung von Revisionsgraphen wird die Sprache **PROGRESS** /Sc 89, Sc 91/ eingesetzt, die zur operationalen Spezifikation abstrakter Datentypen mit Hilfe von Graphersetzungssystemen dient. Die Kenntnis der Sprache PROGRESS wird nicht vorausgesetzt, sondern wir werden die PROGRESS zugrundeliegenden Konzepte sowie die Syntax und Semantik der einzelnen Sprachkonstrukte jeweils begleitend erläutern. Da ein wesentliches Ziel dieses Buchs auch darin besteht, Erfahrungen mit dem Einsatz von PROGRESS zu sammeln, werden wir, wo immer dies uns angebracht erscheint, auf Vorteile und Schwächen hinweisen, die beim Spezifizieren mit PROGRESS zutage getreten sind.

Das vorliegende Kapitel ist folgendermaßen gegliedert:
- Abschnitt 4.1 beschäftigt sich mit der **statischen Struktur** von Revisionsgraphen.
- In Abschnitt 4.2 werden **Veränderungen** von Revisionsgraphen spezifiziert.
- Abschnitt 4.3 bringt einen **Literaturvergleich** mit anderen Ansätzen zur Revisions- und Konsistenzkontrolle.
- In Abschnitt 4.4 fassen wir unsere Überlegungen zusammen und geben einen **Ausblick** auf zukünftige Arbeiten.

4.1 Modellierung der statischen Struktur

In diesem Abschnitt beschäftigen wir uns mit der **statischen Struktur** von Revisionsgraphen, d.h. wir beschreiben, aus welchen Bestandteilen sich Revisionsgraphen zusammensetzen und wie diese zueinander in Beziehung stehen. Dabei unterscheiden wir zwischen **szenariounabhängigen** und **szenariospezifischen Aspekten.** Der Abschnitt ist folgendermaßen gegliedert:
- Zunächst werden in Abschnitt 4.1.1 die **Bestandteile** von Revisionsgraphen (Knoten, Kanten, Attribute) beschrieben.
- Danach diskutieren wir in Abschnitt 4.1.2 eine Reihe von **Konsistenzbedingungen,** die Revisionsgraphen zu erfüllen haben.
- Während die vorhergehenden Abschnitte allgemeinen Charakter haben, setzen wir uns in Abschnitt 4.1.3 mit der Frage auseinander, wie sich Revisionsgraphen auf ein **konkretes Szenario** (den IPSEN-Prototyp '88) spezialisieren lassen.
- Schließlich setzen wir uns in Abschnitt 4.1.4 mit denkbaren **Erweiterungen** des Modells auseinander.

4.1.1 Bestandteile von Revisionsgraphen

Die Bestandteile, aus denen sich Graphen einer bestimmten Klasse zusammensetzen, lassen sich in PROGRESS mit Hilfe eines **Schemas** spezifizieren, in dem Knoten-, Kanten- und Attributtypen deklariert werden. Dabei wird versucht, möglichst viele strukturelle Eigenschaften von Graphen bereits im Schema festzulegen. Das Schema wird dazu benutzt, um die Korrektheit der Operationen zu überprüfen: Operationen sind nur dann korrekt, wenn sie das Schema respektieren.

Ein Schema ist folgendermaßen strukturiert:

- Die gemeinsamen Eigenschaften von Knoten der gleichen Art werden durch Deklarationen von **Knotenklassen** ausgedrückt. Die Gemeinsamkeiten beziehen sich auf Knotenattribute und Typen ein- und auslaufender Kanten.
- In einer Knotenklassendeklaration können **Attribute** deklariert werden, die an jedem Knoten der Klasse vorhanden sind. Bezüglich der Attribute wird zwischen externen und abgeleiteten Attributen unterschieden. Ein **externes Attribut** erhält seinen Wert von außen und hängt nicht von anderen Attributen ab. Im Gegensatz dazu wird der Wert eines **abgeleiteten Attributs** mit Hilfe einer Rechenvorschrift spezifiziert, die auf andere Attribute desselben Knotens oder auf Attribute benachbarter Knoten Bezug nimmt.
- Knotenklassen sind in einer **Vererbungshierarchie** angeordnet, die Verbandsstruktur haben muß (Mehrfachvererbung). Eine Unterklasse erbt alle Attribute von ihren Oberklassen. Ferner dürfen Kanten, die an Knoten einer Oberklasse beginnen oder enden dürfen, auch an Knoten der Unterklasse beginnen oder enden.
- Die Markierungen von Knoten, die in einem konkreten, dem Schema genügenden Graphen vorkommen, werden durch Knotentypdeklarationen festgelegt. Jeder **Knotentyp** wird einer Knotenklasse zugeordnet. Auf diese Weise entsteht eine zweistufige Typhierarchie, die es erlaubt, Knotentypen als typisierte Parameter einzusetzen (z.B. in Graphersetzungen). Knotentypen, die derselben Klasse zugeordnet sind, können sich hinsichtlich der Rechenvorschriften für Attributwerte unterscheiden.
- Mit Hilfe von Kantentypdeklarationen wird beschrieben, welche Arten von Kanten es gibt und Knoten welcher Klassen sie miteinander verbinden. Die **Kantentypen** entsprechen den Kantenmarkierungen in einem konkreten Graphen. Im Gegensatz zu Knoten tragen Kanten keine Attribute. Da PROGRESS keine Vererbung auf Kantentypen vorsieht, entfällt die Unterscheidung zwischen Typen und Klassen an dieser Stelle. Eine Kante zwischen zwei Knoten ist nur dann erlaubt, wenn der jeweilige Typ des Quell- bzw. Zielknotens der in der Kantentypdeklaration festgelegten Knotenklasse oder einer ihrer Spezialisierungen zugeordnet ist.

Im folgenden geben wir ein **Schema für Revisionsgraphen** an. Revisionsgraphen bestehen aus Knoten, die Dokumente und ihre Revisionen repräsentieren, und aus Kanten, die Abhängigkeits-, Konsistenz-, Nachfolge- und Revisionsrelationen repräsentieren. Hinsichtlich der Attribute, die den Dokumenten bzw. Revisionen zugeordnet werden, haben wir uns auf ein Minimum beschränkt, um das Modell möglichst einfach zu halten. Es ist ohne weiteres möglich, zusätzliche Attribute wie Autor, Erzeugungsdatum etc. einzuführen. Der Schwerpunkt unserer Betrachtungen liegt im folgenden nicht auf den Attributen, sondern auf den Relationen (insbesondere auf den Abhängigkeits- und Konsistenzrelationen).

Abb. 4.1 zeigt das Schema für Revisionsgraphen in textueller Notation. Die Klasse **NODE** stellt die Wurzel der Knotenklassenhierarchie dar. Jedem Knoten ist als Attribut ein Knotenbezeichner zugeordnet, der den Knoten eindeutig identifiziert. Diese Knotenbezeichner werden später bei der Spezifikation von Operationen auf Revisionsgraphen dazu benutzt, alle Knoten von Revisionsgraphen auf einheitliche Weise zu identifizieren. Sie sind nur von technischem Interesse und bleiben für den Benutzer[1] unsichtbar.

```
class NODE;
    external NodeId : T_Id := UniqueId();
end;

class DOCUMENT is_a NODE;
    external  DocName : T_String;
    external  MaxRevNo : T_Cardinal;
end;

class REVISION is_a NODE;
    external  RevNo : T_Cardinal;
    external  Contents : T_Contents;
    derived   Consistent : T_Boolean := CheckConsistency(self.Contents);
    external  Stable : T_Boolean := false;
end;

edge type    DepOn: DOCUMENT -> DOCUMENT;
edge type    HasRev : DOCUMENT -> REVISION;
edge type    HasSucc : REVISION -> REVISION;
edge type    ConsWith : REVISION -> REVISION;

node type Rev : REVISION end;
```

Abb. 4.1 Schema für Revisionsgraphen

Dokumente werden mit Hilfe von Knoten der Klasse **DOCUMENT** modelliert. Einem Dokumentknoten sind folgende Attribute zugeordnet:

- **DocName** repräsentiert einen eindeutigen, vom Benutzer vergebenen Namen für das Dokument.
- **MaxRevNo** repräsentiert die größte bisher vergebene Revisionsnummer zu diesem Dokument[2].

Revisionen werden mit Hilfe von Knoten der Klasse **REVISION** modelliert, denen die folgenden Attribute zugeordnet sind:

- **RevNo** ist eine unveränderliche, relativ zum entsprechenden Dokument eindeutige Revisionsnummer, die vom System bei der Erzeugung von Revisionen fortlaufend vergeben wird.

---

1. Mit "Benutzer" ist hier der Benutzer einer IPSEN–Umgebung gemeint, die die Revisions– und Konsistenzkontrolle unterstützt.
2. Dieses Attribut wird nur aus technischen Gründen benötigt, um beim Erzeugen einer neuen Revision dieser eine eindeutige Revisionsnummer zuordnen zu können. Es ist für den Benutzer unsichtbar.

- **Contents** repräsentiert den Inhalt einer Revision. Der Inhalt einer Revision wird hier als atomar betrachtet.
- **Consistent** gibt Auskunft über die interne Konsistenz einer Revision. Consistent ist ein abgeleitetes Attribut, das vom Contents-Attribut abhängt.
- **Stable** gibt Auskunft darüber, ob die Revision noch verändert werden kann oder bereits eingefroren ist. Dieses Attribut wird beim Erzeugen eines Knotens mit false initialisiert.

Relationen zwischen Dokumenten und Revisionen werden mit Hilfe folgender Kantentypen modelliert:

- **Abhängigkeitsrelationen** zwischen Dokumenten werden mit Hilfe von Kanten des Typs **DepOn** dargestellt ("**Depends On**"):
  d1 –DepOn–> d2 < = > d1 hängt von d2 ab.
- **Revisionsrelationen** zwischen Dokumenten und Revisionen werden durch Kanten des Typs **HasRev** repräsentiert ("**Has Revision**"):
  d –HasRev–> r < = > r ist eine Revision von d.
- Die Entwicklungsgeschichte eines Dokuments (**Nachfolgerelationen**) wird durch Kanten des Typs **HasSucc** repräsentiert ("**Has Successor**"):
  r1 –HasSucc–> r2 < = > r2 ist Nachfolger von r1.
- Schließlich dient der Kantentyp **ConsWith** zur Darstellung von **Konsistenzrelationen** zwischen Revisionen verschiedener Dokumente ("**Consistent With**"):
  r1 –ConsWith–> r2 < = > r1 ist mit r2 konsistent.

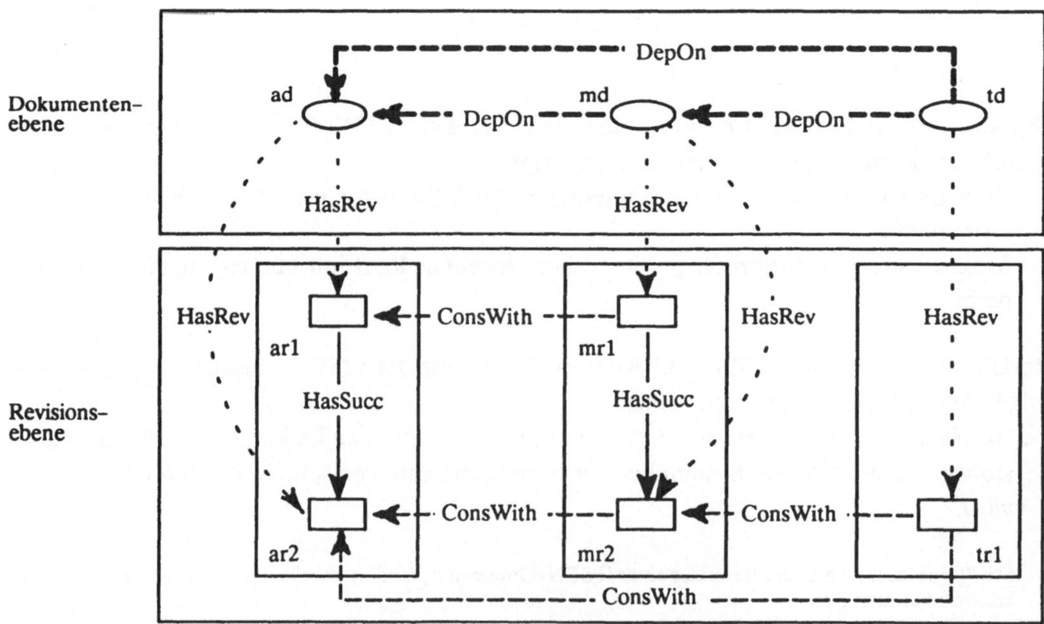

Abb. 4.2 Beispiel für einen Revisionsgraphen

Schließlich wird in Abb. 4.1 noch ein Knotentyp **Rev** der Klasse REVISION deklariert. Man beachte, daß keine Typen der Klasse DOCUMENT deklariert werden. Dies geschieht erst, wenn das Schema gemäß eines konkreten Szenarios spezialisiert wird (s. Abschnitt 4.1.3). Eine explizite Unterscheidung zwischen verschiedenen Typen der Klasse REVISION ist nicht notwendig, da sich der Typ der Revision stets aus dem Typ des Dokuments rekonstruieren läßt, dem sie zugeordnet ist.

Abb. 4.2 zeigt einen (Ausschnitt aus einem) Revisionsgraphen, der dem Schema aus Abb. 4.1 genügt[3]. Obwohl in diesem Abschnitt nur szenariounabhängige Aspekte betrachtet werden, nimmt das dargestellte **Beispiel** im Interesse größerer Anschaulichkeit auf die Dokumenttypen des IPSEN–Prototyps '88 Bezug. Knoten der Klasse DOCUMENT bzw. REVISION werden durch Ovale bzw. Rechtecke symbolisiert. ad, md und td repräsentieren jeweils ein Architektur-, Modul- bzw. Dokumentationsdokument. md hängt von ad, td von ad und md ab. ad und md haben jeweils zwei Revisionen; die älteste (jüngste) Revision von md ist mit der ältesten (jüngsten) Revision von ad konsistent. Zu td existiert eine Revision, die mit den jüngsten Revisionen von ad und md konsistent ist.

4.1.2 Konsistenzbedingungen

Durch das in Abb. 4.1 präsentierte Schema sind bereits eine ganze Reihe von Inkonsistenzen in Revisionsgraphen ausgeschlossen. So kann z.B. eine Konsistenzkante nicht an einem Dokumentknoten enden, und das Attribut DocName kann keinem Revisionsknoten zugeordnet werden. Es gibt aber noch viele weitere **Konsistenzbedingungen**, die Revisionsgraphen erfüllen sollten (und im Beispiel aus Abb. 4.2 auch tatsächlich erfüllt sind). Diese Konsistenzbedingungen betreffen das Zusammenspiel von Relationen und Attributen.

Die Konsistenzbedingungen lassen sich danach **klassifizieren**, auf welche Attribute bzw. Relationen sie sich beziehen. Nur sehr wenige Bedingungen betreffen ausschließlich Knotenattribute. Einen Überblick über die Konsistenzbedingungen für Relationen[4] gibt Abb. 4.3. Die Konsistenzbedingungen sind in einer Dreiecksmatrix angeordnet und fortlaufend numeriert[5]. Einträge auf der Hauptdiagonalen beziehen sich auf einen Relationstyp; alle anderen Einträge sind Bedingungen, die sich auf zwei (oder mehr) Relationstypen beziehen. Im folgenden werden wir zunächst die Attributbedingungen besprechen und anschließend die Einträge der Dreiecksmatrix zeilenweise abarbeiten. Dabei wird jedem Feld ein Unterabschnitt zugeordnet.

---

3. Es handelt sich um eine Wiederholung des Beispiels aus Abschnitt 2.1, Abb. 2.2.
4. Die mit * gekennzeichneten Bedingungen beziehen sich auch auf Knotenattribute.
5. Bedingungen 1 und 2 betreffen Knotenattribute und sind daher in der Tabelle nicht aufgeführt.

	Abhängigkeits-relation	Revisionsrelation	Nachfolgerelation	Konsistenzrelation
Abhängigkeits-relation	3 Zyklenfreiheit 4 Zusammenhang 5 Eindeutige Wurzel			
Revisionsrelation	–keine–	6 Eindeutige Dokument-zuordnung 7 Revisions-existenz 8 Eindeutige Numerierung* 9 Maximale Revisions-nummer*		
Nachfolgerelation	–keine–	10 Lokalität 11 Zusammenhang 12 Eindeutige Wurzel	13 Zyklenfreiheit 14 Redundanz-freiheit 15 Stabilität innerer Revisionen*	
Konsistenzrelation	16 Vertikale Kompatibilität mit der Abhän-gigkeitsrelation 17 Minimalität der Abhängigkeits-relation	18 Kompatibilität von Konsistenz-relationen zu Revisionen verschiedener Dokumente	19 Kausalität	–keine–

Abb. 4.3 Dreiecksmatrix der Konsistenzbedingungen

Im folgenden werden Konsistenzbedingungen in einer **PROGRESS–ähnlichen Notation** formalisiert. Dabei bedienen wir uns der **Prädikatenlogik erster Ordnung**. In PROGRESS ist die Formulierung prädikatenlogischer Bedingungen zwar bisher nicht vorgesehen; eine entsprechende Erweiterung ist aber durchaus denkbar.

Im einzelnen verwenden wir folgende **Notationen**:

- Mit d, d1, d2, ... werden Dokumentknoten, mit r, r1, r2, ... Revisionsknoten und mit n, n1, n2, ... beliebige Knoten bezeichnet.
- Es gilt n1 –t–> n2 $<=>$ n1 und n2 sind durch eine Kante vom Typ t verbunden.
- Mit <–t– wird die zu –t–> inverse Relation bezeichnet.
- Mit $(-t->)^+$ wird der transitive, mit $(-t->)^*$ der reflexive und transitive Abschluß der Relation –t–> bezeichnet.
- Mit n.a wird der Wert des Attributs a am Knoten n bezeichnet.

4.1.2.1 Bedingungen an Attributwerte

Nur die beiden folgenden Konsistenzbedingungen beziehen sich ausschließlich auf Attributwerte:

1 Alle **Dokumente** sind **eindeutig benannt**:
   $\forall$ d1, d2 (d1.DocName = d2.DocName = > d1 = d2)

2 Eine **stabile Revision** ist **intern konsistent**:
   $\forall$ r (r.Stable = > r.Consistent)

Bedingung 2 soll verhindern, daß "unbrauchbare" Revisionen eingefroren werden. Dabei
gehen wir davon aus, daß eine Revision unbrauchbar ist, wenn sie nicht intern konsistent ist.
Was dies im einzelnen bedeutet, bleibt hier zunächst offen. Typischerweise sollte eine einzufrierende Revision keine kontextfreien oder kontextsensitiven Fehler enthalten. Welche
Bedingungen an den Inhalt einer Revision zu stellen sind, ist jedoch ein szenariospezifischer
Aspekt und kann daher im Rahmen des allgemeinen Modells zur Revisions– und Konsistenzkontrolle nicht festgelegt werden.

4.1.2.2 Bedingungen an die Abhängigkeitsrelation

Die folgenden Konsistenzbedingungen beziehen sich auf die Abhängigkeitsrelationen zwischen Dokumenten:

3 Die Abhängigkeitsrelation ist **zyklenfrei**:
   $\forall$ d ($\neg$ (d (–DepOn– >)$^{+}$d))

4 Die Abhängigkeitsrelation ist **zusammenhängend**:
   $\forall$ d1, d2 (d1 (–DepOn– > $\cup$ < –DepOn–)* d2)

5 Es gibt genau ein **Wurzeldokument**, das von keinem anderen Dokument abhängt:
   $\exists$! d ($\forall$ d1 ($\neg$ (d –DepOn– > d1)))

Diese Konsistenzbedingungen reflektieren die Vorstellung, daß es **gerichtete Abhängigkeiten**
zwischen Dokumenten gibt, die in verschiedenen Arbeitsbereichen erstellt werden. So ist z.B.
die Architektur von der Anforderungsdefinition abhängig, und die Dokumentation hängt von
allen Dokumenten ab, auf die sie sich bezieht. Im einzelnen lassen sich die Konsistenzbedingungen für Abhängigkeitsrelationen folgendermaßen **motivieren**:
- Aufgrund der arbeitsbereichsorientierten Vorstellung werden zyklische Abhängigkeiten
  verboten (Bedingung 3). So sind z.B. die Modulimplementationen von der Architektur
  abhängig und nicht umgekehrt.

- Es gibt genau ein Wurzeldokument, das als Ausgangspunkt für die Softwareerstellung dient (Bedingung 5). Üblicherweise ist dies die Anforderungsdefinition; im Falle des IPSEN-Prototyps '88, der die Problemanalyse nicht unterstützt, ist es die Architektur eines Softwaresystems.
- Alle Dokumente eines Softwaresystems hängen miteinander zusammen, da sie letztlich alle aus dem Wurzeldokument abgeleitet werden (Bedingung 4).

4.1.2.3 Bedingungen an die Revisionsrelation

Die Revisionsrelation, mit deren Hilfe festgehalten wird, welche Revisionen zu welchen Dokumenten gehören, muß eine Reihe von Konsistenzrelationen erfüllen, die sich z.T. auch auf die Numerierung der Revisionen beziehen, die einem Dokument zugeordnet sind:

6 **Jede Revision** ist **genau einem Dokument zugeordnet:**
$$\forall \, r \, (\, \exists! \, d \, (\, d -HasRev-> r \,) \,)$$

7 Zu jedem **Dokument** gibt es **mindestens eine Revision:**
$$\forall \, d \, (\, \exists \, r \, (\, d -HasRev-> r \,) \,)$$

8 **Alle Revisionen** eines Dokuments sind **eindeutig numeriert:**
$$\forall \, d, r1, r2 \, (\, d -HasRev-> r1 \, \wedge \, d -HasRev-> r2 \, \wedge \, r1.RevNo = r2.RevNo \, => \, r1 = r2 \,)$$

9 **Jede Revisionsnummer** ist **kleiner** oder **gleich der maximalen bisher vergebenen Revisionsnummer:**
$$\forall \, d, r \, (\, d -HasRev-> r \, => \, r.RevNo \leq d.MaxRevNo \,)$$

4.1.2.4 Bedingungen an das Zusammenspiel der Nachfolge- und der Revisionsrelation

Die folgenden Bedingungen regeln das Zusammenspiel der Revisions- und der Nachfolgerelation:

10 Die **Nachfolgerelation** ist **lokal bezüglich eines Dokuments:**
$$\forall \, d, r1, r2 \, (\, d -HasRev-> r1 \, \wedge \, r1 -HasSucc-> r2 \, => \, d -HasRev-> r2 \,) \,),$$
d.h. durch Nachfolgerelationen verbundene Revisionen gehören zum gleichen Dokument.

11 Jedes Dokument hat eine **zusammenhängende Entwicklungsgeschichte:**
$$\forall \, d, r1, r2 \, (\quad d -HasRev-> r1 \, \wedge \, d -HasRev-> r2 \, => \, $$
$$r1 \, (-HasSucc-> \, \cup \, <-HasSucc-)^* \, r2 \,)$$

12 Die Entwicklungsgeschichte jedes Dokuments hat eine **eindeutige Wurzel:**
$$\forall \, d \, (\, \exists! \, r1 \, (\, d -HasRev-> r1 \, \wedge \, (\, \forall \, r2 \, (\, d -HasRev-> r2 \, => \, \neg \, (\, r2 -HasSucc-> r1 \,) \,) \,) \,) \,)$$

Aus Bedingung 12 folgt insbesondere die Bedingung 7, die wir oben aufgeführt haben, um die Bedingungen an die Revisionsrelation möglichst vollständig zu formulieren, ohne Bezug auf die Nachfolgerelation nehmen zu müssen.

4.1.2.5 Bedingungen an die Nachfolgerelation

Über die oben beschriebenen Bedingungen hinaus muß die durch die Nachfolgerelation dargestellte Entwicklungsgeschichte noch folgende Konsistenzbedingungen erfüllen:

13 Ein **Nachfolger** hat eine **höhere Revisionsnummer** als sein **Vorgänger:**
$\forall$ r1, r2 (r1 –HasSucc–> r2 = > r2.RevNo > r1.RevNo)
Daraus folgt insbesondere die **Zyklenfreiheit** der Nachfolgerelation.

14 Die Nachfolgerelation ist **redundanzfrei:**
$\forall$ r1, r2 (r1 –HasSucc–> r2 = >
$\neg$ ($\exists$ r3 (r1 –HasSucc–> r3 $\wedge$ r3 (–HasSucc–>)$^+$r2)))

15 Nur **stabile Revisionen** dürfen **Nachfolger** haben:
$\forall$ r1 ($\exists$ r2 (r1 –HasSucc–> r2) = > r1.Stable)

Bedingung 15 stellt sicher, daß die Vorfahren einer Revision nicht a posteriori verändert werden. Eine solche Veränderung widerspricht der Vorstellung, daß
r1 –HasSucc–> r2
impliziert, daß r2 aus r1 hervorgegangen ist, d.h. eine Weiterentwicklung von r1 darstellt.

Bedingung 14 stellt sicher, daß die Entwicklungsgeschichte eines Dokuments nicht durch überflüssige Nachfolgerelationen unübersichtlich wird. Auf eine entsprechende Forderung an die Abhängigkeitsrelation wurde bewußt verzichtet. Wir gehen davon aus, daß eine Abhängigkeitsrelation zwischen zwei Dokumenten d1 und d2 nur dann eingetragen wird, wenn d1 unmittelbar von d2 abhängt. So wird z.B. eine Abhängigkeitsrelation zwischen einer Modulimplementation und einer Architektur, nicht aber zwischen einer Modulimplementation und einer Anforderungsdefinition eingetragen. Auch wenn nur direkte Abhängigkeitsrelationen eingetragen werden, kann eine Situation entstehen, die die zu Bedingung 14 analoge Forderung verletzt. So ist beispielsweise in Abb. 4.2 td von md und md von ad abhängig. Dennoch darf die Abhängigkeit zwischen td und ad nicht eliminiert werden, da ansonsten die Information verloren ginge, daß in td auch ad beschrieben wird.

Über die oben aufgeführten Konsistenzbedingungen hinaus könnte man zusätzlich fordern, daß die Entwicklungsgeschichte eines Dokuments einen **Verband** bildet, d.h., daß es zu je zwei Revisionen sowohl genau einen eindeutig bestimmten jüngsten gemeinsamen Vorfahren als auch höchstens einen eindeutig bestimmten ältesten gemeinsamen Nachfahren gibt. Es sind jedoch sinnvolle Situationen denkbar, in denen die Verbandseigenschaft verletzt ist. In Abb. 4.4a gibt es zu den Revisionen r2 und r3 keinen eindeutig bestimmten gemeinsamen ältesten Nachfahren, in Abb. 4.4b haben darüber hinaus r6 und r7 keinen eindeutig bestimmten gemeinsamen jüngsten Vorfahren. Um die Struktur der Nachfolgerelation nicht unnötig einzuschränken, haben wir auf die Forderung nach der Verbandseigenschaft verzichtet.

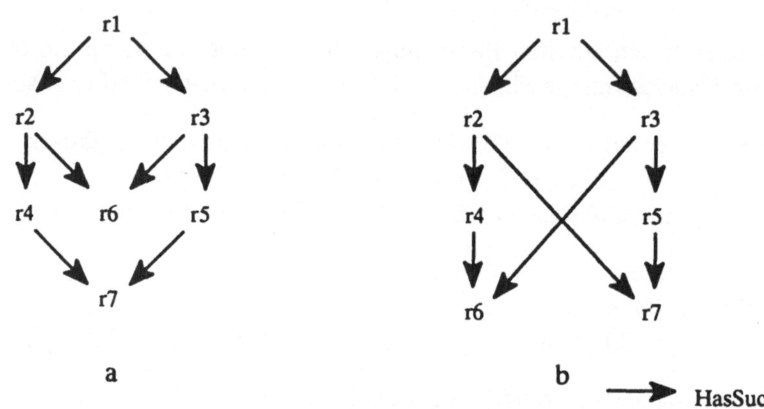

Abb. 4.4 Verletzungen der Verbandseigenschaft

4.1.2.6 Bedingungen an das Zusammenspiel der Konsistenz- und der Abhängigkeitsrelation

Wie wir bereits in Abschnitt 2.1 erwähnt haben, lassen sich die Abhängigkeitsrelationen zwischen Dokumenten als **Vergröberung** von Konsistenzrelationen zwischen Revisionen auffassen. Somit kann man sich anhand der Dokumentenebene einen ersten Überblick darüber verschaffen, welche Beziehungen zwischen ihren Revisionen bestehen. Dies kommt durch die beiden folgenden Bedingungen zum Ausdruck:

16 Die **Konsistenzrelation** ist **vertikal kompatibel** mit der **Abhängigkeitsrelation**:
$$\forall\ d1, d2, r1, r2\ (\ d1\ -HasRev->\ r1\ \wedge\ d2\ -HasRev->\ r2\ \wedge\ r1\ -ConsWith->\ r2\ =>$$
$$d1\ -DepOn->\ d2\ )$$
Zu jeder Konsistenzrelation gibt es also eine vergröbernde Abhängigkeitsrelation zwischen den entsprechenden Dokumenten.

17 Die **Abhängigkeitsrelation** ist im Hinblick auf die **Konsistenzrelation minimal**:
$$\forall\ d1, d2\ (d1\ -DepOn->\ d2\ =>$$
$$\exists\ r1, r2\ (d1\ -HasRev->\ r1\ \wedge\ d2\ -HasRev->\ r2\ \wedge\ r1\ -ConsWith->\ r2\ ))$$

Bedingung 17 besagt, daß eine vergröbernde Kante nur dann existiert, wenn es überhaupt eine verfeinernde gibt. Es stellt sich die Frage, ob sich diese Bedingung noch **verschärfen** läßt:

a) $\forall$ d1, d2, r2 (d1 -DepOn-> d2 $\wedge$ d2 -HasRev-> r2 =>

$\exists$ r1 (r1 -ConsWith-> r2 $\wedge$ d1 -HasRev-> r1))

b) $\forall$ d1, d2, r1 (d1 -DepOn-> d2 $\wedge$ d1 -HasRev-> r1 =>

$\exists$ r2 (r1 -ConsWith-> r2 $\wedge$ d2 -HasRev-> r2))

Dies ist eine Verschärfung von Bedingung 17, weil verlangt wird, daß für jede Revision eines Dokuments eine ein- bzw. auslaufende Konsistenzrelation existiert, wenn es eine entsprechende Abhängigkeitsrelation gibt.

Daß diese Verschärfung i.a. nicht gilt, zeigt die folgende einfache **Beispielsituation**, die im IPSEN-Szenario auftreten kann (Abb. 4.5)[6]:Das Architekturdokument ad hat eine Revision ar1, in der lediglich das Modul m1 vorkommt, und eine Revision ar2, in der zusätzlich das Modul m2 vorkommt. In dieser Situation gilt:

*   Zwar hängt md2 (das Moduldokument für m2) von ad ab; dennoch existiert zu ar1 keine passende Revision von md2 (Gegenbeispiel zu a).
*   Die Revision tr1 der technischen Dokumentation bezieht sich auf ar1 und die damit konsistenten Modulrevisionen; das Analoge gilt für tr2. Obwohl td von md2 abhängt, gibt es keine Revision von md2, auf die sich tr1 bezieht (Gegenbeispiel zu b).

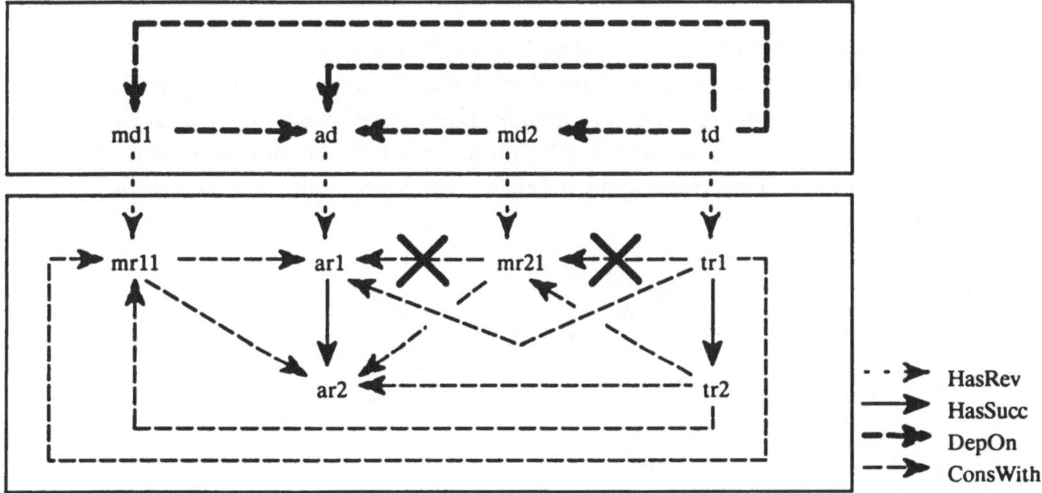

Abb. 4.5 Gegenbeispiel zur Verschärfung der Minimalitätsbedingung

Diese Überlegung zeigt, daß die Abhängigkeitsrelationen grob und damit auch **unpräzise** sind. Aus der Tatsache, daß die Moduldokumente md1 und md2 vom Architekturdokument ad abhängen, kann man eben nicht schließen, daß jede Revision von ad auch tatsächlich Schnittstellen für diese Module enthält. Analog läßt sich aus der Tatsache, daß die technische

---

6. Um das Diagramm übersichtlich zu halten, wurden nur HasRev-Kanten zu den jeweiligen Wurzelrevisionen eingezeichnet.

Dokumentation td von ad, md1 und md2 abhängt, nicht folgern, daß jede Revision von td auf Revisionen all dieser Dokumente Bezug nimmt. Wir werden auf die Probleme, die die mangelhafte Präzision der Abhängigkeitsrelationen bereitet, in Abschnitt 4.1.4 noch eingehen.

4.1.2.7 Bedingungen an das Zusammenspiel der Konsistenz– und der Revisionsrelation

In diesem Unterabschnitt befassen wir uns mit der Frage, welche Beziehungen es zwischen Konsistenzrelationen zu Revisionen verschiedener Dokumente geben muß. Der Grundgedanke der im folgenden erläuterten Bedingung ist einfach: Hängt eine Revision von mehreren Dokumenten ab, so müssen die von ihr ausgehenden Konsistenzrelationen "zusammenpassen", damit die Revision in eine konsistente Konfiguration eingebaut werden kann. Dabei heißt eine Konfiguration konsistent, wenn zu ihr gehörende Revisionen voneinander abhängiger Dokumente durch Konsistenzrelationen miteinander verbunden sind. Die im folgenden zu diskutierende Bedingung, die zur Konstruierbarkeit konsistenter Konfigurationen beitragen soll, nennen wir **Kompatibilität von Konsistenzrelationen zu Revisionen verschiedener Dokumente.**

Ein **Beispiel** für diese Bedingung liefert Abb. 4.5: Die Dokumentationsrevision tr1 ist sowohl mit der Architekturrevision ar1 als auch mit der Modulrevision mr11 konsistent. Die Konsistenzrelationen zu ar1 und mr11 sind miteinander kompatibel, weil mr11 mit ar1 konsistent ist. Wäre dies nicht der Fall, so würde tr1 sich auf zwei Revisionen beziehen, die nicht "zusammenpassen". Es wäre dann nicht möglich, eine konsistente Konfiguration zu konstruieren, die tr1 enthält.

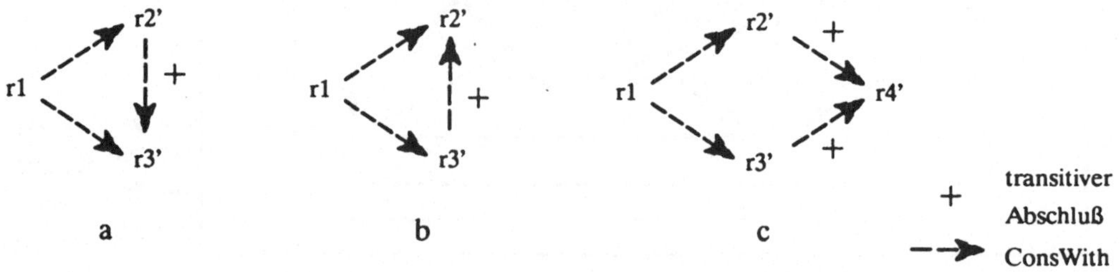

Abb. 4.6 Zur Kompatibilität von Konsistenzrelationen

Im **allgemeinen Fall** ist eine Revision r1 eines Dokuments d1 gegeben, von der Konsistenzrelationen zu Revisionen r2 und r3 von zwei weiteren Dokumenten d2 und d3 ausgehen. Wegen der Bedingungen 3–5 an die Abhängigkeits-Relation liegt hinsichtlich der Abhängigkeiten zwischen d2 und d3 einer der folgenden Fälle vor (Abb. 4.6):

a) d2 hängt (direkt oder mittelbar) von d3 ab. In diesem Fall fordern wir, daß es zwei Revisionen r2' und r3' von d2 bzw. d3 mit folgenden Eigenschaften gibt: r1 ist mit r2' und r3' konsistent, und r2' ist mit r3' konsistent.

b) d3 hängt von d2 ab. In diesem Fall muß r3' mit r2' konsistent sein.

c) d2 und d3 hängen von einem weiteren Dokument d4 ab. In diesem Fall muß eine Revision r4' von d4 existieren, mit der sowohl r2' als auch r3' konsistent sind.

Formal läßt sich diese Bedingung folgendermaßen beschreiben:

18 Kompatibilität von Konsistenzrelationen zu Revisionen verschiedener Dokumente:

$$\forall \; r1, d2, d3$$
$$((\; d2 \neq d3 \; \wedge$$
$$\exists \; r2, r3 \; (\; d2 \text{ --HasRev-> } r2 \; \wedge \; d3 \text{ --HasRev-> } r3 \; \wedge$$
$$r1 \text{ --ConsWith-> } r2 \; \wedge \; r1 \text{ --ConsWith-> } r3 \;) \; => $$
$$(\; \exists \; r2', r3'(\; d2 \text{ --HasRev-> } r2' \; \wedge \; d3 \text{ --HasRev-> } r3' \; \wedge$$
$$r1 \text{ --ConsWith-> } r2' \; \wedge \; r1 \text{ --ConsWith-> } r3' \; \wedge$$
$$(\; r2' \; (\text{--ConsWith->})^{+} \; r3' \; \vee \; r3' \; (\text{--ConsWith->})^{+} \; r2' \; \vee$$
$$\exists \; r4' \; (\; r2' \; (\text{--ConsWith->})^{+} \; r4' \; \wedge \; r3' \; (\text{--ConsWith->})^{+} \; r4' \;))))))$$

Trotz des recht einfachen Grundgedankens, eine notwendige Bedingung für die Einbettbarkeit in eine konsistente Konfiguration zu formulieren, ist die oben definierte Konsistenzbedingung ausgesprochen kompliziert. Der Grund dafür besteht darin, daß i.a. eine Revision mit mehreren Revisionen desselben Dokuments konsistent sein kann. Beispielsweise kann eine Modulrevision mit mehreren Architekturrevisionen konsistent sein, die sich hinsichtlich der Schnittstelle des entsprechenden Moduls nicht voneinander unterscheiden. Dies macht aber die Formulierung der Kompatibilitätsbedingung kompliziert, weil nicht jedes Paar (r2,r3) zusammenpassen muß, sondern es ausreicht, daß es irgendein solches Paar gibt (nämlich (r2',r3')).

Die folgende **Verschärfung** ist also nicht korrekt:

$$\forall \; r1, r2, r3, d2, d3$$
$$((\; d2 \neq d3 \; \wedge$$
$$d2 \text{ --HasRev-> } r2 \; \wedge \; d3 \text{ --HasRev-> } r3 \; \wedge$$
$$r1 \text{ --ConsWith-> } r2 \; \wedge \; r1 \text{ --ConsWith-> } r3 \;) \; => $$
$$(\; r2 \; (\text{--ConsWith->})^{+} \; r3 \; \vee \; r3 \; (\text{--ConsWith->})^{+} \; r2 \; \vee$$
$$\exists \; r4 \; (\; r2 \; (\text{--ConsWith->})^{+} \; r4 \; \wedge \; r3 \; (\text{--ConsWith->})^{+} \; r4 \;)))$$

Um dies einzusehen, betrachte man das **Beispiel** aus Abb. 4.7: Der erste Index einer Revision kennzeichne jeweils das Dokument, zu dem die Revision gehört. Man wähle nun:

$$r1 := r11, \; r2 := r21, \; r3 := r31$$

Dann ist offenbar die oben angegebene Verschärfung der Kompatibilitätsbedingung verletzt. Dagegen ist Bedingung 18 erfüllt, wenn man

$\quad$ r2' := r22, r3' := r31

setzt.

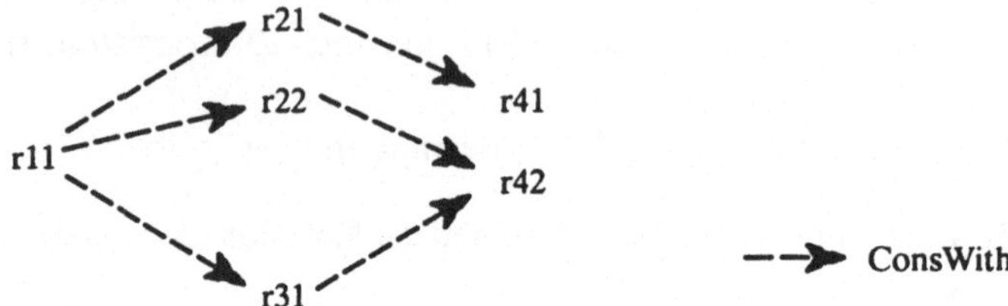

Abb. 4.7 Gegenbeispiel zur Verschärfung der Kompatibilitätsbedingung

4.1.2.8 Bedingungen an das Zusammenspiel der Konsistenz- und der Nachfolgerelation

In diesem Unterabschnitt diskutieren wir eine Bedingung, die das Zusammenspiel der Konsistenz- und der Nachfolgerelation betrifft und als **Kausalitätsbedingung** bezeichnet wird. Informell läßt sich diese Bedingung folgendermaßen charakterisieren: Je älter (jünger) eine Quelle einer Konsistenzrelation ist, desto älter (jünger) ist auch ihr Ziel. Dies läßt sich anhand des folgenden Beispiels demonstrieren, das eine typische Folge von Schritten zum Aufbau eines (Teils eines) Revisionsgraphen zeigt (Abb. 4.8): Zunächst liegt eine Revision r2 eines abhängigen Dokuments vor, die mit einer Revision r1 eines bestimmenden Dokuments konsistent ist. Danach wird ein Nachfolger r3 von r1 erzeugt, wobei hier angenommen wird, daß r2 nicht mit r3 konsistent ist. Schließlich wird ein Nachfolger r4 von r2 erzeugt, der an die in r3 durchgeführten Änderungen angepaßt wird.

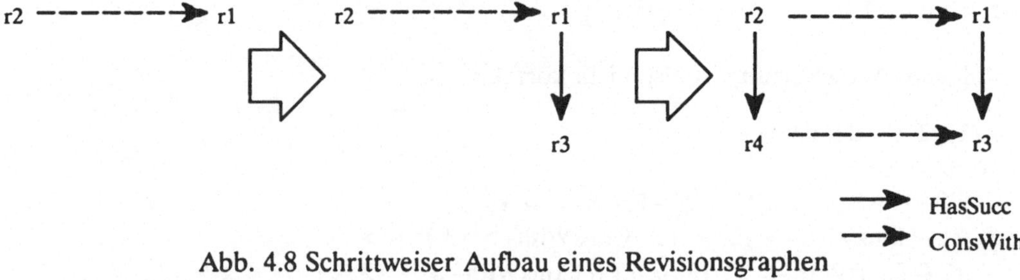

Abb. 4.8 Schrittweiser Aufbau eines Revisionsgraphen

Trotz dieses recht einfachen Grundgedankens, daß die Entwicklung von Revisionen voneinander abhängiger Dokumente zeitlich korreliert (neue Revisionen bestimmender Dokumente führen zu neuen Revisionen abhängiger Dokumente), ist die **formale Definition** der Kausalitätsbedingung aus folgenden Gründen **kompliziert:**

- I.a. kann eine Revision eines abhängigen Dokuments mit mehreren Revisionen eines bestimmenden Dokuments konsistent sein. Daher kann es vorkommen, daß sich Konsistenzrelationen "überschneiden".
- Die Menge der Dokumente, von denen eine Revision abhängt, kann von Revision zu Revision variieren.

Die Probleme, die die **potentielle Konsistenz mit mehreren Revisionen eines bestimmenden Dokuments** bereitet, lassen sich durch Abb. 4.9 illustrieren, die für ein Modul- und ein Architekturdokument verbotene und erlaubte Situationen zeigt. Situation b ist erlaubt, obwohl sich Konsistenzrelationen überschneiden. Diese Situation tritt ein, wenn beim Übergang von ar1 zu ar2 die Schnittstelle des in md implementierten Moduls sich nicht ändert. Alle übrigen Situationen sind verboten. Wir kommen auf dieses Beispiel später noch zurück.

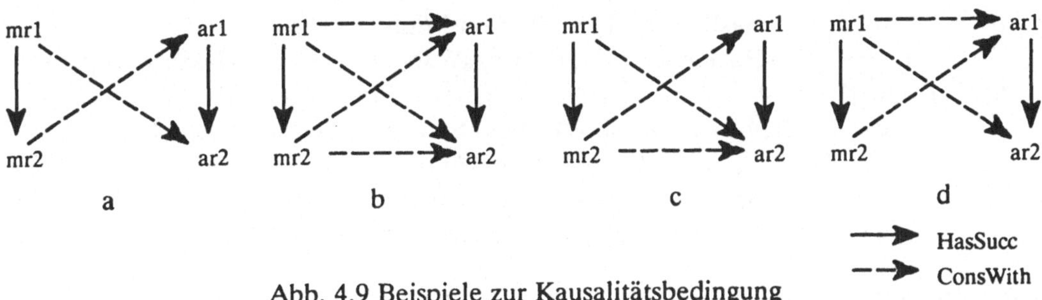

Abb. 4.9 Beispiele zur Kausalitätsbedingung

Die Probleme, die **variierende Abhängigkeiten** bereiten, lassen sich anhand von Abb. 4.5 illustrieren. Dort ist die Dokumentationsrevision tr2 mit der Modulrevision mr21 konsistent. Daraus läßt sich aber nicht schließen, daß tr1 mit mr21 selbst oder einem Vorfahren von mr21 konsistent sein muß: tr1 bezieht sich ja auf die Architekturrevision ar1, die überhaupt keine Schnittstelle für das fragliche Modul enthält. Die Schlußfolgerung muß schwächer sein: es muß auch der Fall berücksichtigt werden, daß von tr1 überhaupt keine Konsistenzrelation ausgeht.

Im **allgemeinen Fall** läßt sich die Kausalitätsbedingung mit Hilfe von zwei Teilbedingungen definieren, die sich folgendermaßen charakterisieren lassen (Abb. 4.10):

a) Gegeben seien drei Revisionen r2, r3 und r4, wobei r4 ein echter Nachfahr von r2 und mit r3 konsistent ist. Wenn überhaupt eine Revision r1 existiert, mit der r2 konsistent ist, dann existiert auch eine Revision r1', mit der r2 ebenfalls konsistent ist und die darüber hinaus echter Vorfahr von r3 oder mit r3 identisch ist.

b) Analoges gilt, wenn r1, r2 und r4 vorgegeben sind: Wenn überhaupt eine Revision r3 existiert, mit der r4 konsistent ist, dann existiert auch eine Revision r3', mit der r4 ebenfalls konsistent ist und die darüber hinaus echter Nachfahr von r1 oder mit r1 identisch ist.

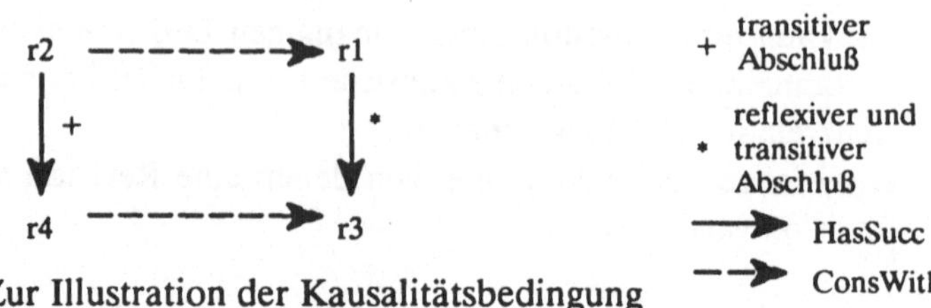

Abb. 4.10 Zur Illustration der Kausalitätsbedingung

Nach diesen Vorbereitungen wird nun die Kausalitätsbedingung folgendermaßen definiert:

19 Kausalitätsbedingung:
  a) ∀ d1, d2, r2, r3, r4
      ((d1 –HasRev–> r3 ∧ d2 –HasRev–> r2 ∧ d2 –HasRev–> r4 ∧
        r2 (–HasSucc–>)$^+$r4 ∧ r4 –ConsWith–> r3 ∧
        ∃ r1 (d1 –HasRev–> r1 ∧ r2 –ConsWith–> r1))   =>
      (∃ r1' (d1 –HasRev–> r1' ∧ r2 –ConsWith–> r1' ∧ r1' (–HasSucc–>)* r3)))
  b) ∀ d1, d2, r1, r2, r4
      ((d1 –HasRev–> r1 ∧ d2 –HasRev–> r2 ∧ d2 –HasRev–> r4 ∧
        r2 (–HasSucc–>)$^+$r4 ∧ r2 –ConsWith–> r1 ∧
        ∃ r3 (d1 –HasRev–> r3 ∧ r4 –ConsWith–> r3))   =>
      (∃ r3' (d1 –HasRev–> r3' ∧ r4 –ConsWith–> r3' ∧ r1 (–HasSucc–>)* r3')))

In den Abb. 4.2, 4.5 und 4.8 wurden bereits Beispiele für Situationen angegeben, in denen die Kausalitätsbedingung erfüllt ist. Die (oben schon angesprochene) Abb. 4.9 zeigt weitere **Beispiele für erlaubte und verbotene Situationen:**

- In Abb. 4.9a ist eine typische Situation dargestellt, die durch die Kausalitätsbedingung ausgeschlossen wird: Wähle in 19a) und 19b) jeweils
r1 := ar2, r2 := mr1, r3 := ar1, r4 := mr2.
- Abb. 4.9b zeigt eine erlaubte Situation, die entsteht, wenn nacheinander die Revisionen ar1, mr1, ar2 und mr2 erzeugt werden und der Übergang von ar1 nach ar2 die externe Konsistenz nicht berührt (d.h. konkret, daß die Schnittstelle des Moduls m in der Architektur nicht verändert wurde). In dieser Situation gibt es Konsistenzkanten, die sich überschneiden. Dieses Beispiel zeigt, daß die folgende Verschärfung der Kausalitätsbedingung nicht korrekt ist (man wähle r1,...,r4 wie oben):
∀ d1, d2, r1, r2, r3, r4
((d1 –HasRev–> r1 ∧ d1 –HasRev–> r3 ∧ d2 –HasRev–> r2 ∧ d2 –HasRev–> r4 ∧
  r2 (–HasSucc–>)$^+$r4 ∧ r2 –ConsWith–> r1 ∧ r4 –ConsWith–> r3) =>
(r1 (–HasSucc–>)* r3))
Diese (wesentlich einfachere) Bedingung wäre nur dann korrekt, wenn nur zu höchstens einer Revision eines bestimmenden Dokuments eine Konsistenzrelation bestehen dürfte.
- Schließlich zeigen die Abb. 4.9c,d verbotene Situationen, in denen jeweils eine der beiden Teilbedingungen (19a bzw. 19b) erfüllt ist (man wähle r1,...,r4 wieder wie oben).

4.1.3 Szenariospezifische Aspekte

Im vorliegenden Abschnitt zeigen wir, wie das allgemeine statische Modell zu erweitern ist, wenn man ein **konkretes Szenario** betrachtet. Als Beispiel verwenden wir wiederum den IPSEN–Prototyp '88.

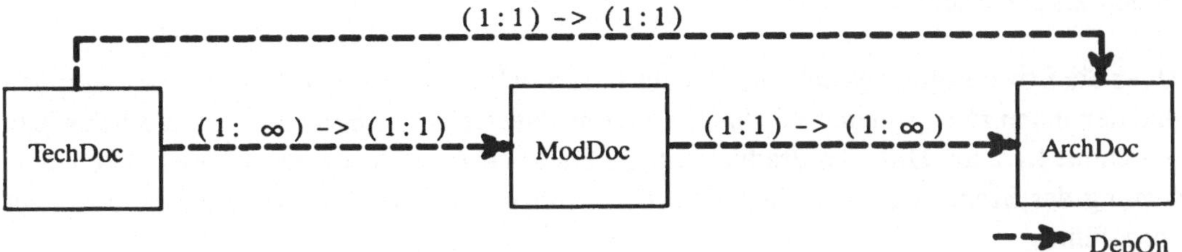

Abb. 4.11 Dokumenttypen und Abhängigkeitsrelationen im IPSEN'88–Szenario

Bei der Modellierung eines konkreten Szenarios muß beschrieben werden, welche Typen von Dokumenten es gibt und welche Abhängigkeitsrelationen zwischen ihnen vorhanden sind. Diese Information läßt sich in Form eines **Szenariographen** darstellen, dessen Knoten Dokumenttypen repräsentieren und dessen Kanten Eigenschaften von Abhängigkeitsrelationen zwischen Dokumenten wiedergegeben (Abb. 4.11). Eine Abhängigkeitsrelation zwischen zwei Dokumenten d1 und d2 ist nur erlaubt, wenn die entsprechenden Dokumenttypen durch eine Kante verbunden sind.

Jede Kante ist mit einer **Kardinalität** der Form

$$(l1 : u1) \; -> \; (l2 : u2)$$

versehen. Das erste (zweite) Paar bezieht sich auf die Anzahl auslaufender (einlaufender) Abhängigkeitsrelationen. li sind untere, ui obere Schranken ("lower, upper bound"):

$$li \in \{ 0, 1 \} , \quad ui \in \{ 1, \infty \}$$

Für ein vorgegebenes Paar von Dokumenttypen, die durch eine Relation verbunden sind, läßt sich aus der Kardinalität der Abhängigkeitsrelation die **Kardinalität der entsprechenden Konsistenzrelation** zwischen Revisionen nach folgender Formel berechnen:

$$(l1 : u1) \; -> \; (l2 : u2) \quad \mapsto \quad (l1 : \infty) \; -> \; (l2 : \infty)$$

Diese Formel läßt sich folgendermaßen begründen:

- Die untere Schranke gibt an, ob eine ein– bzw. auslaufende Relation optional oder obligatorisch ist. An dieser Tatsache ändert sich beim Übergang von Abhängigkeitsrelationen zwischen Dokumenten zu Konsistenzrelationen zwischen ihren Revisionen nichts.
- Für auslaufende Relationen ist die obere Schranke ∞ , weil eine Revision eines abhängigen Dokuments i.a. mit mehreren Revisionen eines bestimmenden Dokuments konsistent sein kann. Analoges gilt auch für einlaufende Relationen (s. z.B. Abb. 4.9b).

Ausgehend vom Szenariographen wird das **allgemeine Schema** aus Abb. 4.1 **spezialisiert**, indem für jeden Dokumenttyp ein entsprechender Knotentyp eingeführt wird. Wie bereits bei der Beschreibung des allgemeinen Schemas erläutert wurde, verzichten wir auf die Einführung spezifischer Revisionstypen, da sich der Typ einer Revision implizit aus dem Typ des entsprechenden Dokuments ergibt. Analog läßt sich für Abhängigkeits– und Konsistenzrelationen argumentieren.

Über die Erweiterung des Schemas hinaus lassen sich aus den Kanten des Szenariographen und den ihnen zugeordneten Kardinalitäten **Konsistenzbedingungen** ableiten, die sich wie in Abschnitt 4.1.2 mit Hilfe der Prädikatenlogik erster Ordnung formulieren lassen. Die Übersetzung des Szenariographen in solche Bedingungen ist trivial und wird daher hier nicht vorgeführt.

4.1.4 Erweiterungen

In diesem Abschnitt diskutieren wir einige **Erweiterungen** des Modells zur Revisions– und Konsistenzkontrolle, die wir bei der Beschreibung der Operationen auf Revisionsgraphen in Abschnitt 4.2 nicht weiterverfolgen werden. Diese Erweiterungen sind szenariounabhängig. In Unterabschnitt 4.1.4.1 wird der Begriff "Konfiguration" formalisiert. In Unterabschnitt 4.1.4.2 setzen wir uns mit der Frage auseinander, wie sich die Abhängigkeitsrelation zwischen Dokumenten weiter verfeinern läßt.

4.1.4.1　Konfigurationen

In Kapitel 2 wurde eine **Konfiguration** als eine Version eines Softwaresystems charakterisiert, die durch Selektion von Revisionen festgelegt wird: Eine Konfiguration ist eine Menge von Revisionen, die insgesamt eine Version eines Softwaresystems vollständig beschreibt. Wir legen hier einen umfassenden Konfigurationsbegriff zugrunde, der Dokumente aus allen Arbeitsbereichen einschließt (Anforderungsdefinitionen, Architekturen, Modulimplementationen etc.).

```
class CONFIGURATION;
    external ConfName : T_String;
end;
node type    Conf : CONFIGURATION end;
edge type    Contains : CONFIGURATION - > REVISION;
```

Abb. 4.12 Schema für Konfigurationen

Um den Konfigurationsbegriff zu formalisieren, erweitern wir das Schema aus Abb. 4.1 (s. Abb. 4.12). Es werden eine Knotenklasse **CONFIGURATION**, ein entsprechender Knotentyp und ein Kantentyp **Contains** eingeführt, der dazu dient, Konfigurationen mit den in ihnen enthaltenen Revisionen zu verbinden.

Im folgenden definieren wir eine Reihe von Eigenschaften, die eine Konfiguration c erfüllen sollte:

20 Eine Konfiguration c heißt **widerspruchsfrei**, wenn sie zu jedem Dokument höchstens eine Revision enthält:

$$\forall \; d, r1, r2 \; (\quad d\text{ -HasRev- > } r1 \wedge d\text{ -HasRev- > } r2 \wedge$$
$$c\text{ -Contains- > } r1 \wedge c\text{ -Contains- > } r2 \; = >$$
$$r1 = r2)$$

21 Eine Konfiguration c heißt **intern konsistent**, wenn jede Revision intern konsistent ist:

$$\forall \; r \; (\; c\text{ -Contains- > } r \; = > \; r.Consistent \;)$$

22 Eine Konfiguration c heißt **extern konsistent**, wenn Revisionen voneinander abhängiger Dokumente jeweils miteinander konsistent sind:

$$\forall \; d1, d2, r1, r2$$
$$(\; d1\text{ -HasRev- > } r1 \wedge d2\text{ -HasRev- > } r2 \wedge$$
$$c\text{ -Contains- > } r1 \wedge c\text{ -Contains- > } r2 \wedge d1\text{ -DepOn- > } d2 \; = >$$
$$r1\text{ -ConsWith- > } r2 \;)$$

23 Sei (-ConsWith- >)/c die Einschränkung von -ConsWith- > auf Revisionen aus c (analoges gelte für die inverse Kantenrichtung). Dann heißt eine Konfiguration c **zusammenhängend bezüglich der Konsistenzrelation**, wenn folgendes gilt:

$$\forall \; r1, r2 \; (\; c\text{ -Contains- > } r1 \wedge c\text{ -Contains- > } r2 \; = >$$
$$r1 \; ((\text{-ConsWith- >})/c \cup (< \text{-ConsWith-})/c)^* \; r2 \;)$$

Man beachte, daß weder die externe Konsistenz die Zusammenhangseigenschaft impliziert noch die Implikation in der entgegengesetzten Richtung gilt. Um dies einzusehen, betrachte man die Abb. 4.13, die sich von der Abb. 4.5 dadurch unterscheidet, daß eine Modulrevision mr12 hinzugekommen ist, die mit ar1 und ar2 konsistent ist. In dieser Situation ist {mr11, mr21} eine unzusammenhängende, extern konsistente Konfiguration; {ar2, mr12, mr21, tr2} ist dagegen eine zusammenhängende Konfiguration, die jedoch nicht extern konsistent ist.

Eine weitere wünschenswerte Eigenschaft ist die Vollständigkeit einer Konfiguration. Es liegt nahe, die Vollständigkeit folgendermaßen zu definieren:

Eine Konfiguration c heißt **vollständig**, wenn sie folgende Bedingungen erfüllt:

a) c enthält eine **Revision des Wurzeldokuments** bezüglich der Abhängigkeitsrelation:
$$\exists\, d, r\,(\,d\text{ -HasRev-> } r \,\wedge\, c\text{ -Contains-> } r \,\wedge\, \forall d'\,(\,\neg\,(\,d\,(\text{-DepOn->})^{+}d'\,)\,)\,)$$

b) c ist **transitiv abgeschlossen bezüglich der Abhängigkeitsrelation:**
$$\forall\, d1, d2, r1\,(\,d1\text{ -HasRev-> } r1 \,\wedge\, c\text{ -Contains-> } r1 \,\wedge\, d2\text{ -DepOn-> } d1 \;=>$$
$$\exists\, r2\,(\,d2\text{ -HasRev-> } r2 \,\wedge\, c\text{ -Contains-> } r2\,)\,)$$

Teil a) stellt sicher, daß c eine Revision des Wurzeldokuments enthält (z.B. eine Anforderungsdefinition oder, wie im IPSEN'88–Szenario, eine Architektur). Teil b) garantiert, daß, falls r1 eine Revision von d1 ist, zu jedem von d1 abhängigen Dokument d2 eine Revision r2 in c enthalten ist.

Teil b) dieser Definition erweist sich jedoch als zu restriktiv. So ist z.B. in Abb. 4.13 {ar1, mr11, tr1} eine vollständige Konfiguration, obwohl sie keine Revision von md2 umfaßt. Letzteres ist nicht der Fall, weil ar1 überhaupt keine Schnittstellenspezifikation für md2 enthält.

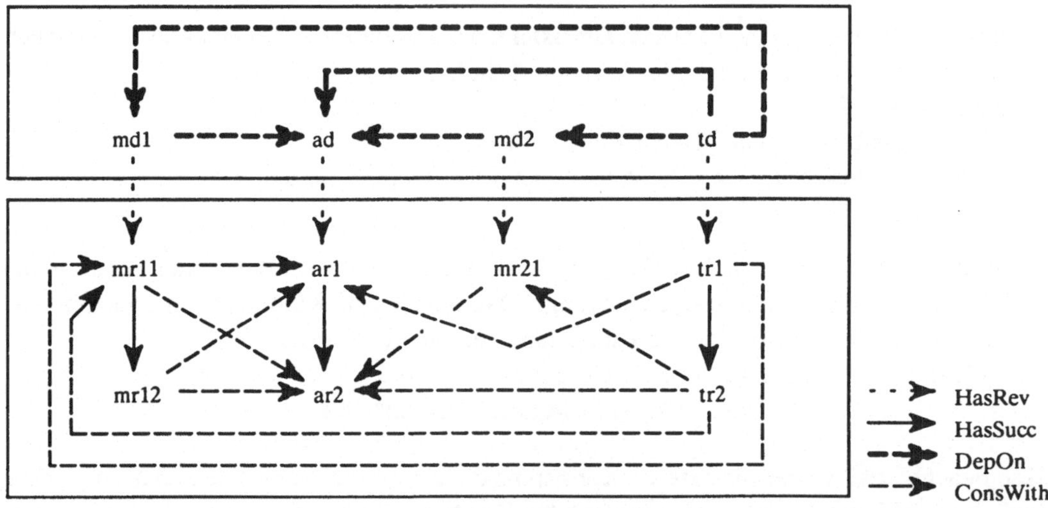

Abb. 4.13 Beispiel zu Konfigurationen

Auch der Versuch, in Teil b) einen **transitiven Abschluß über die einlaufenden Konsistenzrelationen** durchzuführen, scheitert im allgemeinen Fall. Der Grund dafür besteht darin, daß es keinerlei Möglichkeit gibt, die Menge der Dokumente zu bestimmen, zu denen es Revisionen geben muß, die mit der jeweils betrachteten Revision konsistent sind. Man kann sich lediglich an den tatsächlich existierenden einlaufenden Konsistenzrelationen orientieren. Dies kann im Extremfall dazu führen, daß durch den transitiven Abschluß eine fälschlicherweise als vollständig angesehene Konfiguration entsteht, die nur eine Revision des Wurzeldokuments enthält. Diese Situation entsteht, wenn es keine in die Revision einlaufenden Konsistenzrelationen gibt.

4.1.4.2   Verfeinerung der Abhängigkeitsrelation

Die Ausführungen des letzten Unterabschnitts haben gezeigt, daß das Modell bisher noch nicht die passenden Relationstypen bereitstellt, um die Vollständigkeit von Konfigurationen definieren zu können. Der Grund dafür besteht darin, daß die **Abhängigkeitsrelationen** zwischen Dokumenten **zu grob** sind. Aus den ein- und auslaufenden Abhängigkeitsrelationen eines Dokuments d läßt sich nicht ersehen, mit Revisionen welcher anderen Dokumente eine Revision von d durch Konsistenzrelationen verbunden sein muß.

Somit sind wichtige Informationen im Revisionsgraphen nicht enthalten. Für das IPSEN'88–Szenario bedeutet dies folgendes:
* Es läßt sich für eine Architekturrevision ar nicht feststellen, für welche Moduldokumente md es eine Revision mr geben muß, die mit ar konsistent ist. Daher läßt sich die Vollständigkeit einer Konfiguration nicht entscheiden.
* Umgekehrt läßt sich für eine Dokumentationsrevision tr nicht feststellen, mit Revisionen welcher bestimmenden Dokumente sie konsistent sein muß.

Diese Probleme lassen sich lösen, indem die Abhängigkeitsrelationen zwischen Dokumenten **verfeinert** werden. Zu diesem Zweck werden zusätzliche **Abhängigkeitsrelationen zwischen Dokumenten und Revisionen** eingeführt. Dies geschieht in beiden Richtungen:
* Zum einen werden Abhängigkeitsrelationen definiert, die von Dokumenten ausgehen und an Revisionen enden (**DocDepOnRev** als Abkürzung für "Document Depends On Revision"):
    edge type DocDepOnRev : DOCUMENT − > REVISION;
    Ist eine solche Abhängigkeit zwischen einem Dokument d1 und einer Revision r2 eingetragen, so muß es eine Revision r1 von d1 geben, die mit r2 konsistent ist.
* Zum anderen werden Abhängigkeitsrelationen definiert, die von Revisionen ausgehen und an Dokumenten enden (**RevDepOnDoc** als Abkürzung für "Revision Depends On Document"):
    edge type RevDepOnDoc : REVISION − > DOCUMENT;
    Ist eine solche Abhängigkeit zwischen einer Revision r1 und einem Dokument d2 eingetragen, so muß es eine Revision r2 von d2 geben, mit der r1 konsistent ist.

Im IPSEN'88–Szenario sind Abhängigkeitsrelationen zwischen Dokumenten und Revisionen in folgender Hinsicht nützlich:
* Aus den Abhängigkeitsrelationen
    md −DocDepOnRev− > ar,
    die von Moduldokumenten md ausgehen und in einer Architekturrevision ar enden, läßt sich ersehen, welche Module in ar vorkommen.
* Aus den Abhängigkeitsrelationen
    tr −RevDepOnDoc− > d,

die von einer Dokumentationsrevision tr ausgehen, läßt sich entnehmen, auf welche Dokumente d sich tr bezieht.

Die Einführung von Abhängigkeitsrelationen zwischen Dokumenten und Revisionen impliziert eine Reihe zusätzlicher **Konsistenzbedingungen**, die das Zusammenspiel der verschiedenen Typen von Abhängigkeitsrelationen sowie der Konsistenzrelationen regeln. Diese Bedingungen sind denen aus Unterabschnitt 4.1.2.6 ähnlich (vertikale Kompatibilität, Minimalität). Der wichtigste Unterschied besteht darin, daß die darin formulierten **Existenzaussagen schärfer** sind.

Betrachten wir exemplarisch die Bedingungen für die Relation DocDepOnRev:

24 **Vertikale Kompatibilität von ConsWith mit DocDepOnRev:**
$$\forall d1, r1, r2\, (d1 -HasRev-> r1 \wedge r1 -ConsWith-> r2 \;=>\; d1 -DocDepOnRev-> r2\,)$$

25 **Minimalität von DocDepOnRev bezüglich ConsWith:**
$$\forall d1, r2\, (d1 -DocDepOnRev-> r2 \;=>\; \exists r1\, (d1 -HasRev-> r1 \wedge r1 -ConsWith-> r2\,))$$

26 **Vertikale Kompatibilität von DocDepOnRev mit DepOn:**
$$\forall d1, d2, r2\, (\, d2 -HasRev-> r2 \wedge d1 -DocDepOnRev-> r2 \;=>\; d1 -DepOn-> d2\,)$$

27 **Minimalität von DepOn bezüglich DocDepOnRev:**
$$\forall d1, d2\, (d1 -DepOn-> d2 \;=>\; \exists r2\, (d2 -HasRev-> r2 \wedge d1 -DocDepOnRev-> r2\,))$$

Die Vollständigkeit einer Konfiguration läßt sich nun formalisieren, indem man den transitiven Abschluß nicht über die Relation DepOn, sondern über die Relation DocDepOnRev definiert:

28 Eine Konfiguration c heißt **vollständig**, wenn sie folgende Bedingungen erfüllt:
   a) c enthält eine **Revision des Wurzeldokuments** bezüglich der Abhängigkeitsrelation:
   $$\exists d, r\, (\, d -HasRev-> r \wedge c -Contains-> r \wedge \forall d'\, (\neg\, (\, d\, (-DepOn->)^{+} d'\,)\,)\,)$$
   b) c ist **transitiv abgeschlossen bezüglich der Abhängigkeitsrelation** DocDepOnRev:
   $$\forall d2, r1\, (\, c -Contains-> r1 \wedge d2 -DocDepOnRev-> r1 \;=>$$
   $$\exists r2\, (\, d2 -HasRev-> r2 \wedge c -Contains-> r2\,)\,)$$

Man beachte, daß externe Konsistenz und Vollständigkeit zusammen i.a. nicht die Zusammenhangseigenschaft einer Konfiguration implizieren. Es ist i.a. möglich, daß eine extern konsistente und vollständige Konfiguration aus mehreren isolierten Teilgraphen besteht, die jeweils in sich transitiv abgeschlossen sind.

Die Korrektheit einer Konfiguration läßt sich schließlich folgendermaßen beschreiben:

29 Eine Konfiguration heißt **korrekt**, wenn sie widerspruchsfrei, intern konsistent, extern konsistent, zusammenhängend und vollständig ist.

Die oben beschriebenen Überlegungen sind nur als erste Ansätze zur Erweiterung des Modells zu betrachten. Im weiteren Verlauf dieses Kapitels werden wir weder Abhängigkeitsrelationen zwischen Dokumenten und Revisionen noch Konfigurationen berücksichtigen.

4.2 Modellierung von Veränderungen

Nachdem im letzten Abschnitt die statische Struktur von Revisionsgraphen mit Hilfe eines Schemas und zusätzlicher Konsistenzbedingungen beschrieben wurde, werden nun **Veränderungen von Revisionsgraphen** spezifiziert. Dabei wird ein **mehrstufiger Ansatz** verfolgt, d.h. es werden mehrere Schichten von Operationen definiert, die sich hinsichtlich ihrer Allgemeinheit und ihrer Komplexität voneinander unterscheiden. Dieser Ansatz wurde bereits in Abschnitt 2.1 motiviert (s. insbesondere Abb. 2.3).

Der Abschnitt ist folgendermaßen gegliedert:
- In Abschnitt 4.2.1 werden **szenariounabhängige Basisoperationen** beschrieben, die mit dem Ziel entwickelt wurden, eine möglichst allgemein verwendbare Schicht primitiver Operationen bereitzustellen.
- In Abschnitt 4.2.2 werden aus den Basisoperationen **szenariounabhängige komplexe Operationen** gebildet, denen bereits eine bestimmte Vorstellung von der Funktionalität der Werkzeuge – insbesondere zur Kontrolle der externen Konsistenz – zugrunde liegt, die dem Benutzer einer IPSEN–Umgebung angeboten werden.
- Schließlich werden in Abschnitt 4.2.3 **szenariospezifische komplexe Operationen** entwikkelt, die auf den szenariounabhängigen komplexen Operationen basieren und sich von ihnen dadurch unterscheiden, daß sie sich auf ein bestimmtes Szenario (den IPSEN–Prototyp '88) beziehen.

Bevor wir nun auf die verschiedenen Schichten im einzelnen eingehen, sind noch einige Vorbemerkungen zu den **sprachlichen Hilfsmitteln** angebracht, die zur Spezifikation von Veränderungen zur Verfügung stehen.

PROGRESS ist eine Sprache zur **operationalen Spezifikation abstrakter Datentypen**, die als attributierte Graphen modelliert werden. Eine PROGRESS–Spezifikation eines abstrakten Datentyps setzt sich aus zwei Bestandteilen zusammen:
- In einem **Schema** wird die statische Struktur von Graphen eines bestimmten Typs beschrieben.
- Im **Operationsteil** werden Operationen beschrieben, die im Einklang mit dem Schema stehen. Dabei handelt es sich sowohl um Änderungs– als auch um Anfrageoperationen.

Die sprachlichen Hilfsmittel zur Deklaration von Schemata wurden bereits in Abschnitt 4.1.1 eingeführt. Im weiteren Verlauf von Abschnitt 4.2 werden wir bisher noch nicht erläuterte Sprachkonstrukte zur Beschreibung von **Operationen** auf Graphen benötigen. Im einzelnen stehen dem PROGRESS–Anwender dafür folgende Arten von Sprachkonstrukten zur Verfügung:

- **Graphtests**, mit deren Hilfe das Vorhandensein eines Teilgraphen bestimmter Gestalt in einem Wirtsgraphen überprüft wird.
- **Graphersetzungen**, die deklarativ die Ersetzung eines Teilgraphen durch einen anderen beschreiben. Enthält ein Wirtsgraph mehrere solcher Teilgraphen, wird nichtdeterministisch irgendeiner davon zur Ersetzung ausgewählt.
- **Pfadausdrücke** werden in Graphtests und Graphersetzungen benutzt, um deklarativ Pfade zwischen Knoten zu beschreiben. Pfadausdrücke werden aus elementaren Ausdrücken, die das Verfolgen von Kanten bestimmten Typs beschreiben, mit Hilfe verschiedener Operatoren zusammengesetzt (Konkatenation, Konjunktion, Disjunktion etc.). Wie einem Kantentyp, so sind auch einem Pfadausdruck Quell- und Zielknotenklasse zugeordnet.
- Mit Hilfe von **Transaktionen** werden Graphtests und Graphersetzungen zu komplexen Operationen kombiniert. Zu diesem Zweck werden Kontrollstrukturen wie Sequenz, Verzweigung und Iteration verwendet. Transaktionen haben atomaren Charakter, d.h. sie werden entweder vollständig erfolgreich ausgeführt, oder sie scheitern in einem ihrer Schritte und verändern den Wirtsgraphen nicht. Die von einem abstrakten Datentyp exportierten Operationen werden mit Hilfe von Transaktionen spezifiziert.
- Alle bisher genannten Konstrukte des Operationsteils können **formale Parameter** haben, die entweder Knotentypen oder Attributwerte repräsentieren.

Im Zuge der Spezifikation der graphverändernden Operationen werden wir diese Konstrukte näher erläutern.

Der im Abschnitt 2.1 motivierte mehrstufige Ansatz führt zu der Frage, welche Möglichkeiten PROGRESS zur Verfügung stellt, um Beziehungen zwischen Spezifikationen von abstrakten Datentypen auszudrücken. Nimmt man zu den in den folgenden Abschnitten spezifizierten Operationen die jeweiligen Schemata hinzu, so enthält man **abstrakte Datentypen**, die in einer **Hierarchie** angeordnet sind. Es ist nun wünschenswert, daß jeder abstrakte Datentyp in einem entsprechenden Modul spezifiziert wird und Beziehungen zwischen diesen Modulen durch entsprechende Sprachkonstrukte (z.B. Importe) ausgedrückt werden.

Leider bietet PROGRESS z.Zt. noch kein **Modulkonzept** an. Ein solches Modulkonzept zu entwickeln, ist keinesfalls eine triviale Aufgabe und kann im Rahmen dieses Buchs nicht in Angegriff genommen werden. Die Beziehungen zwischen den Spezifikationen verschiedener abstrakter Datentypen können daher im folgenden nicht formalsprachlich durch Export- und Importklauseln o.ä. präzisiert werden.

4.2.1 Szenariounabhängige Basisoperationen

Im folgenden werden die **Basisoperationen** auf Revisionsgraphen spezifiziert, die i.w. einzelne Knoten und Kanten erzeugen und löschen; lediglich in einigen wenigen Fällen handelt es sich um komplexere Operationen, deren Zerlegung nicht sinnvoll erscheint. Die Basisoperationen respektieren das Schema aus Abb. 4.1 und garantieren ferner, daß die meisten der in Abschnitt 4.1.2 angegebenen Konsistenzbedingungen erfüllt sind. Im einzelnen gibt es folgende Basisoperationen:

- Erzeugen eines Dokuments
- Löschen eines Dokuments
- Erzeugen einer Abhängigkeitsrelation
- Löschen einer Abhängigkeitsrelation
- Ableiten einer Revision
- Verschmelzen von Revisionen
- Ändern einer Revision
- Einfrieren einer Revision
- Löschen einer Revision
- Erzeugen einer Konsistenzrelation
- Löschen einer Konsistenzrelation

4.2.1.1   Erzeugen eines Dokuments

Die Transaktion zum Erzeugen eines Dokuments (Abb. 4.14) hat zum einen einen **Knotentypparameter,** der in spitze Klammern eingeschlossen ist, und zum anderen einige **Attributwertparameter,** die durch runde Klammern gekennzeichnet sind. Durch den Knotentypparameter DocType wird der Typ des zu erzeugenden Dokuments festgelegt. DocType muß zu der Klasse DOCUMENT gehören. Die Attributwertparameter Name und Contents repräsentieren den Namen des Dokuments bzw. den Inhalt der Wurzelrevision. DocId und RevId sind Ausgabeparameter, die zur eindeutigen Identifizierung der erzeugten Knoten dienen (zur Erinnerung: jedem Knoten wird bei seiner Erzeugung ein eindeutiger und unveränderlicher Bezeichner vom Typ T_Id zugeordnet).

```
transaction BASIC_CreateDocument
            < DocType : DOCUMENT >
            (Name : T_String; Contents : T_Contents;
            out DocId, RevId : T_Id) =
begin
    not DocumentWithSameNameExistent (Name) &
    CreateDocument < DocType > (Name, Contents, out DocId, out RevId)
end;
```

```
test DocumentWithSameNameExistent(Name : T_String) =
```

1 : DOCUMENT

```
    condition 1.DocName = Name
end;
production CreateDocument
            < DocType : DOCUMENT >
            (Name : T_String; Contents : T_Contents;
            out DocId, RevId : T_Id) =
```

$$1' : \text{DocType}$$

```
empty        :: =            HasRev
```

$$2' : \text{Rev}$$

```
transfer
    1'.DocName := Name; 1'.MaxRevNo := 1;
    2'.RevNo := 1; 2'.Contents := Contents;
return
    DocId := 1'.NodeId; RevId := 2'.NodeId;
end;
```

Abb. 4.14 Erzeugen eines Dokuments

Im Rumpf der Transaktion wird zunächst überprüft, ob der Name Name bereits vergeben wurde (gemäß Bedingung 1 müssen Dokumentnamen eindeutig sein). Dies geschieht mit Hilfe des **Graphtests** DocumentWithSameNameExistent. Gesucht wird ein Teilgraph, der aus einem Knoten der Klasse DOCUMENT besteht. Zusätzlich wird im **condition**-Teil verlangt, daß das Attibut DocName den Wert Name besitzt.

Ist noch kein Dokument des Namens Name vorhanden, so wird mittels der **Graphersetzung** CreateDocument ein Teilgraph erzeugt, der aus zwei Knoten 1' vom Typ DocType bzw. 2' vom Typ Rev und einer sie verbindenden HasRev-Kante besteht. Man beachte, daß in diesem Falle die linke Seite, d.h. der zu ersetzende Teilgraph leer ist. Im **transfer**-Teil der Graphersetzung werden den externen Attributen der neu erzeugten Knoten jeweils geeignete Werte zugewiesen. Analoges geschieht im **return**-Teil mit den Ausgabeparametern der Graphersetzung.

Im Rumpf der Transaktion sind der Graphtest und die anschließende Graphersetzung in einer **Sequenz** angeordnet, die durch das Symbol & dargestellt wird. In PROGRESS ist jede Anweisung entweder erfolgreich, oder sie schlägt fehl und verändert weder den Wirtsgraphen noch die Werte von Variablen. Eine Sequenz a1 & ... & an ist nur dann erfolgreich, wenn jede Anweisung ai erfolgreich ist.

4.2.1.2 Löschen eines Dokuments

Ein Dokument wird nur gelöscht, falls es keine davon abhängigen Dokumente gibt (Abb. 4.15). Zunächst werden in einer **loop**-Schleife alle Revisionsknoten gelöscht. Bei der Graphersetzung zum Löschen einer Revision ist zu beachten, daß durch die Notation 1' = 1 die **identische Ersetzung** des Knotens 1 durch den Knoten 1' bezeichnet wird. Schließlich wird noch der Dokumentknoten gelöscht.

```
transaction BASIC_DeleteDocument(DocId : T_Id) =
begin
    not DependentDocumentExistent(DocId) &
    loop DeleteRevision(DocId) end &
    DeleteDocument(DocId)
end;

test DependentDocumentExistent(DocId : T_Id) =
```

$$\boxed{\text{1 : DOCUMENT}} \xleftarrow{\quad \text{DepOn} \quad} \boxed{\text{2 : DOCUMENT}}$$

```
    condition    1.NodeId = DocId;
end;

production DeleteRevision(DocId : T_Id) =
```

$$\boxed{\text{1 : DOCUMENT}} \qquad\qquad \boxed{\text{1' = 1}}$$
$$\big\downarrow \text{HasRev} \qquad\qquad :: =$$
$$\boxed{\text{2 : REVISION}}$$

```
    condition    1.NodeId = DocId;
end;

production DeleteDocument(DocId : T_Id) =
```

$$\boxed{\text{1 : DOCUMENT}} \qquad :: = \qquad \textbf{empty}$$

```
    condition    1.NodeId = DocId;
end;
```

Abb. 4.15 Löschen eines Dokuments

4.2.1.3 Erzeugen einer Abhängigkeitsrelation

Die Transaktion zum Erzeugen einer Abhängigkeitsrelation besteht aus einer einzigen Graphersetzung, die in Abb. 4.16 gezeigt wird. Eine Abhängigkeitsrelation darf nur erzeugt werden, wenn kein Zyklus entsteht (Bedingung 3). Dies wird dadurch sichergestellt, daß verlangt wird, daß der Knoten 2 nicht über den **Pfad** $(-DepOn->)^+$, d.h. über einen beliebig langen Pfad aus Kanten des Typs DepOn vom Knoten 1 aus erreichbar ist.

production BASIC_CreateDependencyRelation(SourceDocId, TargetDocId : T_Id) =

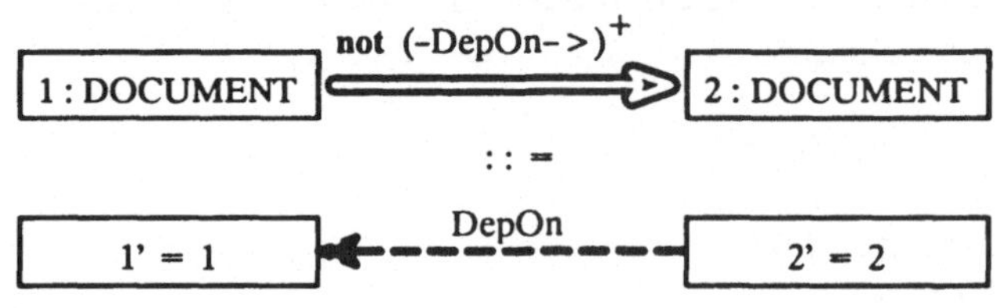

    condition   1.NodeId = TargetDocId; 2.NodeId = SourceDocId;
end;

Abb. 4.16 Erzeugen einer Abhängigkeitsrelation

4.2.1.4 Löschen einer Abhängigkeitsrelation

Beim Löschen einer Abhängigkeitsrelation muß sichergestellt sein, daß keine entsprechende Konsistenzrelation existiert. Ist der Test aus Abb. 4.17 anwendbar, so wird die Abhängigkeitsrelation nicht gelöscht, da andernfalls die vertikale Kompatibilität verlorenginge (Bedingung 16).

transaction BASIC_DeleteDependencyRelation(SourceDocId, TargetDocId : T_Id) =
begin
    not ConsistencyRelationExistent(SourceDocId, TargetDocId) &
    DeleteDependencyRelation(SourceDocId, TargetDocId)
end;

production DeleteDependencyRelation(SourceDocId, TargetDocId : T_Id) =

    condition   1.NodeId = TargetDocId; 2.NodeId = SourceDocId;
end;

test ConsistencyRelationExistent(SourceDocId, TargetDocId : T_Id) =

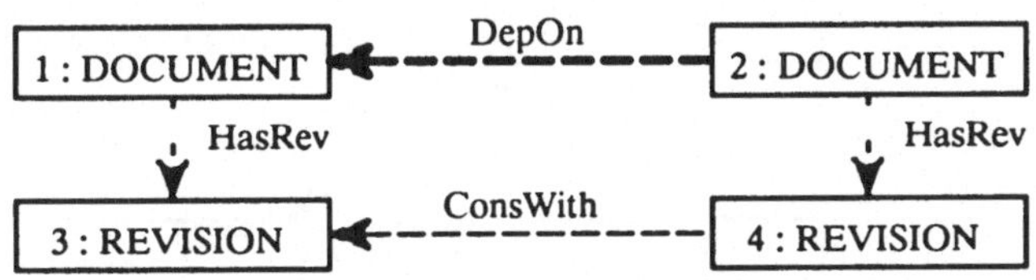

    condition   1.NodeId = TargetDocId; 2.NodeId = SourceDocId;
end;

Abb. 4.17 Löschen einer Abhängigkeitsrelation

Durch die oben beschriebenen Operationen auf der Dokumentenebene werden die Konsistenzbedingungen 1 (Eindeutigkeit der Dokumentnamen) und 3 (Zyklenfreiheit der Abhängigkeitsrelation) sichergestellt. Die Bedingungen 4 (Zusammenhang bezüglich der Abhängigkeitsrelation) und 5 (Existenz genau eines Wurzeldokuments) können dagegen temporär verletzt sein.

Im folgenden betrachten wir die Operationen, mit deren Hilfe die Entwicklungsgeschichte eines Dokuments verändert wird.

4.2.1.5 Ableiten einer Revision

Eine neue Revision wird aus einer bereits existierenden abgeleitet, indem der Inhalt der alten Revision kopiert wird (Abb. 4.18). Diese Operation ist nur erlaubt, wenn die alte Revision stabil ist (Bedingung 15). Die neue Revision erhält eine Nummer, die größer ist als alle Nummern für bisher erzeugte Revisionen des aktuellen Dokuments. Die hier gewählte Numerierungsweise erfüllt die Bedingungen 8, 9 und 13.

Bei der Spezifikation der Graphersetzung BASIC_DeriveRevision ist zu beachten, daß bei der identischen Ersetzung von Knoten auch die sie verbindenden Kanten unverändert bleiben, sofern nicht explizit Kanten erzeugt oder gelöscht werden. Aus diesem Grund werden in der linken Seite die Knoten 1 und 2 nicht durch eine Kante, sondern durch einen Pfad der Länge 1 verbunden. Daher sind nach der Ersetzung die Knoten 1' und 2' weiterhin durch eine HasRev–Kante verbunden, obwohl diese auf der rechten Seite nicht erscheint. Wir halten uns hier und im folgenden an die Konvention, auf der linken Seite nur zu löschende Kanten und auf der rechten Seite nur zu erzeugende Kanten aufzuführen.

production BASIC_DeriveRevision(PredRevId : T_Id; **out** SuccRevId : T_Id) =

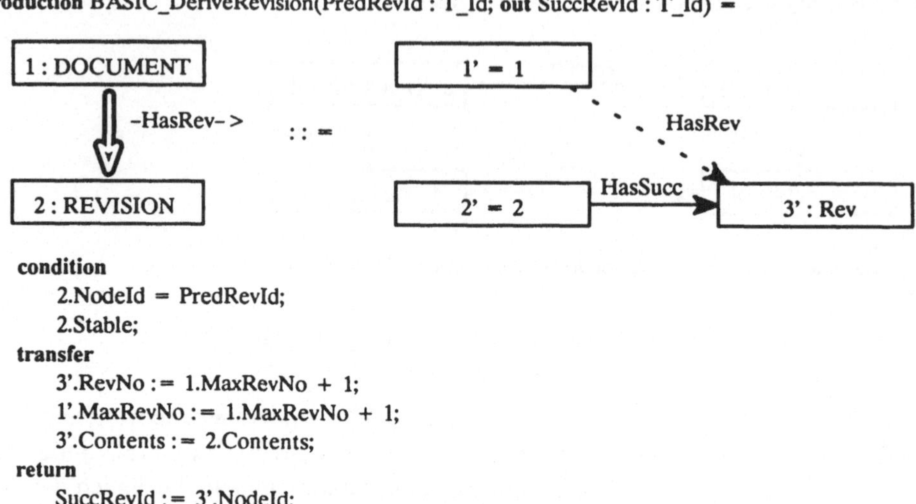

    condition
        2.NodeId = PredRevId;
        2.Stable;
    transfer
        3'.RevNo := 1.MaxRevNo + 1;
        1'.MaxRevNo := 1.MaxRevNo + 1;
        3'.Contents := 2.Contents;
    return
        SuccRevId := 3'.NodeId;
  end;

Abb. 4.18 Ableiten einer Revision

4.2.1.6 Verschmelzen von Revisionen

Während durch das Ableiten eine neue Revision erzeugt wird, die genau einen Vorgänger hat, wird durch das Verschmelzen eine Revision mit mehreren Vorgängern erzeugt. Wir beschränken uns hier auf den Fall des 3–Wege–Verschmelzens (Abb. 4.19), das informell bereits in Abschnitt 2.2 erläutert wurde (s. Abb. 2.7).

Die Eingabeparameter Alt1RevId, Alt2RevId und BaseRevId dienen dazu, die Basis sowie die beiden Alternativen zu identifizieren. Der Inhalt der Mischrevision wird mit Hilfe des Parameters NewContents übergeben. Um diesen zu konstruieren, ist auf der feinkörnigen Ebene ein geeignetes Verschmelzungsverfahren einzusetzen. Die Graphersetzung bewirkt, daß ein Knoten für die Mischrevision erzeugt wird, der mit den beiden Knoten für die Alternativrevisionen jeweils durch eine HasSucc–Kante und mit dem Knoten für das entsprechende Dokument durch eine HasRev–Kante verbunden wird. Dem Knoten werden als Attribute eine neue eindeutige Revisionsnummer sowie der durch NewContents gegebene Inhalt zugeordnet. Die Graphersetzung ist nur unter folgenden Bedingungen anwendbar:

- a1 und a2 sind stabil. Nur stabile Revisionen dürfen Nachfolger haben (Stabilitätseigenschaft, s. Abschnitt 4.1.2, Bedingung 15).
- b ist ein gemeinsamer Vorfahr von a1 und a2.
- a1 und a2 liegen auf unterschiedlichen Pfaden zur Wurzel des Revisionsgeflechts[7].

---

7. Man beachte, daß in einem Pfadausdruck der Operator or für die Vereinigung von Pfaden steht.

production CreateCommonSuccessor
      (Alt1RevId, Alt2RevId, BaseRevId : T_Id;
      NewContents : T_Contents;
      out MergeRevId : T_Id) =

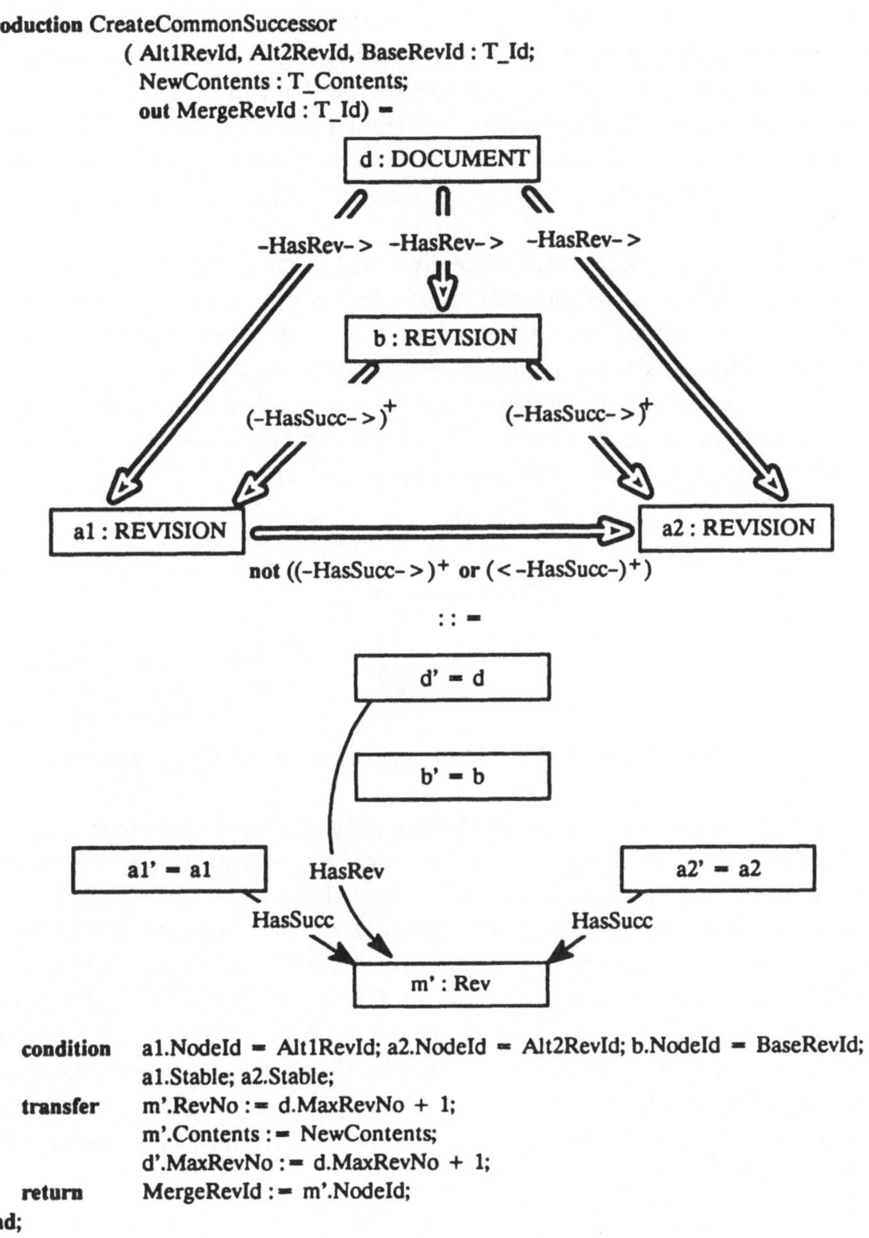

condition   a1.NodeId = Alt1RevId; a2.NodeId = Alt2RevId; b.NodeId = BaseRevId;
            a1.Stable; a2.Stable;
transfer   m'.RevNo := d.MaxRevNo + 1;
            m'.Contents := NewContents;
            d'.MaxRevNo := d.MaxRevNo + 1;
return   MergeRevId := m'.NodeId;
end;

Abb. 4.19 Verschmelzen von Revisionen

Die hier formal spezifizierte Verschmelzungsoperation behandelt nur eine beim Verschmelzen sehr häufig vorkommende **Standardsituation:** Es wird eine neue Revision erzeugt, die zum gemeinsamen Nachfolger der Alternativrevisionen wird und Änderungen beinhaltet, die relativ zu einem gemeinsamen Vorfahren durchgeführt wurden. Das in Kapitel 7 beschriebene feinkörnige Verschmelzungsverfahren läßt sich jedoch allgemein immer dann einsetzen, wenn Folgen von Änderungsoperationen kombiniert werden sollen (s. auch Abb. 7.1). Es wird nicht vorausgesetzt, daß die Basisrevision ein gemeinsamer Vorfahr der Alternativrevisionen ist. Darüber hinaus ist es auch denkbar, daß durch das Verschmelzen keine neue Revision erzeugt wird, sondern eine bestehende Revision verändert wird.

Ein Beispiel dafür gibt Abb. 4.20 (**Anwenden einer Folge von Änderungsoperationen auf einem anderen Zweig**). Gegeben sei folgende Situation: r2 ist eine veränderliche Revision, die wie r3 aus r1 abgeleitet wurde. Beim Übergang von r3 nach r4 wurden nun Änderungen durchgeführt, die auch in r2 sinnvoll sind (z.B. Beseitigung eines Fehlers in einer Prozedur, die auch in r2 vorkommt). Diese Änderungen lassen sich (weitgehend) automatisch durchführen, indem man r2 und r4 bezüglich r3 verschmilzt. Dabei kann es wünschenswert sein, keine neue Revision zu erzeugen, sondern lediglich r2 zu verändern.

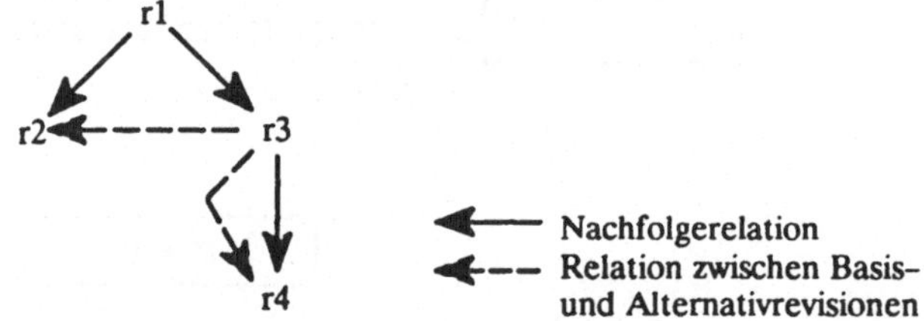

Abb. 4.20 Anwenden einer Folge von Änderunsoperationen auf einem anderen Zweig

Dieses Beispiel legt nahe, die **Operationen** "Verschmelzen", "Erzeugen einer neuen Revision" und "Erzeugen einer Nachfolgerelation" voneinander zu **entkoppeln**. Die einfachste Art, dies zu erreichen, besteht darin, das Verschmelzen als eine Operation aufzufassen, die lediglich den Inhalt einer Revision verändert (nämlich durch Anwenden einer Folge von Änderungsoperationen), und dem Benutzer eine zusätzliche Operation zum Erzeugen einer Nachfolgerelation anzubieten[8]. Dies ist jedoch insofern gefährlich, als man die Kontrolle über die Entwicklungsgeschichte, die bisher vollständig in den Händen des Systems lag, teilweise aufgibt. Im übrigen ist zu beachten, daß Nachfolgerelationen allein nicht ausreichen, um auszudrücken, welche Folgen von Änderungsoperationen auf eine Revision angewendet worden sind. Für diese Probleme wird in diesem Buch keine befriedigende Lösung angeboten.

---

8. Zum Erzeugen einer neuen Revision würden dann ausschließlich die bereits eingeführten Operationen zum Erzeugen eines Dokuments mitsamt der ersten Revision sowie zum Ableiten einer Revision benutzt.

4.2.1.7　Ändern einer Revision

Zum Ändern einer Revision dient eine Graphersetzung, die den Wert des Contents–Attributs modifiziert, falls die Revision noch nicht eingefroren wurde (Abb. 4.21).

production BASIC_ChangeRevision(RevId : T_Id; NewContents : T_Contents) =

$$\boxed{1 : \text{REVISION}} \quad : : = \quad \boxed{1' = 1}$$

condition　　not 1.Stable;
transfer　　1'.Contents : = NewContents;
end;

Abb. 4.21 Ändern einer Revision

4.2.1.8　Einfrieren einer Revision

Nachdem eine Revision beliebig oft geändert wurde, d.h. der Wert des Attributs Contents modifiziert wurde, wird sie schließlich eingefroren. Dazu dient eine zu Abb. 4.21 analoge Graphersetzung, die nur anwendbar ist, wenn die Revision intern konsistent ist (Abb. 4.22).

production BASIC_FreezeRevision(RevId : T_Id) =

$$\boxed{1 : \text{REVISION}} \quad : : = \quad \boxed{1' = 1}$$

condition　　not 1.Stable; 1.Consistent;
transfer　　1'.Stable : = true;
end;

Abb. 4.22 Einfrieren einer Revision

4.2.1.9　Löschen einer Revision

Beim Löschen einer Revision (Abb. 4.23) wird zunächst überprüft, ob es sich um die einzige Revision eines Dokuments handelt (Bedingung 7). Dies ist der Fall, wenn es keinen Knoten gibt, der mit dem Knoten 1 des Graphtests IsolatedRevision durch den dort angegebenen Pfad verbunden ist. Es muß also mindestens eine einlaufende oder eine auslaufende Has-Succ–Kante geben. Ist dies gewährleistet, so muß durch RootAndMultipleSuccessors ferner sichergestellt werden, daß die zu löschende Revision nicht die Wurzelrevision ist und diese mehr als einen Nachfolger hat; sonst gehen beim Löschen die Eigenschaften 11 und 12 verloren (zusammenhängende Entwicklungsgeschichte, eindeutige Wurzel). Ferner muß sichergestellt sein, daß die zu löschende Revision nicht mehr benötigt wird, d.h., daß keine Revision eines abhängigen Dokuments existiert, die mit der zu löschenden Revision konsistent ist (Test IncomingConsistencyRelation). Sind diese Bedingungen erfüllt, so werden in einer Schleife zunächst Vorgänger und Nachfolger der aktuellen Revision durch HasSucc–Kanten verbunden (Graphersetzung CreateRelationFromPredToSucc). Danach wird der Revisionsknoten gelöscht.

```
transaction BASIC_DeleteRevision(RevId : T_Id) =
begin
    not IsolatedRevision(RevId) &
    not RootAndMultipleSuccessors(RevId) &
    not IncomingConsistencyRelation(RevId) &
    loop CreateRelationFromPredToSucc(RevId) end &
    DeleteRevision(RevId) &
    loop EliminateRedundantSuccRelation end
end;

test IsolatedRevision(RevId : T_Id) =
```

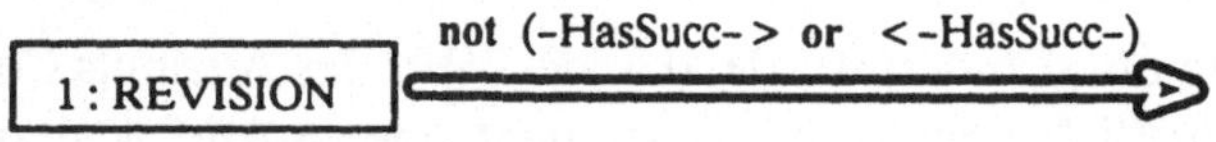

```
    condition    1.NodeId = RevId;
end;

test RootAndMultipleSuccessors(RevId : T_Id) =
```

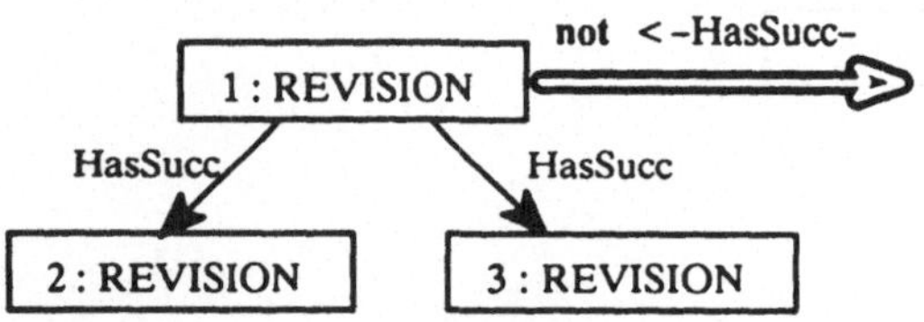

```
    condition    1.NodeId = RevId;
end;

test IncomingConsistencyRelation(RevId : T_Id) =
```

```
    condition    2.NodeId = RevId;
end;

production DeleteRevision(RevId : T_Id) =
```

```
    condition    1.NodeId = RevId;
end;
```

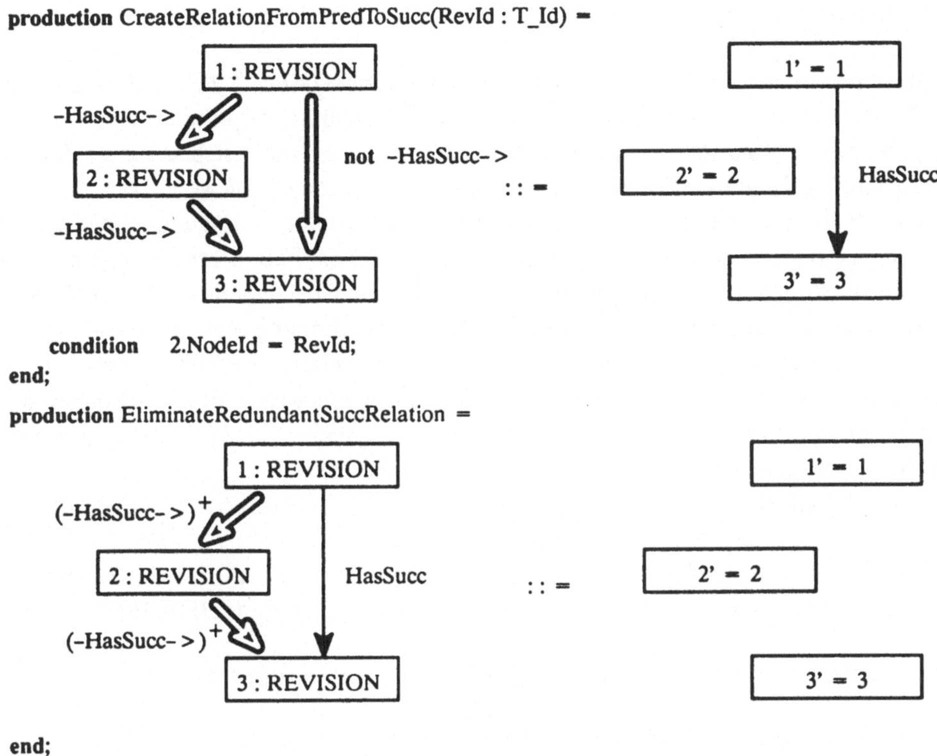

production CreateRelationFromPredToSucc(RevId : T_Id) =

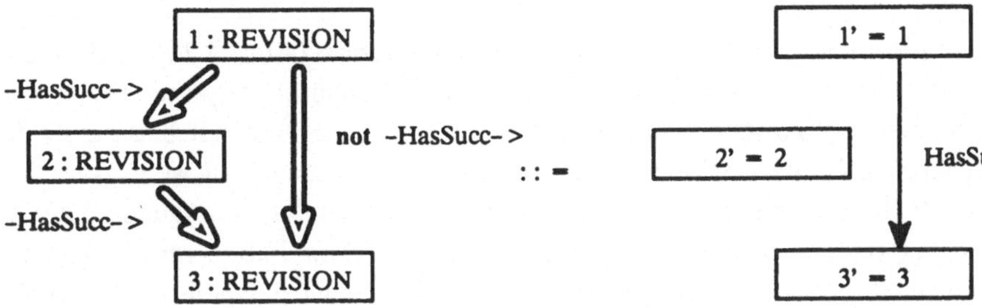

condition 2.NodeId = RevId;
end;

production EliminateRedundantSuccRelation =

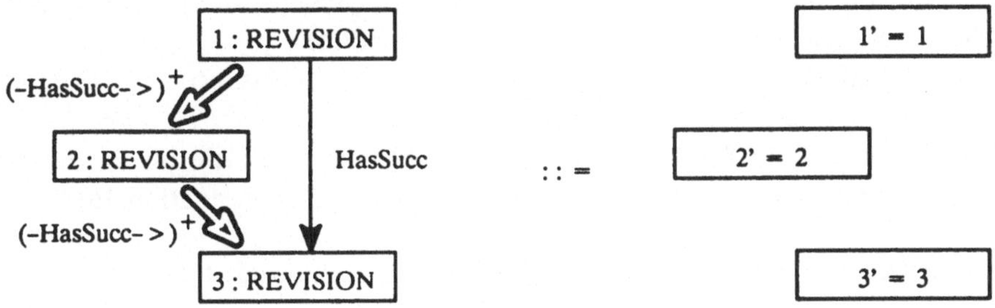

end;

Abb. 4.23 Löschen einer Revision

Schließlich werden noch durch wiederholte Anwendung von EliminateRedundantSuccRelation eventuell vorhandene redundante HasSucc-Kanten eliminiert, die bei der Überbrükkung der aktuellen Revision eingetragen worden sind (Bedingung 14). Eine Beispielsituation, in der zunächst eine redundante Kante erzeugt wird, zeigt Abb. 4.24.

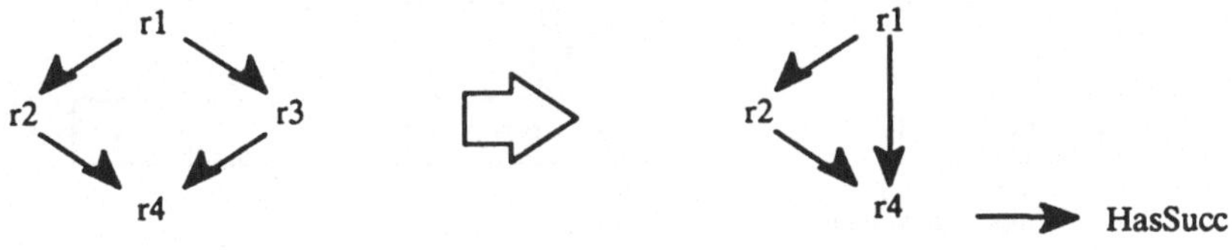

Abb. 4.24 Vorübergehende Erzeugung redundanter HasSucc-Kanten

Fassen wir die Eigenschaften der bisher beschriebenen Operationen auf Revisionsgraphen zusammen: Abgesehen von den Bedingungen 4 und 5 (Zusammenhang bezüglich der Abhängigkeitsrelation, eindeutige Wurzel) sind alle Bedingungen, die sich nicht auf Konsistenzrelationen zwischen Revisionen verschiedener Dokumente beziehen, stets erfüllt (Bedingungen 1–15).

4.2.1.10 Erzeugen einer Konsistenzrelation

In der Transaktion zum Erzeugen einer Konsistenzrelation (Abb. 4.25) wird eine entsprechende Kante nur dann eingetragen, wenn bereits eine dazu korrespondierende Abhängigkeitsrelation existiert. Anschließend wird überprüft, ob die Kausalitätsbedingung durch das Eintragen der Konsistenzrelation verletzt worden ist[9]. Dies ist der Fall, wenn einer der beiden nachfolgenden Tests erfolgreich ist, die den Teilen a) und b) der Bedingung 19 entsprechen. Um die Korrespondenz zu Bedingung 19 deutlich zu machen, haben wir die dort benutzten Variablenbezeichner als Knotenbezeichner verwendet. Es wird jeweils nach einem Teilgraphen gesucht, der die Vorbedingung erfüllt und die Nachbedingung verletzt. Die Kausalitätsbedingung ist verletzt, wenn im ersten (zweiten) Test kein geeigneter Pfad vom Knoten r2 (r4) zum Knoten r3 (r1) führt. Man beachte, daß in den entsprechenden Pfadausdrücken & die Konkatenation von Pfaden bezeichnet. Existiert ein entsprechender Pfad, dann ist die Konklusion der jeweiligen Bedingung erfüllt. Z.B. gilt im Fall a):

$$\exists\ r1'\ (\ d1\ \text{--HasRev--}>\ r1'\ \wedge\ r2\ \text{--ConsWith--}>\ r1'\ \wedge\ r1'\ (\text{--HasSucc--}>)^*\ r3\ )\ <=>$$
$$r2\ (\text{--ConsWith--}>\ \&\ (\text{--HasSucc--}>)^*)\ r3$$

Dabei wird ausgenutzt, daß die Bedingungen erfüllt sind, die sich auf die Struktur der Nachfolgerelation beziehen (insbesondere Lokalität der Nachfolgerelation, Bedingung 10).

```
transaction BASIC_CreateConsistencyRelation(SourceRevId, TargetRevId : T_Id) =
begin
    CreateConsistencyRelation(SourceRevId, TargetRevId) &
    not FirstViolationOfCreationTimeCompatibility &
    not SecondViolationOfCreationTimeCompatibility
end;

production CreateConsistencyRelation(SourceRevId, TargetRevId : T_Id) =
```

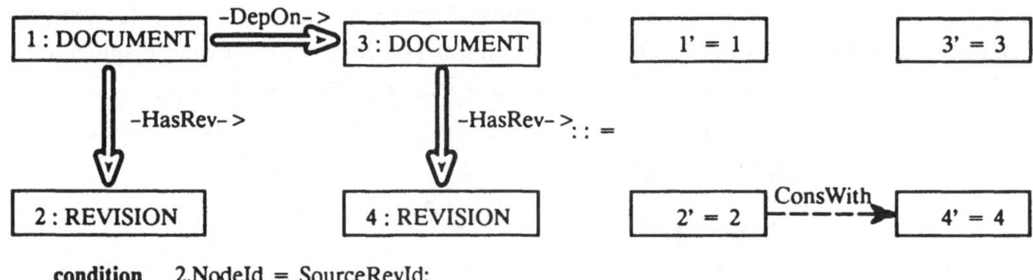

```
    condition   2.NodeId = SourceRevId;
                4.NodeId = TargetRevId;
end;
```

9. Um die Spezifikation zu vereinfachen, haben wir hier nur globale Tests angegeben, in denen im gesamten Revisionsgraphen nach einer Verletzung der Kausalitätsbedingung gesucht wird.

test FirstViolationOfCreationTimeCompatibility **=**

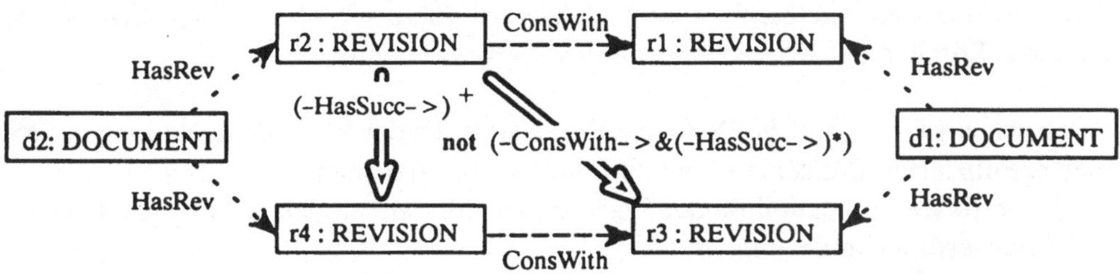

end;

test SecondViolationOfCreationTimeCompatibility **=**

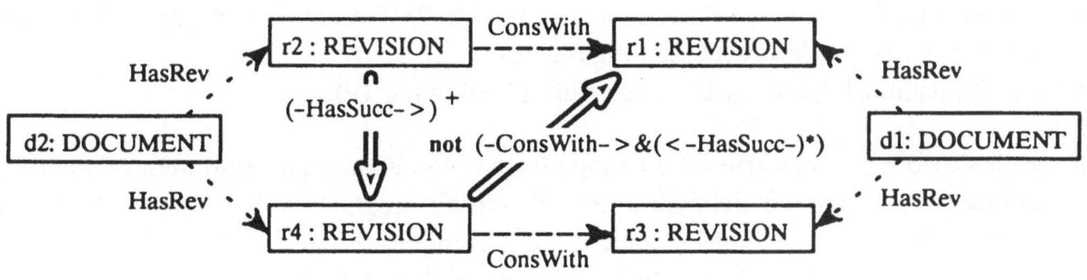

end;

Abb. 4.25 Erzeugen einer Konsistenzrelation

4.2.1.11 Löschen einer Konsistenzrelation

transaction BASIC_DeleteConsistencyRelation(SourceRevId, TargetRevId : T_Id) **=**
begin
    DeleteConsistencyRelation(SourceRevId, TargetRevId) &
    not FirstViolationOfCreationTimeCompatibility &
    not SecondViolationOfCreationTimeCompatibility
end;

production DeleteConsistencyRelation(SourceRevId, TargetRevId : T_Id) **=**

    condition 1.NodeId **=** SourceRevId; 2.NodeId **=** TargetRevId;
end;

Abb. 4.26 Löschen einer Konsistenzrelation

In der Transaktion zum Löschen einer Konsistenzrelation (Abb. 4.26) wird zunächst die entsprechende Kante gelöscht. Anschließend wird überprüft, ob die Kausalitätsbedingung durch das Löschen der Konsistenzrelation verletzt worden ist[10].

Untersuchen wir nun, welche Bedingungen hinsichtlich der Konsistenzrelationen durch die oben spezifizierten Basisoperationen erfüllt bzw. verletzt sind:

- Die vertikale Kompatibilität der Konsistenzrelationen mit den Abhängigkeitsrelationen ist stets erfüllt (Bedingung 16).
- Die Minimalität der Abhängigkeitsrelationen hinsichtlich der Konsistenzrelationen kann temporär verletzt sein (Bedingung 17). Dies ist insbesondere unmittelbar nach dem Erzeugen einer Abhängigkeitsrelation der Fall.
- Die Kompatibilität von Konsistenzrelationen zu Revisionen verschiedener Dokumente kann temporär verletzt sein (Bedingung 18).
- Die Kausalitätsbedingung ist stets erfüllt (Bedingung 19).

Es stellt sich die Frage, warum die Kompatibilität von Konsistenzrelationen zu Revisionen verschiedener Dokumente nicht inkrementell beim Eintragen bzw. Löschen von Konsistenzrelationen überprüft wird. Dies geschieht aus folgenden Gründen nicht:

- Die Kompatibilität von Konsistenzrelationen zu Revisionen verschiedener Dokumente läßt sich erst dann überprüfen, wenn sichergestellt ist, daß die Abhängigkeitsrelation zusammenhängend ist und genau eine Wurzel hat (Bedingungen 4 und 5). Wir haben oben bereits darauf hingewiesen, daß diese Bedingungen temporär verletzt sein können.
- Auch wenn diese Bedingungen erfüllt sind, kann es zu vorübergehenden Verletzungen der Kompatibilitätsbedingung kommen.

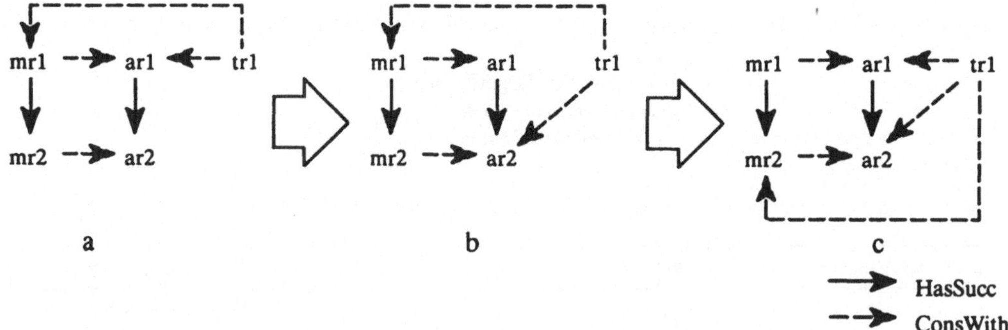

Abb. 4.27 Beispiel zur Verletzung der Kompatibilität von Konsistenzrelationen

10. Dabei sind der Einfachheit halber wieder die schon beim Erzeugen einer Konsistenzrelation benutzten globalen Tests verwendet worden.

Betrachten wir ein Beispiel für den zuletzt genannten Punkt (Abb. 4.27): Die Dokumentationsrevision tr1 ist mit der Architekturrevision ar1 und der Modulrevision mr1 konsistent. ar1 und mr1 haben ar2 bzw. mr2 als Nachfolger; mr1 und ar1 bzw. mr2 und ar2 sind jeweils miteinander konsistent. tr1 wird nun zunächst an ar2 und anschließend an mr2 angepaßt. Nach der Anpassung an ar2 sind die von tr1 ausgehenden Konsistenzrelationen vorübergehend nicht miteinander kompatibel.

Fassen wir zusammen: Fast alle in Abschnitt 4.1.2 formulierten Konsistenzbedingungen werden inkrementell überprüft, und entsprechende Inkonsistenzen werden ausgeschlossen. Lediglich die Zusammenhangseigenschaft der Abhängigkeitsrelation, die Existenz einer eindeutigen Wurzel bezüglich der Abhängigkeitsrelation, die Minimalität der Abhängigkeitsrelation bezüglich der Konsistenzrelation und die Kompatibilität von Konsistenzrelationen zu Revisionen verschiedener Dokumente werden nicht inkrementell überprüft.

4.2.2 Szenariounabhängige komplexe Operationen

In diesem Abschnitt wenden wir uns den szenariounabhängigen komplexen Operationen zu, die man erhält, wenn man sich hinsichtlich der Kontrolle der externen Konsistenz auf das IPSEN-Konsistenzkontrollmodell festlegt. Der Abschnitt ist folgendermaßen gegliedert:
- In Unterabschnitt 4.2.2.1 machen wir zunächst einige Bemerkungen zum **Konsistenzkontrollmodell**.
- Danach folgt in Unterabschnitt 4.2.2.2 die **formale Spezifikation** der szenariounabhängigen komplexen Operationen.
- Schließlich wird in Unterabschnitt 4.2.2.3 ein **Beispiel** angegeben, das die Funktionsweise der Operationen verdeutlicht.

4.2.2.1   Konsistenzkontrollmodell

Gemäß dem IPSEN-Konsistenzkontrollmodell wird der Benutzer beim Übergang zwischen verschiedenen Arbeitsbereichen dadurch unterstützt, daß er sich auf Anforderung gegen Edieren geschützte Vorgaben erzeugen bzw. ein abhängiges Dokument nach einer Änderung an einem bestimmenden Dokument inkrementell aktualisieren lassen kann. Dies bedingt, daß sich zwei Arten des Änderns einer Revision unterscheiden lassen:
- Durch **Edieren** wird eine Revision modifiziert, ohne daß sich an den Konsistenzrelationen zu Revisionen bestimmender Dokumente etwas ändert.
- Durch **Anpassen** werden die Konsistenzrelationen zu Revisionen bestimmender Dokumente verändert.

Hinsichtlich des Anpassens lassen sich folgende Fälle unterscheiden:

- **Herstellen einer Konsistenzrelation** zu einer Revision eines bestimmenden Dokuments. Dies betrifft sowohl das **Erzeugen einer Vorgabe** (die Konsistenzrelation wird erstmalig hergestellt) als auch das **Aktualisieren** (die Konsistenzrelation wird geändert).
- **Entfernen von Konsistenzrelationen** zu Revisionen eines bestimmenden Dokuments.

Während das Herstellen einer Konsistenzrelation schon wiederholt angesprochen wurde, bedarf das **Entfernen von Konsistenzrelationen** noch einer näheren Erklärung. Auf den ersten Blick erscheint es widersinnig, eine Operation anzubieten, die eine Revision eines abhängigen Dokuments anpaßt und dabei Konsistenzrelationen entfernt. Mit dem Anpassen wurde ja bisher gerade das Herstellen einer Konsistenzrelation verbunden. Es gibt aber auch Beispiele für den umgekehrten Vorgang: Wird eine Dokumentationsrevision tr an eine neue Architekturrevision ar angepaßt, die im Gegensatz zu der Vorgängerrevision die Schnittstelle eines Moduls m nicht mehr enthält, so muß anschließend dafür gesorgt werden, daß tr sich nicht mehr auf eine Revision mr der Modulimplementation zu m bezieht. Dies bedeutet konkret, daß der entsprechende Abschnitt aus der Dokumentation entfernt werden muß.

Bei genauerer Betrachtung zeigt sich, daß das Entfernen von Konsistenzrelationen nicht die zum Herstellen einer Konsistenzrelation inverse Operation ist. Das Entfernen betrifft nämlich alle Konsistenzrelationen zu Revisionen eines bestimmten Dokuments[11]. Letztlich wird dadurch eine **Abhängigkeit einer Revision von einem Dokument** entfernt. An dieser Stelle würde es zur Klarheit beitragen, Abhängigkeiten zwischen Revisionen und Dokumenten einzuführen (s. dazu Abschnitt 4.1.4).

Wir gehen nun noch auf ein Problem ein, das beim uneingeschränkten Zusammenspiel der Operationen "Edieren", "Anpassen" und "Einfrieren" entsteht: es können Revisionen eines abhängigen Dokuments entstehen, zu denen es keine Revision eines bestimmenden Dokuments gibt, mit denen sie konsistent sind. Solche Revisionen werden als **nutzlos** bezeichnet, da sie nicht in einer korrekten Konfiguration enthalten sein können.

Abb. 4.28 gibt hierfür ein typisches **Beispiel**. Als Ausgangspunkt dienen zwei veränderliche Revisionen mr1 und ar1, wobei mr1 mit ar1 konsistent ist. Die Inhalte, die diese Revisionen infolge von Änderungsoperationen nacheinander durchlaufen, werden durch doppelte Indizierung gekennzeichnet. Dabei ist zu beachten, daß jeweils nur der aktuelle Inhalt aufgehoben wird (die vorherigen Inhalte sind nur zur Illustration der Konsistenzrelationen eingezeichnet). Folgende Sequenz von Operationen führt zu einer nutzlosen Revision mr1:
1. Edieren und Einfrieren von mr1
2. Edieren und Einfrieren von ar1; beim Edieren werde die Schnittstelle des betrachteten Moduls geändert.

---

11. Es sei daran erinnert, daß i.a. eine Revision eines abhängigen Dokuments mit mehreren Revisionen eines bestimmenden Dokuments konsistent sein kann.

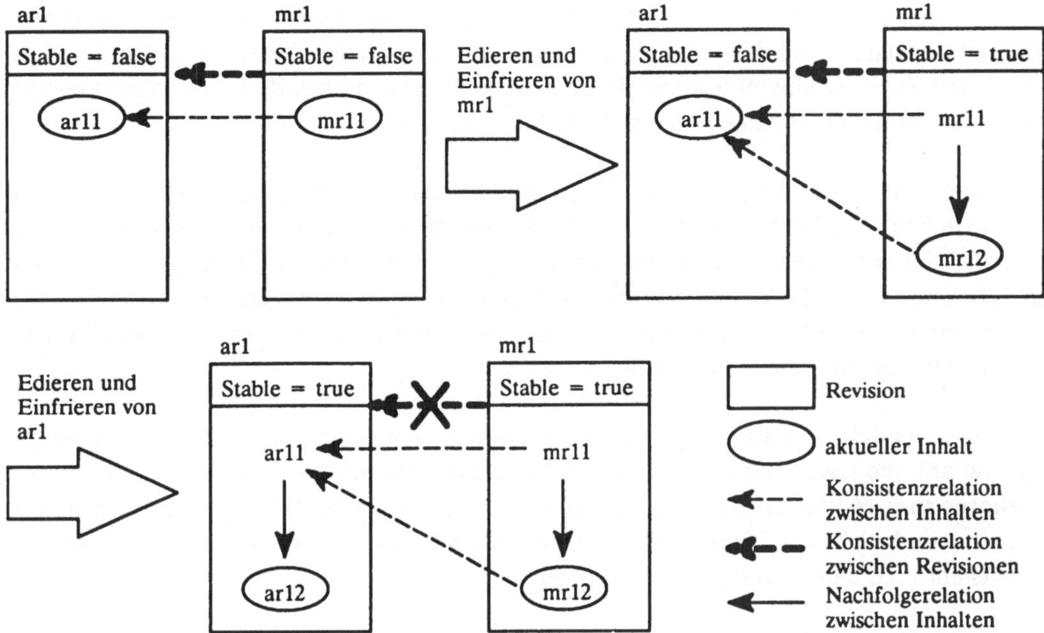

Abb. 4.28 Beispiel für das Entstehen einer nutzlosen Revision

Dieses Problem entsteht dadurch, daß der Inhalt einer bestimmenden Revision, an den eine abhängige Revision angepaßt wurde, im nachhinein verlorengeht. Abgesehen von der Entstehung nutzloser Revisionen führt dies noch zu folgenden anderen Schwierigkeiten:

- Bei der Teamarbeit muß im Interesse einer geordneten Kooperation gewährleistet sein, daß jeder Entwickler in einer stabilen Arbeitsumgebung arbeitet. Dies ist nicht der Fall, wenn bestimmende und abhängige Revision von verschiedenen Entwicklern bearbeitet werden und die bestimmende Revision nachträglich geändert werden kann.
- Es ist im nachhinein i.a. nicht mehr möglich, vollständig zu rekonstruieren, was sich an der bestimmenden Revision geändert hat. So lassen sich zwar z.B. ausgehend von einer Dokumentationsrevision die Referenzen ermitteln, die sich auf gelöschte oder geänderte Inkremente beziehen, es ist aber i.a. nicht möglich, zu erfahren, welche Inkremente neu erzeugt worden sind. Im Zusammenhang mit der Aktualisierung abhängiger Revisionen ist es wünschenswert, den neuen Inhalt mit dem alten vergleichen und so eine vollständige Auskunft über die durchgeführten Änderungen erhalten zu können.

Um die oben beschriebenen Probleme zu vermeiden, wird gefordert:

30 Das **Ziel einer Konsistenzrelation** muß **stabil** sein:

$$\forall\ r1, r2\ (\ r1\ -ConsWith->\ r2\ =>\ r2.Stable\ )$$

Ein Nachteil dieser Bedingung besteht darin, daß sie eine **Bearbeitungsreihenfolge** vorschreibt und damit auch den Spielraum einengt, den der Benutzer bei der Entscheidung hat, wann eine Revision einzufrieren ist. U.U. muß er eine bestimmende Revision nur deshalb einfrieren, weil eine abhängige Revision an sie angepaßt werden soll.

Die Beachtung von Bedingung 30 allein garantiert noch nicht, daß keine nutzlosen Revisionen entstehen. Probleme entstehen beim **Verschmelzen von Revisionen:** Es ist zu gewährleisten, daß durch das Verschmelzen keine nutzlose Revision entsteht, die mit keiner Revision eines bestimmenden Dokuments konsistent ist. Dies kann i.a. nicht garantiert werden, wenn Revisionen miteinander verschmolzen werden, die mit unterschiedlichen Revisionen bestimmender Dokumente konsistent sind.

Ein einfaches **Beispiel** dafür zeigt Abb. 4.29. Gegeben sind drei Architekturrevisionen ar1, ar2 und ar3, die jeweils unterschiedliche Schnittstellen für ein Modul m enthalten. Analog existieren drei Modulrevisionen mr1, mr2 und mr3, die jeweils Implementationen von m enthalten und mit ar1, ar2 bzw. ar3 konsistent sind. Werden nun mr2 und mr3 verschmolzen, so entsteht u.U. eine nutzlose Mischrevision[12].

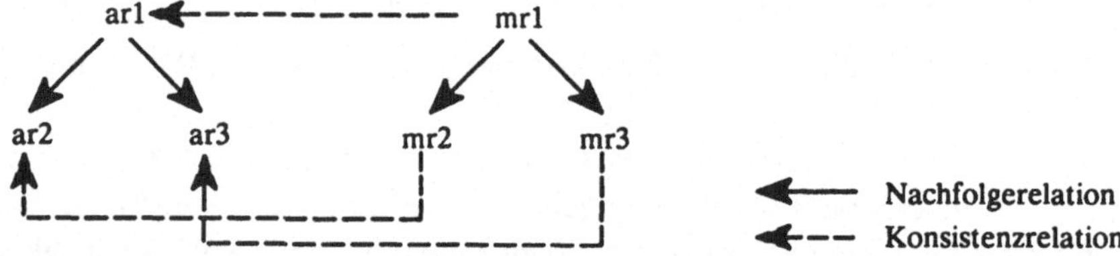

Abb. 4.29 Zur Entstehung nutzloser Revisionen beim Verschmelzen

Darüber hinaus ist zu bedenken, daß in diesem Beispiel auch dann eine Inkonsistenz entsteht, wenn die erzeugte Mischrevision mr4 entweder mit ar2 oder mit ar3 konsistent ist: Um die Kausalitätsbedingung zu erfüllen, müßte nämlich mr4 sowohl mit ar2 als auch mit ar3 konsistent sein (s. Bedingung 18, Abschnitt 4.1.2).

Um die Entstehung nutzloser Mischrevisionen sowie Verletzungen der Kausalitätsbedingung a priori zu vermeiden, wird gefordert, daß die zu verschmelzenden Alternativrevisionen mit denselben Revisionen bestimmender Dokumente konsistent sein müssen. Ferner wird vom feinkörnigen Verschmelzungsverfahren verlangt, daß es die Konsistenzrelationen zu Revisionen bestimmender Dokumente nicht zerstört.

Die Forderung, daß zu verschmelzende Revisionen mit denselben bestimmenden Revisionen konsistent sein müssen, erzwingt einen **2–Phasen–Ansatz** zum Verschmelzen von Revisionen,

---

12. Ob die Mischrevision tatsächlich nutzlos ist, hängt davon ab, welche Änderungen an der Schnittstelle durchgeführt werden und wie Konflikte beim Verschmelzen aufgelöst werden.

die diese Bedingung nicht erfüllen: Zunächst muß durch Aktualisieren eine einheitliche Ausgangssituation hergestellt werden, anschließend kann dann verschmolzen werden. Abb. 4.30 zeigt dafür ein Beispiel. Im Gegensatz zu der Situation in Abb. 4.29 sei bereits eine Architekturrevision ar4 vorhanden, die die in ar2 und ar3 durchgeführten Änderungen kombiniert. Es werden nun in der ersten Phase Nachfolgerevisionen mr4 bzw. mr5 von mr2 bzw. mr3 erzeugt, die mit ar4 konsistent sind. In der zweiten Phase werden dann mr4 und mr5 verschmolzen.

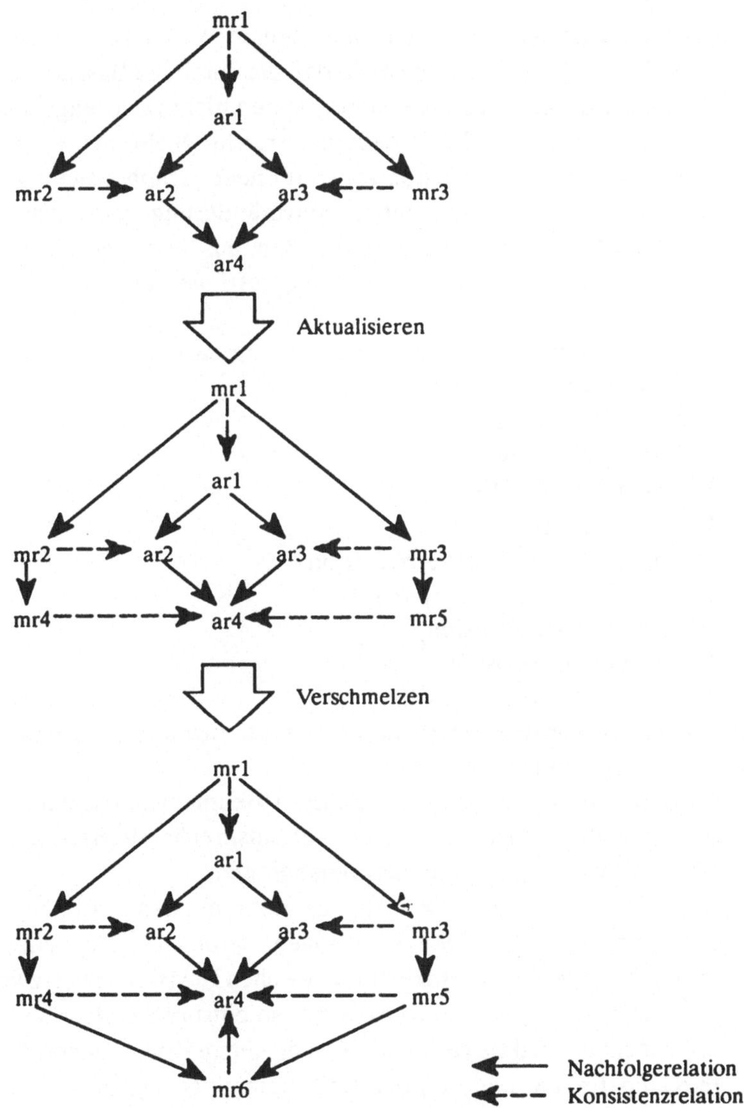

Abb. 4.30 2-Phasen-Ansatz zum Verschmelzen

4.2.2.2 Formale Spezifikation

Nach diesen Vorbereitungen spezifizieren wir nun die komplexen Operationen auf Revisionsgraphen formal. Um auszudrücken, daß das zugrundeliegende Konsistenzkontrollmodell auf **IPSEN** zugeschnitten ist (im übrigen aber unabhängig von den Dokumenttypen ist, s. dazu nächster Abschnitt), werden alle Operationen mit einem entsprechenden Präfix gekennzeichnet.

Zur Spezifikation der komplexen Operationen werden außer den Basisoperationen nur **Tests** benutzt. Dadurch wird sichergestellt, daß die durch die Basisoperationen garantierten strukturellen Eigenschaften von Revisionsgraphen nicht verlorengehen. Dieser Ansatz hat allerdings auch einen Nachteil: Die dadurch erreichte **Sicherheit** wird damit erkauft, daß bei der Spezifikation höherer Schichten völlig auf neue Graphersetzungen verzichtet werden muß. Dies führt gelegentlich dazu, daß Graphveränderungen, die sich in PROGRESS durch eine einzige Graphersetzung formulieren ließen, aus Tests und elementaren Graphersetzungen der untergeordneten Schicht zusammengesetzt werden müssen.

Im einzelnen werden folgende **komplexen Operationen** zur Verfügung gestellt:
- Erzeugen eines Dokuments
- Löschen eines Dokuments
- Ableiten einer Revision
- Verschmelzen von Revisionen
- Edieren einer Revision
- Herstellen einer Konsistenzrelation
- Entfernen von Konsistenzrelationen
- Einfrieren einer Revision
- Löschen einer Revision

Zu den **Beziehungen** zwischen **diesen Operationen** und den oben spezifizierten **Basisoperationen** ist folgendes zu bemerken:
- Die Operationen zum Erzeugen eines Dokuments, Löschen eines Dokuments und Edieren einer Revision werden direkt auf entsprechende Basisoperationen abgebildet. Alle übrigen Operationen sind zusammengesetzt.
- Es gibt keine expliziten Operationen mehr, mit denen Abhängigkeitsrelationen manipuliert werden. Abhängigkeitsrelationen werden als abgeleitete Relationen behandelt: Wenn die erste Konsistenzrelation zwischen Revisionen von zwei Dokumenten d1 und d2 eingetragen wird, wird automatisch eine entsprechende Abhängigkeitsrelation erzeugt; entsprechend wird sie gelöscht, wenn die letzte Konsistenzrelation gelöscht wird. Vertikale Kompatibilität und Minimalität (Bedingungen 16 und 17) sind somit stets erfüllt.

Es folgt nun die Spezifikation der zusammengesetzten Operationen.

4.2.2.2.1 Ableiten einer Revision

Beim Ableiten einer Revision (Abb. 4.31) wird zunächst mittels BASIC_DeriveRevision ein neuer Revisionsknoten erzeugt und mit dem Dokumentknoten sowie dem Knoten für die Vorgängerrevision verbunden. Anschließend werden in einer Schleife mit Hilfe von BASIC_CreateConsistencyRelation alle auslaufenden Konsistenzrelationen kopiert. Die einlaufenden Konsistenzrelationen werden nicht kopiert, da das Ziel einer Konsistenzrelation stabil sein muß.

```
transaction IPSEN_DeriveRevision(PredRevId : T_Id; out SuccRevId : T_Id) =
    var TargetRevId : T_Id;
begin
    BASIC_DeriveRevision(PredRevId, out SuccRevId) &
    loop
        SelectTargetRevision(PredRevId, SuccRevId, out TargetRevId) &
        BASIC_CreateConsistencyRelation(SuccRevId,TargetRevId)
    end
end;

test SelectTargetRevision(PredRevId, SuccRevId : T_Id; out TargetRevId : T_Id) =
```

```
  1 : REVISION  ┤----  ConsWith
      │                           ╲
   HasSucc                         ↘
      ↓                         3 : REVISION
  2 : REVISION  ╞═══ not -ConsWith- >
```

```
    condition    1.NodeId = PredRevId; 2.NodeId = SuccRevId;
    return       TargetRevId := 3.NodeId;
end;
```

Abb. 4.31 Ableiten einer Revision

An dieser Stelle zeigt sich bereits der Nachteil des hier verfolgten Ansatzes, bei der Spezifikation einer übergeordneten Schicht nur die Graphersetzungen der untergeordneten Schicht zu verwenden: Man könnte nämlich die oben beschriebene Transaktion durch eine einzige Graphersetzung ersetzen, die sich von BASIC_DeriveRevision nur durch die **Einbettungsüberführung** unterscheidet (kursiv dargestellter Teil in Abb. 4.32). Die **copy**-Klausel im **embedding**-Teil bewirkt, daß auslaufende ConsWith-Kanten vom Knoten 2 zum Knoten 3' kopiert werden. Dadurch wird der gleiche Effekt erreicht wie durch die Schleife in Abb. 4.31.

Die zuletzt skizzierte Vorgehensweise hat aber auch gravierende Nachteile:
* Wenn man in einer übergeordneten Schicht neue Graphersetzungen einführt, läßt sich nicht ausschließen, daß die **strukturellen Eigenschaften verletzt** werden, die durch die untergeordnete Schicht garantiert werden.

- Letztlich läuft der Ansatz darauf hinaus, unter Verwendung von Teilen der untergeordneten Schicht eine völlig neue Spezifikation zu erstellen. Dies widerspricht der Forderung nach **Wiederverwendbarkeit** oder – anders formuliert – der modularen Komposition von Spezifikationen.

Aus diesen Gründen sind wir der oben beschriebenen Vorgehensweise nicht gefolgt.

production IPSEN_DeriveRevision(PredRevId : T_Id; **out** SuccRevId : T_Id) =

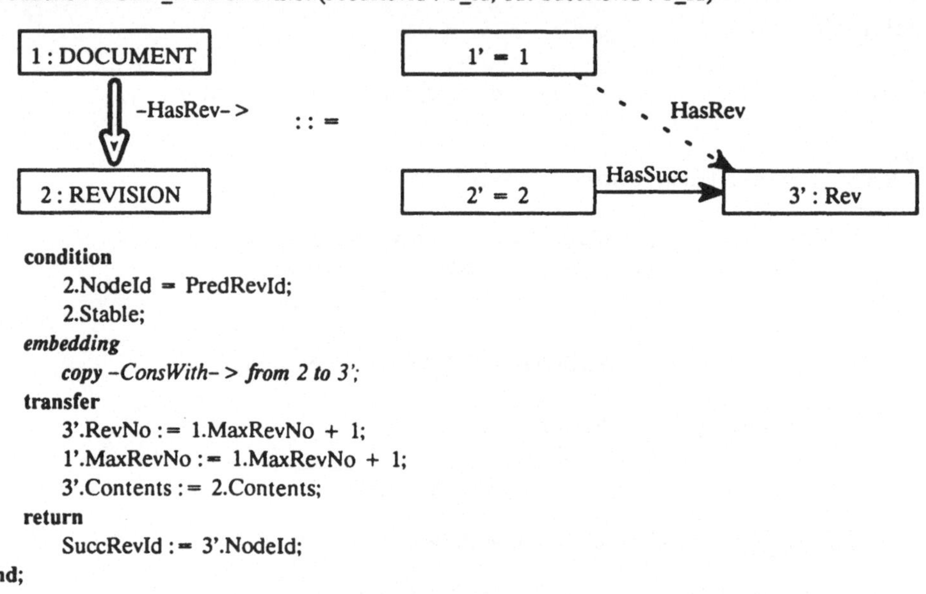

```
condition
    2.NodeId = PredRevId;
    2.Stable;
embedding
    copy -ConsWith- > from 2 to 3';
transfer
    3'.RevNo := 1.MaxRevNo + 1;
    1'.MaxRevNo := 1.MaxRevNo + 1;
    3'.Contents := 2.Contents;
return
    SuccRevId := 3'.NodeId;
end;
```

Abb. 4.32 Alternative Formulierung des Ableitens einer Revision

4.2.2.2.2 Verschmelzen von Revisionen

```
transaction IPSEN_MergeRevisions( Alt1RevId, Alt2RevId, BaseRevId : T_Id;
                                  out MergeRevId : T_Id) =
    var MasterRevId : T_Id;
begin
    not DifferenceBetweenConsistencyRelations(Alt1RevId, Alt2RevId) &
    BASIC_MergeRevisions(Alt1RevId, Alt2RevId, BaseRevId, out MergeRevId) &
    loop
        SelectTargetRevision(Alt1RevId, MergeRevId, out TargetRevId) &
        BASIC_CreateConsistencyRelation(MergeRevId,TargetRevId)
    end
end;
```

test DifferenceBetweenConsistencyRelations(Alt1RevId, Alt2RevId : T_Id) =

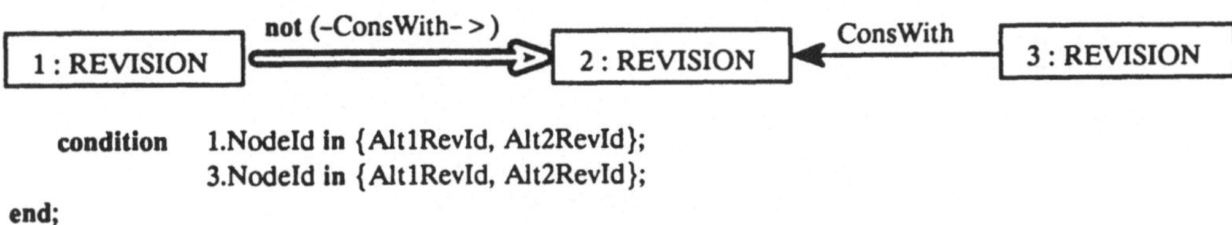

    condition   1.NodeId **in** {Alt1RevId, Alt2RevId};
                       3.NodeId **in** {Alt1RevId, Alt2RevId};
end;

Abb. 4.33 Verschmelzen von Revisionen

Beim Verschmelzen von Revisionen gehen wir ähnlich vor wie beim Ableiten einer Revision (Abb. 4.31): Zunächst wird sichergestellt, daß es hinsichtlich der Konsistenzrelationen zu bestimmenden Revisionen keine Unterschiede zwischen den Alternativrevisionen gibt (s. dazu Unterabschnitt 4.2.2.1). Anschließend wird die Basisoperation zum Verschmelzen aufgerufen (Abb. 4.19). Schließlich werden in einer Schleife alle auslaufenden Konsistenzrelationen kopiert.

4.2.2.2.3 Herstellen einer Konsistenzrelation

```
transaction IPSEN_EstablishExternalConsistency
               (SourceRevId, TargetRevId : T_Id; NewContents : T_Contents) =
    var OldRevId, SourceDocId, TargetDocId : T_Id;
begin
    Stable(TargetRevId) &
    not ConsistencyRelationExistent(SourceRevId, TargetRevId) &
    SelectDocument(TargetRevId, out TargetDocId) &
    try (* Fall 1:  Erzeugen einer Vorgabe *)
        on not ConsistencyRelationToAnyRevOfTargetDoc(SourceRevId, TargetDocId) do
            SelectDocument(SourceRevId, out SourceDocId) &
            BASIC_CreateDependencyRelation(SourceDocId,TargetDocId) &
            BASIC_CreateConsistencyRelation(SourceRevId,TargetRevId)
    else (* Fall 2: Anpassen *)
        ConsistencyRelationToAncestor(SourceRevId, TargetRevId) &
        loop
            SelectRevOfTargetDoc(SourceRevId, TargetDocId, NewContents, out OldRevId) &
            BASIC_DeleteConsistencyRelation(SourceRevId, OldRevId)
        end &
        BASIC_CreateConsistencyRelation(SourceRevId, TargetRevId)
    end &
    BASIC_ChangeRevision(SourceRevId, NewContents)
end;
```

test Stable(RevId : T_Id) =

```
┌─────────────────┐
│ 1 : REVISION    │
└─────────────────┘
```

    condition   1.NodeId = RevId; 1.Stable;
end;

test ConsistencyRelationExistent(SourceRevId, TargetRevId : T_Id) =

```
┌─────────────────┐   ConsWith    ┌─────────────────┐
│ 1 : REVISION    │- - - - - - - →│ 2 : REVISION    │
└─────────────────┘               └─────────────────┘
```

    condition   1.NodeId = SourceRevId; 2.NodeId = TargetRevId;
end;

test SelectDocument(RevId : T_Id; **out** DocId : T_Id) =

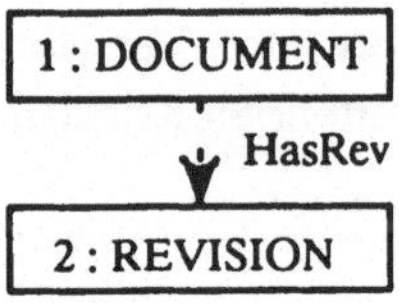

```
┌─────────────────┐
│ 1 : DOCUMENT    │
└─────────────────┘
        │ HasRev
        ↓
┌─────────────────┐
│ 2 : REVISION    │
└─────────────────┘
```

    condition   2.NodeId = RevId;
    return   DocId := 1.NodeId;
end;

test ConsistencyRelationToAnyRevOfTargetDoc(SourceRevId, TargetDocId : T_Id) =

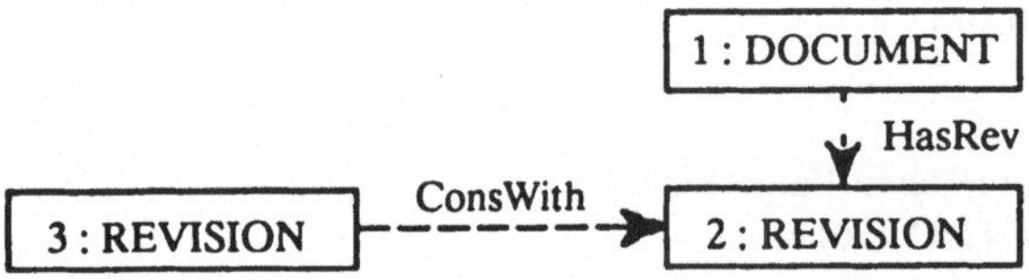

```
                              ┌─────────────────┐
                              │ 1 : DOCUMENT    │
                              └─────────────────┘
                                      │ HasRev
                                      ↓
┌─────────────────┐ ConsWith  ┌─────────────────┐
│ 3 : REVISION    │- - - - - →│ 2 : REVISION    │
└─────────────────┘           └─────────────────┘
```

    condition   3.NodeId = SourceRevId; 1.NodeId = TargetDocId;
end;

test ConsistencyRelationToAncestor(SourceRevId, TargetRevId : T_Id) =

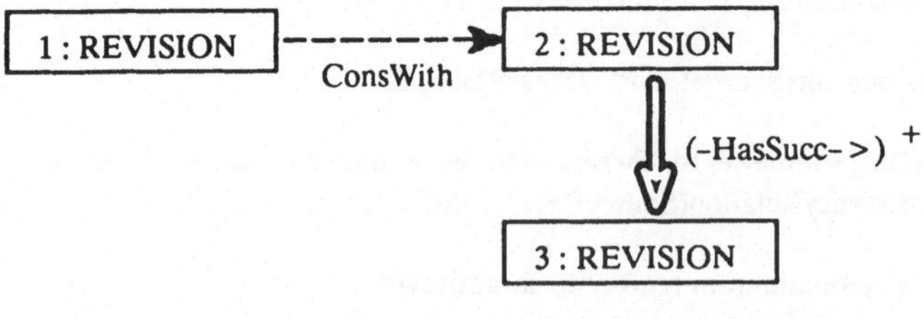

```
┌─────────────────┐           ┌─────────────────┐
│ 1 : REVISION    │- - - - - →│ 2 : REVISION    │
└─────────────────┘  ConsWith └─────────────────┘
                                      ║
                                      ║  (-HasSucc->) +
                                      ▼
                              ┌─────────────────┐
                              │ 3 : REVISION    │
                              └─────────────────┘
```

    condition   1.NodeId = SourceRevId; 3.NodeId = TargetRevId;
end;

test SelectRevOfTargetDoc(SourceRevId, TargetDocId : T_Id; NewContents : T_Contents;
        out TargetRevId : T_Id) =

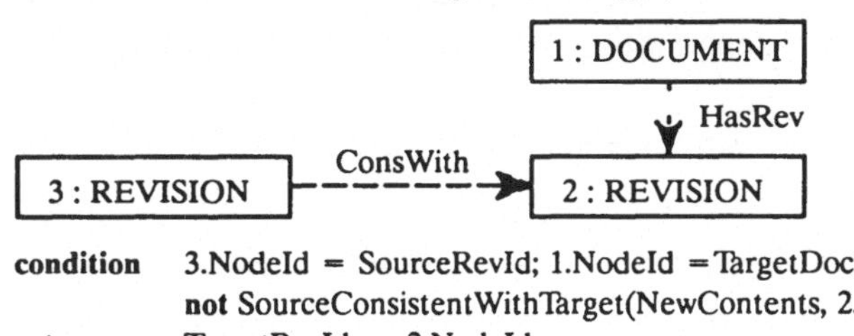

    condition   3.NodeId = SourceRevId; 1.NodeId = TargetDocId;
                   not SourceConsistentWithTarget(NewContents, 2.Contents);
    return   TargetRevId := 2.NodeId;
end;

Abb. 4.34 Herstellen einer Konsistenzrelation

Bevor wir die in Abb. 4.34 dargestellte Transaktion zum Herstellen einer Konsistenzrelation erläutern, muß noch ein in ihr benutztes Sprachkonstrukt, nämlich die **try**-Anweisung erklärt werden. Die **try**-Anweisung besteht aus einer **Sequenz von Alternativen**, die jeweils durch das Schlüsselwort **else** voneinander getrennt sind. Eine Alternative kann **bewacht** oder **unbewacht** sein. Eine bewachte Alternative ist durch das Schlüsselwort **on** gekennzeichnet, dem eine Bedingung folgt. Bei der Ausführung einer **try**-Anweisung wird die erste Alternative ausgewählt, die entweder unbewacht und erfolgreich ist oder deren Wächter den Wert true hat. Die **try**-Anweisung scheitert, wenn entweder keine Alternative ausgewählt werden kann oder eine ausgewählte bewachte Alternative scheitert.

Die Transaktion zum Herstellen einer Konsistenzrelation betrifft sowohl das **Erzeugen einer Vorgabe** als auch das **Aktualisieren einer Revision eines abhängigen Dokuments.** Zunächst wird überprüft, ob die Revision, an die eine Anpassung erfolgen soll, bereits eingefroren ist. Ferner wird sichergestellt, daß nicht bereits eine Konsistenzrelation zwischen Quell- und Zielrevision existiert. Anschließend wird das Dokument ermittelt, zu dem die Zielrevision gehört. Die nachfolgende **try**-Anweisung dient dazu, die Fälle "Erzeugen einer Vorgabe" und "Aktualisieren" zu unterscheiden:

* Der Fall "Erzeugen einer Vorgabe" liegt vor, wenn es noch keine Revision des Zieldokuments gibt, mit der die Quellrevision konsistent ist. In diesem Fall wird zunächst das Quelldokument ermittelt und anschließend eine Abhängigkeitsrelation zwischen Quell- und Zieldokument eingetragen. Danach wird schließlich die Konsistenzrelation zwischen Quell- und Zielrevision erzeugt.

* Liegt der Fall "Aktualisieren" vor, so wird zunächst überprüft, ob die Quellrevision bisher mit einem Vorfahren der Zielrevision konsistent war. Da im Zuge des Aktualisierens der Inhalt der Quellrevision geändert wird, werden in der anschließenden Schleife die Konsistenzrelationen zu allen Revisionen gelöscht, mit denen die Quellrevision nicht mehr länger konsistent ist. Um dies festzustellen, müssen entsprechende szenariospezifische Analysen durchgeführt werden (im einfachsten Fall gehen sämtliche bisherigen Konsi-

stenzrelationen verloren). Wir nehmen hier an, daß es eine boolsche Funktion Source-ConsistentWithTarget gibt, die das Ergebnis einer solchen Analyse zur Verfügung stellt. Danach wird schließlich die Konsistenzrelation zwischen Quell- und Zielrevision erzeugt.

Nach erfolgreicher Ausführung der **try**-Anweisung wird der neue Inhalt der Quellrevision am entsprechenden Knoten eingetragen.

4.2.2.2.4 Entfernen von Konsistenzrelationen

Beim Aktualisieren einer Revision werden davon betroffene alte Konsistenzrelationen automatisch gelöscht. Eine explizite Operation zum Entfernen von Konsistenzrelationen (Abb. 4.35) wird nur dann benötigt, wenn die Abhängigkeit einer Revision von einem bestimmenden Dokument durch Änderung ihres Inhalts entfällt. In diesem Fall gehen alle Konsistenzrelationen zu Revisionen des Zieldokuments verloren. Nach dem Löschen dieser Konsistenzrelationen wird ggf. noch die entsprechende Abhängigkeitsrelation gelöscht. Das Löschen der Abhängigkeitsrelation scheitert, wenn es eine andere Revision des Quelldokuments gibt, von der Konsistenzrelationen zu Revisionen des Zieldokuments ausgehen. In diesem Fall dient die stets erfolgreiche leere **skip**-Anweisung dazu, das Scheitern der gesamten Transaktion zu verhindern.

```
transaction IPSEN_RemoveExternalConsistency
              (SourceRevId, TargetDocId : T_Id; NewContents : T_Contents) =
    var TargetRevId, SourceDocId : T_Id;
begin
    BASIC_ChangeRevision(SourceRevId, NewContents) &
    loop
        SelectRevOfTargetDoc(SourceRevId, TargetDocId, out TargetRevId) &
        BASIC_DeleteConsistencyRelation(SourceRevId, TargetRevId)
    end &
    SelectDocument(SourceRevId, out SourceDocId) &
    try
        BASIC_DeleteDependencyRelation(SourceDocId, TargetDocId)
    else
        skip
    end
end;
```

Abb. 4.35 Entfernen von Konsistenzrelationen

4.2.2.2.5 Einfrieren einer Revision

Beim Einfrieren einer Revision (Abb. 4.36) wird nach dem Aufruf der entsprechenden Basisoperation zunächst überprüft, ob die auslaufenden Konsistenzrelationen zu Revisionen bestimmender Dokumente miteinander kompatibel sind (Bedingung 18). Dies geschieht mit Hilfe einer – später noch detailliert erläuterten – **Query**, d.h. einer Transaktion, die keine graphverändernden Operationen enthält. Es ist sinnvoll, diese Bedingung zu diesem Zeitpunkt zu überprüfen, da bei dem hier gewählten Integrationsansatz eine Revision eines abhängigen Dokuments erst bearbeitet werden kann, wenn die Bearbeitung der Revisionen der bestimmenden Dokumente abgeschlossen ist. Aus diesem Grund bleiben alle Konsistenzrelationen zu Revisionen bestimmender Dokumente nach dem Einfrieren einer Revision eines abhängigen Dokuments erhalten. Daher fordern wir, daß beim Einfrieren einer Revision die Konsistenzrelationen zu Revisionen bestimmender Dokumente miteinander kompatibel sind. Ist diese Bedingung beim Einfrieren erfüllt, so kann sie später nicht mehr verletzt werden.

```
transaction IPSEN_FreezeRevision(RevId : T_Id) =
    var SourceRevId : T_Id;
begin
    BASIC_FreezeRevision(RevId) &
    not IncompatibilityOfOutgoingConsistencyRelations(RevId) &
    loop
        SelectAppropriateSourceRev(RevId, out SourceRevId) &
        BASIC_CreateConsistencyRelation(SourceRevId,RevId)
    end
end;

test SelectAppropriateSourceRev(RevId : T_Id; out SourceRevId : T_Id) =
```



```
    condition   2.NodeId = RevId;
                SourceConsistentWithTarget(3.Contents, 2.Contents);
    return      SourceRevId := 3.NodeId;
end;

query IncompatibilityOfOutgoingConsistencyRelations(RevId : T_Id) =
    var FirstRevIdSet, SecondRevIdSet : set of T_Id;
begin
    SelectRevIdSets(RevId, out FirstRevIdSet, out SecondRevIdSet) &
    not ConsistencyPathExistent(FirstRevIdSet, SecondRevIdSet)
end;
```

test SelectRevIdSets(RevId : T_Id; **out** FirstRevIdSet, SecondRevIdSet : **set of** T_Id) =

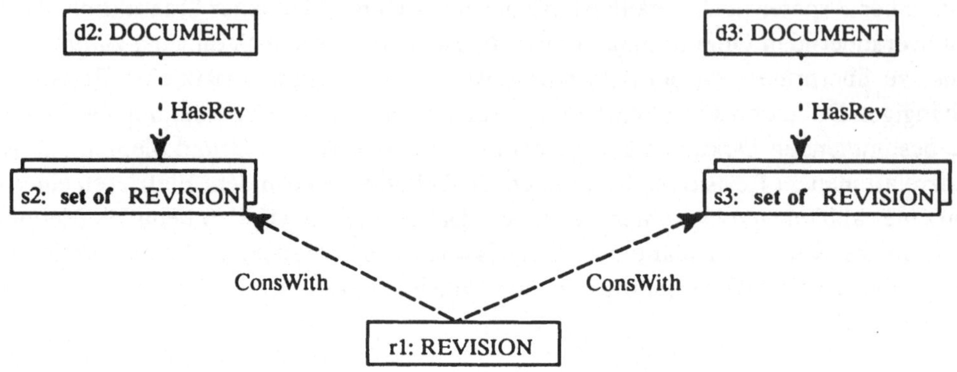

    condition   r1.NodeId = RevId;
                    not IsEmpty(**all** s2.NodeId); **not** IsEmpty(**all** s3.NodeId);
    return   FirstRevIdSet := **all** s2.NodeId; SecondRevIdSet := **all** s3.NodeId;
end;

test ConsistencyPathExistent(FirstRevIdSet, SecondRevIdSet : **set of** T_Id) =

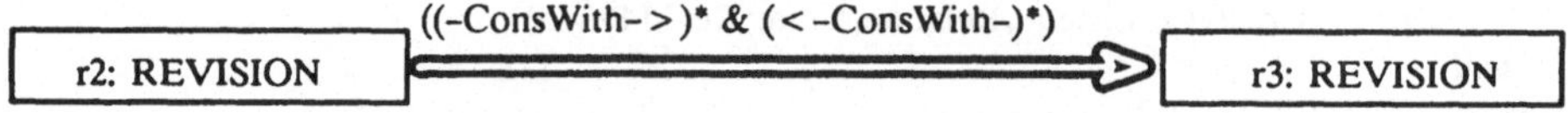

    condition   r2.NodeId **in** FirstRevIdSet; r3.NodeId **in** SecondRevIdSet;
end;

Abb. 4.36 Einfrieren einer Revision

Im folgenden wird die **Korrektheit der Query** gezeigt, die eine Verletzung der Kompatibilitätsbedingung registriert. Eine solche Verletzung liegt vor, wenn es Dokumente d1 und d2 gibt, die die Prämisse der Bedingung erfüllen und für die die Konklusion nicht erfüllt werden kann (man beachte, daß r1 – die einzufrierende Revision – hier fest vorgegeben ist). Die Negation der Nachbedingung besagt, daß für alle relevanten r2', r3' die folgende Formel nicht erfüllt werden kann:

$$r2' \ (\text{-ConsWith->})^+ \ r3' \ \lor \ r3' \ (\text{-ConsWith->})^+ \ r2' \ \lor$$
$$\exists \ r4' \ (\ r2' \ (\text{-ConsWith->})^+ \ r4' \ \land \ r3' \ (\text{-ConsWith->})^+ \ r4' \ )$$

Diese Formel läßt sich vereinfachen. Zunächst gilt:

$$\exists \ r4' \ (\ r2' \ (\text{-ConsWith->})^+ \ r4' \ \land \ r3' \ (\text{-ConsWith->})^+ \ r4' \ ) \ <=>$$
$$r2' \ ((\text{-ConsWith->})^+ \ \& \ (<\text{-ConsWith-})^+) \ r3'$$

Durch Einsetzen erhält man:

$$r2' \ (\text{-ConsWith->})^+ \ r3' \ \lor \ r3' \ (\text{-ConsWith->})^+ \ r2' \ \lor$$
$$r2' \ ((\text{-ConsWith->})^+ \& \ (<\text{-ConsWith-})^+) \ r3'$$

Dies ist äquivalent zu:

r2' ((-ConsWith->)$^+$ or (<-ConsWith-)$^+$ or
((-ConsWith->)$^+$ & (<-ConsWith-)$^+$)) r3'
Diese Formel läßt sich unter der Annahme r2' $\neq$ r3' folgendermaßen vereinfachen:
r2' ((-ConsWith->)* & (<-ConsWith-)*) r3'

Die Query IncompatibilityOfOutgoingConsistencyRelations besteht nun aus zwei hintereinandergeschalteten Tests, wobei der zweite Test negiert ist. Es wird überprüft, ob mit Hilfe des ersten Tests Revisionen zweier Dokumente d2 und d3 ermittelt werden können, so daß der zweite Test fehlschlägt. Bei der Formulierung des ersten Tests ist zu beachten, daß s2 bzw. s3 **Mengenknoten** sind, die die Menge aller Revisionen von d2 bzw. d3 repräsentieren, mit denen r1 konsistent ist[13]. Der zweite Test überprüft, ob die Konklusion der Kompatibilitätsbedingung für die im ersten Test ausgewählten Dokumente d2, d3 erfüllt ist. Dabei ist zu beachten, daß das Ergebnis des ersten Tests – die Auswahl von d2 und d3 – nichtdeterministisch ist. Ist nun der zweite Test erfolgreich – d.h. seine Negation schlägt fehl – so setzt das **Backtracking** ein, d.h. es wird, sofern dies möglich ist, ein anderes Paar von Dokumenten ausgewählt und erneut überprüft, ob der zweite Test fehlschlägt. Dieser Prozeß wird so lange fortgesetzt, bis entweder der zweite Test fehlschlägt – seine Negation also erfolgreich ist – oder alle Paare von Dokumenten abgearbeitet sind. An dieser Stelle erspart die in PROGRESS integrierte Behandlung des **Nichtdeterminismus** dem Spezifizierer die umständliche Programmierung von Suchschleifen.

Da das Ziel einer Konsistenzrelation stabil sein muß, werden beim Ableiten einer Revision zunächst keine einlaufenden Konsistenzrelationen eingetragen. Erst beim Einfrieren wird überprüft, welche einlaufenden Konsistenzrelationen sich von den Vorgängerrevisionen auf die einzufrierende Revision übertragen lassen (s. Bedingung im Test SelectAppropriateSourceRev), und es werden entsprechende Konsistenzkanten gezogen.

4.2.2.2.6 Löschen einer Revision

Beim Löschen einer Revision (Abb. 4.37) wird zunächst mit Hilfe der entsprechenden Basisoperation der Revisionsknoten gelöscht. Anschließend werden redundante Abhängigkeitsrelationen gelöscht, die vom entsprechenden Dokument ausgehen. Dabei brauchen nur auslaufende Abhängigkeitsrelationen betrachtet zu werden, da die Basisoperation zum Löschen einer Revision scheitert, wenn es einlaufende Konsistenzrelationen gibt. Bei der Programmierung der Schleife wird wieder der in PROGRESS integrierte Behandlung des Nichtdeterminismus ausgenutzt: Scheitert das Löschen einer ausgewählten Abhängigkeitsrelation, so wird ein anderer Kandidat ausgewählt.

---

13. Man beachte, daß explizit verlangt werden muß, daß die entsprechenden Mengen nicht leer sind (s. **condition**-Teil des Tests).

```
transaction IPSEN_DeleteRevision(RevId : T_Id) =
    var DocId, TargetDocId : T_Id;
begin
    SelectDocument(RevId, out DocId) &
    BASIC_DeleteRevision(RevId) &
    loop
        SelectTargetOfDependencyRelation(DocId, out TargetDocId) &
        BASIC_DeleteDependencyRelation(DocId, TargetDocId)
    end;
end;

test SelectTargetOfDependencyRelation(DocId : T_Id; out TargetDocId : T_Id) =
```

```
    ┌─────────────────┐   DepOn   ┌─────────────────┐
    │  1 : DOCUMENT   │- - - - -▶│  2 : DOCUMENT   │
    └─────────────────┘           └─────────────────┘

    condition    1.NodeId = DocId;
    return       TargetDocId := 2.NodeId;
end;
```

Abb. 4.37 Löschen einer Revision

Die in diesem Unterabschnitt spezifizierten komplexen Operationen garantieren die Einhaltung aller Konsistenzbedingungen, die von den Basisoperationen respektiert werden, auf die sie zurückgeführt werden. Darüber hinaus wird die Minimalität der Abhängigkeitsrelation bezüglich der Konsistenzrelation sichergestellt, und die Kompatibilität von Konsistenzrelationen zu Revisionen verschiedener Dokumente wird beim Einfrieren überprüft. Lediglich die Zusammenhangseigenschaft der Abhängigkeitsrelation und die Existenz einer eindeutigen Wurzel bezüglich der Abhängigkeitsrelation bleiben unberücksichtigt. Diese Bedingungen werden erst in Abschnitt 4.2.3 behandelt.

4.2.2.3   Ein Beispiel

Um die im letzten Unterabschnitt formal spezifizierten Operationen zu illustrieren, betrachten wir das in Abb. 4.38 dargestellte Beispiel. Die Übergänge von einem Zustand zum nächsten werden i.a. von mehreren komplexen Operationen bewirkt, die ihrerseits auf Folgen von Basisoperationen zurückgeführt werden. Gegeben sind eine Architekturrevision ar1, die Spezifikationen für die Module m1 und m2 enthält, zwei mit ar1 konsistente Modulrevisionen mr1 und mr2 sowie eine Dokumentationsrevision tr1, die mit ar1, mr1 und mr2 konsistent ist. Wir beschreiben zunächst die Zustandsübergänge informell:

a) -> b): Es wird ein Nachfolger von ar1 erzeugt, in dem das Modul m2 nicht mehr enthalten ist. Die Schnittstelle von m1 bleibt dagegen unverändert. Aufgrund dieser Modifikationen ist lediglich mr1 mit ar2 konsistent.

b) -> c): Es wird ein Nachfolger von tr1 erzeugt, der anfänglich mit mr1, mr2 und ar1 konsistent ist.

c) – > d): tr2 wird an ar2 angepaßt (Aktualisieren).

d) – > e): Die Konsistenzrelation zu mr2 wird gelöscht, d.h. konkret, daß der Abschnitt der Dokumentation, der sich auf die Implementation des Moduls m2 bezieht, gelöscht wird.

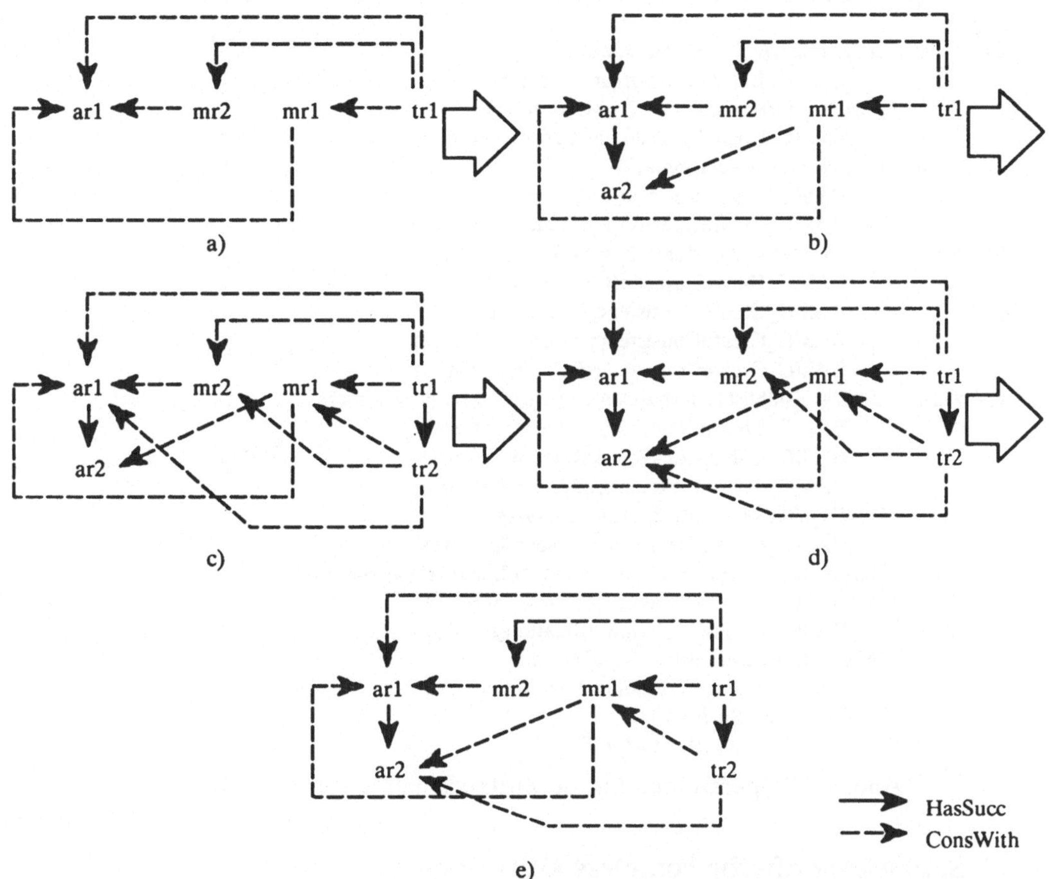

Abb. 4.38 Beispiel für verschiedene komplexe Operationen auf Revisionsgraphen

In Abb. 4.39 sind nun die komplexen und die Basisoperationen dargestellt, auf die die Zustandsübergänge aus Abb. 4.38 zurückgeführt werden:

a) – > b): ar2 wird aus ar1 abgeleitet und anschließend ediert. Beim Einfrieren wird festgestellt, daß lediglich mr1 noch mit ar2 konsistent ist.

b) – > c): tr2 wird aus tr1 abgeleitet. Dabei werden die von tr1 ausgehenden Konsistenzrelationen kopiert.

c) – > d): tr2 wird an ar2 angepaßt. D.h. daß in der Dokumentation zunächst alle inkonsistenten Referenzen gekennnzeichnet werden, die sich auf gelöschte oder geänderte Inkremente der Architektur beziehen. Diese Inkonsistenzen werden dann im Zuge des Edierens von tr2 beseitigt.

d) - > e): Analog wird der Abschnitt der Dokumentation, der sich auf mr2 bezieht, als inkonsistent gekennzeichnet. Diese Inkonsistenzen werden dann wiederum im Zuge des Edierens von tr2 behoben. Schließlich wird tr2 eingefroren.

```
a) - > b):    IPSEN_DeriveRevision(ar1, out ar2)
                  BASIC_DeriveRevision(ar1, out ar2)
              IPSEN_EditRevision(ar2, NewContents1)
                  BASIC_ChangeRevision(ar2, NewContents1)
              IPSEN_FreezeRevision(ar2)
                  BASIC_FreezeRevision(ar2)
                  BASIC_CreateConsistencyRelation(mr1, ar2)
b) - > c):    IPSEN_DeriveRevision(tr1, out tr2)
                  BASIC_DeriveRevision(tr1, out tr2)
                  BASIC_CreateConsistencyRelation(tr2, ar1)
                  BASIC_CreateConsistencyRelation(tr2, mr1)
                  BASIC_CreateConsistencyRelation(tr2, mr2)
c) - > d):    IPSEN_EstablishExternalConsistency(tr2, ar2, NewContents2)
                  BASIC_ChangeRevision(tr2, NewContents2)
                  BASIC_DeleteConsistencyRelation(tr2, ar1)
                  BASIC_CreateConsistencyRelation(tr2, ar2)
              IPSEN_EditRevision(tr2, NewContents3)
                  BASIC_ChangeRevision(tr2, NewContents3)
d) - > e):    IPSEN_RemoveExternalConsistency(tr2, md2, NewContents4)
                  BASIC_ChangeRevision(tr2, NewContents4)
                  BASIC_DeleteConsistencyRelation(tr2, mr2)
              IPSEN_EditRevision(tr2, NewContents5)
                  BASIC_ChangeRevision(tr2, NewContents5)
              IPSEN_FreezeRevision(tr2)
                  BASIC_FreezeRevision(tr2)
```

Abb. 4.39 Operationen für die Zustandsübergänge aus Abb. 4.38

4.2.3 Szenariospezifische komplexe Operationen

Im letzten Abschnitt sind wir von Basisoperationen, die unabhängig vom Konsistenzkontrollmodell einer Softwareentwicklungsumgebung sind, zu komplexen Operationen übergegangen, denen das IPSEN–Konsistenzkontrollmodell zugrunde liegt. Sowohl bei den Basisoperationen als auch bei den komplexen Operationen haben wir bisher von konkreten Dokumenttypen abstrahiert. Der nächste Schritt besteht nun darin, aus den szenariounabhängigen komplexen Operationen szenariospezifische Operationen zu konstruieren. Dabei beziehen wir uns wiederum auf das **Szenario des IPSEN–Prototyps '88**.

transaction IPSEN88_CreateArchDoc
        (Name : T_String; Contents : T_Contents; **out** DocId, RevId : T_Id);
(* Erzeugen eines Architekturdokuments und dessen erster Revision *)
transaction IPSEN88_CreateModDoc
        (Name : T_String; Contents : T_Contents; ArchRevId : T_Id;
         out DocId, RevId : T_Id);
(* Erzeugen einer Vorgabe für eine Modulimplementation, die konsistent mit der durch
ArchRevId bezeichneten Architekturrevision ist *)
transaction IPSEN88_CreateTechDoc
        (Name : T_String; Contents : T_Contents; ArchRevId : T_Id;
         out DocId, RevId : T_Id);
(* Erzeugen einer Vorgabe für eine technische Dokumentation, die konsistent mit der durch
ArchRevId bezeichneten Architekturrevision ist *)
transaction IPSEN88_DeleteDoc(DocId : T_Id);
(* Löschen eines Dokuments beliebigen Typs *)
transaction IPSEN88_DeriveRevision(PredRevId : T_Id; **out** SuccRevId : T_Id);
(* Ableiten einer Revision beliebigen Typs *)
transaction IPSEN88_EditRevision(RevId : T_Id; NewContents : T_Contents);
(* Edieren einer Revision beliebigen Typs *)
transaction IPSEN88_EstablishExternalConsistency
        (SourceRevId, TargetRevId : T_Id; NewContents : T_Contents);
(* Herstellen einer Konsistenzrelation, die von einer Modul- oder Dokumentationsrevision
ausgeht und an einer Architektur- oder Modulrevision endet. Dabei sind zwei Fälle zu
unterscheiden:

- Aktualisieren

- Erstmaliges Herstellen einer Konsistenzrelation. Dies ist nur möglich, wenn die Quelle
  eine Dokumentations- und das Ziel eine Modulrevision ist. In diesem Fall wird in die
  Dokumentation ein entsprechender Abschnitt eingetragen, der für die Beschreibung der
  Modulrevision vorgesehen ist. Die entsprechende Abhängigkeitsrelation wird ebenfalls
  erzeugt. *)

transaction IPSEN88_RemoveExternalConsistency
        (TechDocRevId, ModDocId : T_Id; NewContents : T_Contents);
(* Eliminieren des Abschnitts in der technischen Dokumentation, der sich auf die vorgegebene
Modulimplementation bezieht. Ggf. wird die Abhängigkeitsrelation zwischen der
technischen Dokumentation und der Modulimplementation gelöscht. Für alle anderen
Kombinationen von Dokumenttypen ist diese Operation nicht zulässig. *)
transaction IPSEN88_FreezeRevision(RevId : T_Id);
(* Einfrieren einer Revision beliebigen Typs *)
transaction IPSEN88_DeleteRevision(RevId : T_Id);
(* Löschen einer Revision beliebigen Typs *)

Abb. 4.40 Spezifische komplexe Operationen auf Revisionsgraphen

Die entsprechenden **szenariospezifischen komplexen Operationen** sind in Abb. 4.40 zusammengefaßt. Sie unterscheiden sich in folgenden Punkten von szenariounabhängigen Operationen:

- Die Restriktionen, die der Szenariograph aus Abb. 4.11 hinsichtlich der Abhängigkeits-
  und Konsistenzrelationen impliziert, werden eingehalten.

- Einige szenariounabhängige komplexe Operationen sind zusammengefaßt worden, da die szenariospezifischen Operationen 1:1 den Benutzerkommandos entsprechen sollen. So ist z.B. das Erzeugen einer Programmiervorgabe für den Benutzer eine elementare Aktion, die auf das Erzeugen eines Moduldokuments und das Erzeugen einer Konsistenzrelation (mit entsprechender Anpassung der erzeugten Modulrevision) zurückgeführt wird.

- Das erstmalige Herstellen und das Entfernen von Konsistenzrelationen wird auf die Relationen zwischen Dokumentations- und Modulrevisionen eingeschränkt. In allen anderen Fällen wird eine Konsistenzrelation erstmalig im Zuge des Erzeugens einer Vorgabe eingetragen; danach wird nur noch die Aktualisierung einer abhängigen Revision unterstützt.

Diese Änderungen gegenüber den allgemeinen Operationen setzen die Kenntnis der konkreten Dokumenttypen und der Eigenschaften der zwischen ihnen bestehenden Abhängigkeitsrelationen voraus. Im Gegensatz zu den allgemeinen komplexen Operationen wird durch die Verwendung der spezifischen Operationen auch sichergestellt, daß die Abhängigkeitsrelation zusammenhängend ist und genau ein Wurzeldokument existiert.

Wir verzichten darauf, die szenariospezifischen komplexen Operationen formal zu spezifizieren. Viele dieser Operationen werden 1:1 auf die szenariounabhängigen Operationen abgebildet; in den übrigen Fällen werden einfache Dokumenttyp- und Kardinalitätsüberprüfungen durchgeführt bzw. szenariounabhängige Operationen zusammengefaßt.

4.3 Literaturvergleich

In diesem Abschnitt vergleichen wir das hier präsentierte Modell mit anderen, aus der Literatur bekannten **Ansätzen**. Dabei wird sich zeigen, daß es hinsichtlich der Modellierung der statischen Struktur einige ähnliche Ansätze gibt. Die Modellierung von Veränderungen wird in all diesen Ansätzen jedoch nicht behandelt.

Der in diesem Abschnitt vorgenommene Literaturvergleich verfolgt eine andere **Zielsetzung** als der Literaturüberblick in Kapitel 3, der den Stand der Technik auf dem Gebiet der Konfigurationsverwaltung beschreibt. Um dies zu erreichen, wurden sich stark voneinander unterscheidende Ansätze ausgewählt, um ein möglichst breites Spektrum abzudecken. Ferner wurden nur solche Ansätze diskutiert, die bereits – in zumindest prototypischer Form – implementiert worden sind. Diese Restriktion fällt im vorliegenden Abschnitt weg. Hier werden Modelle miteinander verglichen, die nicht notwendigerweise bereits implementiert worden sind. Dabei schränken wir uns auf solche Modelle ein, die dem IPSEN–Modell möglichst ähnlich sind.

4.3.1 RCS

RCS wurde bereits in Unterabschnitt 3.2.2 dargestellt. Jedem Dokument ist eine Menge von Revisionen zugeordnet. Im Gegensatz zum IPSEN-Modell darf in RCS jede Revision höchstens einen Vorgänger haben (Revisionsbaum). Konsistenzrelationen zwischen Revisionen und Abhängigkeitsrelationen zwischen Dokumenten werden nicht unterstützt. Eine Konfiguration besteht aus einer Menge von Revisionen, die zu paarweise verschiedenen Dokumenten gehören. Für die Konsistenz von Konfigurationen ist der Benutzer verantwortlich.

4.3.2 Der Ansatz von Dausmann

In /Da 87/ wird ein Ansatz zur **Versionskontrolle von Ada-Programmen** vorgeschlagen. Der Versionsbegriff bezieht sich dabei auf Übersetzungseinheiten. Es werden zwei Arten von Versionen unterschieden:

- **Varianten** von Modulrümpfen, die jeweils dieselbe Schnittstelle implementieren.
- **Revisionen** von Modulschnittstellen, die sich in beliebiger Weise voneinander unterscheiden dürfen. Revisionen sind in Sequenzen angeordnet.

Eine **Modulfamilie** besteht aus allen Revisionen der Modulschnittstelle und allen Varianten des Modulrumpfs. Zu jeder Variante des Rumpfs wird festgehalten, welche Revision der Schnittstelle sie implementiert. Abb. 4.41 zeigt ein Beispiel, das aus /Da 87/ entnommen ist: Es gibt zwei Varianten eines Moduls, das Tabellen verkapselt. In der Variante File beziehen sich alle Tabellenzugriffe direkt auf eine entsprechende Datei, während in der Variante Memory die Tabelle beim Öffnen in den Hauptspeicher geladen wird. Die beiden Schnittstellenrevisionen unterscheiden sich dadurch, daß in der zweiten Revision die Operation zum Öffnen der Tabelle einen Parameter erhält, der den Zugriffsmodus (lesend oder schreibend) bestimmt. Dies führt zu entsprechend unterschiedlichen Ausprägungen von Rumpfvarianten, zu denen allerdings keine eigenen Entwicklungsgeschichten verwaltet werden. Die Entwicklungsgeschichten der Rümpfe werden aus den Entwicklungsgeschichten der Schnittstellen abgeleitet (gestrichelte Kanten). Ein Nachteil dieses Ansatzes besteht darin, daß auf diese Weise nicht ausgedrückt werden kann, daß eine neue Revision des Rumpfs entsteht, ohne daß eine neue Revision der Schnittstelle erzeugt worden ist.

Die in Abb. 4.41 illustrierten Relationen werden durch **Konsistenzrelationen** ergänzt, die vom Compiler im Falle einer erfolgreichen Übersetzung eingetragen werden. Eine Konsistenzrelation zwischen einer Quellrevision r1 und einer Zielrevision r2 besagt, daß r1 erfolgreich unter Bezugnahme auf r2 übersetzt worden ist. Auf diese Weise wird das Konzept der Ada-Programmbibliothek auf den Fall verallgemeinert, daß mehrere Revisionen von Übersetzungseinheiten verwaltet werden.

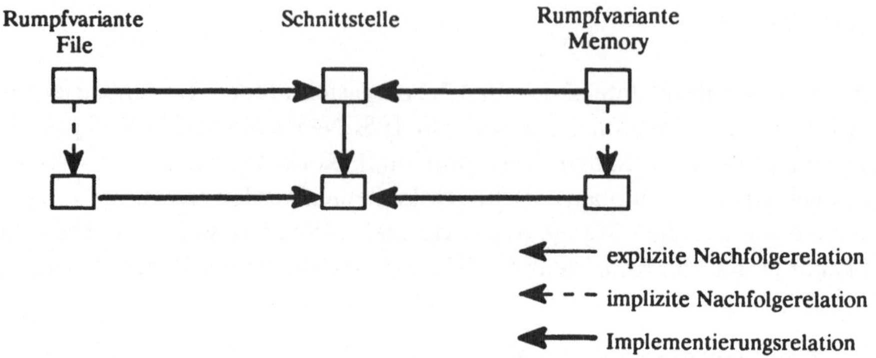

Abb. 4.41 Varianten und Revisionen von Übersetzungseinheiten

Das oben beschriebene Modell stimmt mit dem IPSEN–Modell darin überein, daß es sowohl Nachfolge– als auch Konsistenzrelationen berücksichtigt. Im Gegensatz zum IPSEN–Modell werden jedoch nur Revisionssequenzen zugelassen, und die Rumpfvarianten haben keine eigene Entwicklungsgeschichte. Ferner ist das IPSEN–Modell nicht auf Ada–Programme beschränkt, sondern läßt sich auf beliebige Dokumente anwenden.

4.3.3 Das Modell von Lewerentz

Das Modell, das in diesem Buch beschrieben wird, stellt eine Weiterentwicklung des Modells aus /Le 88/ dar. Ersteres bezeichnen wir im folgenden als "neues Modell", letzteres als "altes Modell". Die dem alten Modell zugrundeliegenden Konzepte wurden im neuen Modell weitgehend übernommen. Die wichtigsten Unterschiede zwischen den beiden Modellen sind folgende:

- Im alten Modell werden nur **Revisionssequenzen** zugelassen.
- Anstelle der Konsistenzrelation wird im alten Modell eine **Aktualisierungsrelation** verwendet.

Die Aktualisierungsrelation des alten Modells hat folgende **Bedeutung**: Seien d1, d2 zwei Dokumente, wobei d2 von d1 abhängt. Ferner seien r1 und r2 Revisionen von d1 bzw. d2. Dann gilt:

r1 –Updates–> r2 < = > in r1 durchgeführte Änderungen bewirken Änderungen in r2.

Der Aktualisierungsrelation liegt die Vorstellung zugrunde, daß jeweils die **neuesten Revisionen** voneinander abhängiger Dokumente **miteinander konsistent** gehalten werden. Ist r1 eine Revision eines bestimmenden Dokuments und ziehen Änderungen in r1 Änderungen in einer Revision r2 eines abhängigen Dokuments nach sich, so muß wegen der Einschränkung auf Revisionssequenzen r2 die z.Zt. neueste Revision sein. Die Verallgemeinerung der Aktualisierungsrelation auf azyklische Nachfolgerelationen ist problematisch, da dann nicht a priori klar ist, welche Revisionen als Ziele der Aktualisierungsrelationen auftreten sollen, wenn eine Änderung in einer Revision eines bestimmenden Dokuments durchgeführt wurde.

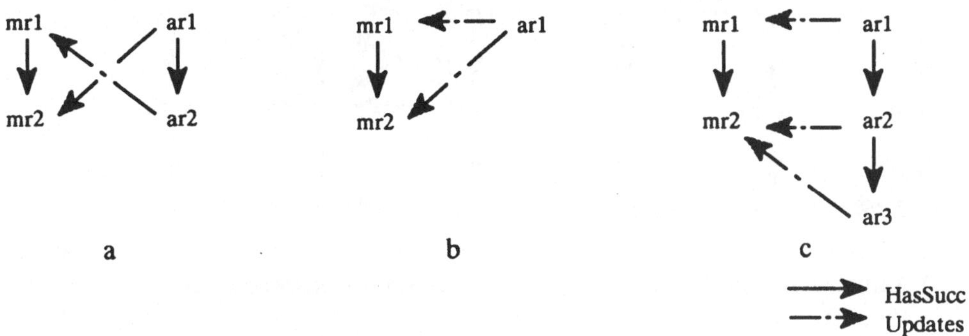

Abb. 4.42 Bezüglich der Aktualisierungsrelation verbotene Situationen

Unter bestimmten Voraussetzungen läßt sich aus den Aktualisierungsrelationen ableiten, welche Revisionen miteinander konsistent sind. In Abb. 4.42 werden **verbotene Situationen** gezeigt, die wir im folgenden erläutern und zum neuen Modell in Beziehung setzen:

a) Aktualisierungsrelationen dürfen sich nicht überkreuzen, da dies dem Kausalitätsbegriff widersprechen würde. Diese Kausalitätsbedingung ist in diesem Buch von Aktualisierungsrelationen auf Konsistenzrelationen übertragen worden (Bedingung 19). Man beachte, daß die Kausalitätsbedingung für Konsistenzrelationen Überkreuzungen nicht generell ausschließt (s. Abb. 4.9b).

b) Änderungen in einer Revision eines bestimmenden Dokuments dürfen nicht Änderungen in mehreren Revisionen desselben abhängigen Dokuments nach sich ziehen. In Abb. 4.42b gibt es z.B. keine Revision der Architektur, mit der mr1 konsistent ist; mr1 ist also nutzlos. Das Entstehen nutzloser Revisionen wird im neuen Modell durch die Forderung vermieden, daß eine Revision eines abhängigen Dokuments nur dann an eine Revision eines bestimmenden Dokuments angepaßt werden darf, wenn diese stabil ist. Wegen der im neuen Modell zulässigen Verzweigungen ist es aber i.a. zulässig, daß auf verschiedenen Pfaden liegende Revisionen eines abhängigen Dokuments an dieselbe Revision eines bestimmenden Dokuments angepaßt werden.

c) Eine Revision eines abhängigen Dokuments darf nicht von Änderungen an mehreren Revisionen desselben bestimmenden Dokuments betroffen sein. In Abb. 4.42c gibt es z.B. zur Architekturrevision ar2 keine Modulrevision, die mit ihr konsistent ist. Es gibt dann keine korrekte Konfiguration, an der ar2 beteiligt ist. Diese Situation wird im neuen Modell nicht ausgeschlossen, da z.B. ausgehend von der Situation in Abb. 4.42c ein Nachfolger von mr1 erzeugt werden kann, der an ar2 angepaßt wird.

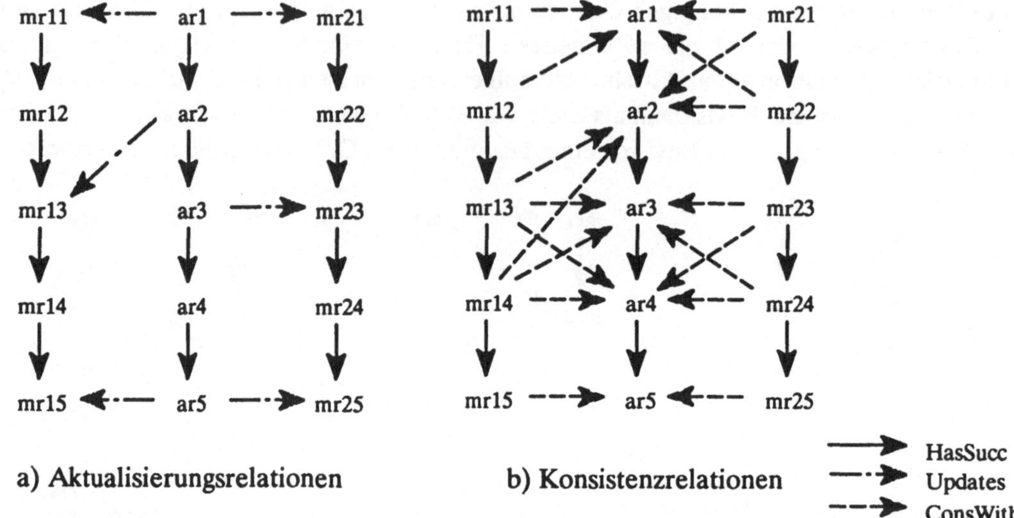

Abb. 4.43 Zusammenhang zwischen Aktualisierungs- und Konsistenzrelationen

Falls diese Situationen ausgeschlossen sind und man zusätzlich voraussetzt, daß aus der Abwesenheit einer Aktualisierungsrelation zwischen r1 und r2 folgt, daß Änderungen in r1 keine Änderungen in r2 nach sich gezogen haben, lassen sich aus den Aktualisierungsrelationen die Konsistenzrelationen nach folgenden Regeln **ableiten**:

- Wenn r1 –Updates–> r2 gilt, dann ist r2 mit r1 konsistent.
- Der erste Nachfahr r3 von r2, der Ziel einer Aktualisierungsrelation ist, ist nicht mehr mit r1 konsistent.
- Alle zwischen r2 und r3 liegenden Revisionen sind mit r1 und allen Nachfahren von r1, von denen keine Aktualisierungsrelationen ausgehen, konsistent.

Abb. 4.43 verdeutlicht den Zusammenhang zwischen Aktualisierungs- und Konsistenzrelationen anhand eines Beispiels.

Während im neuen Modell von vornherein Konsistenzrelationen verwaltet werden, müssen diese im alten Modell erst aus den Aktualisierungsrelationen abgeleitet werden. Dies führt zu einem aus der Sicht des Benutzers **unübersichtlichen Modell**, da letztlich die Konsistenzrelationen von entscheidender Bedeutung für die Konstruktion korrekter Konfigurationen sind. Das neue Modell hat somit den Vorteil, daß die wesentlichen Informationen über Beziehungen zwischen Revisionen verschiedener Dokumente explizit vorhanden sind.

Die Ausführungen in /Le 88/ beschränken sich i.w. auf die **Modellierung der statischen Struktur** von Revisionsgraphen. Die Modellierung von Veränderungen wird dagegen nur ansatzweise diskutiert. Dies gilt insbesondere für die Frage, wie man sich die Integration zwischen Revisionen voneinander abhängiger Dokumente vorzustellen hat. Es ist lediglich klar, daß wegen der Beschränkung auf Revisionssequenzen zu jedem Zeitpunkt nur die jeweils neueste Revision eines abhängigen Dokuments aktualisiert werden kann. Im neuen Modell, das Verzweigungen und Zusammenführungen in der Entwicklungsgeschichte zuläßt, entfällt diese Einschränkung. Beim Anpassen einer Revision r1 an eine Revision r2 wird lediglich verlangt, daß r1 mit einem Vorgänger von r2 konsistent ist. Weitere Fragen bleiben im alten Ansatz völlig ungeklärt: wann soll eine Aktualisierung erfolgen, läßt man die parallele Bearbeitung voneinander abhängiger Revisionen zu, etc.? Dieses Buch gibt auf diese Fragen eine Antwort.

4.3.4 Das Modell von Lockemann

In /Lo 83/ wird ein Modell vorgestellt, das dem IPSEN-Modell stark ähnelt. Ähnlich wie in IPSEN dient ein Phasenmodell der Softwareerstellung als Ausgangspunkt. Die Dokumente, aus denen sich ein Softwaresystem zusammensetzt, lassen sich in einem azyklischen Graphen anordnen (Abb. 4.44). In diesem Graphen gibt es einen Startknoten für die Anforderungsdefinition und einen Endknoten für den ausführbaren Code. Die Kanten repräsentieren **Ableitungsrelationen**, die sich von den Abhängigkeitsrelationen unseres Modells nur durch ihre Orientierung unterscheiden.

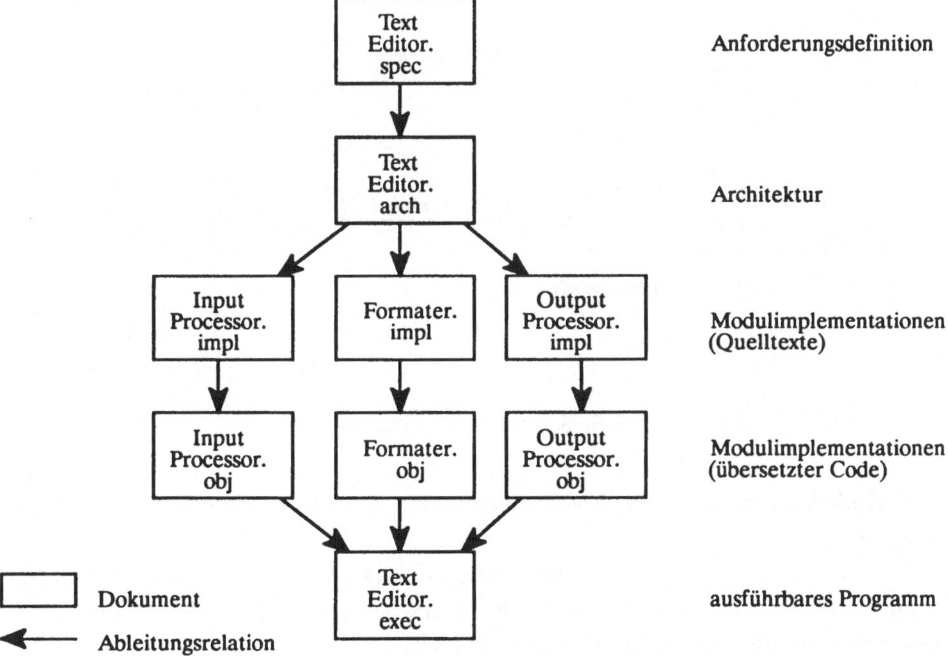

Abb. 4.44 Graphmodell eines Beispiel-Softwaresystems

Ausgehend von dieser Vorstellung von der Struktur eines Softwaresystems wird ein **ER-Schema** definiert (Abb. 4.45), das vertikal und horizontal unterteilt ist. Auf der horizontalen Achse wird zwischen **Komponenten** und **Konfigurationen**, auf der vertikalen Achse zwischen **Dokumenten, Varianten** und **Revisionen** unterschieden. Zu jedem Dokument gibt es eine Menge zueinander alternativer Varianten, zu jeder Variante existiert eine Sequenz von Revisionen. Dieser Ansatz ist uns bereits von Adele und Gandalf her bekannt, wo er sich jedoch jeweils nur auf Module und nicht auf beliebige Dokumente bezieht (Unterabschnitte 3.2.4 bzw. 3.2.10). Auf jeder Ebene gibt es Ableitungsrelationen, die wie im IPSEN-Modell jeweils vertikal kompatibel mit den entsprechenden Relationen auf der nächsthöheren Ebene sein müssen. Komponenten, die zu einer Konfiguration zusammengefaßt werden, müssen bezüglich der Ableitungsrelationen einen zusammenhängenden Graphen mit je einem ausgezeichneten Start- und Endknoten bilden.

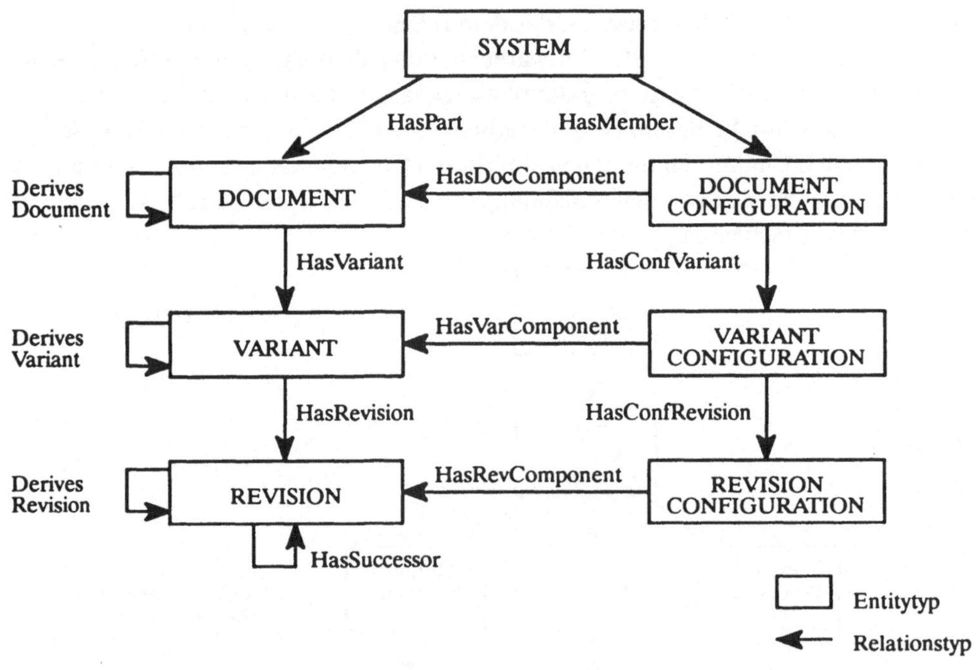

Abb. 4.45 ER-Schema von Lockemann

Das IPSEN-Modell unterscheidet sich von dem Ansatz von Lockemann vor allem in den folgenden Punkten:
- In IPSEN wird ein "semantischer" Variantenbegriff verwendet. Varianten treten (bisher) nur in der Architektur eines Softwaresystems in Erscheinung. Ein Analogon zur Variantenebene des Modells von Lockemann gibt es nicht.

- Im Modell von Lockemann werden im Gegensatz zum IPSEN–Modell nur Revisionssequenzen zugelassen.

In /Lo 83/ wird lediglich ein ER–Schema angegeben und damit die **statische Struktur** versionierter Softwaresysteme modelliert. Darüber hinausgehende Konsistenzbedingungen werden nur ansatzweise und informell, Veränderungsoperationen werden überhaupt nicht behandelt. Die in ER–Ansätzen üblicherweise benutzten elementaren Operationen zum Erzeugen/Löschen einzelner Entities/Relationen sind zu elementar, um sie dem Benutzer direkt zur Verfügung zu stellen. In diesem Buch sind dafür geeignete komplexe Operationen entwickelt worden.

4.3.5 Der Configuration Management Assistant

Der Configuration Management Assistant (**CMA**, /PF 89/) läßt sich der Kategorie der **Werkzeugkästen** zuordnen. Der CMA verwaltet nicht die Objekte selbst, sondern nur entsprechende Verweise (z.B. Dateinamen). Die Struktur der Objekte ist dem CMA unbekannt. Der CMA basiert auf dem in Abb. 4.46a dargestellten ER–Schema. Zum Vergleich wird in Abb. 4.46b das Schema gezeigt, das dem IPSEN–Modell zugrunde liegt.

Eine **Instanz** ist eine Ausprägung eines Objekts. Jede Instanz ist vermittels einer **HasInstance**-Relation genau einem **logischen Objekt** zugeordnet. Logische Objekte können ihrerseits mit Hilfe der **HasComponent**-Relation zu **komplexen Objekten** zusammengefaßt werden; die Objekthierarchie bildet einen azyklischen Graphen. Schließlich sind **Konfigurationen** Instanzmengen, die sich überlappen können. Eine Konfiguration wird mit den in ihr enthaltenen Instanzen durch **Includes**-Relationen verbunden.

Der Begriff "Instanz" ist allgemeiner als der Begriff "Revision". Ob die Menge der Instanzen heterogen oder homogen ist, wird von der Anwendung festgelegt. So können z.B. unter dem logischen Objekt "Modul" jeweils eine Instanz der Schnittstelle bzw. des Rumpfs zusammengefaßt (heterogene Menge) oder unter dem logischen Objekt "Schnittstelle" alle Instanzen einer Modulschnittstelle zusammengefaßt werden (homogene Menge). Beliebige Mischformen sind ebenfalls denkbar. Zwar läßt dieses Konzept zu, daß man – bei entsprechend eingeschränkter Verwendung – Revisionen von Dokumenten verwaltet (homogene Mengen); es besteht jedoch keine Möglichkeit, Nachfolgerelationen zwischen Revisionen zu definieren.

Zwischen Instanzen verschiedener logischer Objekte lassen sich in ähnlicher Weise wie im IPSEN–Modell **Konsistenzrelationen** definieren (Relation ConsistentWith in Abb. 4.46). Dabei ist jeder Konsistenzrelation ein boolesches Attribut zugeordnet, das genau dann den Wert true (false) hat, wenn die Quell– mit der Zielinstanz konsistent ist. Dies macht es möglich, auch Inkonsistenzen explizit auszudrücken und somit zwischen den Fällen "konsistent", "inkonsistent" und "vielleicht konsistent" zu unterscheiden. Man beachte, daß sich die beiden letzten Fälle im IPSEN–Modell nicht unterscheiden lassen.

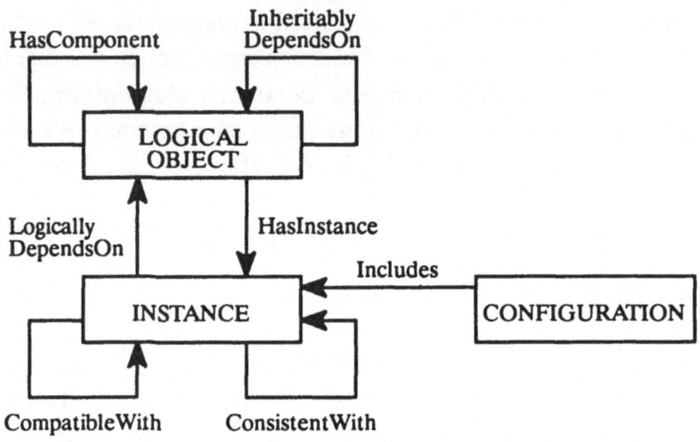

a) CMA–Schema

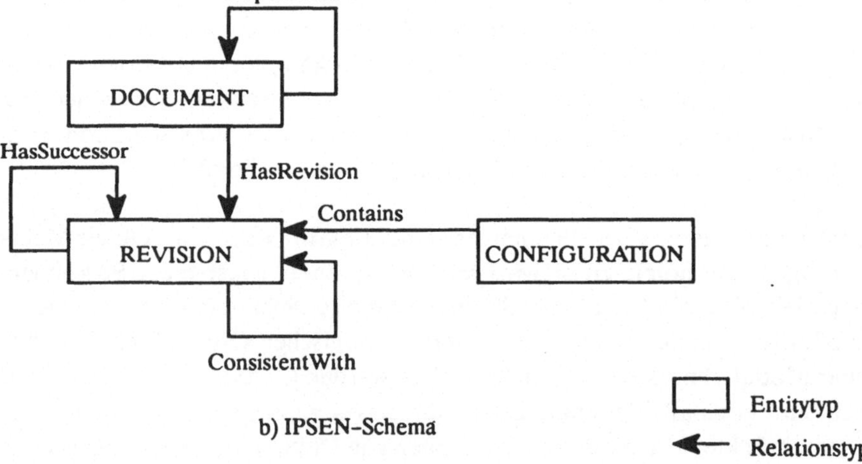

b) IPSEN–Schema

Abb. 4.46 Vergleich von CMA– und IPSEN–Schema

Zwischen Instanzen desselben logischen Objekts lassen sich **Kompatibilitätsrelationen** definieren. Eine Instanz i1 heißt kompatibel mit einer Instanz i2, wenn sich i1 durch i2 ohne Änderung abhängiger Instanzen ersetzen läßt.[14] Kompatibilitätsrelationen werden im IP-

14. Diese Definition ist der Originalliteratur entnommen; eine inverse Definition der Kompatibilitätsrelation würde der Intuition sicherlich besser entsprechen.

SEN-Modell nicht berücksichtigt. Sie werden vom CMA dazu benutzt, um implizit gegebene Konsistenzrelationen abzuleiten: Ist i3 konsistent mit i1 und i1 kompatibel mit i2, dann ist i3 auch konsistent mit i2.

Im CMA-Modell lassen sich **Abhängigkeitsrelationen zwischen Instanzen und logischen Objekten** herstellen (**LogicallyDependsOn**-Relationen). Eine Relation zwischen einer Instanz i und einem Objekt o besagt, daß der Inhalt von i von o abhängt. Aus einer solchen Relation läßt sich folgern, daß es eine Instanz i' von o geben muß, mit der i konsistent ist. Umgekehrt ist das Erzeugen einer Konsistenzrelation zwischen i und i' nur erlaubt, wenn eine Abhängigkeitsrelation zwischen i und o besteht.

Darüber hinaus lassen sich auch **Abhängigkeitsrelationen zwischen logischen Objekten** definieren. Diese Abhängigkeitsrelationen werden als **vererbbar** bezeichnet, weil sie folgende Semantik haben: Ist o1 abhängig von o2, so wird beim Erzeugen einer Instanz i1 von o1 automatisch eine Abhängigkeitsrelation zwischen i1 und o2 eingetragen. Somit besagt die Abhängigkeit zwischen o1 und o2, daß jede Instanz i1 des Objekts o1 von o2 abhängig ist.

Um die **Vor- und Nachteile** des CMA-Modells zu illustrieren, wenden wir es auf das IP-SEN'88-Szenario an. Abb. 4.47 zeigt, in welcher Weise sich Relationen zwischen Dokumenten und Revisionen in Abhängigkeit von ihren Typen definieren lassen. Dabei stellen wir folgendes fest:

- LogicallyDependsOn-Relationen zwischen Dokumentationsrevisionen und Moduldokumenten tragen Informationen, die sich im IPSEN-Modell z.Zt. noch nicht ausdrücken lassen; i.a. können ja zwei Dokumentationsrevisionen von unterschiedlichen Moduldokumenten abhängen. Man beachte aber, daß eine entsprechende Erweiterung in Abschnitt 4.1.4 bereits andiskutiert wurde, bei der Spezifikation der Operationen aber noch nicht berücksichtigt wurde. Die übrigen LogicallyDependsOn-Relationen tragen gegenüber den InheritablyDependsOn-Relationen keine zusätzlichen Informationen.
- Statt (redundante) Abhängigkeitsrelationen zwischen Modulrevisionen und Architekturdokumenten zu definieren, wäre es wünschenswert, Abhängigkeiten zwischen Moduldokumenten und Architekturrevisionen zu definieren. Dies sieht das CMA-Modell nicht vor. Auch im IPSEN-Modell sind derartige Abhängigkeitsrelationen bisher noch nicht vorhanden; eine entsprechende Erweiterung wurde jedoch im Abschnitt 4.1.4 bereits andiskutiert.
- Es lassen sich keine vererbbaren logischen Abhängigkeiten zwischen technischen Dokumentationen und Moduldokumenten definieren. Die Abhängigkeitsrelationen zwischen Dokumentationsrevisionen und Moduldokumenten sind also nicht vertikal mit den (im CMA-Modell nicht vorhandenen) Abhängigkeitsrelationen zwischen Dokumentationsdokumenten und Moduldokumenten kompatibel. Folglich erhält man durch Betrachtung der Dokumentenebene nur einen unvollständigen Überblick über Abhängigkeits- und Konsistenzrelationen, an denen Revisionen beteiligt sind.

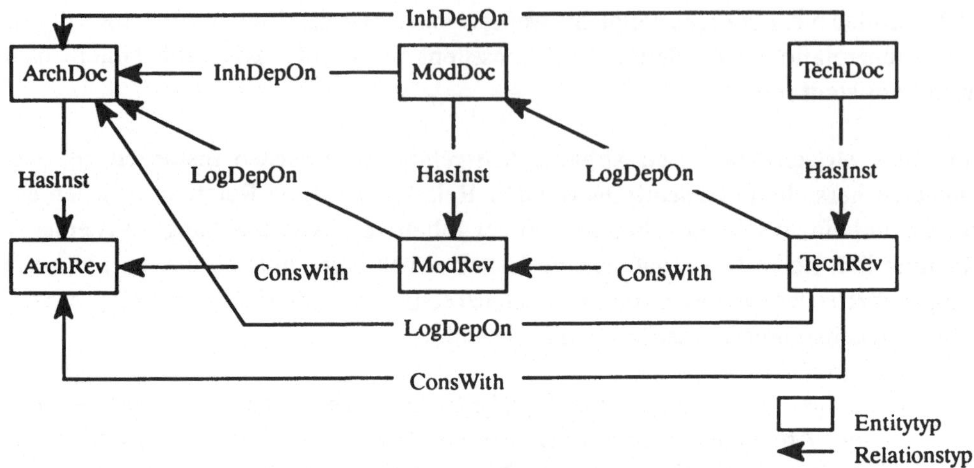

Abb. 4.47 Anwendung des CMA–Modells auf das IPSEN'88–Szenario

Insgesamt weist das CMA–Modell folgende Nachteile auf:
- Es fehlen "schwache", d.h. nicht vererbbare Abhängigkeitsrelationen zwischen Dokumenten.
- Es fehlen Abhängigkeitsrelationen von Dokumenten zu Revisionen.
- Die Entwicklungsgeschichte von Dokumenten läßt sich nicht ausdrücken.

Das IPSEN–Modell hat andere Nachteile:
- Es fehlen "starke", d.h. vererbbare Abhängigkeitsrelationen zwischen Dokumenten.
- Es fehlen Abhängigkeitsrelationen zwischen Revisionen und Dokumenten (in beiden Richtungen).

Die beiden Modelle könnte man folgendermaßen kombinieren:
- Die Entwicklungsgeschichte wird wie im IPSEN–Modell behandelt.
- Es werden alle denkbaren Abhängigkeitsrelationen berücksichtigt (Dokument – > Dokument, Dokument – > Revision, Revision – > Dokument). Hinzu kommen Konsistenzrelationen zwischen Revisionen.
- Es wird zwischen "starken" und "schwachen" Abhängigkeiten unterschieden.

Abschließend sei noch darauf hingewiesen, daß in /PF 89/ lediglich ein ER–Schema beschrieben wird und wie beim Modell von Lockemann zusätzliche Konsistenzbedingungen nur ansatzweise und informell, Veränderungsoperationen überhaupt nicht behandelt werden.

4.4 Zusammenfassung und Ausblick

In diesem Kapitel haben wir mit Hilfe von PROGRESS **Revisionsgraphen** formal spezifiziert, deren Knoten Dokumente und Revisionen und deren Kanten verschiedene Arten von Relationen zwischen Dokumenten bzw. Revisionen repräsentieren. In einem Revisionsgraphen gibt es zwei Ebenen: die Dokumentenebene, die Dokumente und Abhängigkeitsrelationen umfaßt, und die Revisionsebene, die Revisionen und Nachfolge– bzw. Konsistenzrelationen enthält. Die Dokumentenebene läßt sich als Vergröberung der Revisionsebene auffassen.

Ein Revisionsgraph erfüllt eine Reihe von **strukturellen Bedingungen**, die mittels einer Schemadeklaration sowie mit Hilfe der Prädikatenlogik erster Ordnung formuliert wurden. **Konsistenzerhaltende Veränderungen** von Revisionsgraphen wurden mit Hilfe von programmierten Graphersetzungen spezifiziert. Dabei wurde zwischen Basisoperationen und komplexen Operationen unterschieden.

Die Gestalt der **komplexen Operationen** hängt insbesondere davon ab, wie Operationen auf Revisionen voneinander abhängiger Dokumente miteinander integriert werden. Die von uns angegebenen komplexen Operationen erlauben es im Gegensatz zum IPSEN–Prototyp '88, die Bearbeitung voneinander abhängiger Dokumente zeitlich zu entkoppeln und erst auf Anforderung Revisionen abhängiger Dokumente anzupassen. Sowohl bei der Modellierung der statischen Struktur als auch bei der Modellierung von Veränderungen haben wir zwischen allgemeinen und szenariospezifischen Aspekten unterschieden.

Die in diesem Kapitel gesammelten **Erfahrungen mit PROGRESS** sind sowohl positiver als auch negativer Art. Als **Vorteile** lassen sich nennen:
- Die graphische Notation ist sehr anschaulich.
- Durch das Schema lassen sich wichtige statische Eigenschaften von Graphen eines bestimmten Typs formulieren.
- Insbesondere durch die Verwendung von Pfadausdrücken in Tests lassen sich auch komplizierte Konsistenzbedingungen in PROGRESS deklarativ überprüfen.
- Die Sprache bietet mächtige Kontrollstrukturen an, die dort zum Einsatz kommen, wo sich Operationen nicht mehr in natürlicher und einfacher Weise ausschließlich mit Graphtests und Graphersetzungen formulieren lassen.
- Die in die Sprache integrierte Behandlung des Nichtdeterminismus erleichtert an einigen Stellen das Spezifizieren erheblich, da das Backtracking nicht per Hand programmiert werden muß.

Auf der anderen Seite sind aber auch einige **Nachteile** zutage getreten:
- In PROGRESS lassen sich keine prädikatenlogischen Bedingungen formulieren.

- Es fehlt ein Modulkonzept. Bei der Entwicklung eines solchen Konzepts ist insbesondere auch zu klären, ob und ggf. mit welchen Einschränkungen Graphersetzungen in höheren Schichten verwendet werden können, ohne die strukturelle Integrität zu gefährden, die durch die darunter liegenden Schichten gewährleistet ist.

Zum Abschluß dieses Kapitels geben wir nun noch einen Ausblick auf denkbare **Erweiterungen** unseres Modells:

- **Verfeinerung der Abhängigkeitsrelationen.** Bei der Diskussion des CMA–Modells (Abschnitt 4.3) hatten wir darauf hingewiesen, daß auch Abhängigkeitsrelationen zwischen Revisionen und Dokumenten (in beiden Richtungen) sinnvoll sind. Eine entsprechende Erweiterung wurde am Ende von Abschnitt 4.1.4 bereits andiskutiert.
- **Zyklische Abhängigkeitsrelationen.** Bisher sind zyklische Abhängigkeiten nicht erlaubt. Das IPSEN–Konsistenzkontrollmodell legt bisher gerichtete, azyklische Abhängigkeiten zugrunde. Diese Vorstellung erscheint plausibel, solange man die Übergänge zwischen verschiedenen Arbeitsbereichen des Softwarelebenszyklus betrachtet. Innerhalb eines Arbeitsbereichs sind jedoch zyklische Abhängigkeiten durchaus denkbar. Als Beispiel lassen sich etwa wechselseitige Abhängigkeiten zwischen einem funktionsorientierten und einem datenorientierten SADT–Diagramm anführen. Als Werkzeugunterstützung wünscht man sich hier gegenseitige Konsistenzanalysen, mit denen sich überprüfen läßt, ob die funktions– und die datenorientierte Sicht "zusammenpassen".
- **Gruppierung von Dokumenten.** Bisher besteht in unserem Modell ein Softwaresystem aus einer Menge von Dokumenten, die auf einer Hierarchieebene nebeneinander liegen. Die Gruppierung von Dokumenten wird nicht unterstützt. Eine solche Gruppierung ist z.B. sinnvoll, wenn man die Zerlegung eines großen Softwaresystems in Teilsysteme mit jeweils eigener Teilarchitektur, eigener Dokumentation etc. unterstützen will.
- **Einbeziehung von Konfigurationen.** Konfigurationen sind bisher in unserem Modell nur ansatzweise berücksichtigt. Bei der Einbeziehung von Konfigurationen ist dann die Gruppierung von Dokumenten zu beachten. Insbesondere muß es möglich sein, Konfigurationen von Teilsystemen zu definieren und beliebig ineinander zu schachteln.
- **Verteilte Softwareentwicklung.** Die Zerlegung in öffentliche und private Datenbasen – erstere sind für alle Entwickler eines Teams, letztere nur für jeweils einen Entwickler zuständig – wird von unserem Modell bisher nicht erfaßt. Zwar existiert dafür eine Reihe von Ansätzen in der Literatur (z.B. /CK 86, KSW 86/), die aber keine Abhängigkeits– und Konsistenzrelationen zwischen Dokumenten berücksichtigen.

5 Verfeinerung des grobkörnigen Modells der Revisions- und Konsistenzkontrolle

Im letzten Kapitel wurden Revisionen als atomar betrachtet. In den beiden nächsten Kapiteln, in denen die Revisions- und Konsistenzkontrolle auf der feinkörnigen Ebene modelliert wird, ist diese Betrachtungsweise nicht ausreichend: Das **grobkörnige Modell** muß **verfeinert** werden, um zum einen die **Internstruktur** von Revisionen und zum anderen **feinkörnige Relationen** zwischen den Inhalten voneinander abhängiger Revisionen darstellen zu können. Dieser Aufgabe ist das vorliegende Kapitel gewidmet, das somit zur Vorbereitung der Modellierung der Revisions- bzw. Konsistenzkontrolle auf der feinkörnigen Ebene dient. Die hier angestellten Überlegungen sind insofern **allgemeiner Natur**, als hier lediglich die Tatsache interessiert, *daß* Revisionen eine Internstruktur besitzen, aber zunächst noch gleichgültig ist, *wie* diese Internstruktur modelliert ist.

Abschnitt 5.1 setzt sich zunächst mit statischen Aspekten der Verfeinerung auseinander, d.h. es wird die Verfeinerung der statischen Struktur von Revisionsgraphen beschrieben. In Abschnitt 5.2 werden dann dynamische Aspekte behandelt, d.h. es werden die grobkörnigen Operationen gemäß den Überlegungen aus Abschnitt 5.1 verfeinert. Danach wird in Abschnitt 5.3 ein Literaturvergleich mit anderen Ansätzen zur Datenmodellierung durchgeführt, in denen sich verschiedene Abstraktionsebenen unterscheiden lassen (grobkörnige bzw. feinkörnige Ebene) sowie feinkörnige dokumentübergreifende Relationen darstellen lassen. Schließlich folgt in Abschnitt 5.4 eine Zusammenfassung des vorliegenden Kapitels.

5.1 Verfeinerung der Struktur von Revisionsgraphen

Im folgenden gehen wir der Frage nach, welches **Datenmodell** sich zur Darstellung der Internstruktur von Revisionen sowie von feinkörnigen dokumentübergreifenden Relationen eignet. Dabei diskutieren wir drei Alternativen: hierarchische Graphen, flache Graphen und aggregierte Graphen.

Betrachten wir zunächst das Modell, das im letzten Kapitel zur Modellierung der Revisions- und Konsistenzkontrolle auf der **grobkörnigen Ebene** entwickelt wurde: Im Schema für Revisionsgraphen (Abb. 4.1) wurde eine Knotenklasse REVISION deklariert, der u.a. das Attribut Contents für die Darstellung des Inhalts einer Revision zugeordnet wurde:

```
class REVISION is_a NODE;
    external Contents : T_Contents;
    ...
end;
```

Im Gegensatz zu den übrigen einer Revision zugeordneten einfachen Attributen (z.B. die Revisionsnummer RevNo) ist Contents ein **komplexes Attribut**, das seinerseits einen Graphen repräsentiert. Im Falle einer Modulrevision ist dies ein Modulgraph, im Falle einer Architekturrevision ein Architekturgraph etc. Zu jedem Dokumenttyp gibt es einen entsprechenden **Graphtyp**, der mit Hilfe von PROGRESS spezifiziert ist (der Typ T_Contents ist der gemeinsame Obertyp dieser Graphtypen). Insgesamt führt dieser Ansatz zu einer **Hierarchie von Graphen** unterschiedlicher Typen. Im allgemeinen Fall kann diese Hierarchie beliebig viele Ebenen haben. In diesem Buch werden jedoch nur zwei Ebenen unterschieden: auf der grobkörnigen Ebene werden Dokumente als atomar, auf der feinkörnigen Ebene als komplex strukturiert betrachtet. Die grobkörnige Ebene wird mit Hilfe von **Revisionsgraphen**, die feinkörnige Ebene mit Hilfe von **Dokumentgraphen** (Modulgraphen, Architekturgraphen etc.) modelliert (Abb. 5.1). Im allgemeinen Fall sprechen wir von einem **hierarchischen Graphen**, dessen Hierarchie durch **komplexe Knoten** gebildet wird, die ihrerseits **Graphen** repräsentieren.

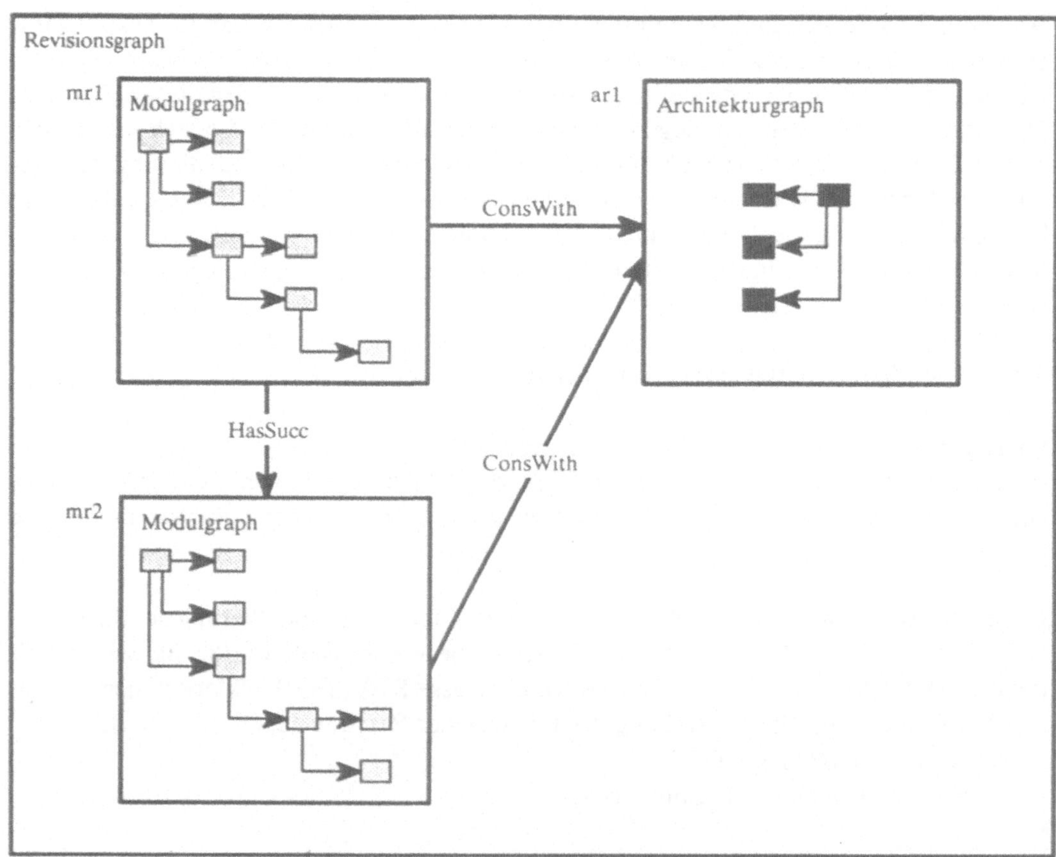

Abb. 5.1 Hierarchisches Modell eines Softwaresystems

Um Mißverständnissen vorzubeugen, sei an dieser Stelle ausdrücklich darauf hingewiesen, daß es sich bei dem oben beschriebenen hierarchischen Modell insofern nur um ein **gedankliches Modell** handelt, als es sich in PROGRESS nicht formalisieren läßt. In PROGRESS gibt es strenggenommen nur flache Graphen. Ein Knotenattribut kann zwar von einem beliebigen abstrakten Datentyp sein und mit Hilfe der von diesem Typ exportierten Operationen manipuliert werden. Es läßt sich dabei aber nicht ausdrücken, daß es sich um einen Graphen handelt.

Die Hierarchisierung mit Hilfe von komplexen Attributen hat folgende Vorteile:
- Sie spiegelt die Zerlegung eines Softwaresystems in Dokumente unterschiedlichen Typs wider. Komplexe Attribute sorgen für einen **klar definierten Übergang zwischen Abstraktionsebenen**, die in verschiedenen Sprachen beschrieben werden.
- **Grobkörnige Operationen**, bei denen die Internstruktur eines Dokuments keine Rolle spielt, lassen sich **auf einfache Weise modellieren**. So wird z.B. das Löschen einer Revision dadurch modelliert, daß der Knoten, der sie repräsentiert, gelöscht wird. Das Ableiten einer Revision wird dadurch modelliert, daß ein Knoten erzeugt wird, dessen Contents–Attribut von dem Knoten übernommen wird, der die Vorgängerrevision repräsentiert.

Der Nachteil des oben beschriebenen hierarchischen Modells besteht darin, daß sich dokumentübergreifende Relationen nicht adäquat darstellen lassen. Jeder Graph in der Hierarchie wird für sich betrachtet, d.h. zwei Knoten lassen sich nur dann durch eine Kante verbinden, wenn sie zum selben Teilgraphen gehören. Es handelt sich also jeweils um **isolierte Graphen**.

Um diesen Nachteil zu beheben, gehen wir vom hierarchischen zum **flachen Modell** eines Softwaresystems über: Komplexe Attribute werden expandiert, und die entsprechenden Knoten werden jeweils mit der Wurzel des eingesetzten Graphen durch eine Kante vom Typ
    edge type HasContents: REVISION – > NODE
ersetzt. Auf diese Weise erhält man einen flachen Graphen, den wir im folgenden als (Software–)**Systemgraphen** bezeichnen (Abb. 5.2). Der Systemgraph enthält den Revisionsgraphen und alle Dokumentgraphen als Teilgraphen. Dokumentübergreifende Relationen werden mit Hilfe **(teil–)graphübergreifender Kanten** dargestellt.

Das flache Modell hat zwar den Vorteil, daß sich dokumentübergreifende Relationen auf die gleiche Weise wie dokumentlokale Relationen modellieren lassen. Andererseits gehen aber die Vorteile des hierarchischen Modells verloren (klar definierter Übergang zwischen Abstraktionsebenen, einfache Spezifikation grobkörniger Operationen). Wünschenswert ist ein Modell, das die **Aggregation von Graphen** gestattet, die auf einer höheren Abstraktionsebene durch einen Knoten repräsentiert werden, und es dennoch ermöglicht, Kanten zwischen Knoten zu ziehen, die zu verschiedenen Graphen gehören.

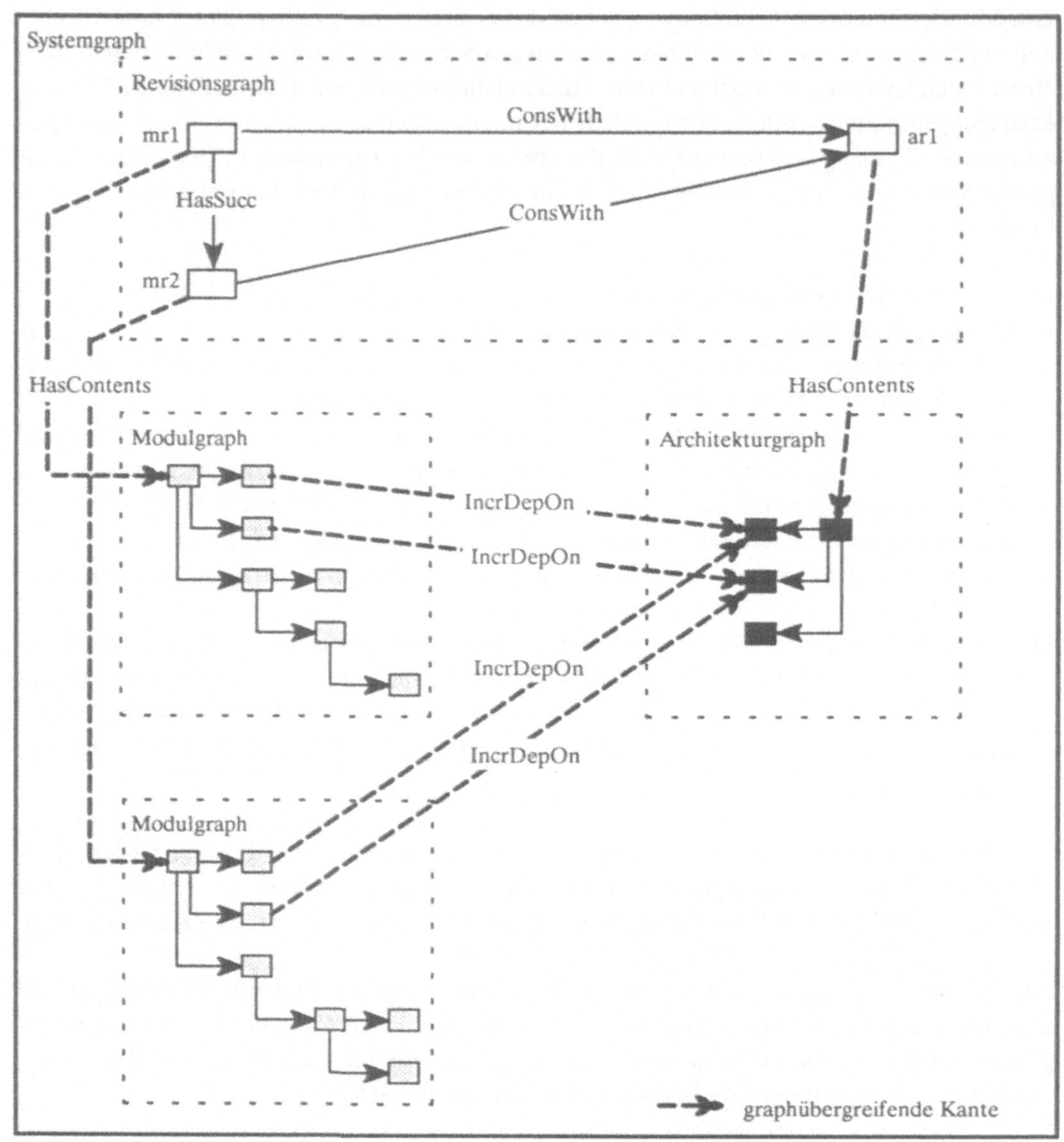

Abb. 5.2 Flaches Modell eines Softwaresystems

Abb. 5.3 veranschaulicht die Aggregation von Graphen. Wie beim hierarchischen Modell sind die Graphen in einer Hierarchie angeordnet. Diese wird jedoch nicht durch Knotenattribute, sondern durch Kanten vom Typ

edge type Contains : GRAPH_NODE – > NODE

ausgedrückt (wobei GRAPH_NODE innere Knoten der Hierarchie repräsentiert). Durch **Contains-Kanten** wird ein Knoten, der einen Graphen repräsentiert, mit allen Knoten verbunden, die in diesem Graphen enthalten sind. Durch diese Art der Darstellung der Hierarchie wird erreicht, daß auch Kanten zwischen Knoten gezogen werden können, die zu verschiedenen Graphen gehören. Die Contains-Kanten werden speziell unterstützt. Beispielsweise wird automatisch eine Contains-Kante gezogen, wenn ein Knoten in einen Graphen eingefügt wird, und es werden alle transitiv über Contains-Kanten erreichbaren Knoten mitgelöscht, wenn ein Graphknoten gelöscht wird.

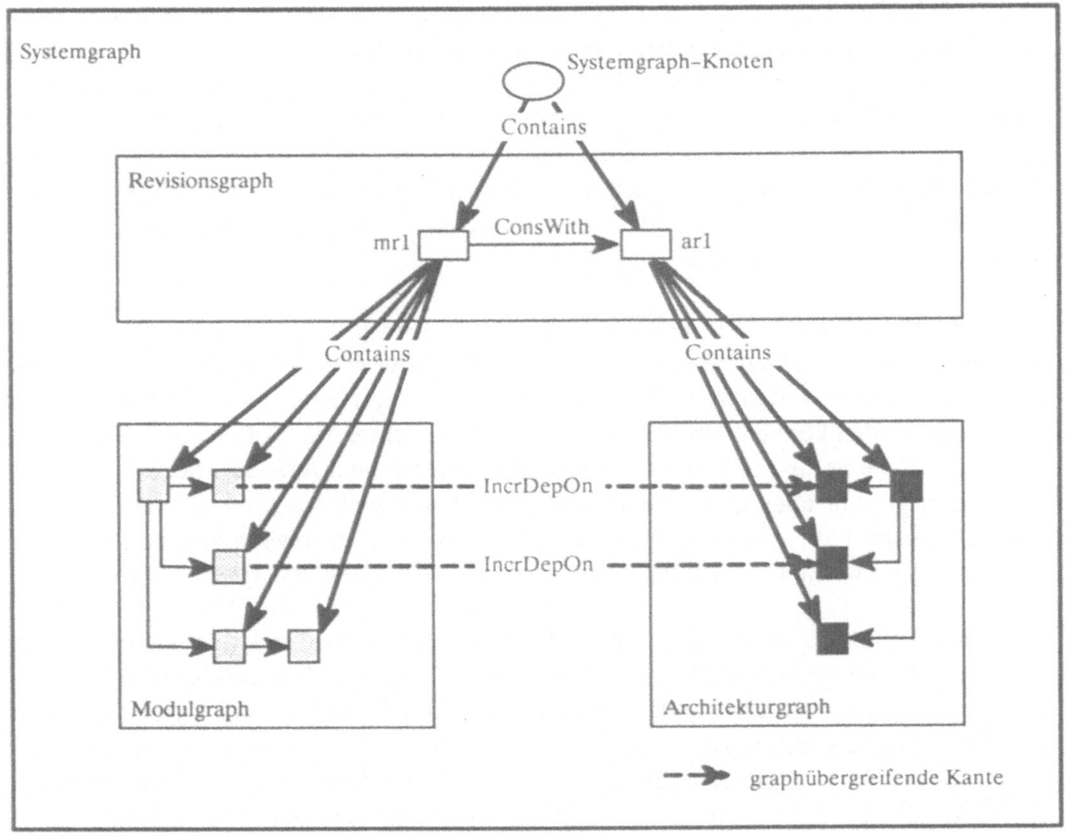

Abb. 5.3 Aggregation von Graphen

Vergleichen wir die oben vorgestellten Alternativen, so schneiden **aggregierte Graphen** am günstigsten ab, da sich mit ihnen sowohl die Zerlegung eines Softwaresystems in Dokumente als auch die feinkörnigen dokumentübergreifenden Relationen darstellen lassen. Im weiteren Verlauf dieses Kapitels werden wir aber dennoch dieses Modell nicht benutzen. Der Grund dafür besteht darin, daß die von uns verwendete Spezifikationssprache PROGRESS die Aggregation von Graphen nicht unterstützt. Daher begnügen wir uns in diesem Buch damit, auf der grobkörnigen Ebene das hierarchische Modell und auf der feinkörnigen Ebene das flache Modell einzusetzen und einen Übergang vom hierarchischen zum flachen Modell anzugeben.

Eines der Probleme, die bei der Weiterentwicklung des Datenmodells und der darauf basierenden Spezifikationssprache PROGRESS zu lösen sind, besteht darin, den **Widerspruch zwischen dokumentübergreifenden Relationen und dem Datenabstraktionsprinzip** aufzulösen: Ein Systemgraph stellt eine Aggregation von Graphen verschiedener Typen dar, die mit Hilfe von PROGRESS unabhängig voneinander spezifiziert werden. Mit Hilfe von PROGRESS werden abstrakte Datentypen operational spezifiziert, indem jeweils ein Graphmodell angegeben wird und die Semantik der Schnittstellenoperationen anhand dieses Modells beschrieben wird. Bei rigoroser Anwendung des Datenabstraktionsprinzips ist an der Schnittstelle eines abstrakten Datentyps nicht sichtbar, wie er realisiert ist. Konsequenterweise ist dann auch nicht sichtbar, daß es sich überhaupt um einen Graphen handelt. Genau dies setzen wir bei der Modellierung dokumentübergreifender Relationen mit Hilfe graphübergreifender Kanten aber voraus.

Nehmen wir einmal an, die Datenabstraktion würde dahingehend abgeschwächt, daß jedes Exemplar eines abstrakten Datentyps als Graph aufgefaßt wird, wobei i.a. nur ein Teil des Schemas exportiert wird und somit interne Hilfsknoten, –attribute und –kanten nach außen verborgen werden können. Um die **strukturelle Integrität** eines Graphen sicherstellen zu können, darf dieser nur mit Hilfe der exportierten Operationen verändert werden. Andererseits benötigt man aber Graphersetzungen, mit denen sich graphübergreifende Kanten eintragen lassen. Läßt man graphübergreifende Ersetzungen uneingeschränkt zu, so kann i.a. nicht verhindert werden, daß die strukturelle Integrität der beteiligten Graphen zerstört wird.

Wie sich der Widerspruch zwischen der strikten Anwendung des Datenabstraktionsprinzips und der einfachen und natürlich erscheinenden Modellierung dokumentübergreifender Relationen durch graphübergreifende Kanten auflösen läßt, ist derzeit noch ungeklärt. Dieses Problem – und viele andere, z.B. die Spezialisierung abstrakter Datentypen (Vererbung) – gilt es im Zuge der Entwicklung eines **Modulkonzepts für PROGRESS** zu lösen. Die Bearbeitung dieser Aufgabe würde den Rahmen dieses Buchs völlig sprengen. Daher beschränken wir uns darauf, die Probleme aufzuzeigen, und hoffen, auf diese Weise wenigstens einige Impulse für die Entwicklung eines Modulkonzepts für PROGRESS geben zu können.

Während wir im letzten Kapitel ein hierarchisches Modell eines Softwaresystems zugrunde gelegt haben, um die Revisions– und Konsistenzkontrolle auf der grobkörnigen Ebene zu beschreiben, gehen wir im weiteren Verlauf dieses Kapitels von dem in Abb. 5.2 skizzierten **flachen Modell** aus. Um dokumentübergreifende Relationen mit Hilfe von Kanten darstellen zu können, nehmen wir vereinfachend an, daß die Strukturen der in einem Systemgraphen enthaltenen Teilgraphen jeweils transparent sind. Ferner lassen wir graphübergreifende Ersetzungen grundsätzlich zu, benutzen diese aber ausschließlich, um graphübergreifende Kanten zu ziehen.

Die Überlegungen, die wir bisher in diesem Abschnitt angestellt haben, beziehen sich ganz allgemein auf die Frage, wie sich feinkörnige Relationen zwischen Bestandteilen von komplexen Objekten modellieren lassen, die als Graphen dargestellt sind. Die nun folgenden Betrachtungen sind dagegen insofern **spezieller Natur**, als sie Bezug auf den IPSEN–Ansatz zur Kontrolle der externen Konsistenz zwischen Revisionen voneinander abhängiger Dokumente nehmen.

Um **feinkörnige Abhängigkeitsrelationen** zu modellieren, führen wir einen Kantentyp **Incr-DepOn** ("Incrementally Depends On") ein:
    edge type IncrDepOn: NODE – > NODE;
Durch Kanten dieses Typs werden voneinander abhängige Inkremente miteinander verbunden.

Wenden wir uns nun der Frage zu, welche Beziehungen zwischen den Abhängigkeitsrelationen auf der feinkörnigen Ebene und den Abhängigkeits– bzw. Konsistenzrelationen auf der grobkörnigen Ebene bestehen: Seien i1 und i2 Inkremente zweier Revisionen r1 und r2, die zu den Dokumenten d1 und d2 gehören. Wenn nun eine Abhängigkeitsrelation zwischen i1 und i2 besteht, dann muß auch d1 von d2 abhängig sein. Diese Eigenschaft bezeichnen wir als **vertikale Kompatibilität der feinkörnigen Abhängigkeitsrelationen mit den grobkörnigen Abhängigkeitsrelationen.**

Um diese Eigenschaft formalisieren zu können, setzen wir die Definition eines Pfades
    path Contains : REVISION_NODE – > NODE
voraus, der einen Revisionsknoten mit allen Knoten des entsprechenden Teilgraphen verbindet. Unter dieser Annahme läßt sich die vertikale Kompatibilität folgendermaßen definieren:

Feinkörnige Abhängigkeitsrelationen sind vertikal kompatibel mit grobkörnigen Abhängigkeitsrelationen < = >
∀ d1, d2, r1, r2, i1, i2
  (d1 –HasRev– > r1 ∧ d2 –HasRev– > r2 ∧
    r1 –Contains– > i1 ∧ r2 –Contains– > i2 ∧   i1 –IncrDepOn– > i2 = >
    d1 –DepOn– > d2)

Es stellt sich die Frage, ob nicht sogar r1 mit r2 konsistent sein muß. Diese Eigenschaft wird als **vertikale Kompatibilität der feinkörnigen Abhängigkeitsrelationen mit den grobkörnigen Konsistenzrelationen** bezeichnet und läßt sich folgendermaßen formalisieren:

Die feinkörniger Abhängigkeitsrelationen sind vertikal kompatibel mit den grobkörnigen Konsistenzrelationen < = >
∀ r1, r2, i1, i2
  (r1 –Contains–> i1 ∧ r2 –Contains–> i2 ∧ i1 –IncrDepOn–> i2 = >
    r1 –ConsWith–> r2)

Diese Eigenschaft ist i.a. nicht erfüllt. Konsistenzrelationen sind keine Vergröberungen feinkörniger Abhängigkeitsrelationen. Feinkörnige Abhängigkeitsrelationen werden dazu benutzt, um beim inkrementellen Aktualisieren die externe Konsistenz mit einer Revision eines bestimmenden Dokuments herzustellen. Bevor die abhängige Revision zu diesem Zweck verändert wird, gibt es bereits feinkörnige Abhängigkeitsrelationen zwischen Inkrementen der abhängigen und der bestimmenden Revision. Darüber hinaus werden feinkörnige Abhängigkeitsrelationen auch zur Analyse der externen Konsistenz zwischen Revisionen verwendet, die bisher noch nicht durch eine Konsistenzrelation verbunden sind. Diese Überlegungen zeigen, daß die feinkörnigen Abhängigkeitsrelationen i.a. nicht mit den Konsistenzrelationen kompatibel sind.

5.2 Verfeinerung grobkörniger Operationen auf Revisionsgraphen

Der Übergang vom hierarchischen zum flachen Modell impliziert, daß die im letzten Kapitel eingeführten grobkörnigen Operationen auf Revisionsgraphen zu verfeinern sind. Diese **Verfeinerung** ist das Thema des vorliegenden Abschnitts. Wir gehen zunächst auf die **Basisoperationen** und anschließend auf die **komplexen Operationen** ein (vgl. auch die Abschnitte 4.2.1 bzw. 4.2.2). Wie schon im bisherigen Verlauf dieses Kapitels betrachten wir Dokumente als strukturiert, abstrahieren aber von der Art der Internstruktur der Dokumente. Die hier angestellten Überlegungen sind somit **szenariounabhängig**. Die zentrale Frage, wie sich die Operationen zur Kontrolle der externen Konsistenz (Erzeugen von Vorgaben, Aktualisieren, Konsistenzanalysen) spezifizieren lassen, klammern wir zunächst aus. Denn um eine solche Spezifikation durchführen zu können, muß die Abstraktion von der Art der Internstruktur der Dokumente aufgegeben werden. Der vorliegende Abschnitt liefert aber die nötigen Voraussetzungen, um dann im nächsten Kapitel die Kontrolle der externen Konsistenz behandeln zu können.

5.2.1 Szenariounabhängige Basisoperationen

Folgende **Operationen** sind vom Übergang vom hierarchischen zum flachen Modell betroffen:
- **Erzeugen eines Dokuments**

- Löschen eines Dokuments
- Löschen einer Revision
- Ableiten einer Revision
- Verschmelzen von Revisionen
- Ändern einer Revision

Da die Fälle "Löschen eines Dokuments" und "Löschen einer Revision" sich auf sehr ähnliche Weise abhandeln lassen, genügt es, einen der beiden Fälle zu behandeln. Dabei haben wir uns für das Löschen einer Revision entschieden.

Bei der formalen Spezifikation der Operationen werden die Transaktionen jeweils vollständig angegeben, bereits in Abschnitt 4.2.1 spezifizierte Tests und Graphersetzungen jedoch hier nicht wiederholt. Änderungen, die sich in den Transaktionen durch den Übergang vom hierarchischen zum flachen Modell ergeben haben, werden durch Kursivschrift gekennzeichnet.

Bei der **Identifikation von Knoten** gehen wir nun etwas anders vor als in Kapitel 4: Dort wurde ein Knoten des Revisionsgraphen eindeutig durch sein Attribut NodeId identifiziert. Da wir es nunmehr mit mehreren Graphen – dem Revisionsgraphen und den Dokumentgraphen – zu tun haben, gehen wir zu einer **zweistufigen Identifizierung** über. Außer dem Attribut NodeId wird jedem Knoten noch ein **Graphbezeichner** GraphId als Attribut zugeordnet. Der Graphbezeichner identifiziert in eindeutiger Weise den Graphen, zu dem ein Knoten gehört. Innerhalb eines Graphen wird ein Knoten eindeutig durch seinen Knotenbezeichner identifiziert[1].

5.2.1.1   Erzeugen eines Dokuments

Beim Erzeugen eines Dokuments (Abb. 5.4) wird wie beim hierarchischen Modell zunächst überprüft, ob ein Dokument mit dem vorgegebenen Namen bereits existiert, und anschließend werden die entsprechenden Änderungen im Revisionsgraphen vorgenommen. Man beachte, daß der Parameter RevGraphId nun dazu dient, um den Revisionsgraphen innerhalb des Systemgraphen zu identifizieren. Im **condition**-Teil eines Tests oder einer Graphersetzung wird der Graphbezeichner dazu benutzt, um die Anwendbarkeit auf den entsprechenden Teilgraphen einzuschränken.

---

1. Strenggenommen hätten wir Graphbezeichner bereits in Kapitel 4 einführen müssen. PROGRESS dient ja zur Spezifikation abstrakter Datentypen, von denen es beliebig viele Exemplare geben kann. Um den konkreten Graphen zu identifizieren, auf den sich eine Operation bezieht, muß dieser als Parameter übergeben werden. In Kapitel 4 haben wir darauf verzichtet, diesen Parameter explizit anzugeben.

```
transaction BASIC_CreateDocument
            < DocType : DOCUMENT >
            (RevGraphId : T_GraphId; Name : T_String;
             out DocId, RevId : T_Id; out DocGraphId : T_GraphId) =
    var RootNodeId : T_Id;
begin
    not DocumentWithSameNameExistent (RevGraphId, Name) &
    CreateDocument < DocType > (RevGraphId, Name, out DocId, out RevId) &
    CreateDocumentGraph < DocType > (out DocGraphId, out RootNodeId) &
    ConnectRevisionNodeWithRoot (RevGraphId, RevId, DocGraphId, RootNodeId)
end;

production ConnectRevisionNodeWithRoot
            ( RevGraphId : T_GraphId; RevId : T_Id;
              DocGraphId : T_GraphId; RootNodeId : T_Id) =
```

```
┌─────────────────┐                        ┌─────────────────┐
│  1 : REVISION   │                        │     1' = 1      │
└─────────────────┘                        └─────────────────┘
                          : : =                     │
                                                    │ HasContents
                                                    ▼
┌─────────────────┐                        ┌─────────────────┐
│   2 : NODE      │                        │     2' = 2      │
└─────────────────┘                        └─────────────────┘
```

```
    condition   1.GraphId = RevGraphId; 1.NodeId = RevId;
                2.GraphId = DocGraphId; 2.NodeId = RootNodeId;
end;
```

Abb. 5.4 Erzeugen eines Dokuments

Nach der Veränderung des Revisionsgraphen wird mit Hilfe der Operation CreateDocumentGraph ein Dokumentgraph erzeugt und geeignet initialisiert. Wir setzen voraus, daß dem erzeugten Dokumentgraphen ein eindeutiger Graphbezeichner zugeordnet wird, den alle zu ihm gehörenden Knoten als externes Attribut tragen. Ferner gehen wir davon aus, daß jeder Dokumentgraph einen Wurzelknoten besitzt. Dieser Knoten wird mit dem Revisionsknoten durch eine graphübergreifende Kante verbunden (Graphersetzung ConnectRevisionNodeWithRoot).

5.2.1.2 Löschen einer Revision

Beim Löschen einer Revision (Abb. 5.5) wird der Bezeichner des entsprechenden Dokumentgraphen mit Hilfe des Tests GetDocGraphId ermittelt. Anschließend wird der Dokumentgraph mit Hilfe der – hier nicht näher spezifizierten – Transaktion DeleteDocumentGraph gelöscht. Im übrigen bleibt die Transaktion gegenüber Kapitel 4 unverändert.

```
transaction BASIC_DeleteRevision(RevGraphId : T_GraphId; RevId : T_Id) =
    var DocGraphId : T_GraphId;
begin
    not IsolatedRevision(RevGraphId, RevId) &
    not RootAndMultipleSuccessors(RevGraphId, RevId) &
    not IncomingConsistencyRelation(RevGraphId, RevId) &
    loop CreateRelationFromPredToSucc(RevGraphId, RevId) end &
    GetDocGraphId(RevGraphId, RevId, out DocGraphId) &
    DeleteDocumentGraph(DocGraphId) &
    DeleteRevision(RevGraphId, RevId) &
    loop EliminateRedundantSuccRelation(RevGraphId) end
end;

test GetDocGraphId(RevGraphId : T_GraphId; RevId : T_Id; out DocGraphId : T_GraphId) =
```

```
    ┌─────────────────┐
    │  1 : REVISION   │
    └────────┬────────┘
             │ HasContents
             ▼
    ┌─────────────────┐
    │  2 : NODE       │
    └─────────────────┘
```

```
    condition   1.GraphId = RevGraphId; 1.NodeId = RevId;
    return      DocGraphId := 2.GraphId;
end;
```

Abb. 5.5 Löschen einer Revision

5.2.1.3   Ableiten einer Revision

Beim Ableiten einer Revision (Abb. 5.6) wird zunächst ein entsprechender Revisionsknoten erzeugt und anschließend der Dokumentgraph kopiert, der der Vorgängerrevision zugeordnet ist. Dabei gehen wir davon aus, daß die Transaktion CopyDocumentGraph einen Dokumentgraphen erzeugt, der i.w. zum Ursprungsgraphen isomorph ist. I.w. heißt: die Graphen unterscheiden sich lediglich dadurch, daß ihren Knoten unterschiedliche Graphbezeichner zugeordnet sind. Insbesondere gehen wir davon aus, daß die **Knotenbezeichner beim Kopieren erhalten bleiben.** Man beachte, daß lediglich graphlokale Kanten kopiert werden. Für das Kopieren graphübergreifender Kanten werden eigene Operationen zur Verfügung gestellt, auf die wir im weiteren Verlauf dieses Abschnitts noch eingehen werden. Dieser Ansatz ermöglicht es, das Kopieren graphübergreifender Kanten vom Kopieren eines Dokumentgraphen zu entkoppeln.

```
transaction BASIC_DeriveRevision
            ( RevGraphId : T_GraphId; PredRevId : T_Id;
              out SuccRevId : T_Id; out SuccDocGraphId : T_GraphId) =
    var PredDocGraphId : T_GraphId;
        RootNodeId : T_Id;
begin
    DeriveRevision(RevGraphId, PredRevId, out SuccRevId) &
    GetDocGraphId(RevGraphId, PredRevId, out PredDocGraphId) &
    CopyDocumentGraph(PredDocGraphId, out SuccDocGraphId, out RootNodeId) &
    ConnectRevisionNodeWithRoot(RevGraphId, SuccRevId, SuccDocGraphId, RootNodeId)
end;
```

Abb. 5.6 Ableiten einer Revision

5.2.1.4 Verschmelzen von Revisionen

Beim Verschmelzen von Revisionen (Abb. 5.7) wird ähnlich wie beim Ableiten einer Revision verfahren: Zunächst wird ein Knoten für die Mischrevision erzeugt (CreateCommon-Successor). Danach werden die Wurzelknoten der beteiligten Dokumentgraphen ermittelt, und es wird das Verschmelzen auf der feinkörnigen Ebene aufgerufen (mehr dazu in Kapitel 7). Der Wurzelknoten des im Zuge des Verschmelzens erzeugten Dokumentgraphen wird schließlich mit dem entsprechenden Revisionsknoten verbunden.

```
transaction BASIC_MergeRevisions
            ( RevGraphId : T_GraphId;
              Alt1RevId, Alt2RevId, BaseRevId : T_Id;
              out MergeRevId : T_Id) =
    var Alt1GraphId, Alt2GraphId, BaseGraphId, MergeGraphId : T_GraphId;
        RootNodeId : T_Id;
begin
    CreateCommonSuccessor(RevGraphId, Alt1RevId, Alt2RevId, BaseRevId, out MergeRevId) &
    GetDocGraphId(RevGraphId, Alt1RevId, out Alt1GraphId) &
    GetDocGraphId(RevGraphId, Alt2RevId, out Alt2GraphId) &
    GetDocGraphId(RevGraphId, BaseRevId, out BaseGraphId) &
    MergeRevisions(Alt1GraphId, Alt2GraphId, BaseGraphId, out MergeGraphId, out RootNodeId) &
    ConnectRevisionNodeWithRoot(RevGraphId, MergeRevId, MergeGraphId, RootNodeId)
end;
```

Abb. 5.7 Verschmelzen von Revisionen

5.2.1.5 Ändern einer Revision

In Abschnitt 4.2.1 wurde eine Graphersetzung angegeben, die dazu dient, die Änderungen zu modellieren, die innerhalb einer Ediersitzung durchgeführt oder durch das Erzeugen einer Vorgabe bzw. das Aktualisieren einer Revision hervorgerufen worden sind. Es wurden also

mehrere elementare Änderungsoperationen zusammengefaßt, deren Gesamteffekt durch
die Modifikation des Contents–Attributs des entsprechenden Revisionsknotens modelliert
wurde.

Unter den veränderten Prämissen des vorliegenden Kapitels muß die Zusammenfassung von
feinkörnigen Änderungsoperationen aufgegeben werden. Somit entfällt die Operation BA-
SIC_ChangeRevision. Bevor eine Revision durch feinkörnige Änderungsoperationen modifiziert wird, muß natürlich sichergestellt werden, daß die Revision noch nicht eingefroren ist.

5.2.1.6   Kopieren feinkörniger Abhängigkeitsrelationen

```
transaction BASIC_CopyIncrDepOnRelationsToSuccOfSourceRev
            (RevGraphId : T_GraphId; SourceRevId, SuccRevId, TargetRevId : T_Id) =
    var SourceGraphId, SuccGraphId, TargetGraphId : T_GraphId;
begin
    SourceDependentOnTarget(RevGraphId, SourceRevId, TargetRevId) &
    Ancestor(RevGraphId, SourceRevId, SuccRevId) &
    GetDocGraphId(RevGraphId, SourceRevId, out SourceGraphId) &
    GetDocGraphId(RevGraphId, SuccRevId, out SuccGraphId) &
    GetDocGraphId(RevGraphId, TargetRevId, out TargetGraphId) &
    loop
        CopyFineGrainedDependencyRelation(SourceGraphId, SuccGraphId, TargetGraphId)
    end
end;

test SourceDependentOnTarget(RevGraphId : T_GraphId; SourceRevId, TargetRevId : T_Id) =
```

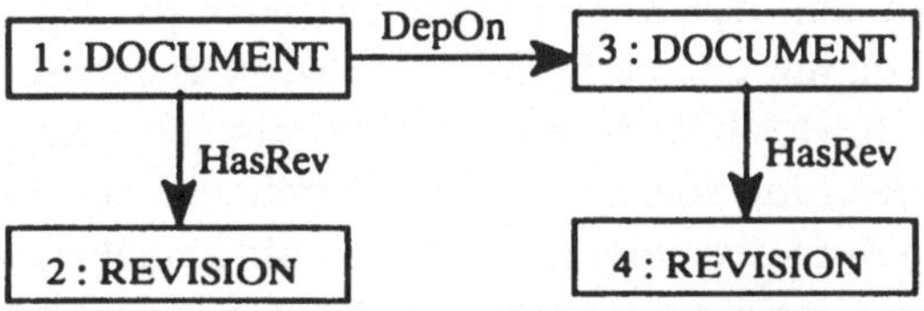

```
    condition   2.GraphId = RevGraphId; 2.NodeId = SourceRevId;
                4.GraphId = RevGraphId; 4.NodeId = TargetRevId;
end;

test Ancestor(RevGraphId : T_GraphId; PredRevId, SuccRevId : T_Id) =
```

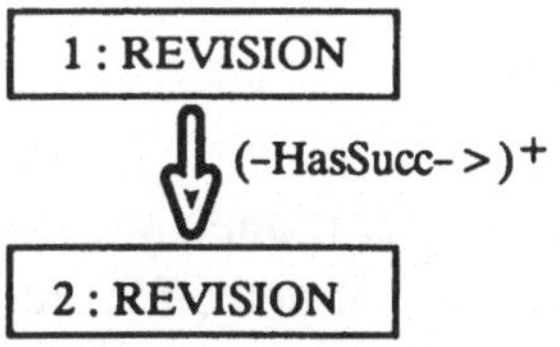

```
    condition   1.GraphId = RevGraphId; 1.NodeId = PredRevId;
                2.GraphId = RevGraphId; 2.NodeId = SuccRevId;
end;
```

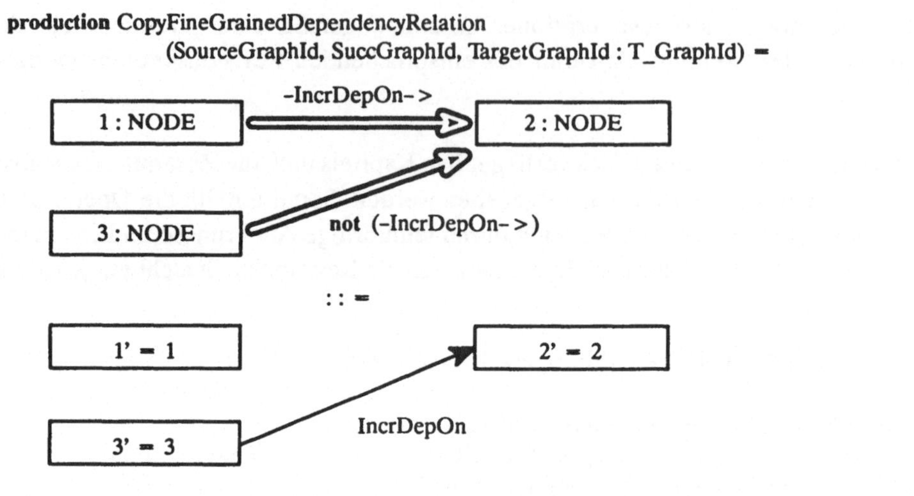

Abb. 5.8 Kopieren feinkörniger Abhängigkeitsrelationen

Beim Ableiten einer Revision werden feinkörnige Abhängigkeitsrelationen nicht mitkopiert. Zu diesem Zweck werden zusätzliche Basisoperationen eingeführt, mit deren Hilfe aus- bzw. einlaufende graphübergreifende Kanten zu einer Nachfolgerevision übertragen werden. Abb. 5.8 zeigt dies für auslaufende Kanten; das Kopieren einlaufender Kanten verläuft analog. Man beachte, daß die Transaktion nur dann erfolgreich ist, wenn die Quellrevision SourceRevId von der Zielrevision TargetRevId abhängt (genauer: die entsprechenden Dokumente hängen voneinander ab) und die Revision SourceRevId ein Vorfahr von SuccRevId ist. Ferner sei darauf hingewiesen, daß beim Kopieren einer feinkörnigen Abhängigkeitsrelation der neue Quellknoten in der Nachfolgerevision mit dem alten Quellknoten in der Vorgängerrevision mit Hilfe des Knotenbezeichners identifiziert wird. Dabei wird ausgenutzt, daß Knotenbezeichner beim Kopieren erhalten bleiben (s. Ableiten einer Revision).

5.2.2 Szenariounabhängige komplexe Operationen

Im folgenden gehen wir auf die IPSEN-spezifischen komplexen Operationen aus Abschnitt 4.2.2 ein, die vom Übergang vom hierarchischen zum flachen Modell betroffen sind. Dies sind jene Operationen, bei denen feinkörnige Abhängigkeitsrelationen neu erzeugt oder kopiert werden:

- Ableiten einer Revision

- Verschmelzen von Revisionen
- Herstellen einer Konsistenzrelation
- Einfrieren einer Revision

5.2.2.1 Ableiten einer Revision

Beim Ableiten einer Revision werden die Konsistenzrelationen zu bestimmenden Revisionen kopiert (Abb. 5.9). Darüber hinaus werden auch die entsprechenden feinkörnigen Abhängigkeitsrelationen kopiert. Dabei sei daran erinnert, daß im IPSEN-spezifischen Konsistenzkontrollmodell für die Bearbeitung von Revisionen voneinander abhängiger Dokumente eine Reihenfolge vorgeschrieben ist. Eine abhängige Revision kann erst dann an eine bestimmende Revision angepaßt werden, wenn diese eingefroren ist. Das Kopieren einlaufender Konsistenzrelationen sowie entsprechender einlaufender feinkörniger Abhängigkeitsrelationen wird daher auf das Einfrieren verschoben (s.u.).

```
transaction IPSEN_DeriveRevision
            (RevGraphId : T_GraphId; PredRevId : T_Id; out SuccRevId : T_Id) =
    var TargetRevId : T_Id;
begin
    BASIC_DeriveRevision(RevGraphId, PredRevId, out SuccRevId) &
    loop
        SelectTargetRevision(RevGraphId, PredRevId, SuccRevId, out TargetRevId) &
        BASIC_CreateConsistencyRelation(RevGraphId,SuccRevId,TargetRevId) &
        BASIC_CopyIncrDepOnRelationsToSuccOfSourceRev
            (RevGraphId, PredRevId, SuccRevId, TargetRevId)
    end
end;
```

Abb. 5.9 Ableiten einer Revision

5.2.2.2 Verschmelzen von Revisionen

Beim Verschmelzen von Revisionen (Abb. 5.10) gehen wir ähnlich vor wie beim Ableiten einer Revision: Zunächst wird sichergestellt, daß es hinsichtlich der Konsistenzrelationen zu bestimmenden Revisionen keine Unterschiede zwischen den Alternativrevisionen gibt. Anschließend wird die Basisoperation zum Verschmelzen aufgerufen. Schließlich werden in einer Schleife alle auslaufenden Konsistenzrelationen auf der grobkörnigen Ebene und alle auslaufenden Abhängigkeitsrelationen auf der feinkörnigen Ebene kopiert. Bei der Auswahl der jeweils zu bearbeitenden bestimmenden Revision ist es gleichgültig, von welcher Alternativrevision man ausgeht. Man beachte, daß auf der feinkörnigen Ebene von beiden Alternativrevisionen ausgehende Abhängigkeitsrelationen kopiert werden müssen, da diese sich i.a.

voneinander unterscheiden (z.B. unterschiedliche Referenzen in Revisionen der technischen Dokumentation).

```
transaction IPSEN_MergeRevisions( RevGraphId : T_GraphId;
                                  Alt1RevId, Alt2RevId, BaseRevId : T_Id;
                                  out MergeRevId : T_Id) =
        var MasterRevId : T_Id;
begin
        not DifferenceBetweenConsistencyRelations(RevGraphId, Alt1RevId, Alt2RevId) &
        BASIC_MergeRevisions(RevGraphId, Alt1RevId, Alt2RevId, BaseRevId, out MergeRevId) &
        loop
            SelectMasterRevision(RevGraphId, MergeRevId, Alt1RevId, Alt2RevId, out MasterRevId) &
            BASIC_CreateConsistencyRelation(RevGraphId, MergeRevId, MasterRevId) &
            BASIC_CopyIncrDepOnRelationsToSuccOfSourceRev
                (RevGraphId, Alt1RevId, MergeRevId, MasterRevId) &
            BASIC_CopyIncrDepOnRelationsToSuccOfSourceRev
                (RevGraphId, Alt2RevId, MergeRevId, MasterRevId)
        end
end;

test SelectMasterRevision(RevGraphId : T_GraphId;
                          MergeRevId, Alt1RevId, Alt2RevId : T_Id;
                          out MasterRevId : T_Id) =
```

```
                        ConsWith
   1 : REVISION  ----------------->  3 : REVISION
        |                                 ^
        | HasSucc                         |
        v                   not (–ConsWith–>)
   2 : REVISION  -------------------------/
```

```
        condition   1.GraphId = RevGraphId; 1.NodeId in {Alt1RevId, Alt2RevId};
                    2.GraphId = RevGraphId; 2.NodeId = MergeRevId;
                    3.GraphId = RevGraphId;
        return      MasterRevId := 3.NodeId;
end;
```

Abb. 5.10 Verschmelzen von Revisionen

5.2.2.3 Herstellen einer Konsistenzrelation

In der Transaktion zum Herstellen einer Konsistenzrelation werden zwei Fälle unterschieden (Abb. 5.11):

```
transaction IPSEN_EstablishExternalConsistency
                (RevGraphId : T_GraphId; SourceRevId, TargetRevId : T_Id) =
    var OldRevId, PredRevId, SourceDocId, TargetDocId : T_Id;
        OldRevIdSet : set of T_Id;
        SourceGraphId, TargetGraphId, OldGraphId : T_GraphId;
begin
    Stable(RevGraphId, TargetRevId) &
    not ConsistencyRelationExistent(RevGraphId, SourceRevId, TargetRevId) &
    GetDocGraphId(RevGraphId, SourceRevId, out SourceGraphId) &
    GetDocGraphId(RevGraphId, TargetRevId, out TargetGraphId) &
    SelectDocument(RevGraphId, TargetRevId, out TargetDocId) &
    try (* Fall 1:  Erzeugen einer Vorgabe *)
        on not ConsistencyRelationToAnyRevOfTargetDoc(RevGraphId, SourceRevId, TargetDocId)
        do
            SelectDocument(RevGraphId, SourceRevId, out SourceDocId) &
            BASIC_CreateDependencyRelation(RevGraphId, SourceDocId,TargetDocId) &
            BASIC_CreateConsistencyRelation(RevGraphId, SourceRevId,TargetRevId) &
            GenerateFrame(SourceGraphId, TargetGraphId)
    else (* Fall 2: Aktualisieren *)
        SelectSuitableAncestor(RevGraphId, SourceRevId, TargetRevId, out PredRevId) &
        SelectAllOldTargets(RevGraphId, SourceRevId, TargetRevId, out OldRevIdSet) &
        BASIC_CreateConsistencyRelation(RevGraphId, SourceRevId, TargetRevId) &
        BASIC_CopyIncrDepOnRelationsToSuccOfTargetRev
            (RevGraphId, SourceRevId, PredRevId, TargetRevId)&
        IncrementalUpdate(SourceGraphId, TargetGraphId) &
        loop (*selektives Löschen alter Konsistenzrelationen *)
            OldRevId := any of OldRevIdSet &
            OldRevIdSet := OldRevIdSet without OldRevId &
            GetDocGraphId(RevGraphId, OldRevId, out OldGraphId) &
            try
                not SourceConsistentWithTarget(SourceGraphId, OldGraphId) &
                BASIC_DeleteConsistencyRelation(RevGraphId, SourceRevId, OldRevId)
            else
                skip
            end
        end
    end
end;
```

Abb. 5.11 Herstellen einer Konsistenzrelation

- Erzeugen einer Vorgabe. In diesem Fall wird erstmalig eine Konsistenzrelation zwischen der Quellrevision und einer Revision des Zieldokuments hergestellt. Dabei wird vorausgesetzt, daß der Dokumentgraph SourceGraphId zuvor erzeugt worden ist und mit dem Startgraphen des entsprechenden Graphersetzungssystems übereinstimmt. Die Vorgabe wird dann mit Hilfe der Transaktion GenerateFrame erzeugt.

- Aktualisieren. In diesem Fall wird zunächst ein Vorfahr PredRevId der Zielrevision TargetRevId ermittelt, mit dem die Quellrevision SourceRevId bisher konsistent gewesen ist[2]. Die feinkörnigen Abhängigkeitsrelationen zwischen SourceRevId und PredRevId werden mit Hilfe der Transaktion BASIC_CopyIncrDepOnRelationsToSuccOfTargetRev zur Zielrevision TargetRevId kopiert. Anschließend wird SourceRevId an TargetRevId mit Hilfe der Transaktion IncrementalUpdate angepaßt. Schließlich muß noch überprüft werden, welche alten Konsistenzrelationen vom Anpassen betroffen sind. Entsprechende Konsistenzanalysen werden in der Query SourceConsistentWithTarget durchgeführt.

5.2.2.4 Einfrieren einer Revision

```
transaction IPSEN_FreezeRevision(RevGraphId : T_GraphId; RevId : T_Id) =
    var SourceRevId, PredRevId : T_Id;
        SourceRevIdSet : set of T_Id;
        SourceGraphId, TargetGraphId : T_GraphId;
begin
    BASIC_FreezeRevision(RevGraphId, RevId) &
    not IncompatibilityOfOutgoingConsistencyRelations(RevGraphId, RevId) &
    GetDocGraphId(RevGraphId, RevId, out TargetGraphId) &
    SelectAllRelevantSources(RevGraphId, RevId, out SourceRevIdSet) &
    loop (* selektives Übertragen von Konsistenzrelationen *)
        SourceRevId := any of SourceRevIdSet &
        SourceRevIdSet := SourceRevIdSet without SourceRevId &
        SelectPredRevId(RevGraphId, SourceRevId, RevId, out PredRevId) &
        BASIC_CopyIncrDepOnRelationsToSuccOfTargetRev
            (RevGraphId, SourceRevId, PredRevId, RevId) &
        GetDocGraphId(RevGraphId, SourceRevId, out SourceGraphId) &
        try
            SourceConsistentWithTarget(SourceGraphId, TargetGraphId) &
            BASIC_CreateConsistencyRelation(RevGraphId,SourceRevId,RevId)
        else
            skip
        end;
    end
end;
```

Abb. 5.12 Einfrieren einer Revision

Beim Einfrieren einer Revision RevId wird überprüft, welche Konsistenzrelationen zu Vorgängern von RevId sich auf RevId übertragen (Abb. 5.12). Dies geschieht in einer Schleife, in der alle Quellrevisionen SourceRevId durchlaufen werden, die mit einem Vorgänger von RevId konsistent sind. Bevor die externe Konsistenz von SourceRevId mit RevId überprüft wird, werden die zwischen SourceRevId und einem Vorgänger von RevId verlaufenden

---

2. I.a. kann es mehrere solche Vorfahren geben. Da Zusammenführungen in der Entwicklungsgeschichte zulässig sind, kann es i.a. sogar mehrere jüngste Vorfahren geben, mit denen die Quellrevision bisher konsistent gewesen ist. Wir gehen davon aus, daß es für das Ergebnis der Aktualisierung unerheblich ist, welcher Vorfahr ausgewählt wird.

feinkörnigen Abhängigkeitsrelationen kopiert. Mit deren Hilfe wird danach in der Query SourceConsistentWithTarget überprüft, ob SourceRevId mit RevId konsistent ist.

5.3   Literaturvergleich

In diesem Abschnitt beschreiben wir einige Ansätze zur Datenmodellierung, die folgende Eigenschaften gemeinsam haben:
- Daten lassen sich auf verschiedenen **strukturellen Abstraktionsebenen** modellieren.
- Es lassen sich **Relationen zwischen den Internstrukturen verschiedener Objekte** ausdrükken.

Dabei nehmen wir auf die in Abschnitt 5.1 dargestellten Überlegungen Bezug.

5.3.1   Eclipse

Das Eclipse–Projekt /Bo 89/ beschäftigt sich mit Methoden und Werkzeugen, die insbesondere die Entwicklung nebenläufiger Realzeitsysteme unterstützen. Im Rahmen dieses Projekts wurde ein Datenbanksystem entwickelt, dessen Datenmodell zwischen einer grob- und einer feinkörnigen Ebene unterscheidet /CA 89/. Die grobkörnige Ebene basiert auf **PCTE** /BMT 88/ (s. auch Unterabschnitt 3.2.6), die feinkörnige Ebene wird mit Hilfe von **IDLE**, einer Erweiterung von IDL /Ne 90/ modelliert. Das Eclipse–Datenmodell vereinheitlicht die PCTE bzw. IDLE zugrundeliegenden Datenmodelle bis zu einem gewissen Grad. Die Internstruktur eines Dokuments wird als Attribut eines PCTE-Entities dargestellt. Daten werden mit Hilfe eines Schemas beschrieben, in dem Objekt- und Beziehungstypen sowie deren Attribute deklariert werden. Im Schema wird explizit zwischen der grob- und der feinkörnigen Ebene unterschieden.

Die Datenmodelle von PCTE und IDLE lassen sich folgendermaßen charakterisieren:
- **PCTE** liegt ein **erweitertes Entity–Relationship–Modell** zugrunde. Relationen sind gerichtet, aber stets bidirektional, d.h. sie lassen sich in beiden Richtungen traversieren. Die Internstruktur von Dokumenten läßt sich zwar prinzipiell auch mit Hilfe von PCTE modellieren, dies ist aber aus Effizienzgründen nicht ratsam.
- In IDLE werden Entitytypen deklariert, denen ein- oder mengenwertige Attribute zugeordnet werden. Ein Attributwert ist entweder von einem vordefinierten einfachen Typ (INTEGER, STRING, etc.), oder es handelt sich um einen unidirektionalen **Link**, d.h. einen Zeiger auf ein Entity. Die referentielle Integrität wird i.a. nicht garantiert.

In Eclipse lassen sich außer den **lokalen Links** auch **nichtlokale Links** definieren, die IDLE-Entities verbinden, die zu verschiedenen IDLE-Strukturen gehören. Nichtlokale Links stellen ein einfaches Hilfsmittel dar, um dokumentübergreifende Beziehungen zu repräsentieren. Sie haben folgende Nachteile:

- Sie sind unidirektional.
- Ihre referentielle Integrität wird i.a. nicht garantiert.
- Um dokumentübergreifende Beziehungen einzuführen, muß das Schema für zumindest einen der beteiligten Dokumenttypen erweitert werden.

Darüber hinaus weist das Eclipse–Datenmodell folgende Schwächen auf:

- Auf der grob– und der feinkörnigen Ebene werden unterschiedliche Datenmodelle zugrunde gelegt.
- Es lassen sich nicht beliebig viele strukturelle Abstraktionsebenen definieren.

5.3.2 Neptune

Neptune /DS 86, DS 87/ ist ein typischer Repräsentant für die in Abschnitt 2.3 bereits kurz erwähnten **Hypertextsysteme** /Co 87/. Ein Hypertext ist ein strukturierter Text, dessen Bestandteile durch **Links** verbunden sind, die nichthierarchische Beziehungen repräsentieren. Da die miteinander verknüpften Bestandteile in vielen Systemen einen beliebigen Inhalt haben dürfen – z.B. auch Graphiken –, wird anstelle des Begriffs "Hypertextsystem" häufig auch der allgemeinere Begriff "Hypermediasystem" verwendet.

Der Kern von Neptune wird durch ein Dokumentenverwaltungssystem gebildet, dem das folgende einfache Datenmodell zugrunde liegt: Ein Hypertext wird als ein **Graph** modelliert, dessen Knoten seine Bestandteile repräsentieren. Jeder Knoten hat als Inhalt eine Bytesequenz, deren Semantik von der jeweiligen Anwendung (Text– oder Graphikeditor etc.) festgelegt wird. Beziehungen zwischen den Inhalten verschiedener Knoten werden durch gerichtete, bidirektionale (d.h. in beiden Richtungen traversierbare) **Links** dargestellt. Sowohl den Knoten als auch den Links lassen sich Attribute zuordnen. Die Endpunkte von Links werden durch Positionsangaben festgelegt, die von den Anwendungen zu verwalten sind. Somit sind – abgesehen davon, daß Neptune beim Löschen eines Knotens auch alle ein– und auslaufenden Links löscht – die Anwendungen für die referentielle Integrität verantwortlich.

Die folgenden Bemerkungen gelten nicht nur für Neptune, sondern auch für viele andere Hypertextsysteme:

- Das zugrundeliegende Datenmodell ist nur zu einem geringen Grad formalisiert. Insbesondere wird völlig davon abstrahiert, aus welchen Bestandteilen sich ein Hypertext zusammensetzt.
- Es wird zwischen einer grobkörnigen und einer feinkörnigen Ebene unterschieden. Weitere strukturelle Abstraktionsebenen lassen sich nicht definieren.

5.3.3 DAMOKLES

DAMOKLES /DGL 86, Go 88/ ist ein Datenbanksystem für Softwareentwicklungsumgebungen, das ähnlich wie PCTE auf einem **erweiterten Entity–Relationshipmodell** beruht. Im Gegensatz zu PCTE, das nur die grobkörnige Ebene unterstützt, ist DAMOKLES mit dem Ziel entwickelt worden, auch für die feinkörnige Ebene eine adäquate Unterstützung zu bieten.

DAMOKLES unterstützt das Konzept der **molekularen Aggregation,** das auf /BB 84/ zurückgeht. Gemäß dieses Konzepts läßt sich ein Geflecht aus Entities und Relationen zu einem komplexen Entity zusammenfassen. Dabei sind auf der Schemaebene Zyklen (z.B. Schachtelung von Kapiteln einer Dokumentation) und auf der Exemplarebene Überlappungen (z.B. Erscheinen eines Aufsatzes in mehreren Tagungsbänden) zugelassen. Im Gegensatz zu den bisher beschriebenen Ansätzen läßt sich in DAMOKLES eine beliebig tiefe Hierarchie struktureller Abstraktionsebenen konstruieren. Relationen lassen sich zwischen beliebigen Entities herstellen. Insbesondere lassen sich also dokumentübergreifende Relationen darstellen. Alle Arten von Relationen lassen sich in DAMOKLES auf einheitliche Weise modellieren (während z.B. in Eclipse grob– und feinkörnige Relationen unterschiedlich modelliert werden).

Von den hier beschriebenen Ansätzen zur Modellierung von dokumentübergreifenden Relationen erweist sich der DAMOKLES–Ansatz wegen seiner Allgemeinheit und Einheitlichkeit als der befriedigendste. Er ist auch dem in PROGRESS verfolgten Ansatz insofern überlegen, als die molekulare Aggregation unterstützt wird. Andererseits fehlen aber DAMOKLES einige Eigenschaften, die PROGRESS auszeichnen:

- In DAMOKLES stehen zur Manipulation von ER–Diagrammen nur die primitiven Operationen zur Verfügung, die durch das Datenmodell induziert werden und sich in der Regel auf ein Objekt beziehen(Erzeugen eines Entities, Löschen eines komplexen Entities, Ändern eines Attributwerts etc.). In PROGRESS lassen sich dagegen Teilgraphersetzungen spezifizieren.
- In DAMOKLES wird die Datenabstraktion nicht unterstützt: die Datendefinitionssprache stellt keine Sprachkonstrukte zur Verfügung, um einen abstrakten Datentyp zu spezifizieren, dessen Repräsentation nach außen verborgen ist und dessen Exemplare nur über Schnittstellenoperationen manipuliert werden können.

Wie sich die molekulare Aggregation in das PROGRESS zugrundeliegende Datenmodell integrieren läßt, ohne das Prinzip der Datenabstraktion zu verletzen, ist derzeit noch ungeklärt.

5.4 Zusammenfassung und Ausblick

In diesem Kapitel wurde das in Kapitel 4 entwickelte grobkörnige Modell zur Revisions– und Konsistenzkontrolle verfeinert. Dabei wurde zwischen statischen und dynamischen Aspekten unterschieden. Bei der Modellierung der statischen Struktur wurden drei Alternativen zur Datenmodellierung diskutiert: hierarchische, flache und aggregierte Graphen. Dabei wurden zum einen die Vorteile der molekularen Aggregation und zum anderen die Grenzen von PROGRESS deutlich, das in seiner bisherigen Form nur flache Graphen unterstützt. Anschließend wurden die grobkörnigen Operationen auf Revisionsgraphen aus Kapitel 4 entsprechend dem Übergang vom hierarchischen zum flachen Modell verfeinert.

Zukünftige Arbeiten an der Spezifikationssprache PROGRESS werden sich insbesondere mit der Modellierung der **molekularen Aggregation** auseinanderzusetzen haben. Dabei ist insbesondere zu klären, wie sich der Widerspruch zwischen der Datenabstraktion und der Modellierung dokumentübergreifender Relationen mit Hilfe graphübergreifender Kanten auflösen läßt.

6 Modellierung der Konsistenzkontrolle auf der feinkörnigen Ebene

Im letzten Kapitel wurde das grobkörnige Modell der Revisions- und Konsistenzkontrolle aus Kapitel 4 verfeinert. Damit sind die formalen Grundlagen bereitgestellt, um die Revisions- und Konsistenzkontrolle auf der **feinkörnigen Ebene** zu studieren. In diesem Kapitel behandeln wir zunächst die **Konsistenzkontrolle** und gehen dann im nächsten Kapitel auf die Revisionskontrolle ein. Als Ausgangspunkt dienen insbesondere die Überlegungen aus Abschnitt 2.3. Dort wurde ein **allgemeiner Ansatz** zur Kontrolle der externen Konsistenz motiviert, der sich auf eine eingeschränkte Klasse von Problemen – nämlich **kontextfreie inkrementelle 1:1-Transformationen** – anwenden läßt. Dabei wird vorausgesetzt, daß Dokumente intern als **abstrakte Syntaxgraphen** modelliert sind. Dieser Ansatz wird im folgenden formalisiert. Dabei wird als durchgängiges Beispiel die Transformation von der IPSEN–MIL nach Modula–2 betrachtet.

In Abschnitt 6.1 wird zunächst dargestellt, wie man die kontextfreie Syntax einer Sprache mit Hilfe einer normierten EBNF beschreiben kann und wie dadurch der Baumanteil abstrakter Syntaxgraphen festgelegt wird. In Abschnitt 6.2 wird dann der Begriff der EBNF-Korrespondenz definiert. Anschließend wird in Abschnitt 6.3 beschrieben, wie sich aus einer EBNF-Korrespondenz ein inkrementeller Transformator gewinnen läßt. In Abschnitt 6.4 folgt ein Vergleich mit anderen, in der Literatur dargestellten Ansätzen. Schließlich bringt Abschnitt 6.5 eine Zusammenfassung des vorliegenden Kapitels und einen Ausblick auf zukünftige Arbeiten.

6.1 Normierte EBNF's und abstrakte Syntaxgraphen

Durch eine **normierte EBNF** wird die kontextfreie Syntax einer Sprache beschrieben; dabei endet die Beschreibung auf der Ebene lexikalischer Einheiten. Die Definition einer normierten EBNF geht ursprünglich auf /En 86/ zurück und wurde in /He 89, Ko 90/ zum Zwecke der Generierung geringfügig modifiziert. Normierte EBNF's sind den GRAMPS-Grammatiken /CI 84/ sehr ähnlich.

Formal läßt sich eine normierte EBNF als ein Tripel

$$G = (\mathbf{N}, S, \mathbf{P})$$

definieren. Dabei ist
- **N** eine Menge von **Symbolen**,
- $S \in \mathbf{N}$ das **Startsymbol**,
- **P** eine Menge von **Produktionen**.

```
Module ::= DatatypeModule | DataobjectModule | FunctionModule
DatatypeModule ::=      "DATATYPE_MODULE" ModuleIdent
                        DatatypeInterfacePart
                        RealizationPart
                   "END;"
DatatypeInterfacePart ::=   "INTERFACE_PART"
                               [ OptBasedOnPart ]
                               DatatypeExportPart
                            "END;"
OptBasedOnPart ::=    "BASED_ON"
                         { TypeImport }
                         TypeImport
                      "END;"
TypeImport ::= LocalTypeImport | GeneralTypeImport
LocalTypeImport ::= "LOCAL_IMPORT_FROM" ModuleIdent ":" TypeIdent ";"
GeneralTypeImport ::= "GENERAL_IMPORT_FROM" ModuleIdent ":" TypeIdent ";"
DatatypeExportPart ::= "EXPORT_PART"
                          TypeExport
                          ProcDeclList
                       "END;"
TypeExport ::= "TYPE" TypeIdent ";"
ProcDeclList ::= { ProcDecl } ProcDecl
ProcDecl ::= "PROCEDURE" ProcIdent [ OptFormParPart ] ";"
(* OptFormParPart wie in Modula-2 *)
RealizationPart ::=   "REALIZATION_PART"
                         [ OptContainsList ]
                         [ OptImportList ]
                      "END;"
OptContainsList ::= "CONTAINS" { ModuleIdent "," } ModuleIdent ";"
OptImportList ::=   "IMPORT_PART"
                       { Import }
                       Import
                    "END;"
Import ::= LocalImport | GeneralImport
LocalImport ::=    "LOCAL_IMPORT_FROM" ModuleIdent ":" ResourceIdentList ";"
GeneralImport ::=  "GENERAL_IMPORT_FROM" ModuleIdent ":" ResourceIdentList ";"
ResourceIdentList ::= { ResourceIdent "," } ResourceIdent
```

Abb. 6.1 Ausschnitt aus der EBNF für die IPSEN–MIL

N läßt sich in vier disjunkte Teilmengen zerlegen:

$$N = A \cup S \cup L \cup T.$$

Dabei ist

- **A** die Menge der **Alternativensymbole**,
- **S** die Menge der **Struktursymbole**,
- **L** die Menge der **Listensymbole**,
- **T** die Menge der **Terminalsymbole**.

T enthält die Terminalsymbole bezüglich der kontextfreien Syntax. Dies sind Bezeichner und Literale, deren lexikalischer Aufbau durch die EBNF nicht mehr beschrieben wird. Für jedes sonstige Symbol N gibt es genau eine Produktion, auf deren linker Seite N auftritt.

Eine **Auswahlproduktion** beschreibt eine Auswahl aus einer Menge von Symbolen. Auf der linken Seite einer Auswahlproduktion steht ein Alternativsymbol. In der IPSEN–MIL wird beispielsweise zwischen lokalen und generellen Importen unterschieden:

Import :: = LocalImport | GeneralImport

Eine **Strukturproduktion** beschreibt, aus welchen Komponenten sich ein Strukturinkrement zusammensetzt. Dabei werden optionale Komponenten in eckige Klammern und Elemente der konkreten Syntax (Schlüsselworte, Begrenzer) in doppelte Hochkommata eingeschlossen. Beispielsweise lassen sich lokale Importe in der IPSEN–MIL durch folgende Produktion beschreiben:

LocalImport :: = "LOCAL_IMPORT_FROM" ModuleIdent ":" ResourceIdentList ";"

Schließlich wird durch eine **Listenproduktion** eine nichtleere Liste von Elementen beschrieben. Falls eine Liste auch leer sein darf, tritt das entsprechende Listensymbol als optionale Komponente auf der rechten Seite einer Strukturproduktion auf. Am Anfang und am Ende der Liste sowie zwischen den Listenelementen können Schlüsselworte bzw. Begrenzer stehen. Als Beispiel sei die Produktion angeführt, die die Liste der Bezeichner importierter Ressourcen in einer Importklausel beschreibt:

ResourceIdentList :: = { ResourceIdent "," } ResourceIdent

In Abb. 6.1 und Abb. 6.2 sind die EBNF-Produktionen zusammengefaßt, die für die inkrementelle Transformation von der IPSEN–MIL nach Modula–2 relevant sind. Im folgenden beschränken wir uns auf eine kurze Erläuterung der **MIL–Produktionen**, die den Aufbau von Datentypmodulen beschreiben (Datenobjekt- und Funktionsmodule sind analog strukturiert): Ein Datentypmodul besteht aus einer Schnittstelle (DatatypeInterfacePart) und einem Realisierungsteil (RealizationPart). Die Schnittstelle setzt sich ihrerseits aus einem optionalen Importteil (OptBasedOnPart) und einem Exportteil (DatatypeExportPart) zusammen. Im Importteil werden die von anderen Datentypmodulen exportierten Typen aufgeführt, die zur Spezifikation der exportierten Prozeduren benötigt werden. Dabei wird zwischen lokalen und generellen Typimporten unterschieden (LocalTypeImport bzw. GeneralTypeImport). Ein Typimport besteht aus dem Bezeichner eines Datentypmoduls und dem Bezeichner des von diesem Modul exportierten Typs. Im Exportteil steht zum einen eine opake Deklaration für den exportierten Typ (TypeExport); zum anderen werden die exportierten Prozeduren in einer Syntax spezifiziert, die von Modula–2 übernommen wurde. Im Realisierungsteil werden schließlich die Module aufgezählt, die logisch im aktuellen Modul enthalten sind und zu dessen Realisierung benutzt werden können (OptContainsList). Außerdem werden die zur Realisierung benötigten lokalen und generellen Importe beschrieben (OptImportList), soweit sie in der Schnittstelle noch nicht aufgeführt worden sind.

```
Module ::= DefinitionModule | ImplementationModule | ProgramModule
ImplementationModule ::= "IMPLEMENTATION_MODULE" ModuleIdent ";"
                              [ OptImportList ]
                              [ OptDeclarationList ]
                         "BEGIN"
                              [ OptStatementList ]
                         "END" ModuleIdent "."
OptImportList ::=   { Import } Import
Import ::= QualifiedImport | UnqualifiedImport
QualifiedImport ::= "FROM" ModuleIdent "IMPORT" ResourceIdentList ";"
ResourceIdentList ::= { ResourceIdent "," } ResourceIdent
UnqualifiedImport ::= "IMPORT" ModuleIdentList ";"
ModuleIdentList ::= { ModuleIdent "," } ModuleIdent
OptDeclarationList ::= { Declaration }  Declaration
Declaration ::= ConstDeclList | VarDeclList | TypeDeclList | ProcDecl
TypeDeclList ::= "TYPE" { TypeDecl } TypeDecl
TypeDecl ::= TypeIdent "=" TypeDefinition ";"
ProcDecl ::=      "PROCEDURE" ProcIdent [ OptFormParPart ] ";"
                      [ OptDeclarationList ]
                  "BEGIN"
                      [ OptStatementList ]
                  "END" ProcIdent ";"
OptFormParPart ::= [ OptFormParList ]   [ OptResultType ]
OptFormParList ::= "(" { FormParDecl ";" } FormParDecl ")"
FormParDecl ::= CallByRef | CallByVal
CallByRef ::= "VAR" FormParIdentList ":" TypeIdent[1]
FormParIdentList ::= { FormParIdent "," } FormParIdent
CallByVal ::= FormParIdentList ":" TypeIdent
OptResultType ::= ":" TypeIdent
```

Abb. 6.2 Ausschnitt aus der EBNF für Modula-2

Die logische Struktur eines Softwaredokuments (kontextfreie und kontextsensitive Syntax) wird mit Hilfe eines **abstrakten Syntaxgraphen** dargestellt. Dabei handelt es sich um einen abstrakten Syntaxbaum, der mit kontextsensitiven Kanten angereichert ist. Da uns kontextsensitive Aspekte hier nicht interessieren, beschränken wir uns im folgenden darauf, den kontextfreien Teil abstrakter Syntaxgraphen zu erläutern.

---

1. An dieser Stelle wurde die Syntax leicht vereinfacht: In Modula-2 sind auch offene Felder als Parametertypen zulässig. Diese Anmerkung gilt auch für CallByVal-Parameter.

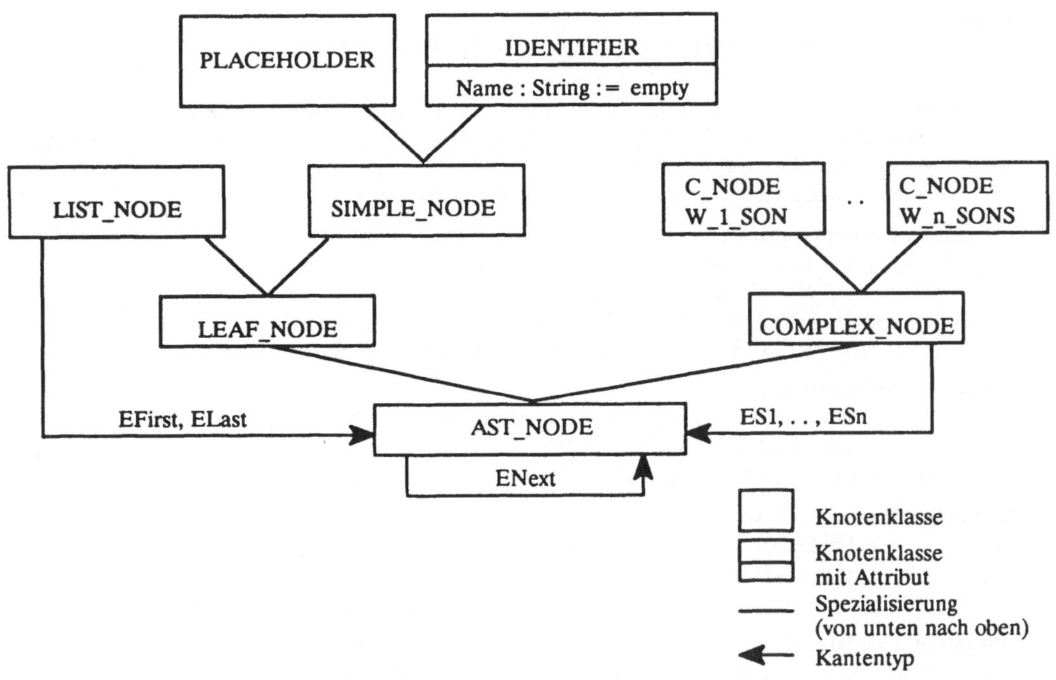

Abb. 6.3 Schema für abstrakte Syntaxbäume

Die Bestandteile, aus denen sich ein abstrakter Syntaxbaum zusammensetzt, lassen sich mit Hilfe eines **Schemas** beschreiben, das in vereinfachter Weise in Abb. 6.3 dargestellt ist /He 89/. Dabei haben wir uns einer graphischen Notation bedient, in der Knotenklassen durch Rechtecke, Kantentypen durch gerichtete sowie Spezialisierungen durch ungerichtete Linien dargestellt werden. Die Knotenklasse AST_NODE ist eine Unterklasse von NODE (in der Abb. nicht dargestellt) und repräsentiert beliebige Knoten abstrakter Syntaxbäume. Die Knotenklasse COMPLEX_NODE ist eine Unterklasse von AST_NODE und repräsentiert Strukturknoten mit einer festen Anzahl von Söhnen. Entsprechend der unterschiedlichen Anzahl von Söhnen gibt es Unterklassen für Strukturknoten mit einem Sohn, zwei Söhnen etc. Die Knotenklasse LEAF_NODE repräsentiert alle Knoten, die als Blätter auftreten können. Dies sind zum einen Listenknoten mit beliebig vielen Söhnen (Klasse LIST_NODE) und zum anderen Knoten der Klasse SIMPLE_NODE, die sich wiederum in Platzhalter- und Bezeichnerknoten einteilen lassen. Knoten der Klasse PLACEHOLDER repräsentieren unexpandierte Inkremente. Knoten der Klasse IDENTIFIER dienen dazu, Bezeichner und Literale darzustellen, und tragen als externes Attribut eine Zeichenkette, die die entsprechende lexikalische Einheit repräsentiert. Schließlich müssen noch die verschiedenen Typen von Baumkanten erläutert werden: Der Sohn i eines Strukturknotens ist mit seinem Vater durch eine ESi-Kante verbunden. EFirst- bzw. ELast-Kanten führen zum ersten bzw. letzten Element einer Liste, und ENext-Kanten verbinden aufeinanderfolgende Listenelemente.

transaction ExpandPlaceholder < NodeType : AST_NODE >
        (LogDocGraphId : T_GraphId; PlaceholderNodeId : T_Id;
        out ExpandedNodeId : T_Id);
  (* ersetzt den Knoten PlaceholderNodeId der Klasse PLACEHOLDER durch einen Knoten
ExpandedNodeId des Typs NodeType. Falls NodeType zur Klasse COMPLEX_NODE gehört,
werden auch die zugehörigen Söhne erzeugt. Dabei handelt es sich im Falle von Struktur- und
Alternativensymbolen um die entsprechenden Platzhalter. *)

transaction InsertInEmptyList
        (LogDocGraphId : T_GraphId; ListNodeId : T_Id;
        out NewElementNodeId : T_Id);
  (* erzeugt das erste Listenelement. ListNodeId muß zu der Klasse LIST_NODE gehören. Falls das
Elementsymbol ein Struktur- oder Alternativensymbol ist, wird ein Platzhalter erzeugt.*)

transaction PreInsertInList
        (LogDocGraphId : T_GraphId; ElementNodeId : T_Id;
        out NewElementNodeId : T_Id);
  (* erzeugt ein Listenelement vor dem durch ElementNodeId bezeichneten Listenelement. *)

transaction PostInsertInList
        (LogDocGraphId : T_GraphId; ElementNodeId : T_Id;
        out NewElementNodeId : T_Id);
  (* erzeugt ein Listenelement nach dem durch ElementNodeId bezeichneten Listenelement. *)

transaction DeleteIncr(LogDocGraphId : T_GraphId; NodeId : T_Id);
  (* Beim Löschen sind folgende, kaskadenförmig angeordnete Fälle zu unterscheiden:
- Ist NodeId ein Listenelement, so wird der gesamte entsprechende Unterbaum gelöscht.
- Ist NodeId ein Strukturknoten, so wird der Unterbaum durch einen Platzhalter ersetzt.
- Ist NodeId ein Listenknoten, wobei das Listensymbol auf der rechten Seite einer Alternativenproduktion steht, so wird der Unterbaum durch einen Platzhalter ersetzt.
- Sonst werden im Falle eines Listenknotens alle Listenelemente gelöscht.
- Ist NodeId ein Bezeichner, so wird das Bezeichnerattribut gelöscht, d.h. durch eine leere Zeichenkette ersetzt. *)

transaction ExtendIdent
        (LogDocGraphId : T_GraphId; IdentNodeId : T_Id; IdentString : T_String);
  (* ersetzt den Wert des Bezeichnerattributs am Knoten IdentNodeId durch IdentString. *)

Abb. 6.4 Veränderungsoperationen auf abstrakten Syntaxgraphen

Von der konkreten Syntax einer Sprache, die durch eine normierte EBNF beschrieben ist, gelangt man **zur abstrakten Syntax**, indem man von Schlüsselworten und Begrenzern abstrahiert[2]. Dabei werden Symbole, die in der normierten EBNF definiert sind, auf Knotentypen abgebildet, die ihrerseits Blättern der Knotenklassenhierarchie zugeordnet werden. Dies geschieht nach folgenden Regeln (die jeweils angegebenen Beispiele stammen aus der IPSEN–MIL):

2. Man beachte, daß sich hier die abstrakte Syntax sehr eng an die konkrete Syntax anlehnt. Dies geschieht, um die Generierung eines syntaxgestützten Editors inklusive Parser und Unparser zu erleichtern. Der Begriff "abstrakte Syntax" wird hier also anders benutzt als im Compilerbau, wo man darunter diejenigen Teile der Syntax eines Programms versteht, die für dessen Semantik relevant sind.

- Jedem Alternativensymbol wird ein Knotentyp der Klasse PLACEHOLDER zugeordnet. Beispielsweise wird für Importe der Platzhalter UEImport eingeführt; dabei steht "UE" als Abkürzung für "UnExpanded".

- Jedem Struktursymbol, das auf der rechten Seite einer Struktur- oder Listenproduktion vorkommt, wird ebenfalls ein Knotentyp der Klasse PLACEHOLDER zugeordnet. Beispielsweise gibt es einen Platzhalter UEDatatypeExport für den Exportteil eines Datentypmoduls.

- Treten auf der rechten Seite einer Strukturproduktion i Symbole auf, so wird dem Struktursymbol ein Knotentyp der Klasse C_NODE_W_i_SONS zugeordnet. Beispielsweise wird für den Exportteil eines Datentypmoduls ein Knotentyp DatatypeExportPart bereitgestellt, der der Klasse C_NODE_W_2_SONS angehört.

- Jedes Listensymbol wird auf einen Knotentyp der Klasse LIST_NODE abgebildet (z.B. OptImportList für Importlisten). Listen sind ihre eigenen Platzhalter, d.h. es wird nicht explizit zwischen expandierten und nicht expandierten Listen unterschieden.

- Jedem Terminalsymbol wird ein Knotentyp der Klasse IDENTIFIER zugeordnet (z.B. ModuleIdent für Modulbezeichner). Auch Bezeichner sind ihre eigenen Platzhalter. Ein nicht expandierter Bezeichner läßt sich daran erkennen, daß die entsprechende Zeichenkette leer ist.

Für jeden Dokumenttyp wird eine Reihe von **Veränderungsoperationen** bereitgestellt, die jeweils garantieren, daß sich jedes Dokument dieses Typs stets in einem kontextfrei korrekten Zustand befindet. Ferner werden im Zuge dieser Operationen inkrementelle kontextsensitive Analysen durchgeführt und entsprechende kontextsensitive Kanten gezogen. Dabei werden kontextsensitive Fehler toleriert. In Abb. 6.4 werden die Veränderungsoperationen zusammengefaßt, die für jeden Dokumenttyp zur Verfügung gestellt werden. Dabei werden jeweils lediglich die kontextfreien Auswirkungen auf den abstrakten Syntaxgraphen beschrieben; auf die hier nicht interessierenden, intern durchzuführenden kontextsensitiven Analysen gehen wir dagegen nicht ein.

6.2   EBNF-Korrespondenzen

Was eine kontextfreie inkrementelle 1:1-Transformation leisten soll, läßt sich zu einem großen Teil in einfacher Weise dadurch beschreiben, daß eine Korrespondenz zwischen den Grammatiken der jeweiligen Sprachen angegeben wird. Im vorliegenden Abschnitt wird der Begriff der **EBNF-Korrespondenz** formal definiert. Wie bereits in Abschnitt 2.3 erläutert wurde, sollen aus einer EBNF-Korrespondenz auf automatische Weise sprachspezifische Transformationsregeln abgeleitet werden, die ihrerseits automatisch – d.h. ohne Benutzerinteraktion – angewendet werden. Aus dieser Funktion einer EBNF-Korrespondenz resultiert eine Reihe von Einschränkungen. Es können also nicht beliebige Beziehungen zwischen den beteiligten Grammatiken hergestellt werden, sondern nur solche, aus denen sich automatisch sprachspezifische Transformationsregeln ableiten lassen.

Als Beispiel für eine EBNF-Korrespondenz werden Beziehungen zwischen den Sprachkonstrukten der IPSEN-MIL bzw. von Modula-2 hergestellt. Dieses Beispiel macht auch die Grenzen von Korrespondenzdefinitionen deutlich: Liegen die beteiligten Grammatiken **schief** zueinander, so lassen sich mit dem hier gewählten Ansatz nicht alle tatsächlich bestehenden Beziehungen ausdrücken; folglich ist dann eine inkrementelle Transformation durch die EBNF-Korrespondenz nur unvollständig spezifiziert. Wir kommen auf diesen Punkt am Ende dieses Abschnitts noch einmal zurück.

Für die folgenden Überlegungen ist nur die **abstrakte Syntax** relevant, d.h. Schlüsselworte und Begrenzer spielen keine Rolle. Ferner abstrahieren wir von der Unterscheidung zwischen optionalen und obligatorischen Elementen der rechten Seite einer Strukturproduktion. Unter diesen Voraussetzungen läßt sich eine Produktion formal als ein Paar

$$p = (N, r)$$

auffassen, wobei

$$N \in \mathbf{N}, r \in \mathbf{N}^*$$

gelte. Die Art der Produktion ergibt sich dabei aus der Art der linken Seite.

Hinsichtlich der **rechten Seite** sind folgende Fälle zu unterscheiden:
- $N \in \mathbf{A}$: Dann ist $|r| \geq 2$, d.h. es muß also mindestens zwei Alternativen zur Expansion von N geben[3].
- $N \in \mathbf{S}$: Dann ist $|r| \geq 1$, d.h. N muß mindestens einen Sohn besitzen.
- $N \in \mathbf{L}$: Dann ist $|r| = 1$, d.h. die rechte Seite besteht aus genau einem Symbol, das die syntaktische Klasse der Listenelemente kennzeichnet.
- $N \in \mathbf{T}$: Dann ist $|r| = 0$, d.h. die rechte Seite ist leer. Terminalproduktionen für lexikalische Einheiten werden hier aus technischen Gründen eingeführt, um die folgenden Definitionen zu vereinfachen.

Es seien nun

$$G1 = (\mathbf{N1}, S1, \mathbf{P1}), \quad G2 = (\mathbf{N2}, S2, \mathbf{P2})$$

zwei normierte Grammatiken, deren Produktionen auf die eben beschriebene Weise definiert sind. Dann ist eine **Produktionskorrespondenz** ein Tripel

$$pc = (p1, p2, rc)$$

mit folgenden Eigenschaften:
- $pi = (Ni, ri) \in \mathbf{Pi} \quad (i \in \{1, 2\})$
- $rc: \{1,...,|r1|\} \rightarrow \{1, ..., |r2|\}$
  ist eine partielle Funktion, mit deren Hilfe Korrespondenzen zwischen Elementen der

---

3. $|r|$ bezeichne die Länge von r.

rechten Seiten hergestellt werden. Diese Funktion wird im folgenden als **Rechtskorrespondenzfunktion** bezeichnet.

Eine Menge **PC** von Produktionskorrespondenzen heißt **EBNF-Korrespondenz**. **PC** heißt **eindeutig**, wenn es zu jeder Produktion $p1 \in$ **P1** höchstens eine Produktionskorrespondenz $pc \in$ **PC** mit

$$pc = (p1, p2, rc)$$
gibt.

Durch eine eindeutige EBNF-Korrespondenz **PC** wird eine partielle Funktion
$$lc : \mathbf{N1} \rightarrow \mathbf{N2}$$
in folgender Weise induziert:
$$lc(N1) = N2 \ <=> \ \exists \, (p1, p2, rc) \in \mathbf{PC} : p1 = (N1, r1) \wedge p2 = (N2, r2)$$
Diese Funktion bezeichnen wir im folgenden als **Symbolkorrespondenzfunktion**.

Die Eindeutigkeit der EBNF-Korrespondenz garantiert, daß die Transformation von bestimmenden in abhängige Dokumente **deterministisch** ist[4]. Da i.a. nicht alle Sprachkonstrukte transformiert werden, muß die Symbolkorrespondenzfunktion nicht total sein.

Um zu gewährleisten, daß **sinnvolle Korrespondenzen** zwischen Elementen der rechten Seiten hergestellt werden, werden die Möglichkeiten zur Kombination von Produktions- bzw. Symbolarten eingeschränkt. In der Matrix aus Abb. 6.5 sind die zulässigen Kombinationen durch Kreuze gekennzeichnet. Die Zeilen der Matrix sind der bestimmenden, die Spalten der abhängigen EBNF zugeordnet. I.w. lassen sich nur gleichartige Symbole miteinander in Beziehung setzen.

$lc(N) \in$ **N2** $N \in$ **N1**	Alternativensymbol	Listensymbol	Struktursymbol	Terminalsymbol
Alternativensymbol	X	X	X	X
Listensymbol	–	X	–	–
Struktursymbol	–	–	X	–
Terminalsymbol	–	–	–	X

X zulässig
– verboten

Abb. 6.5 Zulässige und verbotene Kombinationen von Symbolarten

4. Ist dies nicht der Fall, so produzieren auch die daraus erzeugten Transformationsregeln ein nichtdeterminiertes Ergebnis, was im Widerspruch zu der Vorstellung steht, daß die Transformation automatisch – d.h. ohne Benutzerinteraktion – ablaufen soll.

Erläutern wir zunächst, welche Vorstellungen wir mit den Einträgen auf der Hauptdiagonalen verbinden:

- Eine **Korrespondenz zwischen Alternativensymbolen** läßt sich herstellen, wenn jede Auswahl auf seiten der bestimmenden Grammatik auf eine entsprechende Auswahl auf seiten der abhängigen Grammatik abgebildet werden kann.
- Durch eine **Korrespondenz zwischen Listensymbolen** wird ausgedrückt, daß es auf der Exemplarebene eine isomorphe Abbildung zwischen den Listenelementen gibt (Abb. 6.6a).
- Eine **Korrespondenz zwischen Struktursymbolen** wird hergestellt, wenn ein Teil der Komponenten der bestimmenden Struktur auf einen Teil der Komponenten der abhängigen Struktur abgebildet wird (Abb. 6.6b).
- Eine **Korrespondenz zwischen Terminalsymbolen** drückt aus, daß die abhängige lexikalische Einheit mit der bestimmenden übereinstimmen muß.

Abgesehen von der Kombination gleichartiger Symbole ist es auch erlaubt, daß einem Alternativensymbol A ein andersartiges Symbol N zugeordnet wird. Dies ist allerdings nur dann zulässig, wenn alle aus A ableitbaren Alternativen ebenfalls auf N abgebildet werden. Ist also

$$A ::= N1 \mid \ldots \mid Nm$$

die Produktion für A, so muß

$$lc(Ni) = N \quad (i \in \{1, \ldots, m\})$$

gelten.

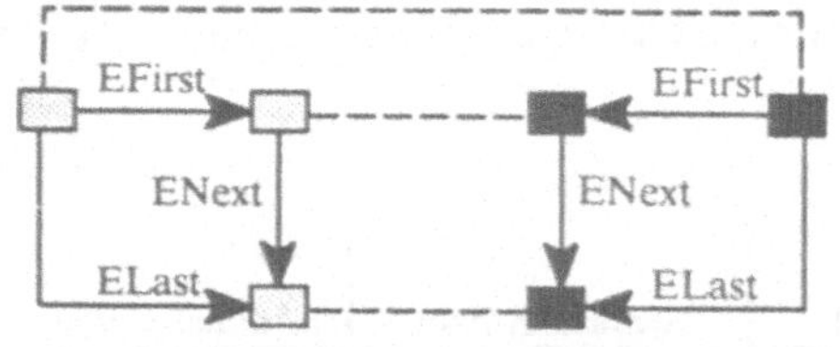

a) Korrespondenzen zwischen Listeninkrementen

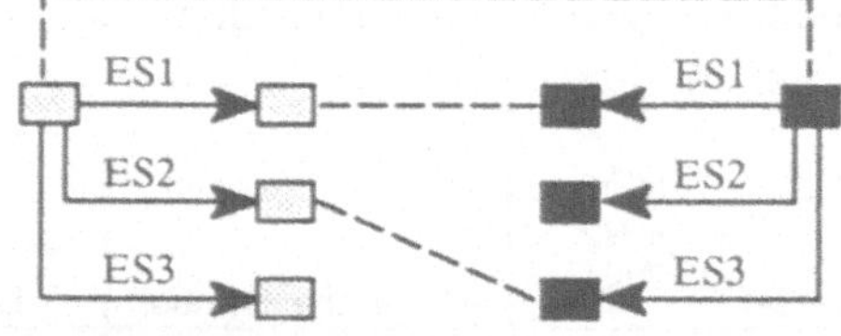

b) Korrespondenzen zwischen Strukturinkrementen

Abb. 6.6 Ausdrückbare Korrespondenzen

Als Beispiel läßt sich die Abbildung von Importen im Realisierungsteil eines Moduls auf Modula–2–Importe anführen. Es gilt

$$lc(MIL\_Import) = M2\_QualifiedImport,$$

wobei MIL_Import ein Alternativensymbol für lokale und generelle Importe und M2_QualifiedImport ein Struktursymbol für qualifizierte Importe ist[5].

---

5. Unqualifizierte Importe werden bei der Transformation IPSEN–MIL – > Modula–2 nicht benutzt.

Den umgekehrten Fall – ein Listen-, Struktur- oder Terminalsymbol wird auf ein Alternativensymbol abgebildet – lassen wir nicht zu, da dies zu einer nichtdeterministischen Korrespondenzfunktion führt. Gilt nämlich

$\qquad$ lc(N) = A

für ein Nicht–Alternativensymbol N und ein Alternativensymbol A, so muß N konsequenterweise auch auf alle Symbole der rechten Seite von

$\qquad$ A ::= N1 | ... | Nm

abgebildet werden.

Wir diskutieren nun noch in Kürze die **verbleibenden verbotenen Kombinationen** von Symbolarten:

- Terminalsymbole dürfen nicht auf Listen- oder Struktursymbole abgebildet werden, weil es dann nicht möglich ist, die lexikalische Einheit, die durch das Terminalsymbol repräsentiert wird, in der Zielsprache darzustellen. Analog läßt sich im umgekehrten Fall argumentieren.

- Ein Listensymbol darf nicht auf ein Struktursymbol abgebildet werden. In diesem Fall wäre es nicht möglich, Beziehungen zwischen Listenelementen und Söhnen eines Strukturinkrements herzustellen, da es einerseits eine variable, unbeschränkte Anzahl gleichartiger Listenelemente und andererseits eine feste Anzahl i.a. verschiedenartiger Söhne gibt. Es läßt sich also nicht garantieren, daß die Listenelemente auf die Struktursöhne abgebildet werden können.

- Dagegen erscheint der umgekehrte Fall – eine Struktur wird auf eine Liste abgebildet – zwar wenig sinnvoll, er ließe sich aber im Prinzip unterstützen (vorausgesetzt, die Bilder der zu transformierenden Struktursöhne sind legale Listenelemente). Dennoch schließen wir diesen Fall aus, um die nachfolgenden Überlegungen nicht zu kompliziert werden zu lassen.

Im folgenden wenden wir uns den **Rechtskorrespondenzfunktionen** zu, mit deren Hilfe Beziehungen zwischen Elementen von rechten Seiten definiert werden. Sie werden später bei der Transformation dazu benutzt, um feinkörnige Abhängigkeitsrelationen herzustellen. Bei der Definition von Rechtskorrespondenzfunktionen müssen eine Reihe von Einschränkungen beachtet werden, auf die wir im folgenden eingehen.

Es sei

$\qquad$ pc = (p1, p2, rc)

eine Produktionskorrespondenz. Ferner sei

$\qquad$ p1 = (N1, N11...N1m)

und

$\qquad$ p2 = (N2, N21...N2n).

Dann muß die Rechtskorrespondenzfunktion

$\qquad$ rc : {1, ... , m} –> {1, ... , n}

verträglich mit der Symbolkorrespondenzfunktion lc sein, d.h.:

$\quad$ i ϵ dom(rc) $\;=>\;$ N2j $=$ lc(N1i) $\quad$ (j $=$ rc(i)) [6]

Die übrigen Eigenschaften, die rc erfüllen muß, hängen davon ab, welche Arten von Produktionen (bzw. Symbolen der linken Seiten) durch pc miteinander in Beziehung gesetzt werden. Dabei lassen sich folgende Fälle unterscheiden:

* **Alternative –> Alternative.** In diesem Fall muß rc total sein, damit sichergestellt ist, daß jede Auswahl auf seiten der bestimmenden Grammatik auf eine entsprechende Auswahl auf seiten der abhängigen Grammatik abgebildet werden kann.
* **Liste –> Liste.** Auch in diesem Fall muß rc total sein, so daß die syntaktischen Klassen der Listenelemente aufeinander abgebildet werden. Man beachte, daß eine Korrespondenz zwischen zwei Listenproduktionen auf der Exemplarebene eine bijektive ordnungstreue Abbildung zwischen den Elementen zueinander korrespondierender Listen impliziert.
* **Struktur –> Struktur.** In diesem Fall kann rc partiell sein, da i.a. nur ein Teil der bestimmenden Struktur für die Transformation in die abhängige Struktur relevant ist. rc muß aber injektiv sein, da es sonst auf der Exemplarebene zu einem abhängigen Inkrement mehrere bestimmende Inkremente geben kann. Diese Situation schließen wir aus, da wir nur 1:1–Transformationen betrachten wollen.
* **Alternative –> Nicht–Alternative.** In diesem Fall ist der Definitionsbereich von rc leer. Erst wenn auf seiten der bestimmenden Grammatik eine Auswahl erfolgt ist, können Korrespondenzen zwischen Elementen der rechten Seiten hergestellt werden.

Abb. 6.7 zeigt zwei einfache **Beispiele** für Korrespondenzen zwischen Elementen von rechten Seiten. Man beachte, daß der Typbezeichner des MIL–Typimports zu keinem Sohn des Modula–2–Imports in Beziehung gesetzt werden kann. Wir kommen darauf später noch zurück.

a) Auswahlproduktionen

```
MIL_FormParDecl ::                                              M2_FormParDecl ::=
   MIL_CallByRef | ––––––––––––––––––––––––––––––– M2_CallByRef |
   MIL_CallByVal ––––––––––––––––––––––––––––––– M2_CallByVal
```

b) Strukturproduktionen

```
MIL_LocalTypeImport ::=                                         M2_QualifiedImport ::=
   "LOCAL_IMPORT_FROM"                                             "FROM"
      MIL_ModuleIdent –––––––––––––––––––––––––– M2_ModuleIdent
      ":" MIL_TypeIdent ";"                                        "IMPORT"
                                                                   M2_ResourceIdentList ";"
```

Abb. 6.7 Beispiele für Rechtskorrespondenzfunktionen

---

6. "dom" bezeichne den Definitions–, "range" den Wertbereich einer Funktion.

Durch die Symbolkorrespondenzfunktion und die oben beschriebenen Einschränkungen sind die Rechtskorrespondenzfunktionen bereits weitgehend eindeutig festgelegt. Lediglich im Falle von Strukturproduktionen gibt es u.U. noch Wahlmöglichkeiten. Es seien nun

$N1 ::= N11 ... N1m$

bzw.

$N2 ::= N21 ... N2n$

zwei Strukturproduktionen. Unter folgenden Bedingungen ist die **Rechtskorrespondenzfunktion rc eindeutig festgelegt:**

- $N1i \in dom(lc) => i \in dom(rc)$ $(i \in \{1, ... , m\})$
- $N1i, N1j \in dom(lc) \wedge i \neq j => lc(N1i) \neq lc(N1j)$ $(i, j \in \{1, ... , m\})$
- $i \neq j \wedge i, j \in range(rc) => N2i \neq N2j$ $(i, j \in \{1, ... , n\})$

Abb. 6.8 zeigt in Form einer Tabelle die **Symbolkorrespondenzfunktion für die Transformation IPSEN–MIL –> Modula–2**. Dabei wurden alle Korrespondenzen weggelassen, die sich aus einer Korrespondenz zwischen einem Alternativensymbol und einem Struktur-, Listen- oder Terminalsymbol ableiten lassen. Man kann sich leicht davon überzeugen, daß die hier angegebene Symbolkorrespondenzfunktion alle Rechtskorrespondenzfunktionen in eindeutiger Weise festlegt.

IPSEN–MIL	Modula–2
MIL_Module	M2_ImplementationModule
MIL_ModuleIdent	M2_ModuleIdent
MIL_TypeImport	M2_QualifiedImport
MIL_TypeIdent	M2_ResourceIdent
MIL_ProcDecl	M2_ProcDecl
MIL_ProcIdent	M2_ProcIdent
MIL_OptFormParPart	M2_OptFormParPart
MIL_OptFormParList	M2_OptFormParList
MIL_OptResultType	M2_OptResultType
MIL_FormParDecl	M2_FormParDecl
MIL_CallByRef	M2_CallByRef
MIL_CallByVal	M2_CallByVal
MIL_FormParIdentList	M2_FormParIdentList
MIL_FormParIdent	M2_FormParIdent
MIL_Import	M2_QualifiedImport
MIL_ResourceIdentList	M2_ResourceIdentList
MIL_ResourceIdent	M2_ResourceIdent
MIL_TypeExport	M2_TypeDecl

Abb. 6.8 Korrespondenzen zwischen MIL– und Modula–2–Symbolen

Wie wir gesehen haben, bestehen zwischen der Symbolkorrespondenzfunktion und den Rechtskorrespondenzfunktionen enge Beziehungen. Einerseits werden durch die Symbolkorrespondenzfunktion die Rechtskorrespondenzfunktionen weitgehend eindeutig festgelegt. Andererseits muß bei der Definition der Symbolkorrespondenzfunktion darauf geachtet werden, daß die Rechtskorrespondenzfunktionen überhaupt konsistent definiert werden können. Werden beispielsweise zwei Listensymbole zueinander in Beziehung gesetzt, so müssen auch die Symbole für die Listenelemente aufeinander abgebildet werden.

Wir hatten bereits zu Beginn des vorliegenden Abschnitts darauf hingewiesen, daß sich mit Hilfe des hier beschriebenen Ansatzes nicht alle Korrespondenzen spezifizieren lassen, wenn die beteiligten Grammatiken **schief zueinander** liegen. Im folgenden geben wir dafür zwei Beispiele an:

- In Abb. 6.7 wurden Typimporte in der IPSEN-MIL zu qualifizierten Importen in Modula-2 in Beziehung gesetzt. Dabei läßt sich der Bezeichner des importierten Typs nicht abbilden, weil in einem Modula-2-Import eine Liste von Bezeichnern aufgeführt wird. In diesem Fall gibt es also in der abhängigen Grammatik eine **zusätzliche Stufe** (die Ressourcenliste), die die Definition einer Korrespondenz verhindert.

- Bei der Spezifikation eines Moduls in der IPSEN-MIL gibt es zum einen eine Importliste in der Schnittstelle (MIL_OptBasedOnPart) und zum anderen eine Importliste im Realisierungsteil (MIL_OptImportList). Andererseits enthält ein Modulrumpf nur eine Importliste (M2_OptImportList). Somit läßt sich **keine 1:1-Beziehung** zwischen Importlisten angeben, sondern es werden zwei IPSEN-MIL-Importlisten auf eine Modula-2-Importliste abgebildet. Diese Abbildung läßt sich mit Hilfe unseres Ansatzes nicht ausdrücken.

Diese Fälle erfordern jeweils **Spezialbehandlungen** bei der Transformation. Es ist z.Zt. unklar, ob bzw. wie sich der hier vorgestellte Ansatz zur Definition von Korrespondenzen (und das darauf aufbauende Konzept der inkrementellen Transformation) so erweitern läßt, daß auch solche Korrespondenzmuster erfaßt werden.

6.3 Ein inkrementeller Transformator

In diesem Abschnitt gehen wir darauf ein, wie sich ausgehend von einer EBNF-Korrespondenz ein **inkrementeller Transformator** konstruieren läßt. Als Beispiel betrachten wir den Übergang von der IPSEN-MIL nach Modula-2. In Abschnitt 6.3.1 wird zunächst ein Beispiel angegeben, das das Verständnis des Zusammenspiels der später formal spezifizierten Transformationsregeln erleichtern soll. Danach werden in Abschnitt 6.3.2 die der Transformation zugrundeliegenden Prinzipien präzisiert, die in Abschnitt 2.3 skizziert wurden. In Abschnitt 6.3.3 folgt schließlich die formale Spezifikation des inkrementellen Transformators.

6.3.1 Ein Beispiel

Bevor wir uns nun der formalen Spezifikation des inkrementellen Transformators zuwenden, geben wir ein **Beispiel** für seine Funktionsweise. I.w. handelt es sich um das Beispiel aus Abschnitt 2.3, das hier wieder aufgegriffen und vertieft wird. Bei der Erläuterung werden wir bereits auf die entsprechenden PROGRESS–Transaktionen Bezug nehmen. Dabei wird insbesondere erklärt, welche dieser Transaktionen sprachunabhängig, sprachabhängig und generierbar bzw. sprachabhängig und handgeschrieben sind.

```
DATATYPE_MODULE M1;                             IMPLEMENTATION MODULE M1;
   INTERFACE_PART                                  ...
      EXPORT_PART                                     ...
         TYPE T1;                                     TYPE T1 = ... ;
         PROCEDURE P1(VAR F1 : T1);                   PROCEDURE P1(VAR F1 : T1);
         PROCEDURE P2(VAR F1 : T1);                   BEGIN
      END;                                            END P1;
   END;                                            PROCEDURE P2(VAR F1 : T1);
   REALIZATION_PART                                BEGIN
      ...                                          END P2;
   END;                                            ...
END;                                            END M1.
```

Abb. 6.9 Ausgangssituation

Wir gehen davon aus, daß es ein Datentypmodul M1 gibt, das einen Typ T1 und zwei Prozeduren P1 und P2 exportiert, und daß bereits eine mit M1 konsistente Modulimplementation existiert (Abb. 6.9).

```
DATATYPE_MODULE M1;                             IMPLEMENTATION MODULE M1;
   INTERFACE_PART                                  ...
      BASED_ON_PART                                   ...
         GENERAL_IMPORT_FROM M2 : T2;                 ...
      EXPORT_PART                                     ...
         TYPE T1';                                    TYPE T1 = ... ;
         PROCEDURE P1                                 PROCEDURE P1(VAR F1 : T1);
            (VAR F1 : T1'; F2 : T2);                  BEGIN
         PROCEDURE P2(VAR F1 : T1);                   END P1;
      END;                                            PROCEDURE P2(VAR F1 : T1);
   END;                                            BEGIN
   REALIZATION_PART                                END P2;
      ...                                          ...
   END;                                            ...
END;                                            END M1.
```

Abb. 6.10 Situation nach Änderung der Modulspezifikation

Die Modulspezifikation wird nun in folgender Weise **verändert:**
1. Der Bezeichner des exportierten Typs wird zu T1' geändert.
2. Die Prozedur P1 erhält einen zusätzlichen Wertparameter F2 vom Typ T2.
3. Der Typ T2 wird aus dem Modul M2 importiert.
4. Die Prozedur P2 wird gelöscht.

Dies führt zu der in Abb. 6.10 dargestellten Situation. Einfügungen, Löschungen bzw. Änderungen sind durch Unterstreichen, Durchstreichen bzw. Kursivschrift hervorgehoben.

Nach diesen Änderungen wird die Modulimplementation aktualisiert. Um die Aktualisierung zu illustrieren, gehen wir im folgenden von der Textnotation zur **Darstellung der abstrakten Syntaxbäume** über.

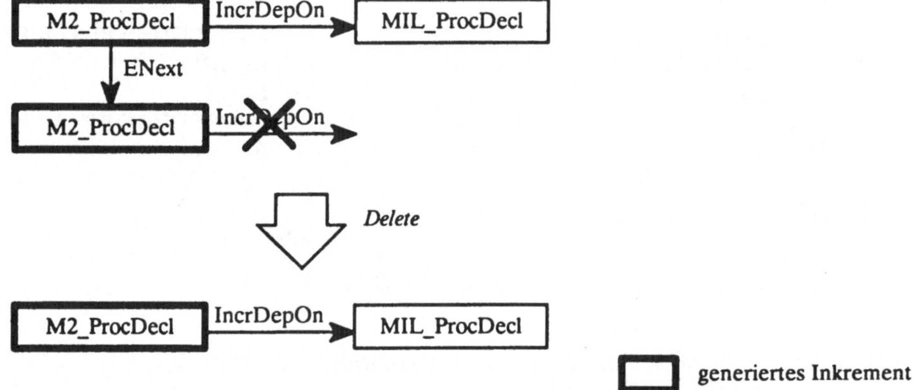

Abb. 6.11 Löschen eines obsoleten generierten Inkrements

Zunächst werden alle obsoleten generierten Inkremente mit Hilfe der sprachunabhängigen Transaktion Delete (Abb. 6.17) **gelöscht.** Dies betrifft hier die Deklaration von P2 (Änderung 4), die mit keinem Architekturinkrement verbunden ist, obwohl ihr HasMaster–Attribut den Wert true hat (Abb. 6.11). Man beachte, daß das HasMaster–Attribut benötigt wird, um generierte Inkremente zu erkennen, denen vermittels der EBNF–Korrespondenz ein Urbild zugeordnet werden konnte (näheres dazu im nächsten Abschnitt).

An die Löschphase schließt sich die **Erzeugungsphase** an. Wir betrachten zunächst die Änderungsoperation 2 (P1 erhält einen zusätzlichen Formalparameter). Mit Hilfe der sprachunabhängigen Transaktion PostGenerateElement (Abb. 6.21) wird zunächst ein Platzhalter für einen formalen Parameter eingefügt (Übergang von a) nach b) in Abb. 6.12), der anschließend mit Hilfe der sprachspezifischen generierbaren Transaktion TransformCallBy-Val (Aufruf in TransformComplexIncrement, Abb. 6.25) expandiert wird (Übergang von b) nach c) in Abb. 6.12). Danach wird in analoger Weise ein Bezeichner in die Bezeichnerliste der Parameterdeklaration eingefügt (in Abb. 6.12 nicht mehr dargestellt).

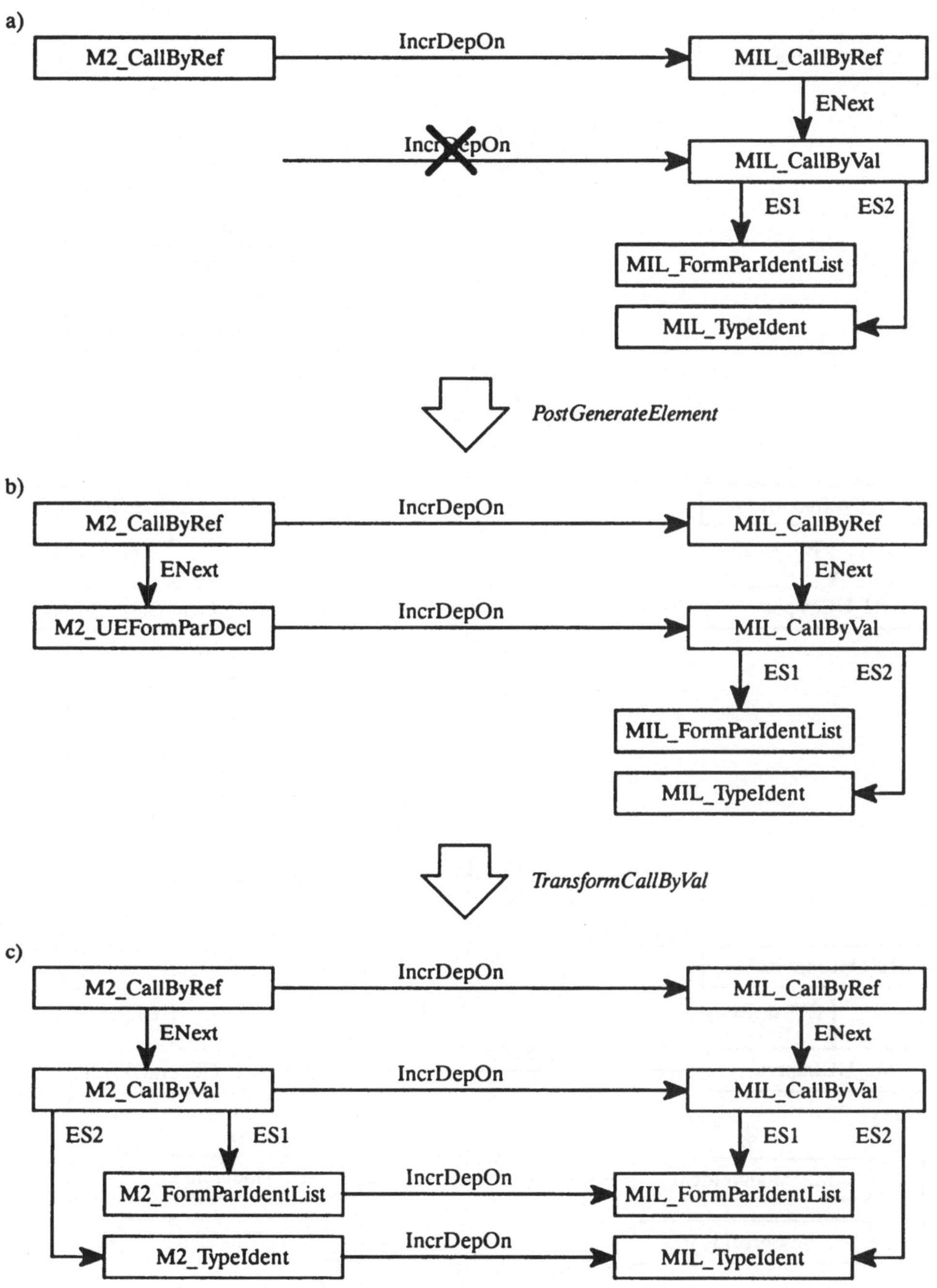

Abb. 6.12 Erzeugen eines formalen Parameters

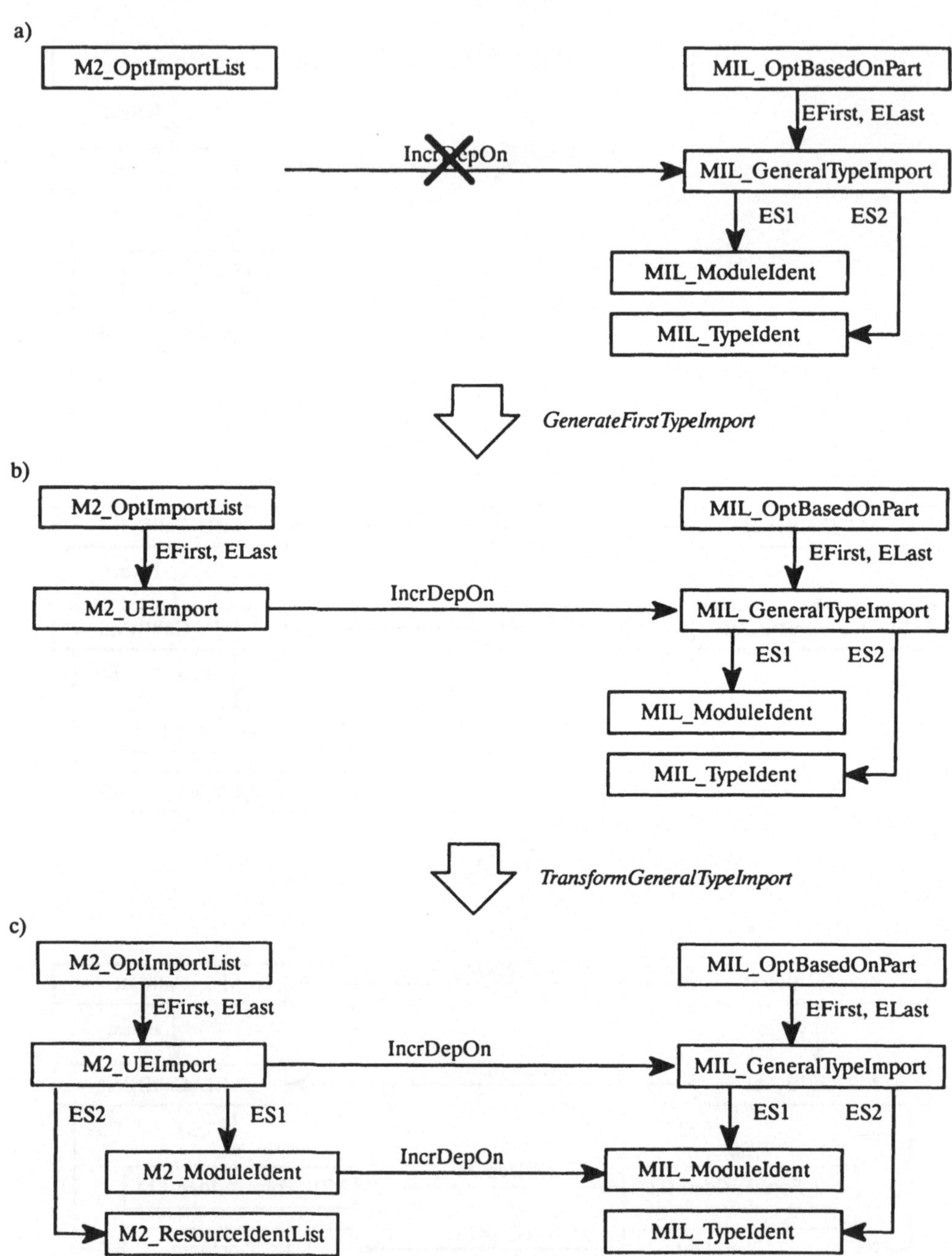

Abb. 6.13 Erzeugen eines Typimports

Wegen der 1:1–Beziehung zwischen formalen MIL– und Modula–2–Parametern lassen sich entsprechende Aktualisierungen mit Hilfe sprachunabhängiger bzw. generierbarer sprachspezifischer Operationen beschreiben. Im Bereich der Importe liegen dagegen die MIL– und die Modula–2–Grammatik **schief** zueinander; hier sind auch handgeschriebene sprachspezifische Operationen erforderlich. Um den neu erzeugten Typimport (Änderung 3) zu transformieren, wird zunächst mit Hilfe der sprachspezifischen handgeschriebenen Transaktion GenerateFirstTypeImport (Abb. 6.23) ein Platzhalter für einen Import erzeugt (Übergang von a) nach b) in Abb. 6.13). Anschließend wird dieser Platzhalter mit Hilfe der sprachspezifischen generierbaren Transaktion TransformGeneralTypeImport (Aufruf in TransformComplexIncrement, Abb. 6.25) expandiert (Übergang von b) nach c) in Abb. 6.13). Schließlich wird mit Hilfe der sprachspezifischen handgeschriebenen Transaktion GenerateTypeIdent (Aufruf in SpecificGenerateListElement, Abb. 6.22) ein Element in die Liste der Bezeichner importierter Ressourcen eingetragen (in Abb. 6.13 nicht mehr dargestellt).

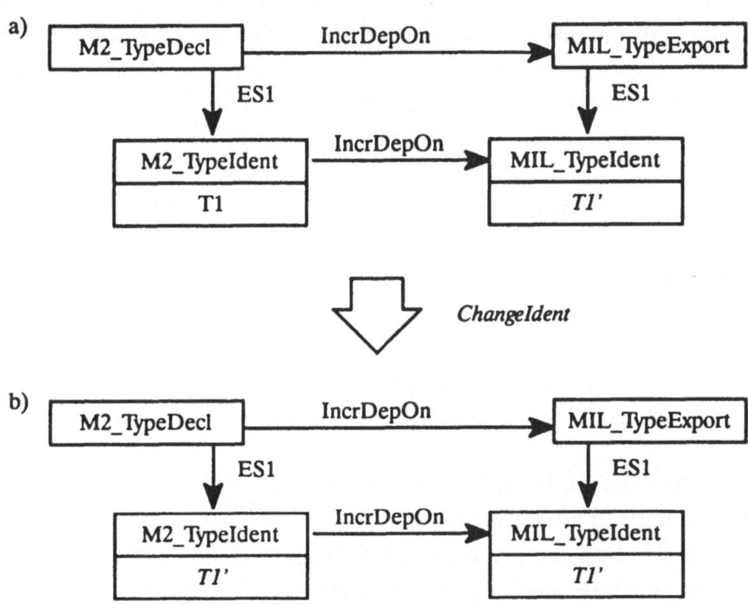

Abb. 6.14 Ändern eines Bezeichners

Nach Abschluß der zweiten Phase werden in der dritten (sprachunabhängigen) Phase des Aktualisierens diejenigen abhängigen **Bezeichner geändert**, deren Urbilder neu erzeugt oder geändert worden sind (Transaktion ChangeIdents, Abb. 6.18). Abb. 6.14 zeigt als Beispiel das Ändern des Bezeichners des exportierten Typs (Änderung 1).

6.3.2 Prinzipien der inkrementellen Transformation

Hinsichtlich der Kontrolle der externen Konsistenz lassen sich folgende **Aufgaben** unterscheiden:
- Erzeugen von Vorgaben
- Analysieren der externen Konsistenz
- Inkrementelles Aktualisieren

Im vorliegenden Abschnitt beschränken wir uns darauf, das **inkrementelle Aktualisieren** eines abhängigen Dokuments zu beschreiben. Diese Beschränkung läßt sich folgendermaßen rechtfertigen:
- Eine Vorgabe läßt sich erzeugen, indem zunächst ein "leeres" abhängiges Dokument erzeugt wird und anschließend der Algorithmus zum inkrementellen Aktualisieren darauf aktiviert wird.
- Im Rahmen des inkrementellen Aktualisierens werden die gleichen Überprüfungen wie beim Analysieren der externen Konsistenz durchgeführt. Der Unterschied besteht lediglich darin, daß Inkonsistenzen im ersten Fall beseitigt und im zweiten Fall nur festgestellt werden.

Bei der Spezifikation des inkrementellen Aktualisierens **setzen** wir folgendes **voraus**:
- Die Syntax von Dokumenten eines bestimmten Typs wird mit Hilfe einer normierten EBNF beschrieben.
- Die Struktur eines Dokuments wird intern mit Hilfe eines abstrakten Syntaxgraphen modelliert.
- Beziehungen zwischen den beteiligten Grammatiken werden mit Hilfe einer EBNF–Korrespondenz formalisiert.

Im folgenden geben wir exemplarisch einen Ausschnitt aus einer PROGRESS–Spezifikation an, die die **inkrementelle Transformation von der IPSEN–MIL nach Modula–2** beschreibt. Eine derartige Spezifikation setzt sich i.a. aus folgenden Teilen zusammen:
- **Sprachunabhängige Teile**, die für jede Transformation wiederverwendet werden können.
- **Sprachspezifische Teile**, die sich systematisch aus der EBNF–Korrespondenz ableiten lassen und daher auch **generierbar** sein sollten.
- **Sprachspezifische Teile**, die **Sonderfälle** abhandeln. Diese Teile müssen per Hand programmiert werden.

Als **Vorbedingung** für die inkrementelle Transformation setzen wir voraus, daß alle feinkörnigen Abhängigkeitsrelationen zwischen abhängigen und bestimmenden Inkrementen vorhanden sind. Als **Nachbedingung** wird garantiert, daß das abhängige Dokument mit dem bestimmenden Dokument konsistent ist.

Bevor wir uns dem Transformationsalgorithmus zuwenden, erläutern wir zunächst die für die Transformation relevanten **Datenstrukturen**. Dies sind zum einen **IncrDepOn–Kanten**, die generierte Inkremente mit ihren Urbildern verbinden. Zum anderen werden zwei Attribute deklariert, die der Knotenklasse AST_NODE zugeordnet werden:

```
type T_ProtectionMode = (NoProtection, WeakProtection, StrongProtection);
class AST_NODE is_a NODE;
    external HasMaster : T_Boolean := false;
    external ProtectionMode : T_ProtectionMode := NoProtection;
end;
```

Mit Hilfe des Attributs **HasMaster** werden generierte Inkremente gekennzeichnet, denen sich gemäß der EBNF-Korrespondenz ein Urbild zuordnen läßt. Das HasMaster-Attribut wird standardmäßig mit false initialisiert. Es wird bei der inkrementellen Transformation benutzt, um generierte Inkremente zu erkennen, deren Urbilder gelöscht worden sind (in diesem Fall hat HasMaster den Wert true, obwohl es keine auslaufende IncrDepOn–Kante gibt).

Das standardmäßig mit NoProtection initialisierte **ProtectionMode**-Attribut dient dazu, Inkremente gegen Edieroperationen zu schützen. Es wird vom Editor benutzt, um die Kommandos zu filtern, die einem IPSEN–Benutzer auf dem aktuellen Inkrement angeboten werden. Dabei gehen wir davon aus, daß der Editor Kommandos zur Verfügung stellt, die den baumorientierten Operationen aus Abb. 6.4 entsprechen (Löschen von Inkrementen, Einfügen von Listenelementen, Expandieren von Platzhaltern, Ändern von Bezeichnern). Im Zuge einer inkrementellen Transformation generierte Inkremente werden gegen Edieren geschützt, indem das ProtectionMode-Attribut geeignet gesetzt wird. Dabei werden ggf. auch Inkremente geschützt, zu denen es kein Urbild gibt (z.B. die Modula–2–Importliste, in der ausschließlich generierte Importe stehen und auf der dem Benutzer kein Löschkommando angeboten werden darf).

Insgesamt werden drei **Schutzmodi** unterschieden:
* ProtectionMode = NoProtection. Alle Edierkommandos sind erlaubt.
* ProtectionMode = StrongProtection. Es werden überhaupt keine Edierkommandos angeboten.
* ProtectionMode = WeakProtection. Dieser Modus darf nur für Listenelemente verwendet werden. Es werden keine Kommandos zum Löschen des Listenelements angeboten; es ist aber möglich, davor oder dahinter weitere Listenelemente einzufügen (PreInsertInList, PostInsertInList, s. Abb. 6.4).

In der Regel wird für generierte Inkremente der Schutzmodus StrongProtection verwendet (z.B. beim Parameterteil einer generierten Prozedurdeklaration). Der Schutzmodus WeakProtection wird nur in Ausnahmefällen benutzt. Bei der Transformation IPSEN–MIL –>

Modula–2 wird er für die generierten Inkremente der Deklarationsliste im Modulrumpf eingesetzt, da diese sowohl generierte als auch manuell eingetragene Elemente enthält.

Hinsichtlich der feinkörnigen Abhängigkeitsrelationen, die zwischen den Inkrementen eines abhängigen Dokuments dd ("dependent document") und eines bestimmenden Dokuments md ("master document") bestehen, sowie der Attribute HasMaster und ProtectionMode, die den Inkrementen von dd zugeordnet werden, gelten eine Reihe von **Konsistenzbedingungen**:

1   Zu jedem Inkrement des abhängigen Dokuments gibt es höchstens ein bestimmendes Inkrement:

$$\forall\ i \in dd\ (\ |\{i' \in md\ |\ i\ \text{–IncrDepOn–}>\ i'\}|\ \leq 1\ )$$

2   Zu jedem Inkrement des bestimmenden Dokuments gibt es höchstens ein abhängiges Inkrement:

$$\forall\ i \in md\ (\ |\{i' \in dd\ |\ i'\ \text{–IncrDepOn–}>\ i\}|\ \leq 1\ )$$

3   Feinkörnige Abhängigkeitsrelationen gehen nur von Inkrementen aus, deren HasMaster–Attribut gesetzt ist:

$$\forall\ i \in dd\ (\ \exists\ i' \in md\ (\ i\ \text{–IncrDepOn–}>\ i'\ )\ =>\ i.\text{HasMaster}\ )$$

4   Inkremente, deren HasMaster–Attribut gesetzt ist, sind gegen Edieren geschützt:

$$\forall\ i \in dd\ (\ i.\text{HasMaster}\ =>\ i.\text{ProtectionMode} \neq \text{NoProtection}\ )$$

5   Der Vater eines geschützten Inkrements ist ebenfalls geschützt [7]:

$$\forall\ i1,\ i2 \in dd\ (i1.\ \text{ProtectionMode} \neq \text{NoProtection} \wedge i1\ \text{–ToFather–}>\ i2\ =>$$
$$i2.\text{ProtectionMode} \neq \text{NoProtection}\ )$$

Bedingung 5 stellt sicher, daß ein Inkrement, das ein geschütztes Inkrement enthält, nicht gelöscht wird. Diese Bedingung impliziert, daß ein abhängiges Dokument aus einem **geschützten Rahmen** besteht, der **ungeschützte Bereiche** als innere Inkremente enthält, die ihrerseits aber keine geschützten Bereiche enthalten dürfen (Abb. 6.15).

Nach diesen allgemeinen Vorbemerkungen wenden wir uns nun dem **Algorithmus zur inkrementellen Aktualisierung** eines abhängigen Dokuments zu. Als Beispiel betrachten wir die Transformation IPSEN–MIL –> Modula–2.

In Abschnitt 5.1 waren wir bereits ausführlich auf den Konflikt eingegangen, der zwischen der Datenabstraktion und der Modellierung dokumentübergreifender Relationen mit Hilfe graphübergreifender Kanten besteht. Bei der Spezifikation der Transformation halten wir uns insofern an das Prinzip der **Datenabstraktion**, als Veränderungen von abstrakten Syntaxgraphen wie Löschen, Einfügen oder Ändern von Inkrementen ausschließlich mit Hilfe der in

---

7. ToFather bezeichnet einen Pfad, der von einem Knoten eines abstrakten Syntaxbaums zu dessen Vater führt.

Abb. 6.4 beschriebenen Operationen durchgeführt werden. Alle sonstigen Veränderungsoperationen sorgen lediglich dafür, daß IncrDepOn–Kanten erzeugt und die Attribute Has-
Master und ProtectionMode gesetzt werden.

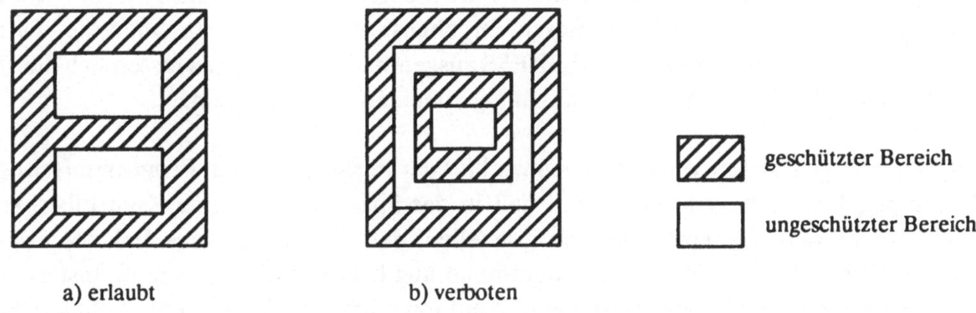

Abb. 6.15 Illustration von Bedingung 5

Diese Vorgehensweise garantiert die **strukturelle Integrität** der beteiligten Dokumente,
führt aber beim Erzeugen abhängiger Inkremente zu einer etwas **umständlichen Spezifikation:**
1. Durch einen Graphtest wird eine Anwendungsstelle für eine Transformation lokalisiert.
2. Die auf abstrakten Syntaxgraphen zur Verfügung stehenden Operationen werden benutzt, um das abhängige Dokument zu verändern.
3. Schließlich werden im letzten Schritt graphübergreifende Kanten gezogen und die Attribute ProtectionMode und HasMaster gesetzt.
Im Falle rein kontextfreier Änderungsoperationen (z.B. Ersetzen eines Platzhalters durch ein
Strukturinkrement) ließen sich diese Operationen in einer Graphersetzung zusammenfassen.

Bevor wir nun die formale Spezifikation präsentieren, ist noch eine Vorbemerkung zu dem
dabei verwendeten **Programmierstil** angebracht. PROGRESS ist eine Sprache, die verschiedene Programmierstile unterstützt. Man kann in ihr zum einen **prozedural** programmieren,
indem man sich extensiv der Kontrollstrukturen bedient, zum anderen kann man aber auch
regelorientiert programmieren, indem man komplexe Graphtests und Graphersetzungen
beschreibt und den Kontrollstrukturanteil so klein wie möglich hält.

Im vorliegenden Anwendungsfall bieten sich folgende Möglichkeiten:
*   Man kann das inkrementelle Aktualisieren prozedural spezifizieren, indem man die
    Methode des **rekursiven Abstiegs** verwendet: Im abhängigen Dokument wird nach gene-
    rierten Teilen gesucht, die gelöscht bzw. geändert werden müssen; im bestimmenden
    Dokument werden neu erzeugte Teile gesucht, die noch nicht transformiert worden sind.
    Ein neues Inkrement wird per rekursivem Abstieg transformiert, d.h. die entsprechende
    Transformationsoperation ruft Transformationsoperationen für innere Inkremente auf.

Dies führt zu einer Spezifikation mit einem hohen Kontrollstrukturanteil und trivialen Graphtests und Graphersetzungen (bzw. Aufrufen graphverändernder Transaktionen).

- Die Alternative zu dieser Vorgehensweise besteht darin, einen **Satz von Transformationsregeln** zu entwickeln, deren Anwendung nicht durch Kontrollstrukturen, sondern durch Graphtests gesteuert wird. Bei dieser Vorgehensweise werden zum einen die "Pattern-Matching"-Fähigkeiten von PROGRESS ausgenutzt. Zum anderen lassen sich die Transformationsregeln weitgehend unabhängig voneinander entwickeln.

Aufgrund der genannten Vorteile haben wir hier der **regelorientierten Programmierung** den Vorzug gegeben. D.h. natürlich nicht, daß in der Spezifikation keine Kontrollstrukturen verwendet werden. Generell läßt sich feststellen, daß eine vernünftige Balance zwischen prozeduraler und regelorientierter Programmierung hergestellt werden muß. Insbesondere muß vermieden werden, Kontrollstrukturen auf unnatürliche Weise durch die linken Seiten von Graphtests und Graphersetzungen zu simulieren.

6.3.3 Formale Spezifikation

Nach diesen Vorbemerkungen kommen wir nun zur formalen Spezifikation des inkrementellen Aktualisierens, das sich in drei **Phasen** zerlegen läßt (Abb. 6.16):

1. Alle generierten Inkremente werden entfernt, deren Urbild gelöscht wurde.
2. Für neu erzeugte Inkremente werden entsprechende abhängige Inkremente generiert.
3. Bezeichner generierter Inkremente, die nicht mit dem Bezeichner des jeweiligen Urbilds übereinstimmen, werden geändert.

Im folgenden gehen wir der Reihe nach auf das Löschen, Ändern und Erzeugen ein.

```
transaction UpdateImplementation(ArchGraphId, ModGraphId : T_GraphId) =
begin
    Delete(ArchGraphId, ModGraphId) &
    Create(ArchGraphId, ModGraphId) &
    ChangeIdents(ArchGraphId, ModGraphId)
end;
```

Abb. 6.16 Phasen des inkrementellen Aktualisierens

6.3.3.1 Löschen

Die Löschphase läßt sich in einfacher Weise sprachunabhängig spezifizieren (Abb. 6.17). In einer Schleife werden alle Inkremente gelöscht, deren HasMaster-Attribut den Wert true hat und aus denen keine IncrDepOn-Kante ausläuft, die im bestimmenden Dokument endet [8].

---

8. Diese Einschränkung ist relevant, wenn es mehrere Revisionen des bestimmenden Dokuments gibt.

Dabei setzen wir die Konsistenzbedingungen 1 und 3 voraus. Bei der Spezifikation des Pfads
ToMasterInGraph ist zu beachten, daß durch **valid** eine Bedingung an Knotenattribute
formuliert wird.

```
transaction Delete(MasterGraphId, DependentGraphId : T_GraphId) =
    var DelIncrId : T_Id;
begin
    loop
        SelectIncrToDelete(MasterGraphId, DependentGraphId, out DelIncrId) &
        DeleteIncr(DependentGraphId, DelIncrId)
    end
end;

test SelectIncrToDelete
        (MasterGraphId, DependentGraphId : T_GraphId; out DelIncrId : T_Id) =
```

```
                        not   ToMasterInGraph(MasterGraphId)
   ┌─────────────────┐ <══════════════════════════════════════════▷
   │  1 : AST_NODE   │
   └─────────────────┘
```

```
    condition   1.GraphId = DependentGraphId; 1.HasMaster;
    return      DelIncrId := 1.NodeId;
end;

path ToMasterInGraph(MasterGraphId : T_GraphId) : AST_NODE -> AST_NODE =
    -IncrDepOn-> & valid (self.GraphId = MasterGraphId)
end;
```

Abb. 6.17 Löschen obsoleter generierter Inkremente

6.3.3.2 Ändern von Bezeichnern

Auch die dritte Phase – das Ändern von Bezeichnern – läßt sich auf einfache Weise sprachunabhängig formulieren (Abb. 6.18). Dabei wird vorausgesetzt, daß in der zweiten Phase alle
erforderlichen Inkremente erzeugt und mit ihren Urbildern verbunden wurden. Die Transaktion aus Abb. 6.18 läßt sich sowohl auf neu erzeugte als auch auf geänderte Bezeichner
anwenden.

```
transaction ChangeIdents(MasterGraphId, DependentGraphId : T_GraphId) =
    var IdentId : T_Id; NewName : T_String;
begin
    loop
        SelectIdentToChange(MasterGraphId, DependentGraphId, out IdentId, out NewName) &
        ExtendIdent(DependentGraphId, IdentId, NewName)
    end
end;
```

```
test SelectIdentToChange(   MasterGraphId, DependentGraphId : T_GraphId;
                            out IdentId : T_Id; out NewName : T_String) =
```

```
                    IncrDepOn
 ┌─────────────────┐         ┌─────────────────┐
 │ 1 : IDENTIFIER  ├────────▶│ 2 : IDENTIFIER  │
 └─────────────────┘         └─────────────────┘
```

```
condition    1.GraphId = DependentGraphId; 2.GraphId = MasterGraphId;
             1.Name ≠ 2.Name;
return       IdentId := 1.NodeId;
             NewName := 2.Name;
end;
```

Abb. 6.18 Ändern von Bezeichnern

6.3.3.3   Erzeugen

Im folgenden wenden wir uns nun der zweiten Phase – dem Erzeugen von Inkrementen – zu (Abb. 6.19). Diese Phase ist regelorientiert programmiert. Ein Satz von **Transformationsregeln** wird so lange wie möglich angewendet. Zur nichtdeterministischen Auswahl stellt PROGRESS das **or–Konstrukt** zur Verfügung, welches im Gegensatz zum **else–Konstrukt** besagt, daß die Reihenfolge, in der die Alternativen ausprobiert werden, nicht festgelegt ist. Jede Transformationsregel führt eine inkrementelle Änderung durch. Das Zusammenspiel der Transformationsregeln wird nicht durch gegenseitige Aufrufe der entsprechenden Transaktionen, sondern durch die Suche nach Anwendungsstellen geregelt. Zum Verständnis des Zusammenspiels sei der Leser nochmals auf das Beispiel in Abschnitt 6.3.1 verwiesen, insbesondere auf Abb. 6.12 und Abb. 6.13.

```
transaction Create(ArchGraphId, ModGraphId : T_GraphId) =
begin
    loop
        GeneralGenerateListElement(ArchGraphId, ModGraphId)
    or  SpecificGenerateListElement(ArchGraphId, ModGraphId)
    or  ReestablishCorrespondence(ArchGraphId, ModGraphId)
    or  TransformComplexIncrement(ArchGraphId, ModGraphId)
    end
end;
```

Abb. 6.19 Erzeugen von Inkrementen

Im Rumpf der Transaktion Create werden folgende Untertransaktionen aufgerufen:

* **GeneralGenerateListElement** ist eine sprachunabhängige Transaktion, die ein Listenelement erzeugt.
* **SpecificGenerateListElement** ist eine sprachspezifische Transaktion, die ebenfalls ein Listenelement erzeugt. Diese Transaktion wird für die Fälle benötigt, in denen keine 1:1-Korrespndenz zwischen Listen definiert werden konnte.

- **ReestablishCorrespondence** ist eine sprachspezifische Transaktion, mit deren Hilfe Korrespondenzen zwischen Söhnen von Strukturinkrementen wiederhergestellt werden, die durch Löschoperationen im bestimmenden Dokument verloren gegangen sind. Diese Transaktion läßt sich in systematischer Weise aus der EBNF-Korrespondenz konstruieren.
- **TransformComplexIncrement** ist eine sprachspezifische Transaktion, mit deren Hilfe Strukturinkremente erzeugt werden. Dies setzt voraus, daß ein Strukturinkrement im bestimmenden Dokument mit einem Platzhalter im abhängigen Dokument verbunden ist. Diese Transaktion läßt sich ebenfalls in systematischer Weise aus der EBNF-Korrespondenz konstruieren.

Darüber hinaus kann i.a. eine weitere Transaktion erforderlich sein, die Söhne von Strukturinkrementen im abhängigen Dokument mit den entsprechenden Inkrementen im bestimmenden Dokument verbindet (bzw. eine solche Verbindung wiederherstellt), falls keine Korrespondenz zu einem Element der rechten Seite der entsprechenden Strukturproduktion der bestimmenden Grammatik hergestellt werden konnte. Dieser Fall tritt auf, wenn die korrespondierenden Inkremente unterschiedlich tief liegen (z.B. Sohn eines Strukturinkrements in Grammatik G1, Enkel des korrespondierenden Strukturinkrements in G2). Die entsprechende Transaktion ist sprachspezifisch und läßt sich nicht aus der EBNF-Korrespondenz ableiten. Bei der Transformation IPSEN-MIL -> Modula-2 tritt der skizzierte Fall jedoch nicht auf.

6.3.3.3.1 Allgemeines Erzeugen von Listenelementen

```
transaction GeneralGenerateListElement(MasterGraphId, DependentGraphId : T_GraphId) =
begin
    try
        GenerateFirstElement(MasterGraphId, DependentGraphId)
    or  PostGenerateElement(MasterGraphId, DependentGraphId)
    or  PreGenerateElement(MasterGraphId, DependentGraphId)
    end
end;
```

Abb. 6.20 Erzeugen eines Listenelements

In der sprachunabhängigen Transaktion zum Erzeugen eines Listenelements (Abb. 6.20) werden drei Fälle unterschieden:

- **GenerateFirstElement** erzeugt das erste Element in einer abhängigen Liste.
- **PostGenerateElement** erzeugt ein Listenelement hinter einem bereits generierten Element.
- **PreGenerateElement** erzeugt ein Listenelement vor einem bereits generierten Element.

Falls das Listenelementsymbol ein Alternativen– oder Struktursymbol ist, wird ein entsprechender Platzhalter erzeugt. Das erzeugte Listenelement wird als generiert gekennzeichnet und geschützt; ferner wird es mit dem entsprechenden Listenelement im bestimmenden Dokument durch eine IncrDepOn–Kante verbunden.

```
transaction PostGenerateElement(MasterGraphId, DependentGraphId : T_GraphId) =
     var MasterElementId, DependentElementId, PreDependentElementId : T_Id;
begin
     SelectMasterElementAndPreDependentElement
       ( MasterGraphId, DependentGraphId, out MasterElementId, out PreDependentElementId) &
     PostInsertInList(DependentGraphId, PreDependentElementId, out DependentElementId) &
     ConnectCorrespondingIncrements
       ( DependentGraphId, DependentElementId, MasterGraphId, MasterElementId)
end;

test SelectMasterElementAndPreDependentElement
       ( MasterGraphId, DependentGraphId : T_GraphId;
         out MasterElementId, PreDependentElementId : T_Id) =
```



```
     condition    1.GraphId = DependentGraphId; 2.GraphId = MasterGraphId;
     return       MasterElementId := 3.NodeId; PreDependentElementId := 1.NodeId;
end;

production ConnectCorrespondingIncrements
             ( DependentGraphId : T_GraphId; DependentIncrementId : T_Id;
               MasterGraphId : T_GraphId; MasterIncrementId : T_Id) =
```



```
     condition    1.GraphId = DependentGraphId; 1.NodeId = DependentIncrementId;
                  2.GraphId = MasterGraphId; 2.NodeId = MasterIncrementId;
     transfer     1'.HasMaster := true;
                  1'.ProtectionMode := StrongProtection;
end;

path ToDependentInGraph(DependentGraphId : T_GraphId) : AST_NODE -> AST_NODE =
     < -IncrDepOn- & valid (self.GraphId = DependentGraphId)
end;
```

Abb. 6.21 Erzeugen hinter einem Listenelement

Als Beispiel betrachten wir das Erzeugen hinter einem bereits generierten Listenelement (**PostGenerateElement**, Abb. 6.21). Zunächst wird ein noch nicht transformiertes Listenelement MasterElementId ermittelt, dessen Vorgänger bereits transformiert wurde. PreDependentElementId bezeichnet das aus dem Vorgänger von MasterElementId generierte Listenelement. Anschließend wird hinter PreDependentElementId ein Listenelement erzeugt und mit MasterElementId verbunden.

6.3.3.3.2 Sprachspezifisches Erzeugen von Listenelementen

Zusätzlich zu den sprachunabhängigen Operationen werden auch sprachspezifische Operationen zum Erzeugen von Listenelementen benötigt. Diese Operationen lassen sich nicht aus der EBNF-Korrespondenz ableiten. Sie decken die Fälle ab, in denen keine Korrespondenzen zwischen Listen definiert werden konnte, weil die beteiligten Grammatiken schief zueinander liegen. Bei der Transformation IPSEN-MIL-> Modula-2 sind folgende Fälle zu berücksichtigen (Abb. 6.22):

- **GenerateTypeDecl** erzeugt einen Platzhalter für eine Typdeklaration, der mit dem Typexport eines Datentypmoduls verbunden wird.
- **GenerateFirstProcDecl** erzeugt einen Platzhalter für eine Prozedurdeklaration, der mit der ersten von einem Modul exportierten Prozedur verbunden wird.
- **GenerateFirstTypeImport** erzeugt einen Platzhalter für einen Import, der mit dem ersten Import in der Schnittstelle eines Moduls verbunden wird.
- **GenerateTypeIdent** erzeugt ein Element in der Liste der importierten Ressourcen, das mit dem Typbezeichner eines Typimports verbunden wird.
- **GenerateFirstImport** erzeugt einen Platzhalter für einen Import, der mit dem ersten Import im Realisierungsteil eines Moduls verbunden wird.

```
transaction SpecificGenerateListElement(ArchGraphId, ModGraphId : T_GraphId) =
begin
    try
        GenerateTypeDecl(ArchGraphId, ModGraphId)
    or  GenerateFirstProcDecl(ArchGraphId, ModGraphId)
    or  GenerateFirstTypeImport(ArchGraphId, ModGraphId)
    or  GenerateTypeIdent(ArchGraphId, ModGraphId)
    or  GenerateFirstImport(ArchGraphId, ModGraphId)
    end
end;
```

Abb. 6.22 Sprachspezifisches Erzeugen von Listenelementen

Man beachte, daß in allen Fällen, in denen eine Liste im bestimmenden Dokument auf einen Teil einer Liste im abhängigen Dokument abgebildet wird, durch die sprachspezifischen Operationen lediglich das erste Listenelement erzeugt werden muß. Ist dieses vorhanden, so können alle weiteren Listenelemente mit Hilfe der sprachunabhängigen Listenoperationen relativ zum ersten Element erzeugt werden[9].

```
transaction GenerateFirstTypeImport(ArchGraphId, ModGraphId : T_GraphId) =
    var MIL_TypeImportId, M2_OptImportListId, M2_UEImportId, M2_ImportId : T_Id;
begin
    SelectFirstMIL_TypeImportAndM2_OptImportList
      ( ArchGraphId, ModGraphId, out MIL_TypeImportId, out M2_OptImportListId) &
    try
        InsertInEmptyList(ModGraphId, M2_OptImportListId, out M2_UEImportId)
    else
        SelectFirstElement(ModGraphId, M2_OptImportListId, out M2_ImportId) &
        PreInsertInList(ModGraphId, M2_ImportId, out M2_UEImportId)
    end &
    ConnectCorrespondingIncrements
      ( ModGraphId, M2_UEImportId, ArchGraphId, MIL_TypeImportId)
end;

test SelectFirstMIL_TypeImportAndM2_OptImportList
      ( ArchGraphId, ModGraphId : T_GraphId;
        out MIL_TypeImportId, M2_OptImportListId : T_Id) =
```

1 : M2_Implementation Module — IncrDepOn → 3 : COMPLEX_NODE

ToSon

ToSon +

2 : M2_OptImportList

4 : MIL_TypeImportList

EFirst

not ((-ENext->)* & ToDependentInGraph(ModGraphId))

5 : AST_NODE

```
    condition    1.GraphId = ModGraphId; 3.GraphId = ArchGraphId;
    return       MIL_TypeImportId := 5.NodeId; M2_OptImportListId := 2.NodeId;
end;
```

Abb. 6.23 Erzeugen eines Platzhalters für einen Typimport

Als Beispiel greifen wir die Transaktion **GenerateFirstTypeImport** heraus (Abb. 6.23). Zunächst werden der erste Typimport in der Modulschnittstelle und die Importliste im Modul-

9. Probleme bereitet allerdings der umgekehrte Fall: Elemente einer Liste im bestimmenden Dokument müssen auf verschiedene Listen im abhängigen Dokument verteilt werden. Dieser Fall kommt zwar hier nicht vor, ist aber prinzipiell denkbar. In einem solchen Fall müssen die sprachunabhängigen Listenregeln auf solche Listen eingeschränkt werden, denen jeweils eine abhängige Liste 1:1 zugeordnet ist, und es müssen zusätzliche sprachspezifische Listenregeln formuliert werden.

rumpf ermittelt. Man beachte, daß der entsprechende Test nur erfolgreich ist, wenn noch kein Typimport transformiert wurde; ansonsten werden, wie bereits oben erwähnt wurde, die sprachunabhängigen Operationen zum Erzeugen von Listenelementen benutzt. Anschließend wird ein Platzhalter für den Import erzeugt. Im Falle einer noch leeren Importliste wird dafür die Operation InsertInEmptyList verwendet; falls bereits Importe des Realisierungsteils transformiert wurden, wird die Operation PreInsertInList verwendet. Anschließend wird der erzeugte Platzhalter, der in jedem Fall am Anfang der Importliste steht, mit dem entsprechenden Typimport verbunden.

6.3.3.3.3 Wiederherstellen von Korrespondenzen zwischen Söhnen von Strukturinkrementen

```
transaction ReestablishCorrespondence(ArchGraphId, ModGraphId : T_GraphId) =
begin
    try
        ReestablishCorrespondenceWithOptFormParPart(ArchGraphId, ModGraphId)
    or  ReestablishCorrespondenceWithOptResultType(ArchGraphId, ModGraphId)
    end
end;

production ReestablishCorrespondenceWithOptFormParPart
            (ArchGraphId, ModGraphId : T_GraphId) =
```

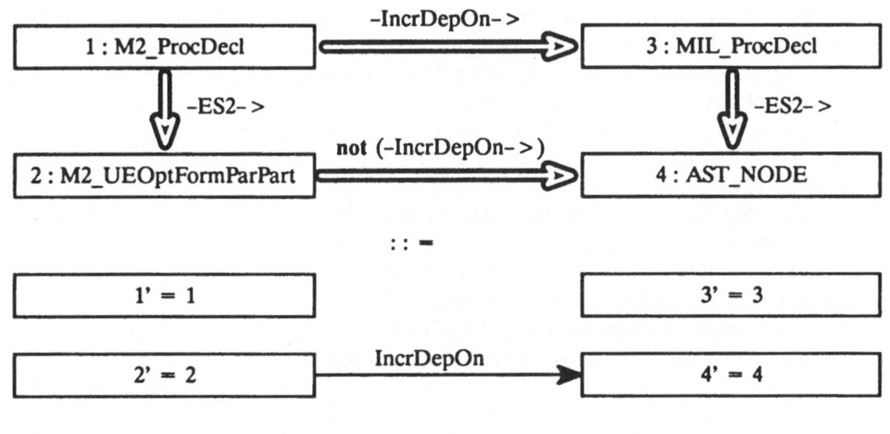


```
condition   1.GraphId = ModGraphId; 3.GraphId = ArchGraphId;
transfer    2'.HasMaster := true; 2'.ProtectionMode := StrongProtection;
end;
```

Abb. 6.24 Wiederherstellen von Korrespondenzen

Tritt auf der rechten Seite einer Strukturproduktion ein Alternativen- oder Struktursymbol auf, das in einer Produktionskorrespondenz zu einem Sohn eines Struktursymbols der abhängigen Grammatik in Beziehung gesetzt wurde, so können zwischen entsprechenden Inkrementen hergestellte Korrespondenzen verloren gehen. Dies geschieht, wenn das bestimmende Inkrement im nachhinein expandiert oder gelöscht wird. In derartigen Fällen werden Graphersetzungen benötigt, die solche Korrespondenzen wiederherstellen. Diese Graphersetzungen sind sprachspezifisch und lassen sich in systematischer Weise aus der EBNF-Korrespondenz konstruieren.

Abb. 6.24 zeigt die entsprechende Transaktion zum Wiederherstellen von Korrespondenzen für die Transformation IPSEN–MIL – > Modula–2. Korrespondenzen müssen in zwei Fällen wiederhergestellt werden, nämlich nach dem Expandieren/Löschen des formalen Parameterteils einer Prozedur und nach dem Expandieren/Löschen des Resultattyps einer Prozedur. Für den ersten Fall haben wir die entsprechende Graphersetzung angegeben. Man beachte, daß auf seiten des abhängigen Dokuments nach dem Verlust der Korrespondenz auf jeden Fall ein Platzhalter steht. Ggf. wurde das abhängige Inkrement in der ersten Phase der Transformation gelöscht.

6.3.3.3.4 Transformation von Strukturinkrementen

```
transaction TransformComplexIncrement(ArchGraphId, ModGraphId : T_GraphId) =
begin
    try
        TransformFunctionModule(ArchGraphId, ModGraphId)
    or  TransformDataobjectModule(ArchGraphId, ModGraphId)
    or  TransformDatatypeModule(ArchGraphId, ModGraphId)
    or  TransformLocalTypeImport(ArchGraphId, ModGraphId)
    or  TransformGeneralTypeImport(ArchGraphId, ModGraphId)
    or  TransformTypeExport(ArchGraphId, ModGraphId)
    or  TransformProcDecl(ArchGraphId, ModGraphId)
    or  TransformOptFormParPart(ArchGraphId, ModGraphId)
    or  TransformOptResultType(ArchGraphId, ModGraphId)
    or  TransformCallByRef(ArchGraphId, ModGraphId)
    or  TransformCallByVal(ArchGraphId, ModGraphId)
    or  TransformLocalImport(ArchGraphId, ModGraphId)
    or  TransformGeneralImport(ArchGraphId, ModGraphId)
    end
end;
```

Abb. 6.25 Transformation von Strukturinkrementen

Die Transaktion zum Transformieren von Strukturinkrementen (Abb. 6.25) läßt sich in systematischer Weise aus den Korrespondenzen zwischen Strukturproduktionen ableiten. Sie besteht aus einer nichtdeterministischen Auswahl von Transaktionen, deren erfolgreiche Ausführung jeweils voraussetzt, daß ein expandiertes Strukturinkrement auf seiten des bestimmenden Dokuments mit einem Platzhalter auf seiten des abhängigen Dokuments verbunden ist. Es gibt für jedes Struktursymbol, das im Definitionsbereich der Symbolkorrespondenzfunktion enthalten ist, eine entsprechende Transaktion.

Als Beispiel greifen wir die **Transformation eines Datentypmoduls** heraus (Abb. 6.26). Zunächst wird überprüft, ob eine Korrespondenz zwischen einem komplexen Inkrement vom Typ MIL_DatatypeModule und einem Platzhalter besteht. Ist dies der Fall, so wird der entsprechende Platzhalter expandiert. Anschließend werden noch die zueinander korrespondierenden Knoten durch IncrDepOn–Kanten verbunden, und die HasMaster– und ProtectionMode–Attribute werden geeignet besetzt. Man beachte, daß sich die Graphersetzung, die diese Veränderungen bewirkt, nur z.T. aus der EBNF–Korrespondenz konstruieren läßt. Zu der Modula-2-Importliste und der Modula-2-Deklarationsliste gibt es jeweils kein korrespondierendes IPSEN–MIL–Inkrement. Da in diesen Listen aber generierte Inkremente angeordnet werden, müssen sie gegen Edieren geschützt werden, indem das ProtectionMode–Attribut entsprechend gesetzt wird.

```
transaction TransformDatatypeModule
                (ArchGraphId, ModGraphId : T_GraphId) =
        var MIL_ModuleId, M2_UEModuleId, M2_ImplementationModuleId : T_Id;
begin
        CorrespondenceBetweenComplexNodeAndPlaceholder
          <     MIL_DatatypeModule >
          ( ArchGraphId, ModGraphId, out MIL_ModuleId, out M2_UEModuleId) &
        ExpandPlaceholder
          < M2_ImplementationModule >
          ( ModGraphId, M2_UEModuleId, out M2_ImplementationModuleId) &
        SetUpCorrespondencesAndAttributes
          ( ArchGraphId, MIL_ModuleId, ModGraphId, M2_ImplementationModuleId)
end;

test CorrespondenceBetweenComplexNodeAndPlaceholder
          < ComplexNodeType : COMPLEX_NODE >
          ( MasterGraphId, DependentGraphId : T_GraphId;
            out MasterNodeId, DependentNodeId : T_Id) =
```

1: PLACEHOLDER —IncrDepOn→ 2 : ComplexNodeType

```
        condition   1.GraphId = DependentGraphId; 2.GraphId = MasterGraphId;
        return      MasterNodeId := 2.NodeId; DependentNodeId := 1.NodeId;
end;
```

production SetUpCorrespondencesAndAttributes
    (ArchGraphId : T_GraphId; MIL_ModuleId : T_Id;
      ModGraphId : T_GraphId; M2_ImplementationModuleId : T_Id) =

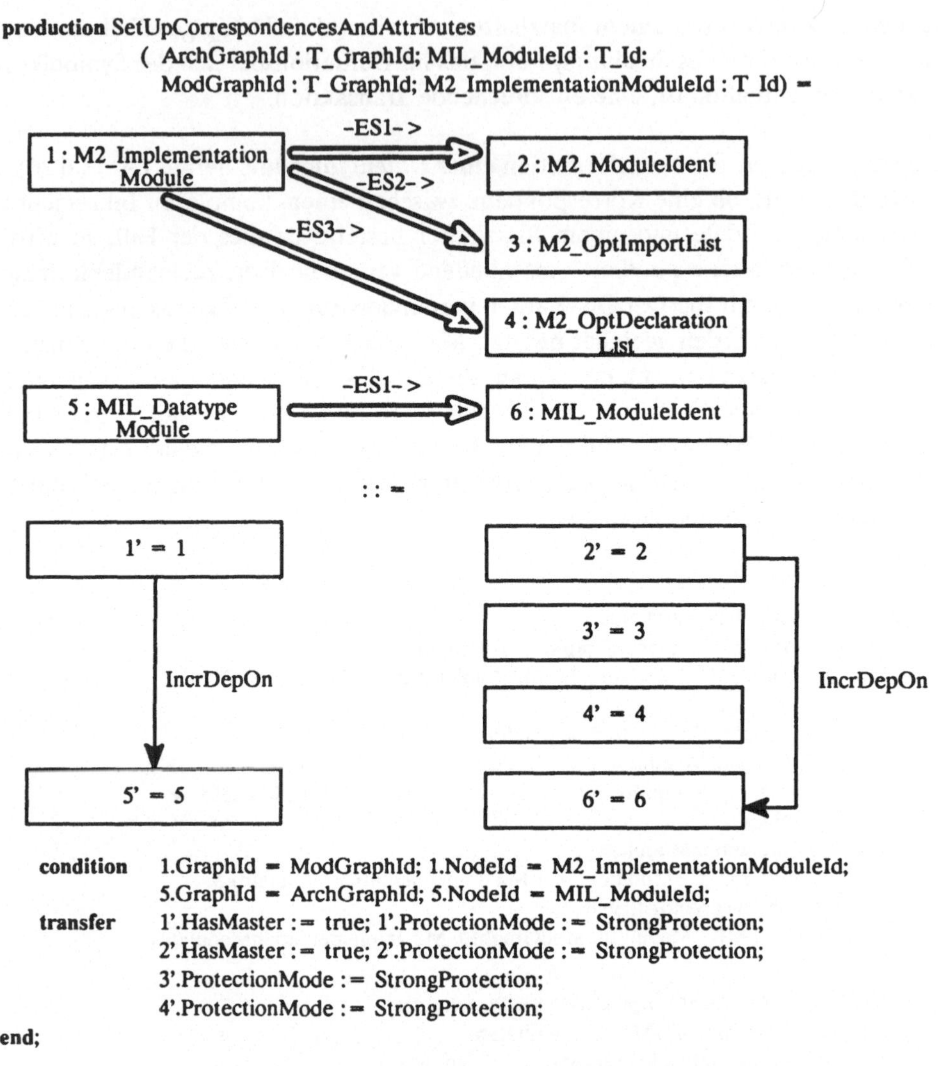

condition   1.GraphId = ModGraphId; 1.NodeId = M2_ImplementationModuleId;
                5.GraphId = ArchGraphId; 5.NodeId = MIL_ModuleId;
transfer   1'.HasMaster := true; 1'.ProtectionMode := StrongProtection;
                2'.HasMaster := true; 2'.ProtectionMode := StrongProtection;
                3'.ProtectionMode := StrongProtection;
                4'.ProtectionMode := StrongProtection;
end;

Abb. 6.26 Transformation eines Datentypmoduls

6.4   Literaturvergleich

Wie sich die Bearbeitung einzelner Softwaredokumente durch Werkzeuge unterstützen läßt, wurde in den vergangenen Jahren intensiv untersucht. Dies gilt insbesondere für syntaxgestützte Editoren, die in Softwareentwicklungsumgebungen eine zentrale Rolle spielen. Die Probleme, die sich bei der **Integration zwischen voneinander abhängigen Dokumenten** ergeben, sind dagegen bisher **nur ansatzweise behandelt** worden. Eine Reihe von Softwareentwicklungsumgebungen unterstützt von vorneherein nur die Bearbeitung von Dokumenten einer Sprache (z.B. die mittels PSG /BS 86/ oder CPSG /RT 88/ generierbaren Umgebungen). In anderen Fällen werden zwar mehrere Sprachen unterstützt, aber die externe Konsistenz zwischen in verschiedenen Sprachen geschriebenen Dokumenten läßt sich nicht kontrollieren (z.B. ALMA /La 88/). In den wenigen Fällen, in denen überhaupt Werkzeuge zur Kontrolle der externen Konsistenz angeboten werden, beschränkt sich die Unterstützung in der Regel auf das Erzeugen von Vorgaben (z.B. PROMOD /Hr 87/) oder auf Konsistenzanalysen (z.B. /CS 89, Ja 90/). Die inkrementelle Aktualisierung abhängiger Dokumente wurde bisher nur wenig untersucht.

Im folgenden präsentieren wir zwei Ansätze, die zwar das Problem der inkrementellen Aktualisierung abhängiger Dokumente nicht lösen, aber dennoch maßgeblichen Einfluß auf den von uns entwickelten Ansatz gehabt haben. Dabei handelt es sich zum einen um die von Pratt entwickelten **Paar–Grammatiken** /Pr 71/, die den Ausgangspunkt für die Definition von EBNF-Korrespondenzen bildeten. Zum anderen stellen wir einen **Ansatz von Normark** zur halbautomatischen Konstruktion von Transformationen vor /No 87/. In ähnlicher Weise wie bei unserem Ansatz werden Korrespondenzen zwischen verschiedenen Grammatiken beschrieben, aus denen sich dann ein Teil der Transformationsregeln automatisch ableiten läßt.

6.4.1 Der Ansatz von Pratt

Paar–Grammatiken /Pr 71/ wurden von Pratt zu dem Zweck entwickelt, **Transformationen zwischen verschiedenen Repräsentationen eines Programms** formal zu beschreiben. Als Beispiel läßt sich die Transformation der Repräsentation eines Programms als Zeichenkette in eine dazu korrespondierende Repräsentation als Programmgraph anführen, der als Zwischencode dient. Dabei werden alle Repräsentationen eines Programms als Graphen modelliert und die entsprechenden Graphsprachen mit Hilfe von Graphgrammatiken definiert. Eine Paar–Grammatik dient dazu, zwei Graphgrammatiken miteinander zu koppeln.

Eine **Paar–Grammatik** ist ein Quintupel
    G = (**N, T, E,** S, **P**),
dessen Komponenten folgendermaßen definiert sind:
- **N** ist eine Menge von Nichtterminalsymbolen (nichtterminale Knotenmarkierungen)
- **T** ist eine Menge von Terminalsymbolen (terminale Knotenmarkierungen)
- **E** ist eine Menge von Kantenmarkierungen
- S $\in$ **N** ist das Startsymbol.
- **P** ist eine Menge von Paarproduktionen.

Eine **Paarproduktion** ist ein Tripel

$$p = (l, r, h),$$

wobei folgendes gilt:

- l und r sind jeweils kontextfreie Graphproduktionen, d.h. die linke Seite besteht jeweils aus einem Knoten, der mit einem Nichtterminalsymbol markiert ist.
- Die Markierungen der linken Seiten von l und r stimmen überein.
- h ist eine bijektive Abbildung zwischen den Nichtterminalknoten der rechten Seiten von l und r.
- Korrespondierende Knoten der rechten Seiten sind identisch markiert.

Durch eine Paar–Grammatik wird die Erzeugung von Paargraphen beschrieben. Ein **Paargraph** ist ein Tripel

$$g = (gl, gr, gh),$$

das folgende Bedingungen erfüllt:

- gl und gr sind jeweils Graphen über $(N \cup T, E)$.
- gh ist eine bijektive Abbildung zwischen den Nichtterminalknoten von gl und gr, wobei korrespondierende Nichtterminalknoten identisch markiert sind.

Bei einer Anwendung einer Paarproduktion p auf einen Paargraphen g werden zueinander korrespondierende Nichtterminalknoten durch l bzw. r ersetzt und gemäß h die Knoten der rechten Seiten zueinander in Beziehung gesetzt.

Eine wesentliche Einschränkung bei der Definition von Paar–Grammatiken besteht darin, daß eine gemeinsame Menge von Symbolen zugrunde gelegt wird. Ferner muß es eine Bijektion zwischen den Nichtterminalknoten zueinander korrespondierender Graphen geben. Diese Einschränkungen haben wir beseitigt, um Transformationen zwischen (Teilen von) Dokumenten beschreiben zu können, denen unterschiedliche Sprachen zugrunde liegen.

In unserem Ansatz tritt der Begriff der Produktionskorrespondenz an die Stelle der Paarproduktion. Mit Hilfe einer (i.a. partiellen) Symbolkorrespondenzfunktion werden die Nichtterminalsymbole der beteiligten Grammatiken aufeinander abgebildet. Mittels einer (i.a. partiellen) Rechtskorrespondenzfunktion werden die Elemente rechter Seiten einander zugeordnet, wobei die entsprechenden Nichtterminalsymbole gemäß der Symbolkorrespondenzfunktion miteinander verträglich sein müssen.

Eine Paarproduktion beschreibt eine synchrone Ersetzung zweier Knoten in zueinander korrespondierenden Graphen. In unserem Ansatz sprechen wir statt von einer Paarproduktion lediglich von einer Produktionskorrespondenz, um deutlich zu machen, daß die Produktionen nicht notwendigerweise synchron angewendet werden müssen. In der Tat benutzen wir ja Produktionskorrespondenzen, um die verzögerte inkrementelle Aktualisierung zu spezifizieren. Aus diesem Grund haben wir auch keinen speziellen Erzetzungsbegriff eingeführt, der die synchrone Anwendung von Produktionen definiert.

Die Funktion gh, durch die korrespondierende Knoten zueinander in Beziehung gesetzt werden, wird in unserem Ansatz durch die IncrDepOn-Kanten dargestellt. Dabei ist gh nunmehr nur noch partiell und injektiv. Die explizite Darstellung von gh hat den Vorteil, daß eine Korrespondenz in der gleichen Weise wie andere Beziehungen zwischen Inkrementen modelliert wird. Man beachte, daß in dem Ansatz von Pratt eine Sonderbehandlung von Korrespondenzen notwendig war, um einen Ersetzungsbegriff für Paargraphen definieren zu können.

6.4.2 Der Ansatz von Normark

Normark beschreibt in /No 87/ einen Ansatz, mit dessen Hilfe sich Dokumente von einer Sprache in eine andere transformieren lassen. Dieser Ansatz ist für **Transformationen zwischen ähnlichen Sprachen oder Sprachdialekten** gedacht; als Anwendungsbeispiel werden in /No 87/ Transformationen zwischen Modula-2 und Pascal studiert. Als Ausgangspunkt dient eine Beschreibung der abstrakten Syntax der beteiligten Sprachen mittels eines **Operator-Phylum-Modells**, wie man es in ähnlicher Form beispielsweise auch in Mentor /DKM 84/ oder dem Synthesizer Generator /RT 88/ findet.

Die Phyla einer Grammatik sind in einer azyklischen Hierarchie angeordnet, deren Blätter terminale Phyla und deren innere Knoten kategorische Phyla genannt werden. Jedem Phylum ist genau eine Produktion zugeordnet. Die **kategorischen Phyla** entsprechen den Alternativensymbolen der normierten EBNF; mit Hilfe von entsprechenden Auswahlproduktionen wird die Phylumhierarchie definiert. Die **terminalen Phyla** entsprechen Konstrukten, für die in der Syntax der Sprache keine Spezialisierungen angegeben sind.

Ein **Operator** ist eine n-stellige Funktion, die aus n Sprachkonstrukten ein zusammengesetztes Sprachkonstrukt bildet. Die Art eines Sprachkonstrukts wird dabei jeweils durch ein Phylum festgelegt. Beispielsweise läßt sich eine WHILE-Anweisung in Modula-2 als zweistelliger Operator beschreiben:
WhileStatement : EXPRESSION x OPT_STATEMENT_LIST - > STATEMENT
Es gibt eine bijektive Abbildung zwischen den Operatoren und den terminalen Phyla. Ein terminales Phylum, dem ein mindestens einstelliger Operator zugeordnet ist, entspricht einem Struktursymbol; im Falle eines nullstelligen Operators entspricht es einem Terminalsymbol. Listen werden im Operator-Phylum-Modell nicht gesondert behandelt.

Als Ausgangspunkt für die Entwicklung eines Transformators, der Dokumente von einer Sprache L in eine Sprache L' konvertiert, dient eine partielle Funktion, die die Phyla von L auf die Phyla von L' abbildet und im folgenden als **Phylumkorrespondenzfunktion** bezeichnet wird. Die Phylumkorrespondenzfunktion entspricht der Symbolkorrespondenzfunktion unseres Ansatzes.

Ausgehend von der Phylumkorrespondenzfunktion läßt sich auf halbautomatische Weise ein Transformator von L nach L' konstruieren. Ein Dokument in L wird nach L' transformiert, indem sukzessive L-Konstrukte durch L'-Konstrukte ersetzt werden. Dies geschieht mit Hilfe von **Transformationsregeln,** die Teilbäume ersetzen, die jeweils einem bestimmten Muster entsprechen. Diese Regeln werden vollständig oder teilweise automatisch erzeugt und müssen ggf. noch manuell vervollständigt werden. Der Transformationsprozeß selbst läuft automatisch ab. Während des Transformationsprozesses liegt ein **gemischtsprachiges Dokument** vor. Am Ende des Transformationsprozesses liegt im Idealfall ein Dokument vor, das nur L'-Konstrukte enthält. Es können jedoch u.U. vom Transformator nicht ersetzte L-Konstrukte vorhanden sein, die anschließend manuell durch syntaxgesteuertes Edieren ersetzt werden müssen.

Die automatisch erzeugten Transformationsregeln lassen sich nach dem Grad ihrer Vollständigkeit klassifizieren:

- **Klasse-1-Transformationsregeln** sind vollständig. Dieser Fall liegt vor, wenn ein terminales L-Phylum auf ein terminales L'-Phylum abgebildet wird und Korrespondenzen zwischen den Argumenten der entsprechenden Operatoren automatisch bestimmt werden können. Um die Korrespondenzen zu ermitteln, wird ein heuristisches Verfahren verwendet, das auf den Phylumhierarchien und der Phylumkorrespondenzfunktion beruht.
- **Klasse-2-Transformationsregeln** entstehen, wenn ein terminales L-Phylum auf ein terminales L'-Phylum abgebildet wird, die Korrespondenzen zwischen den Argumenten der entsprechenden Operatoren jedoch nicht vollständig automatisch bestimmt werden können. In diesem Fall stehen das Muster und der ersetzende Teilbaum fest, während Korrespondenzen zwischen deren Bestandteilen nur unvollständig spezifiziert sind.
- **Klasse-3-Transformationsregeln** entstehen, wenn ein terminales Phylum auf ein kategorisches Phylum abgebildet wird. In diesem Fall ist nur das Muster, nicht aber der ersetzende Teilbaum spezifiziert.

Klasse-1-Transformationsregeln sind ausführbar. Klasse-2- und Klasse-3-Transformationsregeln müssen manuell vervollständigt, d.h. in Klasse-1-Transformationsregeln überführt werden.

Sowohl in unserem als auch im Ansatz von Normark lassen sich Transformatoren halbautomatisch aus einer Beschreibung der Korrespondenzen zwischen zwei Grammatiken ableiten. In IPSEN werden jedoch nur Klasse-1-Transformationsregeln abgeleitet, wobei der aus der EBNF-Korrespondenz ableitbare Regelsatz u.U. unvollständig ist. Klasse-2-Transformationsregeln können nicht entstehen, da die Korrespondenzen zwischen Elementen der rechten Seiten von Strukturproduktionen vorab festgelegt werden müssen. Klasse–3–Transformationsregeln können ebenfalls nicht entstehen, weil es verboten ist, ein Listen-, Struktur- oder Terminalsymbol auf ein Alternativensymbol abzubilden.

Während beim Ansatz von Normark ein L–Dokument sukzessive durch Ersetzen von L–Konstrukten in ein L'–Dokument transformiert wird, erzeugen wir ein neues L'–Dokument, so daß also während des Transformationsprozesses keine gemischtsprachigen Dokumente entstehen. Der "evolutionäre" Ansatz von Normark hat den Vorteil, daß man sich die Verwaltung von Korrespondenzen zwischen Inkrementen erspart, die zu verschiedenen Dokumenten gehören. Vorgaben lassen sich auf einfache Weise erzeugen, indem man eine Kopie des bestimmenden L–Dokuments in ein L'–Dokument transformiert. Das Problem der inkrementellen Aktualisierung abhängiger Dokumente läßt sich mit Hilfe dieses Ansatzes aber nicht lösen, weil dies die Verwaltung dokumentübergreifender Korrespondenzen erfordert.

6.5   Zusammenfassung und Ausblick

In diesem Kapitel haben wir uns mit der Kontrolle der externen Konsistenz auf der feinkörnigen Ebene auseinandergesetzt. Dabei haben wir uns auf das **inkrementelle Aktualisieren** beschränkt, da das Erzeugen von Vorgaben und das Analysieren der externen Konsistenz i.w. auf die gleiche Weise abgehandelt werden kann. Anstatt lediglich konkrete Fallbeispiele zu studieren, haben wir einen allgemeinen Ansatz für eine eingeschränkte Klasse von Transformationen – **kontextfreie inkrementelle 1:1-Transformationen** – entwickelt und diesen anhand der Integration zwischen Architektur- und Moduldokumenten demonstriert. Als Ausgangspunkt diente die formale Beschreibung der Korrespondenzen zwischen zwei normierten EBNF's. Wir haben dann gezeigt, wie man aus einer solchen Beschreibung auf systematische Weise einen inkrementellen Transformator konstruiert, und haben dabei auch auf die Grenzen dieses Verfahrens hingewiesen: An den Stellen, an denen die beteiligten Grammatiken schief zueinander liegen, lassen sich Korrespondenzen nicht ausdrücken, so daß Sonderfallbehandlungen erforderlich werden.

Mit der Sprache **PROGRESS** haben wir in diesem Kapitel positive Erfahrungen gesammelt: Am Beispiel des inkrementellen Aktualisierens haben wir gesehen, daß man in PROGRESS auf einem hohen Abstraktionsniveau **regelorientiert** spezifizieren kann, ohne das Zusammenspiel der Regeln explizit durch Kontrollstrukturen spezifizieren zu müssen. Allerdings ist auch hier wieder das bereits in Kapitel 4 aufgetretene Problem zutage getreten, daß sich aufeinander aufbauende Schichten von Graphveränderungen nicht auf elegante Weise spezifizieren lassen: Um die durch Basisschichten gewährleistete strukturelle Integrität nicht zu gefährden, dürfen auf höheren Schichten keine Graphersetzungen eingesetzt werden, sondern nur die Transaktionen der Basisschichten aktiviert werden.

Zum Abschluß dieses Kapitels geben wir einen Ausblick auf denkbare **zukünftige Arbeiten**, die den hier präsentierten Ansatz zur Kontrolle der externen Konsistenz weiterentwickeln:

- **Entwicklung eines Generators für kontextfreie inkrementelle 1:1-Transformationen.** Im Rahmen des IPSEN-Projekts wurde ein Generator implementiert, der aus einer normierten EBNF einen kontextfreien syntaxgestützten Editor erzeugt /Ko 90/. Analog dazu könnte man einen Generator entwickeln, der aus einer Beschreibung der Korrespondenzen zwischen zwei normierten EBNF's einen – um Sonderfallbehandlungen erweiterbaren – kontextfreien inkrementellen Transformator erzeugt.
- **Verallgemeinerung des Verfahrens zur inkrementellen Aktualisierung.** Die Voraussetzungen, die wir beim inkrementellen Aktualisieren zugrunde gelegt haben, sind sehr restriktiv: Zwischen generierten Inkrementen und ihren Urbildern gibt es eine 1:1-Beziehung, es werden nur kontextfreie Beziehungen berücksichtigt etc. Es ist wünschenswert, diese Restriktionen abzuschwächen und die Beschreibung von Korrespondenzen sowie den Transformationsgenerator entsprechend zu verallgemeinern.

7 Modellierung der Revisionskontrolle auf der feinkörnigen Ebene

Nachdem das letzte Kapitel der Konsistenzkontrolle gewidmet war, wenden wir uns nun der Modellierung der **Revisionskontrolle** auf der **feinkörnigen Ebene** zu. Dabei beschränken wir uns darauf, das **Verschmelzen von Revisionen** zu untersuchen, da die übrigen Operationen der Revisionskontrolle entweder trivial sind (z.B. Kopieren des Inhalts einer Revision im Zuge des Ableitens) oder nicht unmittelbar mit der Revisionskontrolle zu tun haben (z.B. Bearbeiten einer Revision mit Hilfe eines strukturbezogenen Editors). Als Ausgangspunkt dienen insbesondere die Überlegungen, die in Abschnitt 2.2 angestellt wurden.

Das Kapitel ist in folgende Abschnitte **gegliedert:** In Abschnitt 7.1 wird das kontextfreie Verfahren zum Verschmelzen von Revisionen dargestellt, die intern als abstrakte Syntaxgraphen dargestellt sind. In Abschnitt 7.2 wird dann dieses Verfahren um die Behandlung von Bezeichnerbindungen erweitert. Danach werden in Abschnitt 7.3 dokumentübergreifende Aspekte des Verschmelzens behandelt. Es wird untersucht, welche Probleme das Verschmelzen von Revisionen im Rahmen des IPSEN-spezifischen Konsistenzkontrollmodells hinsichtlich der Kontrolle der externen Konsistenz bereitet und wie sich diese Probleme lösen lassen. In Abschnitt 7.4 wird ein Vergleich mit anderen, aus der Literatur bekannten Ansätzen zum Verschmelzen durchgeführt. Abschnitt 7.5 bringt dann schließlich eine Zusammenfassung und einen Ausblick auf zukünftige Arbeiten.

7.1 Kontextfreies Verschmelzen

Der vorliegende Abschnitt behandelt das kontextfreie Verfahren zum **Verschmelzen abstrakter Syntaxgraphen**. Dieses Verfahren orientiert sich an der **kontextfreien Struktur**, erhält die **kontextfreie Korrektheit** und ist **dokumenttypunabhängig**. In Abschnitt 7.1.1 werden zunächst die Prämissen und Prinzipien erläutert, die dem Verschmelzungsverfahren zugrunde liegen. In Abschnitt 7.1.2 wird dann das kontextfreie Verschmelzen formal spezifiziert. Abschnitt 7.1.3 geht schließlich auf Probleme ein, die mit dem Verschmelzungsverfahren verbunden sind.

7.1.1 Prämissen und Prinzipien

Ein **3-Wege-Verfahren** zum Verschmelzen von Revisionen dient dazu, Änderungen zu kombinieren, die auf unterschiedlichen Zweigen des Revisionsgeflechts durchgeführt worden sind. Diese Änderungen werden im folgenden als Deltas bezeichnet. Sie sind relativ zur gemeinsamen Basis b definiert. Somit werden mit Hilfe des Verschmelzens **Deltas kombiniert** (Abb. 7.1): Ausgehend von den Deltas

di = delta(b, ai)   (i = 1,2)

wird ein **Mischdelta**

d = delta(b, m)

konstruiert, das der "Summe" der di entspricht.

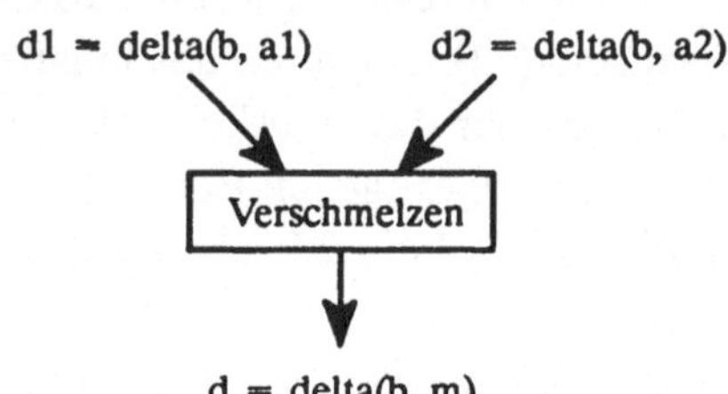

Abb. 7.1 Verschmelzen als Kombinieren von Deltas

Die Arbeitsweise eines Verschmelzungsverfahrens hängt stark davon ab, welche **Änderungsoperationen** auf Softwaredokumenten zur Verfügung stehen. Im folgenden setzen wir voraus, daß Softwaredokumente nur mittels der baumorientierten Operationen aus Abb. 6.4 manipuliert werden können. Dabei handelt es sich im einzelnen um das Eintragen von Bezeichnern, das Expandieren von Platzhaltern, das Einfügen von Listenelementen und das Löschen von beliebigen Inkrementen. Dies sind Operationen, mit deren Hilfe ein syntaxgesteuerter Editor baumorientierte Kommandos zum Verändern von Softwaredokumenten ausführt. Wir weisen schon hier darauf hin, daß dieser Operationensatz eingeschränkt ist. Darüber hinaus bieten IPSEN–Editoren z.B. die freie Eingabe auf beliebigen Inkrementen sowie Cut & Paste (Ausschneiden und Wiedereinfügen beliebiger Inkremente) an. Die damit zusammenhängenden Probleme werden in Abschnitt 7.1.3 besprochen.

Das aus den Deltas

di = delta(b, ai)   (i = 1,2)

zu konstruierende Delta

d = delta(b, m)

muß folgende **Anforderungen** erfüllen:

- Jede Operation op, die in d vorkommt, muß entweder aus d1 oder aus d2 stammen.
- Die Reihenfolge von Operationen, die demselben Eingabedelta entstammen, muß unverändert bleiben.
- Operationen, die in beiden Eingabedeltas enthalten sind (d.h. an denselben Stellen des abstrakten Syntaxbaums dieselben Änderungen hervorrufen), dürfen im Mischdelta nur einmal vorkommen.
- d darf keine ungültigen Operationen enthalten, d.h. Operationen, die Änderungen innerhalb eines Teilbaums durchführen, der im anderen Delta gelöscht wird.

Deltas lassen sich nicht immer problemlos verschmelzen. Änderungen können einander widersprechen, z.B. wenn ein Bezeichner in unterschiedlicher Weise geändert wird. Eine solche Situation bezeichnen wir als **Konflikt.** Wann ein Konflikt vorliegt, läßt sich allgemein folgendermaßen charakterisieren:

- Es seien op1 und op2 Operationen, die die oben genannten Anforderungen erfüllen und aus verschiedenen Deltas stammen. Dann stehen op1 und op2 zueinander in Konflikt, wenn ihr Effekt von der Reihenfolge ihrer Ausführung abhängt (Beispiel: Änderungen desselben Bezeichners) oder nur entweder die eine oder die andere Operation ausführbar ist (Beispiel: Expansion desselben Platzhalters).

Wie stellt man nun überhaupt fest, was sich geändert hat? Wie bei der Kontrolle der externen Konsistenz werden zu diesem Zweck **eindeutige Knotenbezeichner** benutzt, die zur Identifizierung von Inkrementen dienen und folgende Eigenschaften haben:

- Beim Erzeugen eines neuen Knotens wird diesem ein bisher noch nicht verwendeter Knotenbezeichner als Attribut zugeordnet.
- Während der gesamten Lebensdauer eines Knotens bleibt sein Knotenbezeichner unverändert.
- Beim Kopieren (von einer Revision in eine andere) bleiben die Knotenbezeichner erhalten, d.h., daß zueinander korrespondierende Knoten jeweils denselben Knotenbezeichner tragen.

Mit Hilfe der Knotenbezeichner läßt sich auf einfache Weise eindeutig rekonstruieren, welche Änderungen durchgeführt worden sind. Ist z.B. ein Sohn eines Strukturinkrements ersetzt worden, so ist dies daran zu erkennen, daß ihm nun ein anderer Knotenbezeichner zugeordnet ist. Somit sind durch die eindeutigen Knotenbezeichner die **Deltas implizit gegeben.** Sie lassen sich im nachhinein durch **paarweise Vergleiche** der beteiligten Revisionen ermitteln. Es ist also nicht erforderlich, explizit mit Deltas zu arbeiten. Statt explizit ein Mischdelta zu konstruieren, wird eine Mischrevision erzeugt, deren implizit bezüglich der Basisrevision gegebenes Delta den oben beschriebenen Anforderungen genügt[1].

Bevor wir die paarweisen Vergleiche im Detail besprechen, gehen wir zunächst auf die Frage ein, wie die **Dokumenttypunabhängigkeit** des Verschmelzungsverfahrens erreicht wird. Dies wird durch eine **objektorientierte Architektur** erreicht (Abb. 7.2): Die gemeinsamen Eigenschaften aller Dokumente, die intern durch abstrakte Syntaxbäume mit zusätzlichen kontextsensitiven Kanten modelliert werden, sind in der Graphklasse AbstractSyntaxGraph verkapselt, die eine einheitliche Schnittstelle zu Dokumenten beliebiger Typen zur Verfügung stellt. Diese Graphklasse ist abstrakt, d.h. es gibt keine Exemplare dieser Klasse. Die Schnittstelle

---

1. Die Alternative, explizit mit Deltas zu arbeiten, wird in diesem Buch nicht untersucht.
   Im übrigen sei darauf hingewiesen, daß die in Kapitel 8 noch zu besprechenden Graphdeltas, die zur effizienten Abspeicherung von Revisionen benutzt werden, für das Verschmelzen nicht nutzbar sind, da sie auf einer zu tiefen logischen Ebene liegen (näheres dazu dann in Kapitel 8).

von AbstractSyntaxGraph enthält neben unmittelbar benutzbaren Methoden auch virtuelle Methoden, zu denen keine Implementierung existiert. Insbesondere sind sämtliche Veränderungsoperationen virtuelle Methoden. Für jeden Dokumenttyp wird eine Spezialisierung von AbstractSyntaxGraph definiert (z.B. ArchitectureDocument für Architekturdokumente), in der die virtuellen Methoden implementiert werden und ggf. weitere, dokumenttypspezifische Methoden zur Verfügung gestellt werden. Das Verschmelzungsverfahren ist dokumenttypunabhängig, weil es ausschließlich allgemeine Methoden benutzt, die von der abstrakten Oberklasse AbstractSyntaxGraph zur Verfügung gestellt werden. Durch **dynamisches Binden** wird erreicht, daß zur Laufzeit die spezifischen Methoden aufgerufen werden.

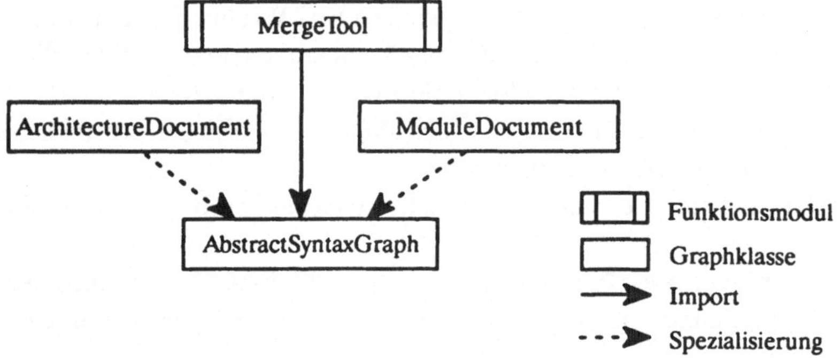

Abb. 7.2 Dokumenttypunabhängigkeit des Verschmelzungsverfahrens

Um Revisionen zu verschmelzen, wird ein **strukturbezogener Vergleich** durchgeführt. Dieser Vergleich basiert auf **Regeln**, die jeweils Änderungen innerhalb eines bestimmten Inkrements behandeln und sich nach folgenden Kriterien klassifizieren lassen:

- In Abhängigkeit davon, in welchen Revisionen ein Inkrement i vorkommt, wird zwischen **3-Wege-Regeln** und **2-Wege-Regeln** unterschieden. 3-Wege-Regeln beziehen sich auf Inkremente, die in allen Eingaberevisionen vorhanden sind; 2-Wege-Regeln werden auf Inkremente angewendet, die in beiden Alternativrevisionen, aber nicht in der Basis vorkommen.

- Nach der Art des Inkrements wird zwischen **Bezeichner-**, **Struktur-** und **Listenregeln** unterschieden.

Eine wichtige Anforderung, die alle im folgenden noch zu erläuternden Regeln erfüllen, ist die **Symmetrie-Eigenschaft**. Modelliert man das Verschmelzen als dreistellige Funktion[2], die als Argumente die Alternativrevisionen a1 und a2 und die Basisrevision b erhält und als Ergebnis die Mischrevision m zurückliefert, so ist die Symmetrie-Eigenschaft erfüllt, wenn das Ergebnis invariant bezüglich der Vertauschung von a1 und a2 ist:

Merge (a1, a2, b) = Merge(a2, a1, b)

---

2. Genaugenommen handelt es sich um eine nichtdeterministische Funktion; die Benutzerinteraktionen beim Verschmelzen dienen dazu, aus der Menge möglicher Resultate ein geeignetes Element auszuwählen.

Eine **3–Wege–Regel** wird angewendet, wenn die Vorkommen eines auch in b enthaltenen Inkrements i in a1 und a2 sich voneinander unterscheiden. In diesem Fall wird die Basisrevision konsultiert, um festzustellen, was sich beim Übergang von b nach a1 bzw. a2 geändert hat. Falls möglich, wird m automatisch geändert. Sind widersprüchliche Änderungen durchgeführt worden, so liegt ein Konflikt vor, der vom Benutzer aufgelöst wird. "Auflösen" heißt dabei, daß der Benutzer sich entweder für eine der beiden Operationen entscheidet (z.B. bei unterschiedlichen Expansionen desselben Platzhalters) oder die Reihenfolge festlegt, in der die Änderungsoperationen in das Mischdelta eingehen (z.B. beim Einfügen zweier Listenelemente an derselben Position). Im Falle von Bezeichner- und Strukturinkrementen impliziert diese Vorgehensweise, daß jeweils nur eine der widersprüchlichen Änderungen überlebt. Im Falle von Listeninkrementen überleben beide Änderungen (Einfügen von Listenelementen); die Konfliktauflösung dient lediglich dazu, die Reihenfolge von Listenelementen festzulegen.

Die 3–Wege–Regeln sind in der Tabelle aus Abb. 7.3 zusammengefaßt. Die erste Spalte in der Tabelle gibt jeweils an, welcher Klasse i zuzuordnen ist. Die drei folgenden Spalten beschreiben die Situationen in den Eingaberevisionen. Die letzte Spalte beschreibt die Situation, die durch Anwendung der Regel in der Mischrevision hergestellt wird. Man beachte, daß alle symmetrischen Fälle in der Tabelle nicht aufgeführt sind.

Klasse	*Alternativrevision a1*	*Alternativrevision a2*	*Basisrevision b*	*Mischrevision m*
Bezeichner	i.Name = n1	i.Name = n2	i.Name = n1	i.Name = n2
	i.Name = n1	i.Name = n2	i.Name = n3	Bezeichnerkonflikt
Struktur	i.Son[k] = i1	i.Son[k] = i2	i.Son[k] = i1	i.Son[k] = i2
	i.Son[k] = i1	i.Son[k] = i2	i.Son[k] = i3	Strukturkonflikt
Liste	i1 $\in$ i	i1 $\notin$ i	i1 $\in$ i	i1 $\notin$ i
	i1 $\notin$ i	i1 $\in$ i	i1 $\notin$ i	i1 $\in$ i, evtl. Reihenfolgekonflikt

Abb. 7.3 Übersicht über 3–Wege–Regeln zum Verschmelzen

Wir erläutern nun die in der Tabelle aufgeführten Regeln im einzelnen:

- **Bezeichnerregeln** vergleichen die Namensattribute. Falls die Bezeichner nur in b und a1 übereinstimmen, ist der Name in a2 geändert worden und wird daher in m übernommen. Ein **Bezeichnerkonflikt** liegt vor, wenn die Bezeichner in allen drei Revisionen verschieden sind. In diesem Fall wählt der Benutzer den geeigneten Bezeichner aus.
- **Strukturregeln** vergleichen korrespondierende Söhne von Strukturinkrementen. Dabei wird die Identität eines Sohns anhand des ihm zugeordneten eindeutigen Knotenbezeichners ermittelt. Falls die Knotenbezeichner nur in b und a1 übereinstimmen, ist der Sohn in a2 ersetzt worden und wird daher in m einkopiert. Ein **Strukturkonflikt** liegt vor, wenn die Söhne in allen drei Revisionen verschieden sind. In diesem Fall wählt der Benutzer den geeigneten Sohn aus.

- **Listenregeln** führen Listenvergleiche durch. Falls ein Listenelement i1 sowohl in a1 als auch in b, aber nicht in a2 vorkommt, ist es beim Übergang nach a2 gelöscht worden und ist daher auch nicht in m enthalten. Ist i1 nur in a2 enthalten, so ist es beim Übergang nach a2 erzeugt worden und wird daher auch in m einkopiert. Dabei tritt eventuell ein **Reihenfolgekonflikt** auf: Sind zwei Elemente aus verschiedenen Alternativrevisionen an der gleichen Stelle eingefügt worden, so muß der Benutzer deren Reihenfolge bestimmen.

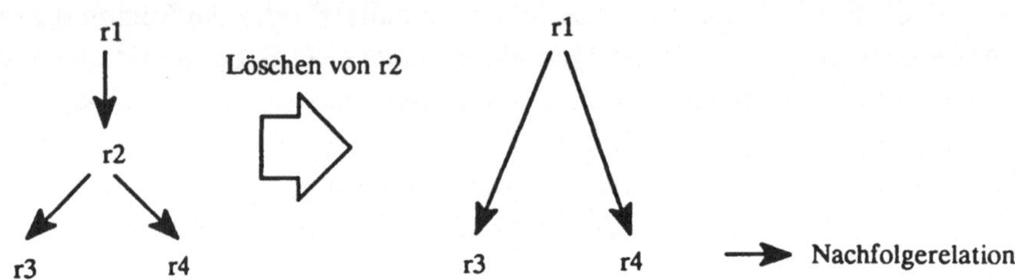

Abb. 7.4 Beispiel zum 2–Wege–Verschmelzen

2–Wege–Regeln werden auf Inkremente angewendet, die in beiden Alternativen, aber nicht in der Basis vorkommen. Ein solcher Fall kann allerdings nur dann auftreten, wenn es einen gemeinsamen Vorfahren von a1 und a2 gibt oder gegeben hat, in dem das entsprechende Inkrement erzeugt worden ist. Ein Beispiel dafür zeigt Abb. 7.4 (Bereinigung der Entwicklungsgeschichte durch Löschen einer inneren Revision): Falls i beim Übergang von r1 nach r2 eingefügt und beim Übergang nach r3 bzw. r4 nicht wieder gelöscht wird, ist i nach dem Löschen von r2 zwar in r3 und r4, nicht aber in r1 enthalten.

Jede Anwendung einer 2–Wege–Regel führt zu einer **Benutzerinteraktion**, da im Falle eines Unterschieds die Basis keinerlei Information enthält, aus der sich das gewünschte Ergebnis eventuell automatisch ableiten läßt. So muß beispielsweise der Benutzer entscheiden, ob ein Listenelement, das nur in einer der beiden Alternativrevisionen vorkommt, in die Ergebnisliste zu übernehmen ist; im positiven Fall muß er ggf. noch einen Reihenfolgekonflikt auflösen. Auf die tabellarische Darstellung der 2–Wege–Regeln haben wir verzichtet, da diese i.w. den 3–Wege–Konfliktregeln entsprechen.

Die oben beschriebenen strukturbezogenen Regeln haben folgende **Eigenschaften:**
- Das Mischdelta, das (konzeptionell) durch ihre Anwendung konstruiert wird, erfüllt die zu Beginn dieses Abschnitts beschriebenen Eigenschaften (unveränderte Reihenfolge von Operationen aus demselben Eingabedelta, keine Duplikationen, keine ungültigen Operationen). Ferner sind die inkrementklassenspezifischen Konfliktdefinitionen konsistent mit der allgemeinen, auf Deltas bezogenen Definition, die ebenfalls am Beginn dieses Abschnitts angegeben wurde.
- Durch die Anwendung der Regeln bleibt die kontextfreie Korrektheit erhalten. Man beachte, daß zum Aufbau der Mischrevision nur Bezeichneränderungen sowie Lösch- und Kopieroperationen verwendet werden. Bezeichneränderungen und Löschoperatio-

nen können die kontextfreie Korrektheit auf keinen Fall verletzen. Im Falle von Kopieroperationen ist die kontextfreie Korrektheit dadurch sichergestellt, daß ein Inkrement
stets an die gleiche Stelle in der Zielrevision kopiert wird, an der es sich auch schon in der
Quellrevision befand.

- Die Verschmelzungsregeln sind dokumenttypunabhängig. Zum einen beziehen sie sich
nur auf allgemeine Inkrementklassen (z.B. Liste) und nicht auf spezifische Exemplare
solcher Klassen (z.B. Variablendeklarationsliste in Modula–2). Zum anderen können alle
Änderungsoperationen (Ändern von Bezeichnern, Löschen, Kopieren) ohne Bezugnahme auf spezifische Dokumenttypen spezifiziert werden.

Auf die Angabe von **Beispielen** für die Anwendung von Verschmelzungsregeln kann an dieser
Stelle verzichtet werden; das bereits in Abschnitt 2.2 angeführte Beispiel (s. Abb. 2.9) sollte
zur Illustration ausreichen.

7.1.2 Formale Spezifikation

In diesem Abschnitt werden die im letzten Abschnitt informell beschriebenen Regeln mit
Hilfe von PROGRESS formalisiert. Abb. 7.5 zeigt die entsprechende Haupttransaktion.
Zunächst werden die Dokumentgraphen der beiden Alternativrevisionen kopiert. Anschließend werden auf beide (!) Kopien in beliebiger Reihenfolge so lange Verschmelzungsregeln
angewendet, bis zwischen ihnen keine Unterschiede mehr bestehen. Die Verschmelzungsregeln sind global formuliert, d.h. es wird jeweils global nach einer Anwendungsstelle gesucht.
In den Regeln werden die beiden Alternativrevisionen völlig gleich behandelt. Sobald keine
Regeln mehr anwendbar sind, wird einer der beiden inhaltsgleichen Dokumentgraphen
gelöscht. Dieses Verfahren nennen wir **Verschmelzen durch Vereinheitlichen.**

```
transaction MergeRevisions
            ( Alt1GraphId, Alt2GraphId, BaseGraphId : T_GraphId;
              out MergeGraphId : T_GraphId
              out MergeRootId : T_Id) =
       var MergeWithGraphId : T_GraphId;
           MergeWithRootId : T_Id;
begin
       CopyDocumentGraph(Alt1GraphId, out MergeGraphId, out MergeRootId) &
       CopyDocumentGraph(Alt2GraphId, out MergeWithGraphId, out MergeWithRootId) &
       ApplyMergeRules(MergeGraphId, MergeWithGraphId, BaseGraphId) &
       DeleteDocumentGraph(MergeWithGraphId)
end;
```

Abb. 7.5 Haupttransaktion für das Verschmelzen

Der hier gewählte Ansatz zur Spezifikation des Verschmelzens zeichnet sich durch folgende Eigenschaften aus:

- Nicht nur das Ergebnis, sondern auch der Prozeß des Verschmelzens selbst ist unabhängig davon, in welcher Reihenfolge die beiden Alternativrevisionen der Verschmelzungstransaktion als Parameter übergeben werden (**Symmetrie–Eigenschaft**).
- Durch die sukzessive Vereinheitlichung läßt sich auf elegante Weise erreichen, daß das Verfahren **terminiert**. Würde man nur einen der beiden Graphen verändern, so müßte man durch eine Verwaltung bereits besuchter Stellen verhindern, daß Verschmelzungsregeln beliebig oft an derselben Stelle angewendet werden (Beispiel: der Benutzer entscheidet sich im Falle eines Bezeichnerkonflikts dafür, den im zu verändernden Graphen eingetragenen Bezeichner beizubehalten).
- Es handelt sich um eine Spezifikation, die dem **regelorientierten Paradigma** so weit wie möglich folgt. Die Verschmelzungsregeln werden in nichtdeterministischer Weise nacheinander angewendet, wobei jeweils global nach Anwendungsstellen gesucht wird. Der Kontrollstrukturanteil wird so klein wie möglich gehalten, um zu vermeiden, daß eine stark prozedurale Spezifikation mit trivialen Tests und Graphersetzungen entsteht, die zwar leicht in eine effiziente Implementierung umgesetzt werden kann, aber schwerer lesbar ist.

Die Transaktion **ApplyMergeRules** (Abb. 7.6) enthält eine Schleife, in der auf nichtdeterministische Weise bei jedem Durchlauf jeweils eine der Verschmelzungsregeln angewendet wird. Statt alle Verschmelzungsregeln direkt im Rumpf von ApplyMergeRules zu aktivieren, werden zur Erhöhung der Übersichtlichkeit Bezeichner–, Struktur– und Listenregeln jeweils in einer Transaktion zusammengefaßt.

```
transaction ApplyMergeRules(MergeGraphId, MergeWithGraphId, BaseGraphId : T_GraphId) =
begin
    loop
        ApplyIdentRule(MergeGraphId, MergeWithGraphId, BaseGraphId)
    or
        ApplyStructureRule(MergeGraphId, MergeWithGraphId, BaseGraphId)
    or
        ApplyListRule(MergeGraphId, MergeWithGraphId, BaseGraphId)
    end
end;
```

Abb. 7.6 Anwenden verschiedener Arten von Verschmelzungsregeln

7.1.2.1 Bezeichnerregeln

In der Transaktion **ApplyIdentRule** (Abb. 7.7) sind alle Anwendungen von Bezeichnerregeln zusammengefaßt. Dabei wird zwischen 2–Wege– und 3–Wege–Regeln unterschieden.

```
transaction ApplyIdentRule(MergeGraphId, MergeWithGraphId, BaseGraphId : T_GraphId) =
begin
    try
            3WayChangeIdent(MergeGraphId, MergeWithGraphId, BaseGraphId)
    or
            3WayResolveIdentConflict(MergeGraphId, MergeWithGraphId, BaseGraphId)
    or
            2WayResolveIdentConflict(MergeGraphId, MergeWithGraphId, BaseGraphId)
    end
end;
```

Abb. 7.7 Auswahl einer Bezeichnerregel

Abb. 7.8 zeigt das **automatische 3–Wege–Ändern eines Bezeichners** (Transaktion **3WayChangeIdent**). Wie schon in Abschnitt 6.3.3 werden Änderungen ausschließlich mit Hilfe der auf abstrakten Syntaxbäumen verfügbaren Operationen durchgeführt. Daher werden stets zunächst mit Hilfe von Tests Änderungsstellen lokalisiert und anschließend die entsprechenden Änderungsoperationen aufgerufen, statt Lokalisierung und Änderung in einer Graphersetzung zusammenzufassen. Eine Zusammenfassung verstößt zum einen gegen das Prinzip der Datenabstraktion. Zum anderen ist zu bedenken, daß die Implementierung der baumorientierten Operationen dokumenttypspezifisch ist und somit ohnehin nicht durch eine dokumenttypunabhängige Graphersetzung ersetzt werden kann[3].

Durch den Test **3WaySelectIdentToChange** wird ein Bezeichnerinkrement ausgewählt, das in allen Eingaberevisionen vorkommt und dessen Namensattribut nur in einer der beiden Alternativrevisionen geändert wurde. Der Vergleich der Namensattribute ist im **condition**-Teil spezifiziert. Dort ist auch festgelegt, daß Knoten 1 zur Basisrevision und die Knoten 2 und 3 zu verschiedenen Alternativrevisionen gehören müssen. Letzteres wird durch einen Mengenvergleich erreicht, der offenläßt, zu welchen Alternativrevisionen die Knoten gehören.

Die Übereinstimmung der eindeutigen Knotenbezeichner wird mit Hilfe des graphisch notierten Pfads **ToCorrIncr** sichergestellt. Es handelt sich dabei um einen "virtuellen" Pfad, da die korrelierten Knoten nicht durch (Folgen von) Kanten verbunden sind, sondern ausschließlich durch eine Bedingung an die Knotenattribute zueinander in Beziehung gesetzt werden. Dies hätte man auch durch entsprechende Bedingungen im **condition**-Teil des Graphtests 3WaySelectIdentToChange erreichen können. Die Einführung eines Pfadausdrucks empfiehlt sich jedoch aus zwei Gründen:
* Die Lesbarkeit von Graphtests wird erhöht.
* Durch die Einführung des Pfads wird davon abstrahiert, in welcher Weise Knoten miteinander identifiziert werden. Werden Knoten auf andere Weise (z.B. durch Kanten) mitein-

---

3. Im Falle der Operation ExtendIdent ist ja nicht nur der neue Name einzutragen, sondern es müssen auch die Bezeichnerbindungen aktualisiert werden. Letzteres ist ein dokumentspezifischer Vorgang.

ander identifiziert, so braucht nur der Pfadausdruck geändert zu werden; die übrige
Spezifikation bleibt von dieser Änderung unberührt.

```
transaction 3WayChangeIdent(MergeGraphId, MergeWithGraphId, BaseGraphId : T_GraphId) =
    var GraphToChangeId : T_GraphId;
        IdentId : T_Id;
        NewName : T_String;
begin
    3WaySelectIdentToChange
      ( MergeGraphId, MergeWithGraphId, BaseGraphId,
        out GraphToChangeId, out IdentId, out NewName) &
    ExtendIdent(GraphToChangeId, IdentId, NewName)
end;

test 3WaySelectIdentToChange
      ( MergeGraphId, MergeWithGraphId, BaseGraphId : T_GraphId;
        out GraphToChangeId : T_GraphId;
        out IdentId : T_Id;
        out NewName : T_String) =
```

1 : IDENTIFIER

ToCorrIncr   ToCorrIncr

2 : IDENTIFIER   3 : IDENTIFIER

```
    condition   1.GraphId = BaseGraphId;
                {2.GraphId, 3.GraphId} = {MergeGraphId, MergeWithGraphId};
                1.Name = 2.Name;
                2.Name ≠ 3.Name;
    return      GraphToChangeId := 2.GraphId;
                IdentId := 2.NodeId;
                NewName := 3.Name;
end;

path ToCorrIncr : AST_NODE -> AST_NODE =
    from 1 to 2 in
```

1 : AST_NODE   2 : AST_NODE

```
    condition   1.NodeId = 2.NodeId;
end;
```

Abb. 7.8 3-Wege-Ändern eines Bezeichners

Abb. 7.9 zeigt die Behandlung eines **3-Wege-Bezeichnerkonflikts**. Auf die Angabe des entsprechenden Tests haben wir verzichtet, da er sich von dem Test aus Abb. 7.8 i.w. nur dadurch
unterscheidet, daß andere Bedingungen an die Bezeichner gestellt werden (hier müssen alle

Bezeichner paarweise verschieden sein). Der Bezeichnerkonflikt wird durch eine Benutzerinteraktion aufgelöst, die wir mit Hilfe der (Pseudo-)Transaktion UserDecision modelliert haben, die die ausgewählte Alternative zurückliefert. Dabei haben wir hier und im folgenden jeweils darauf verzichtet, die Informationen, die der Benutzer für die Entscheidungsfindung benötigt, als Eingabeparameter der Transaktion zu modellieren. Die Variable Alternative steuert, welcher Bezeichner anschließend eingetragen wird. Die Variable nimmt einen Wert eines Aufzählungstyps an, der jeweils regelspezifisch ist (z.B. gibt es in Listenregeln andersartige Alternativen zur Auflösung von Konflikten als in Bezeichnerregeln). Entscheidet sich der Benutzer für den Bezeichner im Graphen MergeGraphId, so wird der Bezeichner in MergeWithGraphId angepaßt; der umgekehrte Fall wird analog behandelt.

```
transaction 3WayResolveIdentConflict
                (MergeGraphId, MergeWithGraphId, BaseGraphId : T_GraphId) =
    var MergeIdentId, MergeWithIdentId : T_Id;
        MergeName, MergeWithName : T_String;
        Alternative : (MergeIdent, MergeWithIdent);
begin
    3WaySelectIdentConflict
      ( MergeGraphId, MergeWithGraphId, BaseGraphId,
        out MergeIdentId, out MergeWithIdentId, out MergeName, out MergeWithName) &
    UserDecision(out Alternative) &
    try
        on  Alternative = MergeIdent do
            ExtendIdent(MergeWithGraphId, MergeWithIdentId, MergeName)
    else
        ExtendIdent(MergeGraphId, MergeIdentId, MergeWithName)
    end
end;
```

Abb. 7.9 Auflösen eines 3–Wege–Bezeichnerkonflikts

Die Transaktion zur Auflösung eines **2–Wege–Bezeichnerkonflikts** hat die gleiche Struktur wie die entsprechende Transaktion zur Behandlung des 3–Wege–Konflikts. Daher haben wir uns darauf beschränkt, den Test zur Auswahl einer Konfliktstelle anzugeben (Abb. 7.10). Der Test 2WaySelectIdentConflict ist nur dann erfolgreich, wenn 1 und 2 zueinander korrespondierende Knoten sind und es keinen korrespondierenden Knoten in der Basisrevision gibt. Die zuletzt genannte Bedingung wird mit Hilfe des parametrisierten Pfads ToCorrIncrInRev formuliert.

```
test 2WaySelectIdentConflict
       ( MergeGraphId, MergeWithGraphId, BaseGraphId : T_GraphId;
         out MergeIdentId, MergeWithIdentId : T_Id;
         out MergeName, MergeWithName : T_String) =
```

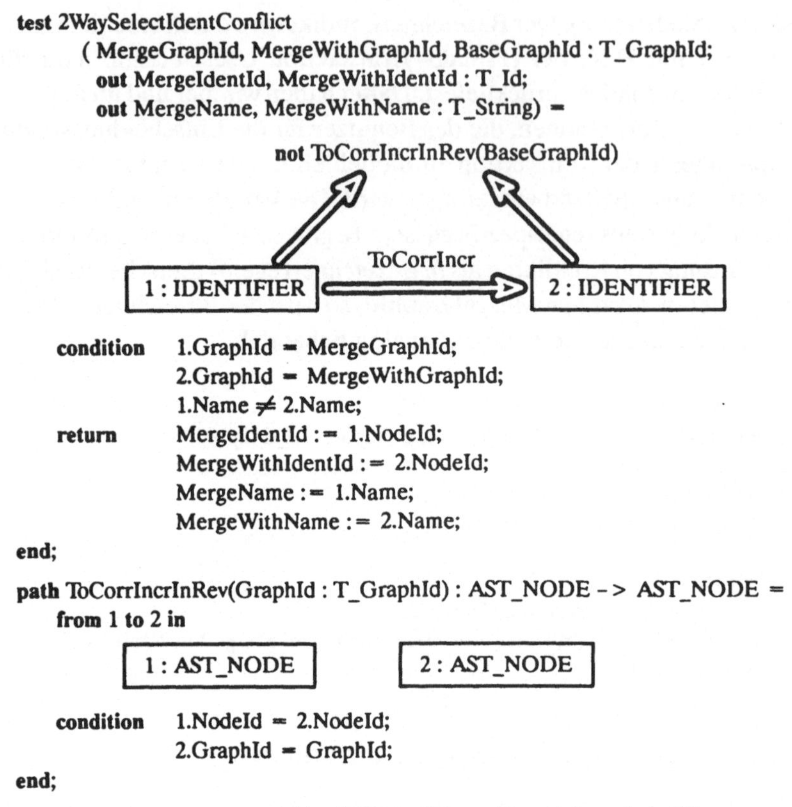


```
   condition     1.GraphId = MergeGraphId;
                 2.GraphId = MergeWithGraphId;
                 1.Name ≠ 2.Name;
   return        MergeIdentId := 1.NodeId;
                 MergeWithIdentId := 2.NodeId;
                 MergeName := 1.Name;
                 MergeWithName := 2.Name;
end;

path ToCorrIncrInRev(GraphId : T_GraphId) : AST_NODE -> AST_NODE =
from 1 to 2 in
```



```
   condition     1.NodeId = 2.NodeId;
                 2.GraphId = GraphId;
end;
```

Abb. 7.10 2–Wege–Bezeichnerkonflikt

7.1.2.2   Strukturregeln

Die Transaktion zur Auswahl einer Strukturregel ist genauso aufgebaut wie die Transaktion zur Auswahl einer Bezeichnerregel (Abb. 7.7). Im folgenden beschränken wir uns auf die **automatische Ersetzung einer Strukturkomponente** (Abb. 7.11). Mit Hilfe des Tests 3Way-SelectithSonToReplace wird zunächst eine zu ersetzende Strukturkomponente ausgewählt. Im Anschluß an den Test wird mittels der Transaktion ReplaceIncr der alte Sohn durch den neuen ersetzt.

Betrachten wir zunächst die **Auswahl einer Strukturkomponente** etwas genauer: Der Eingabeparameter i des Tests 3WaySelectithSonToReplace legt die Nummer des zu ermittelnden Sohns fest. Wir nehmen an, daß ein Strukturknoten höchstens n Söhne haben kann. Der Pfad Down(i) führt von einem Strukturknoten zu seinem i–ten Sohn ([...|...|...] bezeichnet eine sequentielle Auswahl); er dient dazu, Nummern auf Kantentypen abzubilden. Schließlich ist beim Aufruf des Tests zu beachten, daß i nichtdeterministisch einen Wert aus der Menge

{1,...,n} annimmt. Insgesamt ergibt sich damit ein zweistufiger Nichtdeterminismus: Zunächst wird i nichtdeterministisch ausgewählt, und dann wird nichtdeterministisch eine i-te Strukturkomponente ausgewählt.

```
transaction 3WayReplaceStructureComponent
                (MergeGraphId, MergeWithGraphId, BaseGraphId : T_GraphId) =
    var GraphToChangeId, ChangedGraphId : T_GraphId;
        ReplacingIncrId, IncrToReplaceId : T_Id;
        i : T_Cardinal;
begin
    3WaySelectithSonToReplace(MergeGraphId, MergeWithGraphId, BaseGraphId,
                        i in {1,...,n},
                        out GraphToChangeId, out ChangedGraphId,
                        out IncrToReplaceId, out ReplacingIncrId) &
    ReplaceIncr(GraphToChangeId, IncrToReplaceId, ChangedGraphId, ReplacingIncrId)
end;

test 3WaySelectithSonToReplace
        ( MergeGraphId, MergeWithGraphId, BaseGraphId : T_GraphId;
          i : T_Cardinal;
          out GraphToChangeId, ChangedGraphId : T_GraphId;
          out IncrToReplaceId, ReplacingIncrId : T_Id) =
```

$$
\begin{array}{ccc}
 & 1 : COMPLEX\_NODE & \\
\text{ToCorrIncr} \nearrow & \downarrow Down(i) & \nwarrow \text{ToCorrIncr} \\
3 : COMPLEX\_NODE & 2 : AST\_NODE & 5 : COMPLEX\_NODE \\
\downarrow Down(i) & \nearrow \text{ToCorrIncr} \quad \textbf{not } \text{ToCorrIncr} \nwarrow & \downarrow Down(i) \\
4 : AST\_NODE & & 6 : AST\_NODE
\end{array}
$$

```
    condition   1.GraphId = BaseGraphId;
                {3.GraphId, 5.GraphId} = {MergeGraphId, MergeWithGraphId};
    return      GraphToChangeId := 3.GraphId; ChangedGraphId := 5.GraphId;
                IncrToReplaceId := 4.NodeId; ReplacingIncrId := 6.NodeId;
end;

path Down(i : T_Cardinal) : COMPLEX_NODE -> AST_NODE =
    [ valid i = 1 : -ES1-> | ... | valid i = n : -ESn-> ]
end;
```

Abb. 7.11 3-Wege-Ersetzung einer Strukturkomponente

Die Transaktion **ReplaceIncr** spielt im Verschmelzungsverfahren eine zentrale Rolle. Sie dient dazu, strukturelle Änderungen in der jeweils anderen Revision nachzufahren. Sie wird nicht nur in den Strukturregeln, sondern auch in den Listenregeln eingesetzt (s. Unterabschnitt 7.1.2.3). Mit Hilfe dieser Transaktion wird das Zielinkrement TargetIncrId im Zielgraphen TargetGraphId durch das Quellinkrement SourceIncrId im Quellgraphen SourceGraphId ersetzt. Dabei werden den neu erzeugten Knoten dieselben Knotenbezeichner wie den Originalen zugeordnet. Die Operation ReplaceIncr darf nur angewendet werden, wenn Quell– und Zielgraph verschieden sind und noch keine Kopie des Quellinkrements SourceIncrId im Zielgraphen TargetGraphId existiert. Auf die Spezifikation dieser Operation haben wir hier verzichtet [4].

Die Operation ReplaceIncr dient somit zum **dokumentübergreifenden Kopieren von Inkrementen unter Bewahrung der Knotenbezeichner.** Es handelt sich um eine Verallgemeinerung des Kopierens des gesamten Inhalts einer Revision (s. Ableiten einer Revision, Unterabschnitt 5.2.1.3). Die Erhaltung eindeutiger Knotenbezeichner ist aus folgenden Gründen wesentlich:

- Bei späteren Verschmelzungsvorgängen ist sichergestellt, daß zueinander korrespondierende Inkremente auch dieselben Knotenbezeichner tragen.

- Beim inkrementellen Aktualisieren wird vorausgesetzt, daß die Knotenbezeichner korrespondierender Inkremente in verschiedenen Revisionen eines bestimmenden Dokuments übereinstimmen: War eine abhängige Revision dr ("dependent revision") mit einer bestimmenden Revision mr ("master revision") konsistent und soll nun an eine neue bestimmende Revision mr' angepaßt werden, so werden zunächst graphübergreifende Kanten kopiert (s. Abschnitt 5.2.2). Dabei werden die Zielknoten in mr' mit Hilfe der eindeutigen Knotenbezeichner der alten Zielknoten in mr identifiziert.

7.1.2.3 Listenregeln

Die Listenbehandlung stellt den vergleichsweise kompliziertesten Teil des Verschmelzungsverfahrens dar. Im Gegensatz zu den Bezeichner– und Strukturregeln werden daher bei den Listenregeln Untertransaktionen für das 3– bzw. 2–Wege–Verschmelzen eingeführt (Abb. 7.12).

```
transaction ApplyListRule(MergeGraphId, MergeWithGraphId, BaseGraphId : T_GraphId) =
begin
    try
        3WayApplyListRule(MergeGraphId, MergeWithGraphId, BaseGraphId)
    or
        2WayApplyListRule(MergeGraphId, MergeWithGraphId, BaseGraphId)
    end
end;
```

Abb. 7.12 Anwenden einer Listenregel

---

4. Das Zielinkrement wird ggf. zunächst durch einen Platzhalter ersetzt; anschließend wird das Quellinkrement per rekursivem Abstieg einkopiert.

7.1.2.3.1 3-Wege-Listenregeln

In der Transaktion **3WayApplyListRule** (Abb. 7.13) sind alle Anwendungen von 3-Wege-Listenregeln zusammengefaßt. Diese Regeln lassen sich in folgende Gruppen aufteilen:
- Löschen eines Listenelements (3WayDeleteElement)
- Einfügen eines Listenelements, dessen Position automatisch bestimmt werden kann (3WayInsertElementInEmptyList, 3WayPreInsertElement, 3WayPostInsertElement)
- Einfügen eines Listenelements, dessen Position vom Benutzer festgelegt werden muß (3WayResolveInsertConflict)

```
transaction 3WayApplyListRule(MergeGraphId, MergeWithGraphId, BaseGraphId : T_GraphId) =
begin
    try
        3WayDeleteElement(MergeGraphId, MergeWithGraphId, BaseGraphId)
    or
        3WayInsertElementInEmptyList(MergeGraphId, MergeWithGraphId, BaseGraphId)
    or
        3WayPreInsertElement(MergeGraphId, MergeWithGraphId, BaseGraphId)
    or
        3WayPostInsertElement(MergeGraphId, MergeWithGraphId, BaseGraphId)
    or
        3WayResolveInsertConflict(MergeGraphId, MergeWithGraphId, BaseGraphId)
    end
end;
```

Abb. 7.13 Anwenden einer 3-Wege-Listenregel

Abb. 7.14 zeigt die Transaktion **3WayDeleteElement**, die das **automatische Löschen eines Listenelements** behandelt. Ein Listenelement wird gelöscht, wenn es in der Basis vorhanden und beim Übergang zu einer der beiden Alternativrevisionen gelöscht worden ist.

```
transaction 3WayDeleteElement(MergeGraphId, MergeWithGraphId, BaseGraphId : T_GraphId) =
    var GraphToChangeId : T_GraphId;
        ElementId : T_Id;
begin
    3WaySelectElementToDelete
      ( MergeGraphId, MergeWithGraphId, BaseGraphId,
        out GraphToChangeId, out ElementId) &
    DeleteElement(GraphToChangeId, ElementId)
end;
```

test 3WaySelectElementToDelete
    (MergeGraphId, MergeWithGraphId, BaseGraphId : T_GraphId;
     out GraphToChangeId : T_GraphId;
     out ElementId : T_Id) =

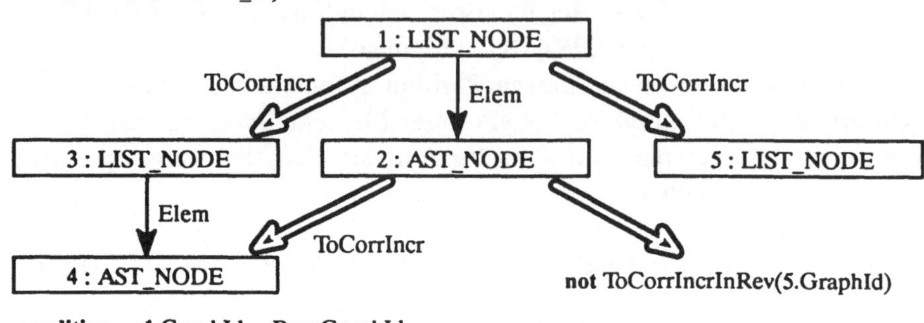

    condition   1.GraphId = BaseGraphId;
                    {3.GraphId, 5.GraphId} = {MergeGraphId, MergeWithGraphId};
    return   GraphToChangeId := 3.GraphId; ElementId := 4.NodeId;
end;

Abb. 7.14 3–Wege–Löschen eines Listenelements

Von den drei Transaktionen zum **automatischen Einfügen von Listenelementen** greifen wir als Beispiel die Transaktion **3WayPreInsertElement** heraus (Abb. 7.15). Sie behandelt den Fall, daß in genau einer Alternativrevision vor dem ersten Element (Knoten 6 im Graphtest 3WaySelectFirstElementToPreInsert) eine Folge von Elementen eingefügt wurde. Das erste Element dieser Folge (Knoten 5) wird ausgewählt und am Anfang der Liste eingefügt [5]. Durch den negierten Pfad wird sichergestellt, daß Knoten 5 neu erzeugt wurde. Ferner ist zu beachten, daß Knoten 3 und 6 einander entsprechen müssen. Dies schließt folgende Situationen aus, die von anderen Regeln abzuhandeln sind:

- Knoten 3 ist beim Übergang zu einer der beiden Alternativrevisionen gelöscht worden (Transaktion 3WayDeleteElement, Abb. 7.14).
- Knoten 3 ist neu erzeugt worden. Dies impliziert einen Reihenfolgekonflikt zwischen Knoten 3 und Knoten 5 (Transaktion 3WayResolveInsertConflict, Abb. 7.16).

```
transaction 3WayPreInsertElement(MergeGraphId, MergeWithGraphId, BaseGraphId : T_GraphId) =
    var GraphToChangeId, ChangedGraphId : T_GraphId;
        ElementId, NextElementId, NewElementId : T_Id;
begin
    3WaySelectFirstElementToPreInsert( MergeGraphId, MergeWithGraphId, BaseGraphId,
                        out GraphToChangeId, out ChangedGraphId,
                        out ElementId, out NextElementId) &
    PreInsertInList(GraphToChangeId, NextElementId, out NewElementId) &
    ReplaceIncr(GraphToChangeId, NewElementId, ChangedGraphId, ElementId)
end;
```

---

5. Man beachte, daß alle PreInsert-Regeln nur das Einfügen vor dem ersten Element behandeln; alle sonstigen Fälle des Einfügens in eine nichtleere Liste werden von PostInsert-Regeln abgedeckt.

```
test 3WaySelectFirstElementToPreInsert
    ( MergeGraphId, MergeWithGraphId, BaseGraphId : T_GraphId;
      out GraphToChangeId, ChangedGraphId : T_GraphId;
      out ElementId, NextElementId : T_Id) =
```

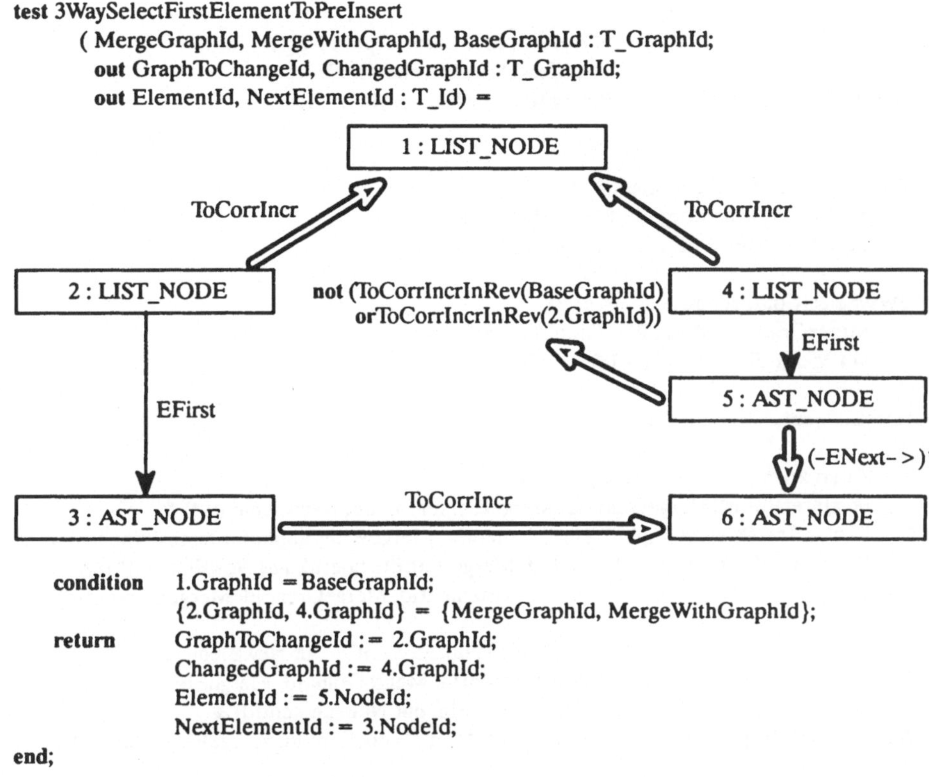


```
condition   1.GraphId = BaseGraphId;
            {2.GraphId, 4.GraphId} = {MergeGraphId, MergeWithGraphId};
return      GraphToChangeId := 2.GraphId;
            ChangedGraphId := 4.GraphId;
            ElementId := 5.NodeId;
            NextElementId := 3.NodeId;
end;
```

Abb. 7.15 3–Wege–Einfügen vor dem ersten Listenelement

Bei der Spezifikation der Graphtests müssen die Fälle "automatisches Einfügen", "Löschen" und "Reihenfolgekonflikt" sorgfältig voneinander abgegrenzt werden. So wäre es beispielsweise nicht korrekt, den Test 3WaySelectFirstElementToPreInsert folgendermaßen zu verallgemeinern: Durch Ersetzen der EFirst-Kanten durch Elem-Kanten und des Pfads $(-ENext->)^+$ durch eine ENext-Kante wird an einer beliebigen Stelle einer Liste ein Element ausgewählt, das vor einem gemeinsamen Element eingefügt wurde. Dieser (zunächst naheliegende) Test ist fehlerhaft, da er nicht ausschließt, daß vor dem Knoten 3 ebenfalls ein neues Element eingefügt wurde (Reihenfolgekonflikt).

Wenn zwei Listenelemente an der gleichen Position eingefügt wurden, kann deren Reihenfolge nicht automatisch bestimmt werden, sondern muß vom Benutzer festgelegt werden. Abb. 7.16 zeigt die Transaktion zur Behandlung eines **Reihenfolgekonflikts**. Ein Konflikt liegt vor, wenn entweder am Listenanfang oder hinter einem gemeinsamen Listenelement zwei Elemente eingefügt worden sind[6]. Jedes der beiden Elemente wird im jeweils anderen Graphen in der vom Benutzer festgelegten Reihenfolge eingetragen.

6. Es wurde nur der Test für den ersten Fall angegeben.

```
transaction 3WayResolveInsertConflict
              (MergeGraphId, MergeWithGraphId, BaseGraphId : T_GraphId) =
    var Alternative : (MergeElementFirst, MergeWithElementFirst);
        MergeElementId, MergeWithElementId, NewElementId : T_Id;
begin
    try
        3WaySelectConflictingElementsAtHeadOfList
          ( MergeGraphId, MergeWithGraphId, BaseGraphId,
            out MergeElementId, out MergeWithElementId)
    or
        3WaySelectConflictingElementsInList
          ( MergeGraphId, MergeWithGraphId, BaseGraphId,
            out MergeElementId, out MergeWithElementId)
    end &
    UserDecision(out Alternative) &
    try
        on  Alternative = MergeElementFirst do
            PostInsertInList(MergeGraphId, MergeElementId, out NewElementId) &
            ReplaceIncr(MergeGraphId, NewElementId, MergeWithGraphId, MergeWithElementId) &
            PreInsertInList(MergeWithGraphId, MergeWithElementId, out NewElementId) &
            ReplaceIncr(MergeWithGraphId, NewElementId, MergeGraphId, MergeElementId)
    else
            PostInsertInList(MergeWithGraphId, MergeWithElementId, out NewElementId) &
            ReplaceIncr(MergeWithGraphId, NewElementId, MergeGraphId, MergeElementId) &
            PreInsertInList(MergeGraphId, MergeElementId, out NewElementId) &
            ReplaceIncr(MergeGraphId, NewElementId, MergeWithGraphId, MergeWithElementId)
    end
end;

test 3WaySelectConflictingElementsAtHeadOfList
      ( MergeGraphId, MergeWithGraphId, BaseGraphId : T_GraphId;
        out MergeElementId, MergeWithElementId : T_Id) =
```

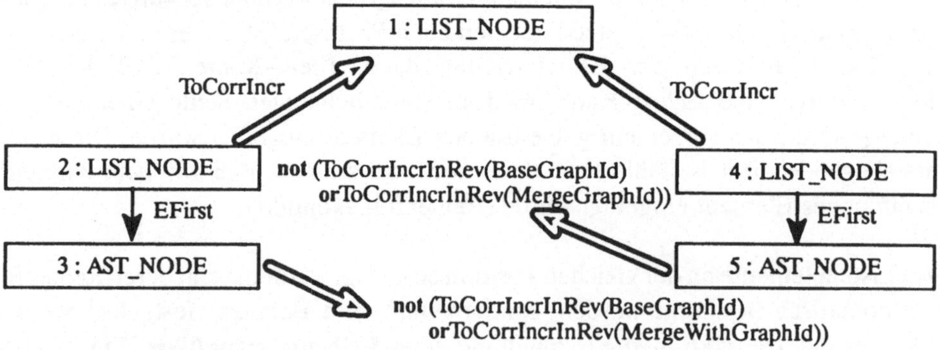

```
    condition   1.GraphId  = BaseGraphId;
                2.GraphId = MergeGraphId; 4.GraphId = MergeWithGraphId;
    return      MergeElementId := 3.NodeId; MergeWithElementId := 5.NodeId;
end;
```

Abb. 7.16 3-Wege-Behandlung eines Reihenfolgekonflikts

7.1.2.3.2 2–Wege–Listenregeln

Abb. 7.17 zeigt die Transaktion zum 2–Wege–Verschmelzen von Listen. Sie läßt sich aus der entsprechenden 3–Wege–Transaktion folgendermaßen konstruieren:

- Die Transaktion zum automatischen Löschen eines Listenelements wird gestrichen.
- Die Transaktionen zum automatischen Einfügen von Listenelementen werden jeweils durch analoge Transaktionen ersetzt, in denen bedingt eingefügt wird (2WayCondInsert-ElementInEmptyList, 2WayCondPreInsertElement und 2WayCondPostInsertElement). "Bedingt" heißt, daß der Benutzer entscheidet, ob das jeweils betrachtete Element überhaupt in die Mischrevision aufgenommen wird. Im positiven Fall wird das Element an der entsprechenden Stelle eingefügt.
- In der Transaktion 2WayResolveInsertConflict werden dem Benutzer außer den vom 3–Wege–Konflikt bekannten Alternativen die zusätzlichen Alternativen "nur das linke Element", "nur das rechte Element" und "keines der beiden Elemente" angeboten.

```
transaction 2WayApplyListRule(MergeGraphId, MergeWithGraphId, BaseGraphId : T_GraphId) =
begin
    try
        2WayCondInsertElementInEmptyList(MergeGraphId, MergeWithGraphId, BaseGraphId)
    or
        2WayCondPreInsertElement(MergeGraphId, MergeWithGraphId, BaseGraphId)
    or
        2WayCondPostInsertElement(MergeGraphId, MergeWithGraphId, BaseGraphId)
    or
        2WayResolveInsertConflict(MergeGraphId, MergeWithGraphId, BaseGraphId)
    end
end;
```

Abb. 7.17 Anwenden einer 3–Wege–Listenregel

Als Beispiel betrachten wir die Transaktion **2WayCondPreInsertElement**, die zum **bedingten Einfügen vor dem ersten Listenelement** dient (Abb. 7.18). Analog zum entsprechenden 3–Wege–Test (Abb. 7.15) wird mit Hilfe von 2WaySelectFirstElementToPreInsert zunächst ein Kandidat zum Einfügen ermittelt (Knoten 4 im Graphtest). Anschließend entscheidet der Benutzer, ob das Listenelement eingefügt werden soll. Je nach der Entscheidung des Benutzers wird dann das Element entweder aus der einen Revision gelöscht oder in die andere Revision eingefügt.

```
transaction 2WayCondPreInsertElement
                (MergeGraphId, MergeWithGraphId, BaseGraphId : T_GraphId) =
    var FirstGraphId, SecondGraphId : T_GraphId;
        ElementId, NextElementId, NewElementId : T_Id;
        Alternative : (Insert, Delete);
begin
    2WaySelectFirstElementToPreInsert
       ( MergeGraphId, MergeWithGraphId, BaseGraphId,
         out FirstGraphId, out SecondGraphId,
         out ElementId, out NextElementId) &
    UserDecision(out Alternative) &
    try
        on  UserDecision = Delete do
            DeleteIncr(SecondGraphId, ElementId)
        else
            PreInsertInList(FirstGraphId, NextElementId, out NewElementId) &
            ReplaceIncr(FirstGraphId, NewElementId, SecondGraphId, ElementId)
        end
end;

test 2WaySelectFirstElementToPreInsert
       ( MergeGraphId, MergeWithGraphId, BaseGraphId : T_GraphId;
         out FirstGraphId, SecondGraphId : T_GraphId;
         out ElementId, NextElementId : T_Id) =
```



```
    condition   {1.GraphId, 3.GraphId} = {MergeGraphId, MergeWithGraphId};
    return      FirstGraphId := 1.GraphId;
                SecondGraphId := 3.GraphId;
                ElementId := 4.NodeId;
                NextElementId := 2.NodeId;
end;
```

Abb. 7.18 Bedingtes 2–Wege–Einfügen vor dem ersten Listenelement

7.1.3 Probleme

Bei dem oben dargestellten Verschmelzungsverfahren sind Benutzerinteraktionen bisher nur im Falle von Konflikten vorgesehen. Alternativ dazu kann man sich vorstellen, daß auch bei automatisch anwendbaren Regeln Benutzerinteraktionen stattfinden können: Der Benutzer wird über die Änderung informiert und hat dann die Möglichkeit, in den Verschmelzungsprozeß einzugreifen (z.B. indem er die Änderung ablehnt oder auch, indem er die Mischrevision ediert). Dies erhöht zwar die Zahl der Benutzerinteraktionen, hat aber andererseits den Vorteil, daß unerwünschte oder unsinnige Änderungen sich nicht unbemerkt einschleichen können. Insgesamt entsteht dann ein **hochgradig interaktives Verfahren** – wobei der Benutzer die Möglichkeit haben sollte, auf den Grad der Interaktion Einfluß zu nehmen. Die damit verbundenen Probleme wurden im Rahmen dieses Buchs nicht untersucht.

Das Verschmelzungsverfahren beruht auf der Prämisse, daß zueinander korrespondierenden Inkrementen jeweils derselbe Knotenbezeichner zugeordnet ist. Diese Prämisse ist erfüllt, solange sich der Benutzer darauf beschränkt, Kommandos zu aktivieren, die direkt auf die in Abb. 6.4 zusammengefaßten baumorientierten Operationen abgebildet werden (Eintragen von Bezeichnern, Expandieren von Platzhaltern, Erzeugen von Listenelementen, Löschen von Inkrementen). Darüber hinaus gibt es jedoch Kommandos, bei deren Ausführung die **Korrespondenz zwischen Inkrementen verloren geht**. Dies gilt zum einen für die freie Eingabe und zum anderen für Cut & Paste.

Bevor wir uns den Problemen zuwenden, die die freie Eingabe sowie Cut & Paste bereiten, beschäftigen wir uns noch mit der Frage, ob sich beim Verschmelzen stärker von der Ediergeschichte abstrahieren läßt.

7.1.3.1 Abstraktion von der Ediergeschichte

In seiner oben dargestellten Form beruht das Verschmelzungsverfahren darauf, daß sich die tatsächlich durchgeführten Änderungen anhand der **eindeutigen Knotenbezeichner** rekonstruieren lassen. Inkremente werden nämlich ausschließlich anhand ihrer eindeutigen Knotenbezeichner miteinander identifiziert. Sind zwei Inkrementen unterschiedliche Knotenbezeichner zugeordnet, so werden sie unabhängig von ihrer Internstruktur als verschieden angesehen.

Der Vorteil dieser Vorgehensweise wurde bereits in Abschnitt 7.1.1 erläutert: es ist sehr einfach, Inkremente miteinander zu identifizieren. Andererseits besteht ein schwerwiegender Nachteil dieses Ansatzes darin, daß u.U. **zu wenige Inkremente miteinander identifiziert werden**. Sind z.B. korrespondierenden Söhnen eines Strukurinkrements unterschiedliche Knotenbezeichner zugeordnet, so gelten sie sogar dann als verschieden, wenn sie isomorph, d.h. strukturell gleich sind. Dies kann zu verwirrenden Effekten führen; man beachte, daß der Benutzer die intern verwendeten Knotenbezeichner ja überhaupt nicht sieht.

Somit ist es wünschenswert, daß das Verschmelzungsverfahren stärker **von den Knotenbezeichnern abstrahiert.** Für **Strukturen** läßt sich dies auf sehr einfache Weise erreichen: Söhne von korrespondierenden Strukturinkrementen werden miteinander identifiziert, wenn sie an derselben Position in der Struktur stehen und denselben Inkrementtyp besitzen.

Probleme bereitet dagegen die Behandlung von **Listen.** In zueinander korrespondierenden Listen können zunächst wie gewohnt Listenelemente anhand der Knotenbezeichner miteinander identifiziert werden. Anschließend sind dann Listenteile zu vergleichen, die jeweils aus bisher noch nicht miteinander identifizierten Elementen bestehen und durch miteinander identifizierte Elemente eingerahmt sind.

Es stellt sich nun die Frage, anhand welcher **Kriterien** die verbleibenden Listenelemente miteinander identifiziert werden können. Eine notwendige, aber i.a. nicht hinreichende Bedingung besteht darin, daß die Inkrementtypen übereinstimmen müssen. Insbesondere in Listen, in denen alle Elemente vom selben Typ sind, erweist sich dieses Kriterium als wenig hilfreich.

Hinsichtlich der Klasse der Listenelemente lassen sich folgende **Fälle** unterscheiden:
- Bezeichner: In diesem Fall lassen sich Listenelemente miteinander identifizieren, deren Bezeichnerattribute übereinstimmen.
- Strukturen: In dem einfachen Fall, daß der erste Sohn ein Bezeichner ist, lassen sich die entsprechenden Bezeichnerattribute miteinander vergleichen (z.B. bei Prozedurdeklarationen).
- Listen : Hier läßt sich keine einfach zu überprüfende Identifizierungsregel anzugeben.

Auf die oben skizzierte Weise erhält man ein **einfaches heuristisches Verfahren** zur Inkrementidentifizierung. Dieses läßt sich dadurch formalisieren, daß der Pfad ToCorrIncr, mit dessen Hilfe korrespondierende Inkremente identifiziert werden, neu definiert wird. Im übrigen bleiben alle Verschmelzungsregeln unverändert. Auf die Angabe des modifizierten Pfads haben wir hier verzichtet[7].

Durch das oben skizzierte heuristische Verfahren – das man sicher noch durch Definition weiterer Regeln ausbauen kann – werden mehr Inkremente miteinander identifiziert als bei dem bisherigen Verfahren, das dazu tendiert, zu wenige Inkremente miteinander zu identifizieren. Welches Verfahren in der Praxis besser funktioniert, bleibt aber noch dahingestellt.

---

7. Wir werden später noch bei der Behandlung dokumentübergreifender Aspekte des Verschmelzens eine Redefinition von ToCorrIncr vorführen (Abb. 7.27). Die dort skizzierte Vorgehensweise läßt sich analog auch hier einsetzen.

Wenn man zu wenige Inkremente miteinander identifiziert, bricht der Vergleich zu früh ab. Wenn man andererseits zu viele Inkremente miteinander identifiziert, bricht der Vergleich zu spät ab. Dies kann dazu führen, daß beim Verschmelzen von Inkrementen, die fälschlicherweise miteinander identifiziert werden, viele Konflikte entstehen. Hier das richtige Maß der Identifizierung zu finden, ist eine nichttriviale Aufgabe, die sich nicht durch Betrachtung von Einzelfällen, sondern nur durch einen **Praxistest** befriedigend lösen läßt.

7.1.3.2   Freie Eingabe

IPSEN unterstützt außer dem syntaxgesteuerten Edieren auch die **freie Eingabe** auf beliebigen Inkrementen. Nachdem der Benutzer die freie Eingabe per Kommando auf einem Inkrement aktiviert hat, erscheint am Bildschirm ein Fenster, das den entsprechenden Text enthält. Anschließend bearbeitet der Benutzer diesen Text mit Hilfe eines Texteditors und schließt die Bearbeitung durch ein weiteres Kommando ab. Sofern der bearbeitete Text kontextfrei korrekt ist, wird das alte Inkrement durch die neue Eingabe ersetzt.

Die freie Eingabe ist intern folgendermaßen **realisiert**: Im Zuge der syntaktischen Analyse des eingegebenen Texts wird eine Folge von Operationen aufgebaut, die zur Konstruktion des entsprechenden Syntaxbaums dient. Diese Folge entspricht der Folge von Kommandos, die der Benutzer beim syntaxgesteuerten Edieren aktivieren müßte. Ist die Eingabe kontextfrei korrekt, so wird das alte Inkrement gelöscht und die Operationenfolge abgearbeitet.

Diese Realisierung der freien Eingabe hat den Nachteil, daß alle **Korrespondenzen** zwischen dem alten und dem neuen Inkrement **verloren gehen**. Dies gilt unabhängig davon, welche Änderungen in der freien Eingabe tatsächlich durchgeführt werden. Aktiviert der Benutzer beispielsweise die freie Eingabe auf einer Prozedurdeklaration, so wird die gesamte Prozedurdeklaration auch dann gelöscht und wieder neu aufgebaut, wenn lediglich der Prozedurbezeichner geändert wurde. Kurzum: die freie Eingabe ist nicht inkrementell realisiert.

Eine **inkrementelle Realisierung der freien Eingabe** ist aus folgenden Gründen wünschenswert:
- Das Verschmelzungsverfahren liefert genauere Resultate, wenn Inkrementkorrespondenzen durch die freie Eingabe nicht zerstört werden.
- Eine inkrementelle Realisierung der freien Eingabe ist effizienter und dürfte zu erheblich kürzeren Antwortzeiten führen.

Wie sich die freie Eingabe inkrementell realisieren läßt, wird im Rahmen dieses Buchs nicht näher untersucht. Man könnte aber in etwa folgendermaßen vorgehen: Es wird ein Texteditor benutzt, der (für den Benutzer unsichtbare) Markierungen von Textpositionen verwalten kann. Bevor der zu bearbeitende Text an den Editor übergeben wird, werden Markierungen gesetzt, mit deren Hilfe Beziehungen zwischen Inkrementen und Textpositionen ausgedrückt werden. Nach Abschluß der freien Eingabe wird dann mit Hilfe der vom Editor verwalteten Markierungen rekonstruiert, was sich tatsächlich geändert hat.

7.1.3.3   Cut & Paste

Viele Editoren, die auf abstrakten Syntaxbäumen operieren, bieten Kommandos an, um Inkremente innerhalb eines abstrakten Syntaxbaums zu verschieben (Beispiel: Der Synthesizer Generator /Re 88/). Mit Hilfe eines Cut–Kommandos wird das Inkrement zunächst ausgeschnitten, d.h. der entsprechende Teilbaum wird ausgehängt. Anschließend wird der ausgehängte Teilbaum durch ein Paste–Kommando an einer anderen Stelle wieder eingehängt. Die Ausführung des Paste–Kommandos scheitert, wenn sie zu einer Inkonsistenz bezüglich der kontextfreien Syntax führen würde. Diese Art der Verschiebung von Inkrementen nennen wir **baumorientiertes Cut & Paste**.

Auch in IPSEN werden die Kommandos Cut & Paste angeboten, sie haben aber eine andere Funktionalität. Das in IPSEN zur Verfügung gestellte Cut & Paste bezeichnen wir als **textorientiert**: Cut schreibt die Textdarstellung eines Inkrements in einen Puffer und löscht anschließend den entsprechenden Teilbaum. Paste wird auf die freie Eingabe des im Puffer stehenden Texts zurückgeführt; dabei bleibt der Pufferinhalt erhalten.

Man beachte, daß das textorientierte Cut & Paste auch in Fällen erfolgreich sein kann, in denen das baumorientierte Cut & Paste scheitert, da der neu aufgebaute Teilbaum sich von dem gelöschten unterscheiden kann (anderer Inkrementtyp der Wurzel). Andererseits zeichnet sich das baumorientierte Cut & Paste gegenüber dem textorientierten Cut & Paste dadurch aus, daß es inkrementell realisiert ist. Daher ist es zum einen effizienter; zum anderen **bleiben die Inkrementkorrespondenzen erhalten**, so daß für das Verschmelzen genauere Informationen zur Verfügung stehen.

Die **Einführung eines baumorientierten Cut & Paste** würde das Verschmelzungsverfahren aus folgenden Gründen deutlich komplizierter machen:
- In den bisher beschriebenen Verschmelzungsregeln wurde vorausgesetzt, daß sich die relativen Inkrementpositionen nicht verändern. Diese Voraussetzung ist nicht mehr erfüllt, wenn man ein baumorientiertes Cut & Paste einführt.
- Es müssen zusätzliche Cut & Paste–Regeln spezifiziert werden, die beliebige Änderungen der Inkrementpositionen berücksichtigen (z.B. kann mit Hilfe von mehrmaligem Cut & Paste eine Prozedur P, die in Q deklariert ist, zum Vater von Q gemacht werden).

7.2 Kontextsensitives Verschmelzen

Das in Abschnitt 7.1 beschriebene Verschmelzungsverfahren berücksichtigt nur die kontext-freie Struktur von Dokumenten. Im folgenden gehen wir der Frage nach, wie sich dieses Verfahren um die Behandlung **kontextsensitiver Relationen** erweitern läßt. Um das Verfahren allgemein einsetzen zu können, bleiben unsere Überlegungen – wie schon im letzten Abschnitt – **dokumenttypunabhängig**. Dabei beschränken wir uns von vorneherein darauf, **Bezeichnerbindungen** zu untersuchen.

Während das kontextfreie Verschmelzungsverfahren die kontextfreie Korrektheit erhält, gilt im Gegensatz dazu die analoge Aussage für die im folgenden beschriebene kontextsensitive Erweiterung nicht: die Mischrevision kann i.a. auch dann **Fehler bezüglich der Bezeichner-bindungen** enthalten, wenn die Eingaberevisionen in dieser Hinsicht korrekt sind. Dies liegt daran, daß man u.U. benötigt dokumenttypspezifisches Wissen, um solche Fehler beheben zu können.

Die grundlegende Idee des Verfahrens besteht darin, **Änderungen von Bindungen angewand-ter Auftreten** zu verschmelzen, nachdem die Eingaberevisionen (abgesehen von der Behand-lung angewandter Auftreten) kontextfrei verschmolzen worden sind. Dabei werden **kontext-sensitive Konflikte** (widersprüchliche Bindungen in den Eingaberevisionen) und **kontextsen-sitive Anomalien** (nicht erwartete Bindungen in der Mischrevision) erkannt. Da sich die kontextsensitive Erweiterung nicht an den textuellen Änderungen von Bezeichnern orien-tiert, werden intelligentere Verschmelzungsentscheidungen getroffen. Insbesondere liefern die erkannten kontextsensitiven Anomalien dem Benutzer Hinweise auf mögliche Fehler, die beim kontextfreien Verschmelzen leicht übersehen werden, wenn sie sich nicht in Inkonsi-stenzen in der Mischrevision äußern.

Der vorliegende Abschnitt ist folgendermaßen gegliedert: In Abschnitt 7.2.1 werden zu-nächst die Prämissen und Prinzipien der kontextsensitiven Erweiterung beschrieben. An-schließend wird das Verfahren in Abschnitt 7.2.2 formal spezifiziert. Schließlich gehen wir in Abschnitt 7.2.3 auf bisher noch nicht gelöste Probleme ein.

7.2.1 Prämissen und Prinzipien

IPSEN–Editoren für Softwaredokumente zeichnen sich durch **inkrementelle Überprüfungen der kontextsensitiven Korrektheit** aus. Dabei werden kontextsensitive Fehler toleriert, um den Benutzer bei der Bearbeitung eines Softwaredokuments nicht unnötig einzuschränken. Die logische Struktur von Softwaredokumenten wird intern mit Hilfe von abstrakten Syntax-graphen modelliert. Die baumorientierten Operationen auf logischen Dokumenten (s.

Abb. 6.4) modifizieren nicht nur den abstrakten Syntaxbaum, sondern führen darüber hinaus kontextsensitive Analysen durch.

Ein wichtiger Teil der kontextsensitiven Syntax ist die **Bezeichnerbindung**. Um diese intern zu modellieren, wird das in Abb. 6.3 dargestellte Schema für abstrakte Syntaxbäume erweitert (Abb. 7.19). Es werden zwei Unterklassen DECL_IDENT und APPL_IDENT der Klasse IDENTIFIER eingeführt, die zur Modellierung deklarierender bzw. angewandter Auftreten von Bezeichnern dienen. Bindungen zwischen angewandten und deklarierenden Auftreten werden durch Kanten des Typs EApplToDecl dargestellt.

```
class DECL_IDENT is_a IDENTIFIER end;
class APPL_IDENT is_a IDENTIFIER end;
edge type EApplToDecl : APPL_IDENT → DECL_IDENT;
```

Abb. 7.19 Modellierung von Bezeichnerbindungen

Die Bindung von Bezeichnern wird durch kontextsensitive Regeln bestimmt, die in realen Sprachen (z.B. Ada) recht komplex sein können. Um unsere Überlegungen zur Bezeichnerbindung zu vereinfachen, legen wir folgende **Annahmen** zugrunde:

- Jede Deklaration ist einem Block zugeordnet.
- Die in einem Block deklarierten Bezeichner müssen paarweise verschieden sein. Bezeichner dürfen also nicht überladen werden (z.B. dürfen in Ada zwei gleichbezeichnete Prozeduren im gleichen Block deklariert sein, wenn ihre Parameterprofile unterschiedlich sind).
- Bezeichnerbindungen sind voneinander unabängig. Dadurch werden beispielsweise Verbunde ausgeschlossen. Ist nämlich z.B. A als ein Verbund mit Komponente B deklariert, so hängt in A.B die Bindung von B von der Variablen A ab.
- Bezeichner dürfen nicht gleichzeitig angewandte und deklarierende Auftreten sein. Somit lassen sich beispielsweise Importe nicht behandeln: Ein importierter Bezeichner ist nämlich gegenüber dem Export ein angewandtes, gegenüber den Anwendungen im importierenden Modul aber ein deklarierendes Auftreten.

Hinsichtlich der Bezeichnerbindung betrachten wir folgende Arten kontextsensitiver Fehler:
- **Nicht deklarierte Bezeichner:** Zu einem angewandten Auftreten gibt es keine Deklaration.
- **Mehrfach deklarierte Bezeichner:** In einem Block sind mehrere Deklarationen des gleichen Bezeichners vorhanden. Dies hat zur Folge, daß entsprechende angewandte Auftreten nicht gebunden werden können.

Weitere Arten von Fehlern bleiben unberücksichtigt. So betrachten wir z.B. keine Unverträglichkeiten zwischen angewandten und deklarierenden Auftreten, die darauf zurückzuführen sind, daß an der Anwendungsstelle nur Bezüge auf deklarierte Objekte bestimmter Arten erlaubt sind (z.B. darf in Modula–2 ein angewandtes Auftreten im Anweisungsteil nicht an eine Typdeklaration gebunden werden).

Im folgenden setzen wir voraus, daß alle Eingaberevisionen **hinsichtlich der Bezeichnerbindung korrekt** sind. Diese Annahme vereinfacht die kontextsensitive Erweiterung des Verschmelzungsverfahrens. Wir weisen jedoch darauf hin, daß sich das vorgestellte Verfahren so verallgemeinern läßt, daß es sich auch auf bezüglich der Bezeichnerbindung fehlerhafte Eingaberevisionen anwenden läßt.

Das kontextfreie Verschmelzen kann auch dann zu **Inkonsistenzen** führen, wenn die Eingaberevisionen kontextsensitiv korrekt sind. Auch die im folgenden beschriebene kontextsensitive Erweiterung garantiert keine bezüglich der Bezeichnerbindung korrekte Mischrevision. Der Grund dafür besteht darin, daß man u.U. **dokumenttypspezifisches Wissen** braucht, um kontextsensitive Fehler zu beheben, die beim Verschmelzen entstehen.

```
          Basisrevision b:
     1    MODULE M;
     3        VAR Colour : (White, Black);
     4    BEGIN
     5        Colour := White
     6    END M.
```

```
Alternativrevision a1:                        Alternativrevision a2:
1    MODULE M;                          1    MODULE M;
3        VAR Colour : (White, Grey, Black);   2        TYPE ColourType = (White, Black);
4    BEGIN                              3        VAR Colour : ColourType;
5        Colour := Grey                 4    BEGIN
6    END M.                             5        Colour := White
                                        6    END M.
```

```
          Mischrevision m:
     1    MODULE M;
     2        TYPE ColourType = (White, Black);
     3        VAR Colour : ColourType;
     4    BEGIN
     5        Colour := Grey
     6    END M.
```

Abb. 7.20 Inkonsistenzen durch Verschmelzen

Ein **Beispiel** dafür zeigt Abb. 7.20. Dort sind beim Übergang von b nach a1 bzw. a2 folgende Änderungen durchgeführt worden:

- b → a1 : In der Typdefinition von Colour wird die Komponente Grey eingeführt. Anstelle von White wird der Variablen Colour der Wert Grey zugewiesen.
- b → a2 : Es wird ein Typ ColourType deklariert, der seinerseits zur Deklaration der Variablen Colour benutzt wird.

Beim Verschmelzen von a1 und a2 bezüglich b geht die Deklaration von Grey verloren, weil die implizite durch eine explizite Typdeklaration ersetzt wird, in der nur die Komponenten White und Black deklariert sind. Um diesen Fehler zu beheben, muß die Typdeklaration von ColourType erweitert werden. Dies erfordert dokumenttypspezifisches Wissen (oder zumindest spezifischere Annahmen über den Aufbau von Deklarationen).

Dieses Beispiel zeigt, daß ein dokumenttypunabhängiges Verschmelzungsverfahren i.a. nicht die Korrektheit der Bezeichnerbindungen garantieren kann. Die beim Verschmelzen entstandenen Inkonsistenzen müssen dann vom Benutzer manuell behoben werden. Entstehen infolge nicht aufeinander abgestimmter Änderungen beim Verschmelzen Inkonsistenzen, so ist das zwar lästig, in gewisser Hinsicht aber auch vorteilhaft: Interferenzen zwischen Änderungen lassen sich nämlich leichter erkennen, wenn sie sich in Inkonsistenzen in der Mischrevision äußern. Erheblich gefährlicher sind dagegen **Interferenzen, die nicht zu Inkonsistenzen führen** und daher leicht unbemerkt bleiben. Ein Beispiel dafür wurde bereits in Abschnitt 2.2 angegeben (s. Abb. 2.10).

Mit Hilfe der im folgenden beschriebenen kontextsensitiven Erweiterung lassen sich solche Interferenzen bereits beim Verschmelzen erkennen und teilweise auch beheben. Die Erweiterung beruht auf einer Analyse der **Änderungen von Bezeichnerbindungen**. Dabei wird insgesamt ein **3–Phasen–Ansatz** verfolgt:

1. Zunächst wird das **kontextfreie Verschmelzungsverfahren** in fast unveränderter Form angewendet. Die einzige Änderung gegenüber dem in Abschnitt 6.2 dargestellten Verfahren besteht darin, daß Bezeichnerregeln nur auf deklarierende Auftreten von Bezeichnern angewendet werden. Angewandte Auftreten können erst in Phase 3 behandelt werden, da erst dann alle Deklarationen endgültig feststehen.

2. In der nächsten Phase werden **Mehrfachdeklarationen beseitigt**, die durch das kontextfreie Verschmelzen entstanden sind. Dies ist erforderlich, um in Phase 3 angewandte Auftreten eindeutig an Deklarationen binden zu können. Wie Mehrfachdeklarationen zu beseitigen sind, wird vom Benutzer festgelegt. Dabei stehen ihm die Alternativen "Löschen" und "Umbenennen" zur Auswahl.

3. Schließlich werden die **Bindungen angewandter Auftreten** gemäß den unten erklärten Regeln behandelt.

Alternativrevision a1	*Alternativrevision a2*	*Basisrevision b*	*erwartete Bindung in m*
a → d	–	–	a → d
a → d	a → d	•	a → d
a → d1	a → d2	–	a → d1 ∨ a → d2
a → d1	a → d2	a → d3	a → d1 ∨ a → d2
a → d1	a → d2	a → d1	a → d2

Abb. 7.21 Übersicht über 3–Wege–Regeln zum Verschmelzen

In Phase 3 wird für jedes angewandte Auftreten a, das in m vorkommt, dessen **erwartete Bindung** anhand der Bindungen in den Eingaberevisionen berechnet. Die entsprechenden Berechnungsregeln sind in Abb. 7.21 zusammengefaßt[8]. Die Einträge in die Tabelle haben folgende Bedeutung:

* "–" bezeichnet die Abwesenheit von a.
* "•" steht für "beliebig" ("don't care"-Bedingung).
* "a → d" besagt, daß a an d gebunden ist, d.h. eine EApplToDecl–Kante von a nach d verläuft.

Die Berechnungsregeln lassen sich folgendermaßen **begründen**:

* Wenn ein angewandtes Auftreten a in allen Alternativrevisionen, in denen es überhaupt vorkommt, an dieselbe Deklaration d gebunden ist, so erwarten wir, daß a auch in der Mischrevision an d gebunden werden soll (Zeilen 1 und 2).
* Sind die Bindungen von a in allen Eingaberevisionen, in denen a vorkommt, voneinander verschieden, so ist die erwartete Bindung nicht eindeutig. Wir gehen aber in jedem Fall davon aus, daß die Bindung in einer der beiden Alternativrevisionen in m erwünscht ist (Zeilen 3 und 4).
* Stimmen die Bindungen nur in a1 und b überein, so erwarten wir, daß die in a2 geänderte Bindung übernommen werden soll (Zeile 5).

Schließlich sei noch angemerkt, daß der Fall "a ist in genau einer der beiden Alternativrevisionen und in der Basis vorhanden" nicht berücksichtigt zu werden braucht, da in diesem Fall a in Phase 1 gelöscht worden ist.

Die erwartete Bindung wird jeweils mit der **tatsächlichen Bindung** in m verglichen. Unter folgenden Bedingungen sind Aktionen erforderlich:

* Die erwartete Bindung ist eindeutig, stimmt aber nicht mit der tatsächlichen Bindung überein. In diesem Fall wird versucht, das angewandte Auftreten so zu modifizieren, daß erwartete und tatsächliche Bindung gleich sind. Dies schlägt fehl, wenn die Anwendungsstelle nicht im Sichtbarkeitsbereich der Deklaration liegt oder diese überhaupt nicht in m enthalten ist. In diesem Fall liegt eine **Bindungsanomalie** vor, die dem Benutzer in Form einer Warnung mitgeteilt wird.
* Die erwartete Bindung ist nicht eindeutig. Falls das angewandte Auftreten a an beide Deklarationen d1, d2 gebunden werden kann, liegt ein **Bindungskonflikt** vor, der vom Benutzer aufgelöst werden muß. Falls a an genau eine Deklaration gebunden werden kann (z.B. d1), wird das angewandte Auftreten ggf. **automatisch angepaßt**. Falls a an keine der beiden Deklarationen gebunden werden kann, liegt (wie oben) eine Bindungsanomalie vor.

---

8. Die symmetrischen Fälle sind in der Abbildung nicht aufgeführt.

7.2.2 Formale Spezifikation

In diesem Abschnitt wird die kontextsensitive Erweiterung, deren Prämissen und Prinzipien im letzten Abschnitt erläutert wurden, formal spezifiziert. Dabei beschränken wir uns auf Phase 3, in der die Bindungen angewandter Auftreten behandelt werden. Als Ausgangspunkt dient die Tabelle aus Abb. 7.21, in der die Regeln zusammengefaßt sind, anhand derer erwartete Bindungen berechnet werden. Zu jeder Regel gibt es eine entsprechende Transaktion, deren Aufruf in einer nichtdeterministischen Auswahl erfolgt. Im folgenden beschränken wir uns auf die Fälle, die den Zeilen 1 und 4 in der obigen Tabelle entsprechen. Alle anderen Fälle lassen sich analog abhandeln.

7.2.2.1 Unterschiedliche Bindungen in der Mischrevision und einer der Alternativrevisionen

Die Transaktion **ApplIdentRule1** (Abb. 7.22) behandelt den Fall, daß ein angewandtes Auftreten außer in der Mischrevision m nur noch in einer der beiden Alternativrevisionen vorkommt (z.B. a1). In diesem Fall wird erwartet, daß die Bindungen in m und a1 gleich sind (Zeile 1 in Abb. 7.21). Mit Hilfe des Graphtests SelectApplIdentWithDifferentBindings-InMergeRevAndAltxRev wird ein angewandtes Auftreten ApplIdentId ausgewählt, das diese Bedingung nicht erfüllt. Anschließend wird mit Hilfe der Transaktion BindApplToDecl versucht, die erwartete Bindung herzustellen. Gelingt dies nicht, so wird eine Warnung ausgegeben.

```
transaction ApplyApplIdentRule1
              (MergeGraphId, Alt1GraphId, Alt2GraphId, BaseGraphId : T_GraphId) =
    var AltxGraphId : T_GraphId;
        MergeApplIdentId, AltxDeclIdentId : T_Id;
begin
    SelectApplIdentWithDifferentBindingsInMergeRevAndAltxRev
      ( MergeGraphId, Alt1GraphId, Alt2GraphId, BaseGraphId,
        out AltxGraphId, out MergeApplIdentId, out AltxDeclIdentId) &
    try
        BindApplToDecl(MergeGraphId, MergeApplIdentId, AltxGraphId, AltxDeclIdentId)
    else
        Warning(MergeGraphId, MergeApplIdentId)
    end
end;
```

```
test SelectApplIdentWithDifferentBindingsInMergeRevAndAltxRev
      ( MergeGraphId, Alt1GraphId, Alt2GraphId, BaseGraphId : T_GraphId;
       out AltxGraphId : T_GraphId;
       out MergeApplIdentId, AltxDeclIdentId : T_Id) =
```



```
      condition   1.GraphId in {Alt1GraphId, Alt2GraphId}; 3.GraphId = MergeGraphId;
      return      AltxGraphId := 1.GraphId;
                  MergeApplIdentId := 3.NodeId; AltxDeclIdentId := 2.NodeId;
end;

path BoundToCorrDecl : APPL_IDENT -> DECL_IDENT =
   -EApplToDecl-> & ToCorrIncr
end;
```

Abb. 7.22 Behandlung unterschiedlicher Bindungen

In der Transaktion **BindApplToDecl** (Abb. 7.23) wird zunächst überprüft, ob die Deklaration, an die das angewandte Auftreten gebunden werden soll, überhaupt im Graphen Merge-GraphId vorhanden ist (GetDecl). Ist dies der Fall, so wird der an der Deklarationsstelle festgelegte Name an der Anwendungsstelle eingetragen und anschließend überprüft, ob dadurch die gewünschte Bindung hergestellt worden ist.

```
transaction BindApplToDecl(MergeGraphId : T_GraphId; MergeApplIdentId : T_Id;
                           AltxGraphId : T_GraphId; AltxDeclIdentId : T_Id) =
   var MergeDeclName : T_String;
       MergeDeclIdentId : T_Id;
begin
   (• Vorbedingung: MergeApplIdentId kommt in beiden Graphen, AltxDeclIdentId zumindest in
     AltxGraphId vor •)
   GetDecl(MergeGraphId, AltxGraphId, AltxDeclIdentId,
           out MergeDeclIdentId, out MergeDeclName) &
   ExtendIdent(MergeGraphId, MergeApplIdentId, MergeDeclName) &
   SameBindings(MergeGraphId, AltxGraphId, MergeApplIdentId)
end;
```

```
test GetDecl(MergeGraphId, AltxGraphId : T_GraphId; AltxDeclIdentId : T_Id;
        out MergeDeclIdentId : T_Id;
        out MergeDeclName : T_String) =
```

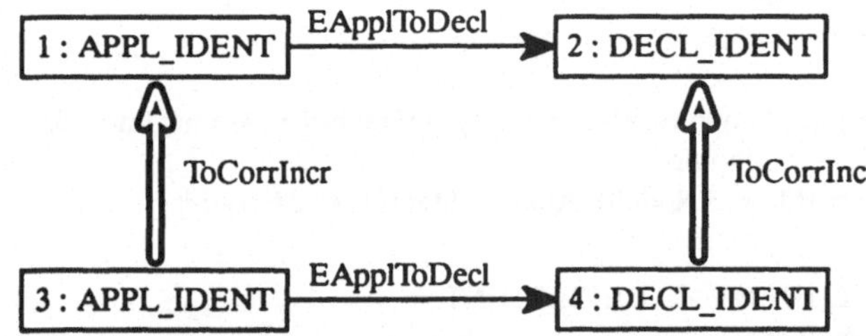


```
condition    1.GraphId = AltxGraphId;
             1.NodeId = AltxDeclIdentId;
             2.GraphId = MergeGraphId;
return       MergeDeclIdentId := 2.NodeId;
             MergeDeclName := 2.Name;
end;
```

```
test SameBindings (MergeGraphId, AltxGraphId : T_GraphId; MergeApplIdentId : T_Id) =
```



```
condition    1.GraphId = MergeGraphId; 3.GraphId = AltxGraphId;
             1.NodeId = MergeApplIdentId;
end;
```

Abb. 7.23 Hilfstransaktion zum Herstellen einer erwarteten Bindung

7.2.2.2 Unterschiedliche Bindungen in allen Eingaberevisionen

Die Transaktion **ApplIdentRule4** (Abb. 7.24) behandelt den Fall, daß ein angewandtes Auftreten in allen Eingaberevisionen vorhanden ist und dort an jeweils unterschiedliche Deklarationen gebunden ist (Zeile 4 in Abb. 7.21). Mit Hilfe des Tests SelectApplIdentWithDifferentBindingsInAllInputRevs wird ein solches angewandtes Auftreten ausgewählt[9]. Anschließend werden folgende Fälle unterschieden:

- Das angewandte Auftreten kann an die Deklarationen in beiden Alternativrevisionen gebunden werden. In diesem Fall liegt ein Konflikt vor, der vom Benutzer aufgelöst werden muß.

- Das angewandte Auftreten kann an genau eine von beiden Deklarationen gebunden werden. Diese Bindung wird dann automatisch hergestellt.

- Es liegt eine Anomalie vor, da keine der erwarteten Bindungen hergestellt werden kann. In diesem Fall wird eine Warnung ausgegeben.

9. Man beachte, daß wegen des Vorkommens in allen Eingaberevisionen garantiert ist, daß das angewandte Auftreten auch in der Zielrevision enthalten ist.

```
transaction ApplyIdentRule4(MergeGraphId, Alt1GraphId, Alt2GraphId, BaseGraphId : T_GraphId) =
    var Alt1ApplIdentId, MergeApplIdentId, Alt1DeclIdentId, Alt2DeclIdentId : T_Id;
        Alternative : (Alt1Binding, Alt2Binding);
begin
    SelectApplIdentWithDifferentBindingsInAllInputRevs
        ( Alt1GraphId, Alt2GraphId, BaseGraphId,
          out Alt1ApplIdentId, out Alt1DeclIdentId, out Alt2DeclIdentId) &
    GetAppl(MergeGraphId, Alt1GraphId, Alt1ApplIdentId, out MergeApplIdentId)10 &
    try (• Konflikt: Bindung sowohl an d1 als auch an d2 möglich •)
        BindApplToDecl(MergeGraphId, MergeApplIdentId, Alt1GraphId, Alt1DeclIdentId) &
        BindApplToDecl(MergeGraphId, MergeApplIdentId, Alt2GraphId, Alt2DeclIdentId) &
        UserDecision(out Alternative) &
        try
            on Alternative = Alt1Binding do
                    BindApplToDecl(MergeGraphId, MergeApplIdentId, Alt1GraphId, Alt1DeclIdentId)
            else
                skip (• Bindung bereits wie gewünscht •)
            end
    else (• Bindung nur an d1 möglich •)
        BindApplToDecl(MergeGraphId, MergeApplIdentId, Alt1GraphId, Alt1DeclIdentId)
    else (• Bindung nur an d2 möglich •)
        BindApplToDecl(MergeGraphId, MergeApplIdentId, Alt2GraphId, Alt2DeclIdentId)
    else (• Anomalie: Bindung weder an d1 noch an d2 möglich •)
        Warning(MergeGraphId, MergeApplIdentId)
    end
end;

test SelectApplIdentWithDifferentBindingsInAllInputRevs
        ( Alt1GraphId, Alt2GraphId, BaseGraphId : T_GraphId;
          out Alt1ApplIdentId, Alt1DeclIdentId, Alt2DeclIdentId : T_Id) =
```



```
    condition   1.GraphId = BaseGraphId; 3.GraphId = Alt1GraphId; 5.GraphId = Alt2GraphId;
    return      Alt1ApplIdentId := 3.NodeId;
                Alt1DeclIdentId := 4.NodeId; Alt2DeclIdentId := 6.NodeId;
end;
```

Abb. 7.24 Behandlung unterschiedlicher Bindungen in allen Eingaberevisionen

10. Dieser Test läßt sich analog zu GetDecl spezifizieren, s. Abb. 7.23.

7.2.3 Probleme

Wir hatten bereits in Abschnitt 7.2.1 darauf hingewiesen, daß das zugrundeliegende Bindungsmodell recht eingeschränkt ist. Es ist daher wünschenswert, das Verfahren so zu erweitern, daß es auch für ein **allgemeineres Bindungsmodell** funktioniert. In gewissen Grenzen scheint uns eine solche Erweiterung durchführbar zu sein:

- So dürfte es etwa möglich sein, **Abhängigkeiten zwischen angewandten Auftreten** zu berücksichtigen (z.B. bei angewandten Auftreten von Verbundvariablen), indem man topologisch sortiert, d.h. ein angewandtes Auftreten erst dann behandelt, wenn die angewandten Auftreten, von denen es abhängt, abgearbeitet worden sind[11].
- Andererseits dürfte es nur schwerlich möglich sein, **Überladungen**, wie sie z.B. in Ada erlaubt sind, zu unterstützen: In Ada können im gleichen Block mehrere gleichbezeichnete Prozeduren mit unterschiedlichen Parameterprofilen deklariert sein. Im Falle solcher Überladungen lassen sich die Phasen 2 und 3 des Verfahrens (Beseitigung von Doppeldeklarationen bzw. Behandlung angewandter Auftreten) nicht mehr voneinander trennen: Ob zwei Prozedurdeklarationen kollidieren, kann erst festgestellt werden, wenn deren Parameterprofile feststehen. Diese wiederum stehen erst fest, wenn die in den Prozedurköpfen vorkommenden angewandten Auftreten von Typen abgearbeitet worden sind[12].

Darüber hinaus erscheint es wünschenswert, beim kontextsensitiven Verschmelzen auch **andere Bereiche der kontextsensitiven Syntax** einzubeziehen, z.B. Typkompatibilitäts- und strukturelle Regeln (z.B. Verbandstruktur der Knotenklassenhierarchie). Es ist allerdings derzeit völlig unklar, wie eine solche Erweiterung aussehen könnte und wo dabei die Grenzen des dokumenttypunabhängigen Ansatzes liegen.

7.3 Dokumentübergreifende Aspekte des Verschmelzens

Während die bisherigen Abschnitte dieses Kapitels ausschließlich dokumentlokalen Aspekten des Verschmelzens gewidmet waren, setzen wir uns im vorliegenden Abschnitt mit **dokumentübergreifenden Aspekten** auseinander. Es wird untersucht, welche Probleme das Verschmelzen von Revisionen im Rahmen des **IPSEN-spezifischen Konsistenzkontrollmodells** hinsichtlich der Kontrolle der externen Konsistenz bereitet und wie sich diese Probleme lösen lassen. Wie in allen vorherigen Abschnitten bleiben auch hier unsere Überlegungen **dokumenttypunabhängig**.

---

11. Abhängigkeiten zwischen angewandten Auftreten werden beim Edieren im aktuellen IPSEN-Prototyp bereits berücksichtigt.
12. Überladungen lassen sich auch im aktuellen IPSEN-Prototyp nicht behandeln, da bei der der inkrementellen kontextsensitiven Analyse die Bezeichnerbindung allen sonstigen kontextsensitiven Analysen vorgeschaltet ist (z.B. auch den Typüberprüfungen, die benötigt werden, um das Parameterprofil an der Anwendungsstelle mit den Parameterprofilen an den Deklarationsstellen vergleichen zu können).

Bei den folgenden Überlegungen setzen wir voraus, daß die Integration zwischen bestimmenden und abhängigen Dokumenten durch **kontextfreie inkrementelle 1:1–Transformationen** bewerkstelligt wird (s. Kapitel 6). Unter dieser Voraussetzung besteht eine Revision eines abhängigen Dokuments aus einem generierten Teil, der durch eine partielle 1:1–Transformation aus einer oder mehreren bestimmenden Revisionen erzeugt wird und gegen Edieren geschützt ist, und einem edierbaren Teil, der in den generierten Teil eingebettet ist.

In Abschnitt 4.2.2 wurde gefordert, daß zwei Alternativrevisionen a1 und a2 nur dann verschmolzen werden dürfen, wenn sie mit denselben bestimmenden Revisionen konsistent sind. Geht man von 1:1–Transformationen aus, so impliziert diese Vorbedingung, daß die generierten Teile von a1 und a2 zueinander isomorph sind. I.a. sind sie aber nicht identisch, d.h. die Knotenbezeichner korrespondierender generierter Inkremente können voneinander verschieden sein. Die Identifikation generierter Inkremente anhand eindeutiger Knotenbezeichner kann also fehlschlagen.

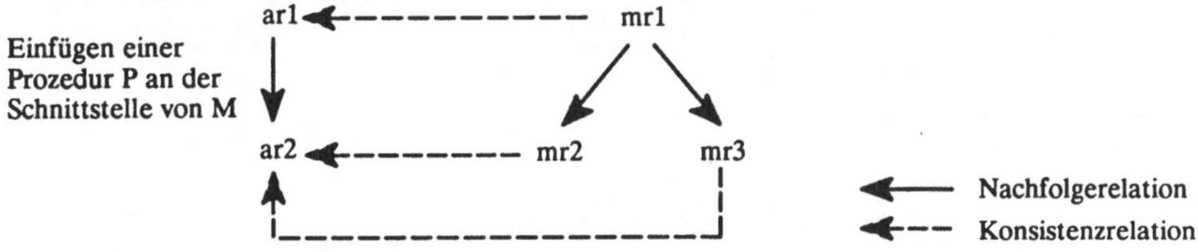

Abb. 7.25 Beispiel für nicht identische generierte Teile

Ein **Beispiel** dafür zeigt Abb. 7.25. Wenn beim Übergang von ar1 nach ar2 an der Schnittstelle des Moduls M eine Prozedur P eingefügt wird, so werden analog beim Übergang von mr1 nach mr2 bzw. mr3 jeweils Implementationen für P erzeugt, denen unterschiedliche Knotenbezeichner p1 und p2 zugeordnet sind. Werden nun mr2 und mr3 gemäß dem bisher entwickelten Verfahren verschmolzen, so führt dies zu einem Reihenfolgekonflikt zwischen p1 und p2. Unabhängig davon, wie dieser Konflikt aufgelöst wird, sind auf jeden Fall beide Prozedurimplementationen in der Mischrevision enthalten. Diese ist dann nicht konsistent mit ar2, weil die Abbildung abhängiger auf bestimmende Inkremente nicht injektiv ist (s. Abschnitt 6.3.2).

Um das Problem der **Identifikation korrespondierender generierter Inkremente** zu lösen, bieten sich folgende Ansätze an:
- Es wird beim Anpassen dafür gesorgt, daß generierte Inkremente dieselben Knotenbezeichner erhalten wie die entsprechenden Quellinkremente (Identifikation durch Knotenbezeichnervererbung[13]).

---

13. Der Begriff ”Vererbung” wurde hier wegen seiner Suggestivität ausgewählt, hat aber nichts mit Vererbung auf Klassen (Knotenklassen oder Graphklassen) zu tun.

- Den generierten Inkrementen werden wie bisher andere Knotenbezeichner als den Quellinkrementen zugeordnet. Zwei generierte Inkremente werden miteinander identifiziert, wenn sie aus demselben Quellinkrement erzeugt worden sind (Identifikation durch feinkörnige Abhängigkeitsrelationen).
- Wie im zweiten Fall erhalten generierte Inkremente andere Bezeichner als die Quellinkremente. Zwei generierte Inkremente werden miteinander anhand ihrer Position im generierten Teil identifiziert (positionsbasierte Identifikation).

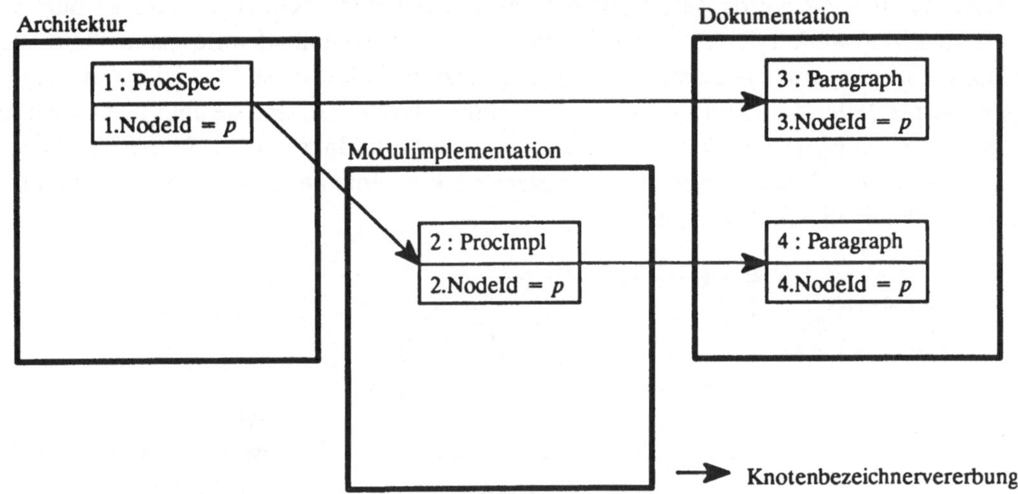

Abb. 7.26 Kollision durch mehrstufige Knotenbezeichnervererbung

Die **Identifikation durch Knotenbezeichnervererbung** ist der einfachste Ansatz, da in diesem Fall keinerlei Eingriffe in das Verschmelzungsverfahren erforderlich wären. Man beachte, daß dadurch sogar die graphübergreifenden Kanten zwischen generierten Knoten und ihren Quellen überflüssig würden. Leider läßt sich dieser Ansatz unter den von uns gemachten Voraussetzungen nicht immer anwenden. So entstehen etwa Probleme, wenn ein Dokument von mehreren bestimmenden Dokumenten abhängt, da es dann zu einer Kollision zwischen Knotenbezeichnern für verschiedene generierte Inkremente kommen kann. Beispiel: In einer technischen Dokumentation, die sich sowohl auf die Architektur als auch auf die Modulimplementationen eines Softwaresystems bezieht, wird sowohl in dem Architekturabschnitt ein Absatz für eine Prozedurspezifikation als auch im Modulimplementationsabschnitt ein Absatz für die entsprechende Prozedurimplementation generiert. Diesen beiden Absätzen ist derselbe Knotenbezeichner zugeordnet, wenn man diesen zum einen von der Prozedurspezifikation an die Prozedurimplementation und zum anderen sowohl von der Spezifikation als auch von der Implementation jeweils an den entsprechenden Absatz vererbt (Abb. 7.26).

Das Kollisionsproblem tritt bei der **Identifikation durch feinkörnige Abhängigkeitsrelationen** nicht auf. Allerdings scheitert dieser Ansatz – wie im übrigen auch die Identifikation durch Knotenbezeichnervererbung – daran, daß nicht jedem generierten Inkrement ein Quellinkrement zugeordnet werden kann. Der Grund dafür besteht darin, daß die bestimmende und die abhängige Grammatik schief zueinander liegen können. Ein Beispiel dafür wurde bereits in Abb. 6.7 angegeben: Ein Typimport in der IPSEN–MIL wird auf einen qualifizierten Modula–2–Import abgebildet. Der Liste der importierten Ressourcen im Modula–2–Import kann kein MIL-Inkrement zugeordnet werden, da der MIL–Typimport dazu dient, genau einen Typ – nämlich den von einem Datentypmodul exportierten Typ – zu importieren. Auf die Ressourcenliste läßt sich somit weder die Identifikation durch Knotenbezeichnervererbung noch die Identifikation durch feinkörnige Abhängigkeitsrelationen anwenden.

Somit bleibt nur noch die dritte Möglichkeit, nämlich die **positionsbasierte Identifikation** übrig. Sie löst alle oben angesprochenen Probleme, hat aber den Nachteil, daß sie sich nur einsetzen läßt, wenn die generierten Teile isomorph sind. Wird also die Restriktion fallengelassen, daß die zu verschmelzenden Revisionen mit denselben bestimmenden Revisionen konsistent sein müssen, muß auch nach einem anderen Identifikationsverfahren gesucht werden. Darüber hinaus entstehen auch unter den jetzigen Voraussetzungen Probleme bei der Anpassung abhängiger Revisionen, nachdem zwei bestimmende Revisionen verschmolzen worden sind (s.u.).

Wie ist nun das bisher entwickelte Verschmelzungsverfahren zu modifizieren? Die einzige erforderliche Änderung besteht darin, daß der Pfad **ToCorrIncr**, mit dessen Hilfe korrespondierende Inkremente identifiziert werden, **neu definiert** wird. Im übrigen bleiben alle Verschmelzungsregeln unverändert. Die modifizierte Definition von ToCorrIncr ist in Abb. 7.27 angegeben. Zur Beschreibung des Pfads wird die Mehrfachverzweigung [...|...|...] verwendet, die die erste Alternative mit nichtleerer Zielmenge auswählt. Mit Hilfe der Mehrfachverzweigung lassen sich rekursive Pfade definieren. Der Pfadausdruck besagt, daß Knoten in folgenden Fällen miteinander identifiziert werden:
- Ihnen ist derselbe Knotenbezeichner zugeordnet.
- Es handelt sich jeweils um Wurzeln generierter Teile (die **type of**-Klausel besagt, daß ihre Typen übereinstimmen müssen).
- Es handelt sich um geschützte Inkremente, die positionsgleiche Söhne zueinander korrespondierender Strukturinkremente sind.
- Es handelt sich um geschützte Inkremente, die an den gleichen Positionen zueinander korrespondierender Listeninkremente vorkommen. Dabei wird auch der Fall berücksichtigt, daß in einer Liste sowohl geschützte als auch ungeschützte Elemente vorkommen. Bei der Positionsbestimmung werden dann ungeschützte Elemente nicht mitgezählt.

path ToCorrIncr : AST_NODE –> AST_NODE **=**
   [ToIncrWithSameNodeId |
    ToCorrRoot |
    ToCorrSon(1) | ... | ToCorrSon(n) |
    ToCorrFirstElement | ToCorrNextElement]
end;

path ToIncrWithSameNodeId : AST_NODE –> AST_NODE **=**
   (* bisheriger Pfad ToCorrIncr *)
end;

path ToCorrRoot : AST_NODE –> AST_NODE **= from 1 to 2 in**

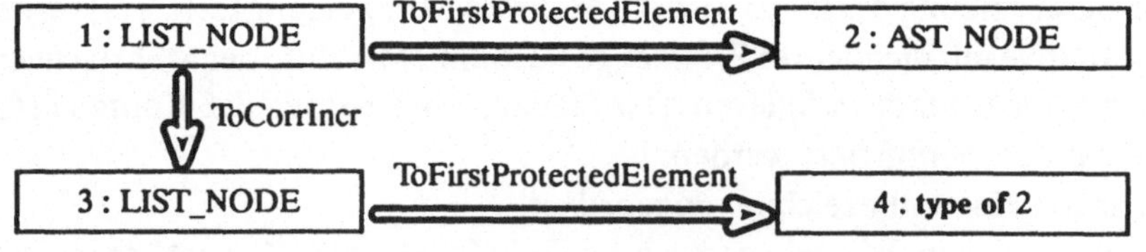

    condition   1.ProtectionMode $\neq$ NoProtection; 2.ProtectionMode = 1.ProtectionMode;
end;

path ToCorrSon(i : T_Cardinal) : AST_NODE –> AST_NODE **= from 2 to 4 in**

    condition   2.ProtectionMode $\neq$ NoProtection; 4.ProtectionMode = 2.ProtectionMode;
end;

path ToCorrFirstElement : AST_NODE –> AST_NODE **= from 2 to 4 in**

    condition   2.ProtectionMode $\neq$ NoProtection; 4.ProtectionMode = 2.ProtectionMode;
end;

path ToFirstProtectedElement : LIST_NODE –> AST_NODE **=**
   –EFirst–> & { **valid**(self.ProtectionMode = NoProtection) : –ENext–> }[14]
end;

---

14. {...} entspricht der **loop**–Schleife im Anweisungsteil (Iteration, bei der nur die erreichten Endknoten zurückgeliefert werden).

path ToCorrNextElement : AST_NODE -> AST_NODE = **from 2 to 4 in**

```
┌─────────────────────┐   ToNextProtectedElement   ┌─────────────────────┐
│   1 : AST_NODE      │ ═══════════════════════════▷│   2 : AST_NODE      │
└─────────────────────┘                             └─────────────────────┘
         │
         │ ToCorrIncr
         ▽
┌─────────────────────┐   ToNextProtectedElement   ┌─────────────────────┐
│   3 : AST_NODE      │ ═══════════════════════════▷│   4 : type of 2     │
└─────────────────────┘                             └─────────────────────┘
```

     condition   1.ProtectionMode $\neq$ NoProtection; 3.ProtectionMode $=$ 1.ProtectionMode;
                    2.ProtectionMode $\neq$ NoProtection; 4.ProtectionMode $=$ 2.ProtectionMode;
end;

path ToNextProtectedElement : AST_NODE -> AST_NODE =
   -ENext-> & { **valid**(self.ProtectionMode = NoProtection) : -ENext-> }
end;

Abb. 7.27 Redefinition des Pfads ToCorrIncr

Die Modifikation des Pfads ToCorrIncr bewirkt, daß Regeln nur noch auf nicht generierte
Inkremente angewendet werden, wenn zwei Alternativrevisionen verschmolzen werden,
deren generierte Teile zueinander isomorph sind. Während bei der alten Pfaddefinition das
Verschmelzen durch Vereinheitlichen erst terminiert, wenn die (Kopien der) Alternativrevisionen identisch sind, terminiert es nun bereits, wenn die nicht generierten Teile identisch
sind. Die generierten Teile sind zwar isomorph, können sich aber hinsichtlich der eindeutigen
Knotenbezeichner unterscheiden.

Nach diesen Überlegungen betrachten wir nun nochmals das zu Beginn präsentierte **Beispiel**
aus Abb. 7.25: Werden mr2 und mr3 miteinander verschmolzen, so werden die Implementationen p1 und p2 der neu eingefügten Prozedur P durch ihre Position miteinander identifiziert. Zwischen den Deklarations- und Anweisungsteilen wird jeweils ein Konflikt erkannt,
da es sich um nicht miteinander identifizierbare, nicht generierte Söhne von Strukturinkrementen handelt. Um diesen Konflikt aufzulösen, muß sich der Benutzer jeweils für eine der
beiden Alternativen entscheiden. Letztlich wird also eine der beiden Prozedurimplementationen ausgewählt und die andere "vergessen".

Die **positionsbasierte Identifikation** generierter Inkremente löst leider nur das Problem,
Alternativrevisionen zu verschmelzen, ohne daß die zueinander isomorphen generierten
Teile fälschlicherweise verändert werden. Bei der **Behandlung abhängiger Revisionen** erweist sie sich dagegen als **untauglich**: Es wäre wünschenswert, bei der Anpassung abhängiger
Revisionen an eine bestimmende Mischrevision (bzw. bei der Analyse der externen Konsistenz) korrespondierende Inkremente in der alten und der neuen bestimmenden Revision auf
dieselbe Art miteinander zu identifizieren, wie dies beim Verschmelzen geschieht. Dies ist
jedoch i.a. nicht möglich: I.a. ist beim Anpassen nicht sichergestellt, daß die alte und die neue
bestimmende Revision hinsichtlich der generierten Teile isomorph sind (z.B. kann eine

Mischrevision nach dem Verschmelzen noch an eine neue bestimmende Revision angepaßt werden). Dies hat zur Folge, daß die positionsbasierte Identifikation generierter Teile beim Anpassen versagt. Dies kann beim Anpassen bzw. der Analyse der externen Konsistenz verwirrende Effekte hervorrufen (z.B. wenn eine Dokumentation Referenzen auf generierte Teile einer Modulimplementation enthält). Dieses Problem läßt sich dadurch abmildern, daß man vor der positionsbasierten Identifikation versucht, generierte Inkremente anhand auslaufender feinkörniger Abhängigkeitsrelationen zu identifizieren (was sich durch eine einfache Erweiterung des Pfads ToCorrIncr (Abb. 7.27) erreichen läßt). Es dürften dann nur noch wenige Fälle übrig bleiben, in denen die Identifikation generierter Inkremente versagt.

7.4   Literaturvergleich

In der Literatur findet man bisher **wenige Ansätze** zum Verschmelzen von Revisionen. Die dort beschriebenen Verfahren lassen sich danach klassifizieren, ob sie dokumenttypunabhängig sind oder sich auf Dokumente eines bestimmten Typs beziehen.

Alle dem Autor bekannten Ansätze, die in die erste Kategorie fallen, beruhen auf **Textdateien**. Werkzeuge zum Verschmelzen von Textdateien werden seit langem in Werkzeugkasten-Umgebungen wie Unix oder DSEE eingesetzt (z.B. /Ti 85/, /LCS 88/, /AGMT 86/). Sie lassen sich folgendermaßen charakterisieren:
- Sie führen entweder einen 2–Wege– oder einen 3–Wege–Vergleich durch.
- Sie sind entweder interaktiv oder batchorientiert. Bei interaktiven Verfahren werden Konflikte vom Benutzer aufgelöst. Bei batchorientierten Verfahren werden entweder Konflikte automatisch aufgelöst, oder die Konfliktstellen werden in der Ausgabedatei markiert.
- Es werden keinerlei Kenntnisse über die Ediergeschichte vorausgesetzt. Dies ist in einer Werkzeugkasten–Umgebung von entscheidender Bedeutung, da es ermöglicht, daß die Textdateien vor dem Verschmelzen mit beliebigen anderen Werkzeugen bearbeitet werden. Andernfalls müßte man spezielle Textdateien einführen, deren Zeilen mit eindeutigen Bezeichnern versehen sind, und könnte dann das Verschmelzungswerkzeug nur mit Werkzeugen integrieren, die derartige Textdateien bearbeiten.
- Da keine Informationen über die Ediergeschichte zur Verfügung stehen, muß mit Hilfe eines heuristischen Verfahrens versucht werden, die durchgeführten Änderungen zu rekonstruieren. Dies geschieht üblicherweise durch einen zeilenorientierten Vergleich, d.h. Zeilen werden als atomare Einheiten betrachtet. Am weitesten ist ein Vergleich verbreitet, der die längste gemeinsame Unterfolge zweier Textdateien berechnet, d.h. die längste Folge von Zeilen, die man durch Herausstreichen von unterschiedlichen Zeilen erhält /HS 77/. Darüber hinaus gibt es andere Verfahren, die auch das Verschieben von

Textblöcken erkennen /He 78, Ti 84/. Dabei ist allerdings zu beachten, daß die Verschiebeoperationen selbst beim Verschmelzen nicht berücksichtigt werden[15].

Aufgrund ihrer allgemeinen Einsetzbarkeit haben Werkzeuge zum Verschmelzen von Textdateien große Verbreitung gefunden. Für den **Einsatz** in einer **strukturbezogenen Umgebung** sind sie jedoch aufgrund ihrer zeilenorientierten Arbeitsweise völlig **ungeeignet**. So führen etwa Änderungen in derselben Zeile auch dann zu einem Konflikt, wenn sie sich auf unterschiedliche Inkremente beziehen (z.B. linke und rechte Seite einer Zuweisung). I.a. kann nicht einmal garantiert werden, daß das Verschmelzen kontextfrei korrekter Revisionen zu einem kontextfrei korrekten Ergebnis führt. So entsteht beispielsweise beim Verschmelzen der in Abb. 7.28 dargestellten Revisionen eine IF–Anweisung mit zwei ELSE–Teilen.

Auf der anderen Seite des Spektrums stehen dokumenttypspezifische Ansätze, mit denen das Ziel verfolgt wird, das Verschmelzungsverfahren intelligenter zu machen. Von den wenigen derartigen Ansätzen, die bisher entwickelt worden sind, sind die meisten dem **semantischen Verschmelzen von Programmen** gewidmet. Sie gehen in ihrer Zielsetzung weit über das in diesem Kapitel dargestellte Verschmelzungsverfahren hinaus, das lediglich die kontextfreie Syntax und die Bezeichnerbindungen berücksichtigt, sind aber (bisher) nicht auf praktisch relevante Programmiersprachen anwendbar. Folgende Beispiele seien hier genannt:

- In /Be 86/ wird ein 2–Wege–Verfahren zum Verschmelzen applikativer Programme beschrieben. Es werden Regeln angegeben, um bedingte Ausdrücke miteinander zu verschmelzen. Das Ziel des Verfahrens besteht darin, ein Programm zu approximieren, das eingeschränkt auf die jeweiligen Definitionsbereiche dieselben Werte wie die Eingabeprogramme liefert.

- In /KG 87a, KG 87b/ wird ein Verfahren beschrieben, das sich auf eine objektorientierte Programmiersprache bezieht, die Mehrfachvererbung unterstützt. Die Methoden einer Klasse werden mit Hilfe gerichteter Gleichungen definiert, deren Ausführungsreihenfolge implizit durch Datenflußabhängigkeiten determiniert wird. Erbt eine Klasse von mehreren Oberklassen die gleiche Methode, so werden deren Implementationen verschmolzen, indem die Mengen der gerichteten Gleichungen vereinigt werden.

- In /HPR 89, RHP 88, RB 89/ wird ein 3–Wege–Verfahren zum Verschmelzen von Programmen beschrieben, die in einer stark eingeschränkten imperativen Programmiersprache geschrieben sind (skalare Variablen, Wertzuweisungen, bedingte Anweisungen, Schleifen, keine Prozeduren). Das Verfahren orientiert sich am (approximierten) Verhalten an den einzelnen Programmstellen, das beispielsweise im Falle einer Wertzuweisung durch die Folge der Werte gegeben ist, die im Zuge der Programmausführung der Variablen auf der linken Seite zugewiesen werden. Semantische Konflikte (unterschiedliche Änderungen des Verhaltens an derselben Programmstelle) werden erkannt und angezeigt.

---

15. /Ti 84/ geht auf das Verschmelzen nicht ein. Das in /He 78/ skizzierte Verfahren behandelt eine der Alternativrevisionen als dominant, d.h. durch sie wird die Reihenfolge der Textblöcke festgelegt.

Basisrevision b:

```
1 MODULE M;
2     VAR  W, X, Y, Z : CARDINAL;
3 BEGIN
4     READ(W);
5     IF W = 0 THEN
6       X := 1;
8       Y := 2;
10      Z := 3;
11    END;
12 END M.
```

Alternativrevision a1:

```
1 MODULE M;
2     VAR  W, X, Y, Z : CARDINAL;
3 BEGIN
4     READ(W);
5     IF W = 0 THEN
6       X := 1;
7     ELSE
8       Y := 2;
10      Z := 3;
11    END;
12 END M.
```

Alternativrevision a1:

```
1 MODULE M;
2     VAR  W, X, Y, Z : CARDINAL;
3 BEGIN
4     READ(W);
5     IF W = 0 THEN
6       X := 1;
8       Y := 2;
9     ELSE
10      Z := 3;
11    END;
12 END M.
```

Mischrevision m:

```
1 MODULE M;
2     VAR  W, X, Y, Z : CARDINAL;
3 BEGIN
4     READ(W);
5     IF W = 0 THEN
6       X := 1;
7     ELSE
8       Y := 2;
9     ELSE
10      Z := 3;
11    END;
12 END M.
```

Abb. 7.28 Erzeugung einer kontextfrei inkorrekten Mischrevision

Als letztes Beispiel für ein dokumenttypspezifisches Verfahren zum Verschmelzen von Revisionen soll hier ein Ansatz aufgeführt werden, der sich nicht auf Programme, sondern auf **Spezifikationen** bezieht /Fe 89a, Fe 89b/. Eine Spezifikation wird dabei als eine formale

Beschreibung des gewünschten Verhaltens eines Programms aufgefaßt[16]. Spezifikationen werden durch Anwendung von Transformationen entwickelt, die sich als höhere Edierkommandos auffassen lassen. Um die Entwicklungsgeschichte zu dokumentieren, werden sämtliche Transformationen aufgehoben. Beim Verschmelzen alternativer Spezifikationsrevisionen werden dann diese Transformationssequenzen als Deltas benutzt, aus denen ein Mischdelta konstruiert wird. Dadurch, daß das Verfahren dokumenttypspezifisch ist und mit Hilfe von Deltas realisiert ist, unterscheidet es sich deutlich von dem von uns entwickelten Verschmelzungsverfahren. Andererseits sind die Zielsetzungen recht ähnlich: In beiden Fällen werden die kontextfreie Syntax und die Bezeichnerbindungen berücksichtigt. So werden in /Fe 89a/ beispielsweise Mehrfachdeklarationen erkannt, und es wird dafür gesorgt, daß bei Änderungen deklarierender Bezeichner alle angewandten Auftreten ebenfalls geändert werden.

Das in diesem Kapitel dargestellte Verschmelzungsverfahren schließt die **Lücke** zwischen den **dokumenttypunabhängigen** und den **dokumenttypspezifischen Ansätzen**, die in der Literatur dargestellt worden sind. Dem Autor ist kein weiteres Verfahren zum Verschmelzen von Softwaredokumenten bekannt, das zum einen dokumenttypunabhängig und zum anderen strukturbezogen ist.

Es gibt allerdings einige Arbeiten, die sich mit dem **Vergleich von Bäumen** auseinandersetzen /ZS 89, Ta 79, Se 77/. Diese Ansätze sind insofern relevant, als sich darauf aufbauend Verfahren zum Verschmelzen von Bäumen entwickeln lassen. Die oben zitierten Ansätze beziehen sich auf geordnete Bäume, deren Knoten markiert sind und jeweils beliebig viele Söhne haben dürfen. Zur Veränderung solcher Bäume werden Operationen definiert, denen jeweils Kosten zugeordnet werden. Auf dieser Basis werden dann Algorithmen angegeben, mit deren Hilfe sich bezüglich der Kostenfunktion minimale Deltas berechnen lassen.

Die oben zitierten Ansätze sind nicht unmittelbar auf das Verschmelzen von Softwaredokumenten anwendbar, da sie sich nicht auf abstrakte Syntaxbäume beziehen. Darüber hinaus gehen sie z.T. von Veränderungsoperationen aus, die mit den von uns betrachteten Operationen auf abstrakten Syntaxbäumen keinerlei Ähnlichkeit besitzen /ZS 89, Ta 79/. Unter den zitierten Ansätzen scheint uns der Ansatz von Selkow /Se 77/, der als Änderungsoperationen das Einfügen und Löschen von Teilbäumen sowie das Ändern von Knotenmarkierungen zugrunde legt, die größte Relevanz zu besitzen.

Es erscheint denkbar, den von Selkow entwickelten Algorithmus auf abstrakte Syntaxbäume zu übertragen. Es wäre dann prinzipiell möglich, abstrakte Syntaxbäume ohne Kenntnis der Ediergeschichte zu verschmelzen. Dabei sollte man sich allerdings folgender Probleme bewußt sein:

16. Auf eine nähere Begriffsklärung wird hier verzichtet, da ein genaues Verständnis in den nun folgenden Erläuterungen nicht vorausgesetzt wird.

- Der A–posteriori–Vergleich erfordert einen sehr großen Aufwand.
- Es handelt sich um eine Heuristik, die mit großen Unsicherheiten behaftet ist. Insbesondere besteht die Gefahr, daß zu viele Inkremente miteinander identifiziert werden, um ein Delta mit minimalen Kosten zu produzieren.

Wie bereits in Unterabschnitt 7.1.3.1 angedeutet wurde, könnte man sich insgesamt ein Hybridverfahren vorstellen, das Inkremente soweit wie möglich durch eindeutige Knotenbezeichner identifiziert und ansonsten ggf. auf einen A–posteriori–Vergleich à la Selkow zurückgreift.

7.5 Zusammenfassung und Ausblick

Das vorliegende Kapitel war dem **Verschmelzen von Revisionen** gewidmet. Im Interesse der allgemeinen Einsetzbarkeit des entwickelten Ansatzes wurde von konkreten Dokumenttypen abstrahiert. Es wurde ein Verfahren zum Verschmelzen von Dokumenten entwickelt, die intern durch abstrakte Syntaxgraphen dargestellt sind. Das Verfahren erhält die kontextfreie Korrektheit der Eingaberevisionen und erkennt kontextfreie Konflikte, die vom Benutzer aufgelöst werden müssen. Eine Erweiterung des Verfahrens berücksichtigt auch gewisse kontextsensitive Relationen, nämlich Bindungen angewandter Auftreten von Bezeichnern an ihre Deklarationen. Anhand der Bindungungen in den Eingaberevisionen werden erwartete Bindungen in der Mischrevision berechnet und, soweit dies möglich ist, automatisch hergestellt. Sowohl das kontextfreie Verfahren als auch seine kontextsensitive Erweiterung greifen auf eindeutige Knotenbezeichner zurück, um festzustellen, welche Änderungen relativ zur Basisrevision durchgeführt worden sind.

PROGRESS hat uns auch in diesem Kapitel wieder gute Dienste geleistet. Das Verschmelzen von Revisionen wurde – ähnlich wie in Kapitel 6 das inkrementelle Aktualisieren – **regelorientiert** spezifiziert. Eine neue Anforderung ergibt sich hinsichtlich des Modulkonzepts: PROGRESS muß die **Vererbung von Graphklassen** unterstützen. Bei der Spezifikation des Verschmelzens wurde – dieser Spracherweiterung vorgreifend – das Konzept der Vererbung ausgenutzt, um das Verfahren dokumenttypunabhängig zu halten.

Der in diesem Kapitel entwickelte Ansatz zum Verschmelzen von Revisionen weist eine Reihe von Problemen auf, deren Lösung in zukünftigen Arbeiten zu entwickeln ist:

- **Stärkere Abstraktion von den eindeutigen Knotenbezeichnern.** Eindeutige Knotenbezeichner haben den Vorteil, daß sich mit ihrer Hilfe Inkremente leicht und zuverlässig miteinander identifizieren lassen. Der Nachteil besteht darin, daß u.U. zu wenige Inkremente miteinander identifiziert werden. Es ist wünschenswert, die Identifikation anhand eindeutiger Knotenbezeichner durch andere Arten der Identifikation zu ergänzen.

- **Berücksichtigung von Cut & Paste.** Beim Verschmelzen von Revisionen wird bisher vorausgesetzt, daß Inkremente nicht verschoben werden, indem sie zunächst ausgeschnitten und dann an einer anderen Stelle des abstrakten Syntaxbaums wieder eingefügt werden. Es ist zu untersuchen, ob und ggf. wie sich das Verschmelzungsverfahren so verallgemeinern läßt, daß auch das Verschieben von Inkrementen berücksichtigt wird.
- **Ausbau der kontextsensitiven Erweiterung.** Zum einen ist die kontextsensitive Erweiterung auf ein allgemeineres als das bisher vorausgesetzte Bindungsmodell auszudehnen. Zum anderen ist es wünschenswert, auch andere Arten von kontextsensitiven Relationen beim Verschmelzen zu berücksichtigen.

8 Realisierung der Revisions- und Konsistenzkontrolle

Während wir uns in den Kapiteln 4–7 auf der Modellierungsebene mit der Revisions– und Konsistenzkontrolle auseinandergesetzt haben, sind die nun folgenden Überlegungen auf der **Realisierungsebene** angesiedelt. Dabei steht das Dokumentenverwaltungssystem GRAS im Mittelpunkt. Wir knüpfen an die Überlegungen an, die in Abschnitt 2.4 dargestellt wurden.

Das vorliegende Kapitel ist folgendermaßen **gegliedert**:
- In Abschnitt 8.1 geben wir zunächst einen kurzen Überblick über die Funktionalität und Realisierung von GRAS. Dabei beschränken wir uns auf die Aspekte, die im Rahmen des vorliegenden Kapitels relevant sind (weitere Informationen über GRAS findet man in /BL 85, LS 88/).
- In den vorangehenden Kapiteln wurden eindeutige Knotenbezeichner und graphübergreifende Kanten extensiv benutzt, um das Verschmelzen sowie das inkrementelle Aktualisieren zu spezifizieren. GRAS ordnete jedoch weder den Knoten eindeutige Bezeichner mit den von uns benötigten Eigenschaften zu, noch unterstützte es die Verwaltung graphübergreifender Kanten. Abschnitt 8.2 beschäftigt sich daher mit der Realisierung eindeutiger Knotenbezeichner und graphübergreifender Kanten.
- Die GRAS–Version, die den Ausgangspunkt für die vorliegende Arbeit darstellte, bot keinerlei Unterstützung an, um Revisionen von Graphen effizient abzuspeichern. Abschnitt 8.3 befaßt sich daher mit einer Erweiterung von GRAS, die es der Anwendung ermöglicht, Revisionen effizient mit Hilfe von Graphdeltas abzuspeichern.
- In Abschnitt 8.4 wird über den aktuellen Stand der Implementierung berichtet.
- Am Schluß dieses Kapitels folgt noch eine Zusammenfassung und ein Ausblick auf zukünftige Arbeiten (Abschnitt 8.5).

8.1 Der Graphenspeicher GRAS

GRAS ist ein Dokumentenverwaltungssystem, mit dessen Hilfe sich **gerichtete, markierte und knotenattributierte Graphen** speichern und bearbeiten lassen. GRAS wurde für den Einsatz in Softwareentwicklungsumgebungen konzipiert und spielt eine zentrale Rolle in den Prototypen, die im Rahmen des IPSEN–Projekts erstellt worden sind. Es bietet Basisoperationen zur Bearbeitung von Graphen an, mit deren Hilfe in den IPSEN–Prototypen alle auf Graphen operierenden Module realisiert werden (z.B. Module zur Manipulation abstrakter Syntaxbäume, Bindung von Bezeichnern etc.). Als Ausgangspunkt zur Realisierung dieser Module dient im Idealfall eine PROGRESS-Spezifikation[1].

---

1. Es sei daran erinnert, daß PROGRESS z.Zt. noch unvollständig ist (so fehlt beispielsweise noch ein Modulkonzept). Daher läßt sich momentan noch nicht alles spezifizieren, was realisiert worden ist.

Wie ein konventionelles Dateisystem unterscheidet GRAS strikt zwischen einer grobkörnigen und einer feinkörnigen Ebene. Auf der **grobkörnigen Ebene** wird jeder Graph als atomar betrachtet. Ein Graph ist ein Blatt einer genau dreistufigen Hierarchie, deren zweite Stufe aus Verzeichnissen besteht, die als **Graphpools** bezeichnet werden. Mit Hilfe von Graphpools lassen sich Graphen nach logischen Gesichtspunkten gruppieren. Beispielsweise können alle Dokumente eines bestimmten Softwaresystems in einem Graphpool zusammengefaßt werden. Weitere Möglichkeiten zur Strukturierung (beliebig tiefe Hierarchie, nichthierarchische Relationen) werden auf der grobkörnigen Ebene nicht angeboten.

Bei der Entwicklung von GRAS lag der Schwerpunkt auf der **feinkörnigen Ebene**. Ihr liegt folgendes Datenmodell zugrunde:

- Jedem **Knoten** eines Graphen ist ein Typ bzw. eine **Markierung**[2] zugeordnet, die durch einen ganzzahligen Wert dargestellt wird. Innerhalb eines Graphen wird jeder Knoten in eindeutiger Weise durch seine **Knotennummer** identifiziert, die von GRAS vergeben wird[3]. Eine weitere, optionale Möglichkeit zur Identifikation besteht darin, einem Knoten einen (oder mehrere) **externen Namen** – eine von der Anwendung definierte eindeutige Zeichenkette – zuzuordnen. Ein externer Name dient als Schlüssel, der es der Anwendung erlaubt, einen Knoten auf sinnvolle Weise unter Abstraktion von seiner Knotennummer zu identifizieren. Schließlich lassen sich jedem Knoten beliebig viele **Attribute** beliebiger Länge zuordnen, die im Gegensatz zu den externen Namen – die sich ebenfalls als Attribute auffassen lassen – aber nicht zum Wiederauffinden benutzt werden können.
- Im Gegensatz zu den Knoten tragen die **Kanten** eines Graphen keine Attribute und sind auch keine eigenständigen Objekte. Sie lassen sich als **Tripel** (Quelle, Ziel, Markierung) auffassen, wobei Quelle und Ziel durch Knotennummern identifiziert werden. Dies impliziert, daß es nicht mehrere gleich gerichtete und gleich markierte Kanten zwischen zwei Knoten geben kann. Die Existenz einer Kante ist an die Existenz ihrer Endknoten gebunden (**referentielle Integrität**).

GRAS bietet seinen Anwendungen eine **prozedurale Schnittstelle**. Die angebotenen Operationen lassen sich danach klassifizieren, ob sie sich auf die grobkörnige oder auf die feinkörnige Ebene beziehen. Im ersten Fall sprechen wir von Verwaltungsoperationen, im zweiten Fall von Inhaltsoperationen. Die GRAS–Version, mit der wir uns hier befassen, bietet keinerlei Möglichkeiten zur Definition von Graphschemata. Es wurde aber kürzlich eine neue GRAS–Version fertiggestellt, die es den Anwendungen ermöglicht, PROGRESS–Schemata aufzubauen, entsprechende Überprüfungen bei graphverändernden und lesenden Operationen durchführt und insbesondere abgeleitete Attribute unterstützt.

Die **Verwaltungsoperationen** sind recht primitiv und gleichen i.w. den entsprechenden Operationen in Dateisystemen. Typische Operationen sind: Erzeugen und Löschen von Graph-

---

2. Die Begriffe ”Typ” und ”Markierung” werden hier und im folgenden synonym gebraucht.

3. Anwendungen können allerdings die Vergabe von Knotennummern in gewissem Maße beeinflussen (s.u.).

pools, Erzeugen, Löschen, Kopieren, Öffnen und Schließen von Graphen. Graphen werden also i.w. wie gewöhnliche Dateien behandelt (und werden auch als solche abgespeichert). Ein Graph ist eine physikalische Bearbeitungseinheit, die gleichzeitig auch als Sperreinheit im Mehrbenutzerbetrieb dient.

Bei der Entwicklung von GRAS stand – wie bereits oben erwähnt wurde – die feinkörnige Ebene im Mittelpunkt des Interesses. Die Zielsetzung bestand darin, ein effizientes System zur Bearbeitung feinkörnig strukturierter Objekte zu konstruieren. Die zu diesem Zweck angebotenen **Inhaltsoperationen** beziehen sich auf geöffnete Graphen, die durch Graphnummern identifiziert werden. Sie lassen sich u.a. in folgende Gruppen aufteilen:

- **Veränderungsoperationen.** In diese Gruppe fallen Operationen zum Erzeugen und Löschen von Knoten und Kanten sowie zum Verändern von externen Namen und Attributen. Beim Löschen eines Knotens wird die referentielle Integrität dadurch garantiert, daß alle ein- und auslaufenden Kanten ebenfalls gelöscht werden.
- **Anfrageoperationen.** Außer Operationen zum Lesen des externen Namens und der Attribute eines Knotens werden **assoziative Anfragen** angeboten, um einen Knoten anhand eines externen Namens zu ermitteln und den Kontext eines Knotens zu bestimmen (z.B. die Menge der Zielknoten, die sich von einem vorgegebenen Quellknoten über Kanten einer bestimmten Markierung erreichen lassen).
- **Transaktionsoperationen.** GRAS unterstützt geschachtelte Transaktionen, die jeweils auf einen geöffneten Graphen beschränkt sind. Es werden Operationen angeboten, um Transaktionen zu starten, erfolgreich zu beenden und abzubrechen.

Beim Entwurf der **internen Speicherstrukturen** wurde insbesondere durch folgende Maßnahmen versucht, einen effizienten Zugriff zu unterstützen:

- **Trennung von Struktur- und Wertinformationen.** Um möglichst effiziente Graphtraversierungen zu ermöglichen, werden kanten- und knotenbezogene Informationen getrennt voneinander gespeichert. Dies führt zu einer dichten Speicherung von Strukturinformationen, die ihrerseits eine Minimierung der Seitenwechsel impliziert.
- **Physikalische Gruppierung (Clusterbildung):** Die Anwendung kann die physikalische Gruppierung von Knoten beeinflussen, indem bei der Erzeugung eines Knotens ein bereits existierender Nachbarknoten angegeben wird oder das Erzeugen eines Knotens mit der Erzeugung einer Kante gekoppelt wird. GRAS wählt dann die Nummer des neuen Knotens so, daß er in der Nähe des Nachbarknotens plaziert wird. Darüber hinaus werden Knotenattribute und Kanten von GRAS automatisch gemäß den Knoten, auf die sie sich beziehen, physikalisch gruppiert.
- **Dynamisches Hashing:** Um den effizienten assoziativen Zugriff auf Datenbestände variabler Größe zu unterstützen, wird dynamisches Hashing verwendet. Mit Hilfe einer Hashfunktion wird ein Schlüssel erzeugt, der zur Lokalisierung einer Speicherseite vermittels eines Indexbaums dynamischer Tiefe dient.

In der GRAS-Architektur gibt es eine Hierarchie von **Schichten**, die unterschiedlichen Sichten auf die zu verarbeitenden Daten entsprechen und die nun von unten nach oben erläutert werden (Abb. 8.1):

- Insbesondere auf Rechnern mit vergleichsweise kleinem Hauptspeicher lassen sich nicht alle von einer Anwendung aktuell bearbeiteten Graphen vollständig im Hauptspeicher halten. Um GRAS möglichst portabel zu machen, wurde es mit einem eigenen **Paging-System** ausgestattet und ist somit auch auf Rechnern lauffähig, deren Betriebssystem kein Paging unterstützt. Das Paging-System stellt eine **seitenbezogene Schnittstelle** zur Verfügung. Dabei wird jede Seite als eine Folge von Bytes aufgefaßt.

- Mit Hilfe des Paging-Systems wird ein **virtueller Speicher** mit einer **generischen satzbezogenen Schnittstelle** realisiert. Jeder Satz wird durch einen Schlüssel identifiziert und vermöge des dynamischen Hashings auf eine Speicherseite abgebildet. Im Zuge des Einfügens bzw. Löschens von Sätzen werden ggf. Speicherseiten aufgeteilt bzw. vereinigt.

- Oberhalb des virtuellen Speichers befindet sich eine Schicht **spezifischer Speicher**, die jeweils Objekte unterschiedlicher Arten aufnehmen (Knotenspeicher[4], Kantenspeicher, Namenspeicher[5], Attributspeicher). Die spezifischen Speicher lassen sich als Instanzen des generischen virtuellen Speichers auffassen. Dabei bestimmen die bei der Instantiierung angegebenen Parameter das konkrete Satzformat und die Hashfunktion.

- Schließlich bietet die **GRAS-Schnittstelle** den Anwendungen eine **graphbezogene Sicht** auf die verwalteten Daten. Im Zuge der Ausführung der Schnittstellenoperationen werden Operationen auf den spezifischen Speichern miteinander koordiniert (z.B. sind beim Löschen eines Knotens auch die ihm zugeordneten externen Namen und Attribute sowie ein- und auslaufende Kanten zu löschen).

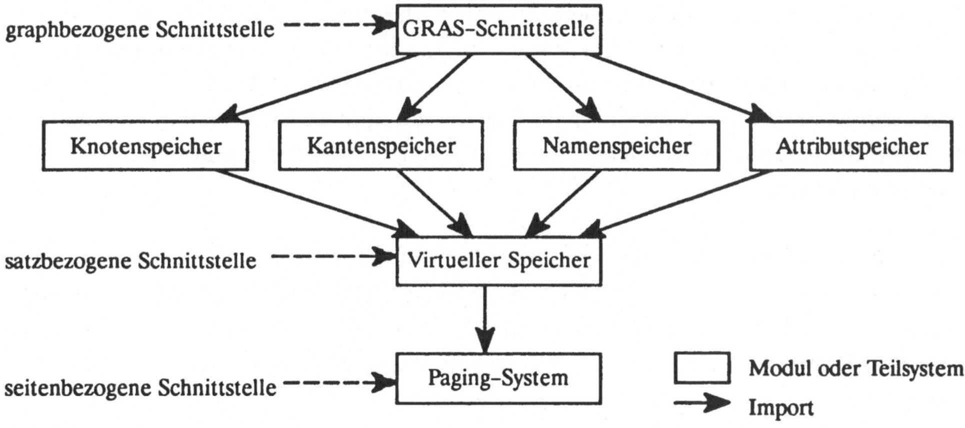

Abb. 8.1 Datenabstraktionsschichten in der GRAS-Architektur

---

4. Im Knotenspeicher werden auch Verweise auf die einem Knoten zugeordneten externen Namen sowie ein besonders häufig benötigter Teil der Attribute abgespeichert.

5. Der Namenspeicher unterstützt den assoziativen Zugriff auf Knoten über ihre externer Namen.

8.2 Realisierung eindeutiger Knotenbezeichner und graphübergreifender Kanten

GRAS vergab bisher weder **eindeutige Knotenbezeichner** mit den im Rahmen der Revisions–
und Konsistenzkontrolle erforderlichen Eigenschaften, noch unterstützte es das Erzeugen,
Löschen und Traversieren **graphübergreifender Kanten**. Die Realisierung eindeutiger Knotenbezeichner wird in Abschnitt 8.2.1 beschrieben. Abschnitt 8.2.2 ist dann der Realisierung
graphübergreifender Kanten gewidmet. In Abschnitt 8.2.3 wird ein Literaturvergleich durchgeführt.

8.2.1 Realisierung eindeutiger Knotenbezeichner

Beim Verschmelzen von Revisionen und beim inkrementellen Aktualisieren abhängiger
Revisionen werden **eindeutige Knotenbezeichner** benutzt, deren Eigenschaften wir hier noch
einmal zusammenfassen:
- Beim Erzeugen eines neuen Knotens wird diesem ein bisher noch nie verwendeter
  Bezeichner zugeordnet.
- Innerhalb eines Graphen sind die Knotenbezeichner eindeutig.
- Beim Kopieren bleiben die Knotenbezeichner erhalten. Dies gilt sowohl beim vollständi-
  gen Kopieren (beim Ableiten einer neuen Revision) als auch beim inkrementweisen
  Kopieren (beim Verschmelzen von Revisionen).

In GRAS werden Knoten durch **Knotennummern** identifiziert, die die oben beschriebenen
Anforderungen nur teilweise erfüllen. Zwar sind Knotennummern innerhalb eines Graphen
eindeutig und bleiben auch beim Kopieren von Graphen erhalten. Sie werden aber nach dem
Löschen von Knoten wiederverwendet. Infolgedessen können Knotennummern beim inkrementweisen Kopieren i.a. auch nicht erhalten bleiben, da sie im Zielgraphen schon vergeben
worden sein können.

Um eindeutige Knotenbezeichner zu unterstützen, wurde oberhalb von GRAS ein **Datenab-
straktionsmodul** zur Verfügung gestellt, das zur Verwaltung des in den PROGRESS–Spezifikationen extensiv benutzten Attributs **NodeId** dient. Die wichtigsten von diesem Modul
exportierten Ressourcen sind in Abb. 8.2 zusammengefaßt und werden im folgenden kurz
erläutert:
- Der Typ T_Id ist aus der Sicht der Anwendungen ein abstrakter Datentyp, dessen Realisierung nach außen verborgen ist.
- Die Prozedur CreateNode wird benutzt, um einen Knoten zu erzeugen, dem ein neuer
  eindeutiger Knotenbezeichner zugeordnet wird. Diese Ressource wird im ”Normalfall ”
  zum Erzeugen eines Knotens verwendet.

- Mit Hilfe der Prozedur CreateNodeWithNodeId wird ein Knoten erzeugt, dessen Bezeichner von außen vorgegeben wird. Diese Ressource wird z.Zt. nur vom Verschmelzungswerkzeug beim inkrementweisen Kopieren benutzt.
- Die Prozedur GetNodeId dient dazu, den eindeutigen Bezeichner eines Knotens zu ermitteln, der durch seine Nummer identifiziert wird.
- Umgekehrt wird mit Hilfe von GetNodeWithNodeId die Nummer eines Knotens bestimmt, dessen eindeutiger Bezeichner vorgegeben wird.

```
TYPE T_Id;
    (*  abstrakter Datentyp "Knotenbezeichner" *)
PROCEDURE CreateNode( Graph : Graphnumber;
                      NeighborNode : Nodenumber;
                      VAR NewNode : Nodenumer);
    (*  erzeugt einen Knoten, der in der physikalischen Nähe von NeighborNode plaziert wird. Dem Knoten wird ein eindeutiger Knotenbezeichner zugeordnet. In NewNode wird die Nummer des neu erzeugten Knotens zurückgeliefert.*)
PROCEDURE CreateNodeWithNodeId( Graph : Graphnumber;
                      NeighborNode : Nodenumber;
                      NodeId : T_Id;
                      VAR NewNode : Nodenumber);
    (*  wie CreateNode. Während dort der Knotenbezeichner intern vergeben wird, wird er hier von außen vorgegeben. *)
PROCEDURE GetNodeId( Graph : Graphnumber;
                      Node : Nodenumber;
                      VAR NodeId : T_Id);
    (*  ermittelt den Knotenbezeichner des Knotens mit der Nummer Node. Es wird hier vorausgesetzt, daß allen Knoten des Graphen ein solcher Bezeichner zugeordnet ist. *)
PROCEDURE    GetNodeWithNodeId( Graph : Graphnumber;
                      NodeId : T_Id;
                      VAR Node : Nodenumber;
                      VAR Existent : BOOLEAN);
    (*  ermittelt den Knoten mit dem Bezeichner NodeId, falls ein solcher existiert. *)
```

Abb. 8.2 Operationen für eindeutige Knotenbezeichner

Bei der **Realisierung eindeutiger Knotenbezeichner** wurde darauf geachtet, daß sich der damit verbundene Laufzeit– und Speicherplatzbedarf in Grenzen hält. Ein Knotenbezeichner wird aus zwei Anteilen zusammengesetzt: Dies ist zum einen die bisherige **Knotennummer** und zum anderen ein **Zähler**[6]. Der Zähler erfüllt bereits die an Knotenbezeichner gestellten Anforderungen. Würde man sich lediglich auf den Zähler abstützen, so müßte man Knotenbezeichner in jedem Fall als externe Namen abspeichern. Diese Lösung ist jedoch, wie sich gezeigt hat, vor allem durch den Speicherplatzbedarf des Namensspeichers sehr

---

6. In der aktuellen Realisierung wird dieser Zähler von GRAS verwaltet. Für jeden Graphpool gibt es einen eigenen Zähler. Das Paar (Knotennummer, Zähler) ist folglich nur innerhalb eines Graphpools eindeutig.

ineffizient. Daher wird die Knotennummer hinzugenommen, so daß in der Regel auf den externen Namen verzichtet werden kann.

Die in Abb. 8.2 spezifizierten **Prozeduren** sind nun folgendermaßen **realisiert:**

- CreateNode: Der Zähler wird inkrementiert. Es wird ein Knoten erzeugt und der aktuelle Zählerstand im festen Attributbereich des Knotens eingetragen[7].
- CreateNodeWithNodeId: Der übergebene Knotenbezeichner wird in seine Bestandteile zerlegt. Es wird ein Knoten erzeugt, dem der Zähler–Anteil des Knotenbezeichners als externer Name und der Knotennummern–Anteil als Attribut zugeordnet wird.
- GetNodeId: Es wird festgestellt, auf welche Weise der Knoten erzeugt wurde, und dementsprechend der Knotenbezeichner ermittelt.
- GetNodeWithNodeId: Der übergebene Knotenbezeichner wird in seine Bestandteile zerlegt. Es wird nun zunächst versucht, über die Knotennummer zuzugreifen. Im Erfolgsfall wird dann noch der Zähler abgefragt. Falls kein Knoten mit der vorgegebenen Nummer gefunden wurde oder dem unter dieser Nummer gespeicherten Knoten ein anderer Zähler zugeordnet ist, wird schließlich versucht, über den als externen Namen gespeicherten Zähler auf den Knoten zuzugreifen.

Diese Realisierung hat den Vorteil, daß **Knotenbezeichner** im Normalfall (d.h. wenn der Knoten mittels CreateNode erzeugt wird) **effizient abgespeichert** werden. Externe Namen sind nur für Knoten erforderlich, die im Zuge des Verschmelzens in einen anderen Graphen einkopiert werden.

Statt eindeutige Knotenbezeichner zusätzlich zu den Knotennummern einzuführen, könnte man auch die Knotennummern durch eindeutige Knotenbezeichner ersetzen. Dies hätte den Vorteil, daß es nicht zwei Möglichkeiten zur Identifikation von Knoten gäbe, mit denen i.w. die gleichen Ziele verfolgt werden. Eine entsprechende **GRAS–Erweiterung** wurde bisher noch nicht in Angriff genommen.

8.2.2 Realisierung graphübergreifender Kanten

In Kapitel 5 haben wir uns bereits ausführlich mit den Problemen beschäftigt, die mit der **Modellierung feinkörniger dokumentübergreifender Relationen** verbunden sind. Um dokumentübergreifende Relationen möglichst analog zu dokumentlokalen Relationen behandeln zu können, wurde ein Softwaresystem mit Hilfe eines Graphen – des Systemgraphen (Abb. 5.2) – modelliert, der den Revisionsgraphen und alle Dokumentgraphen als Teilgraphen enthält. Feinkörnige dokumentübergreifende Relationen wurden durch Kanten modelliert, die Knoten verschiedener Teilgraphen miteinander verbinden.

---

7. Das Attribut liegt somit im Knotenspeicher und verbraucht daher weniger Speicherplatz als im Attributspeicher (s. Abschnitt 8.1).

Der vorliegende Abschnitt ist nun der **Realisierung feinkörniger dokumentübergreifender Relationen** gewidmet. Dieses Problem ließ sich nicht auf triviale Weise dadurch lösen, daß man den Systemgraphen als einen einzigen, riesigen Graphen realisiert. Dies lassen zum einen die von GRAS gesetzten Größenbeschränkungen nicht zu; zum anderen läßt sich dann der Mehrbenutzerbetrieb nicht realisieren, da GRAS Graphen als Sperreinheiten behandelt und gleichzeitige Schreibzugriffe durch mehrere Benutzer nicht zuläßt. Vielmehr wird sinnvollerweise der Systemgraph auf mehrere GRAS–Graphen abgebildet, die jeweils 1 : 1 den logischen Bearbeitungseinheiten (d.h. den einzelnen Revisionen) entsprechen. Damit stellt sich dann aber das Problem, wie sich die graphübergreifenden Kanten realisieren lassen (GRAS betrachtet ja Graphen als voneinander isoliert, s. Abschnitt 8.1).

Prinzipiell ist es wünschenswert, GRAS um graphübergreifende Kanten zu erweitern, da es sich um einen Basismechanismus zur Integration von Graphen handelt, der von allgemeinem Interesse ist. Eine solche Erweiterung sollte jedoch keine isolierte Aktivität sein, sondern in die Entwicklung eines Dokumentenverwaltungssystems eingebettet werden, das die **molekulare Aggregation von Graphen** unterstützt (s. Kapitel 5). Dieses Vorhaben sprengt jedoch völlig den Rahmen dieses Buchs. GRAS ist stark darauf zugeschnitten, daß jeder Graph eine isolierte Bearbeitungseinheit ist. Die Einführung der molekularen Aggregation impliziert nicht nur einfache Erweiterungen, sondern auch fundamentale Änderungen bestehender Konzepte (z.B. Sperr– und Transaktionskonzept).

Aus diesem Grund haben wir uns darauf beschränkt, oberhalb von GRAS ein Modul zur Realisierung graphübergreifender Kanten zu entwickeln, das das Problem der Darstellung feinkörniger dokumentübergreifender Relationen auf pragmatische Weise löst. Der Ansatz, den wir dabei verfolgen, weist starke Ähnlichkeiten mit entsprechenden Ansätzen in **Hypertextsystemen** auf[8] (s. auch Abschnitt 5.3). Es wird zwischen einer grobkörnigen und einer feinkörnigen Ebene unterschieden, und es wird ein Mechanismus zur Darstellung dokumentübergreifender Relationen bereitgestellt, der den **Links** in Hypertextsystemen ähnelt.

Bei der Realisierung graphübergreifender Kanten werden **Anforderungen** berücksichtigt, die sich aus dem Datenmodell, dem Mehrbenutzerbetrieb und der Revisionskontrolle ergeben:

- **Datenmodell:** Die referentielle Integrität ist zu gewährleisten.
- **Mehrbenutzerbetrieb:** Bei der Realisierung graphübergreifender Kanten ist zu berücksichtigen, daß Graphen Sperreinheiten im Mehrbenutzerbetrieb sind.
- **Revisionskontrolle:** Nicht nur das Kopieren von Graphen, sondern auch das Kopieren von graphübergreifenden Kanten zwischen zwei Graphen soll effizient unterstützt werden. Dabei muß das Kopieren von graphübergreifenden Kanten von dem Kopieren von Graphen entkoppelt werden können.

---

8. Auf die Gemeinsamkeiten und Unterschiede werden wir im Literaturvergleich in Abschnitt 8.2.3 noch eingehen.

Auf der **grobkörnigen Ebene** läßt sich das von uns gewählte **Realisierungsmodell** am besten mit Hilfe des erweiterten Entity–Relationship–Modells erläutern (/Ch 76/; sowohl Entities als auch Relationen tragen Attribute). Ein Hypertext wird als :in Graph aufgefaßt, der **komplexe Entities** und **komplexe Relationen** enthält. Einem komplexen Entity ist ein Attribut zugeordnet, das seine Internstruktur repräsentiert. Der entsprechende Graph wird – wie schon im bisherigen Verlauf dieses Buchs – als **Dokumentgraph** bezeichnet. Eine komplexe Relation ist eine gerichtete Beziehung zwischen zwei komplexen Entities und repräsentiert eine Menge graphübergreifender Kanten, die in einem **Verbindungsgraphen** abgelegt sind. Zur Illustration dieses Realisierungsmodells dient die Abb. 8.3, die zwei komplexe Entities mr und ar (Modul– bzw. Architekturrevision) und eine sie verbindende komplexe Relation zeigt, die mit mr→ar bezeichnet wird.

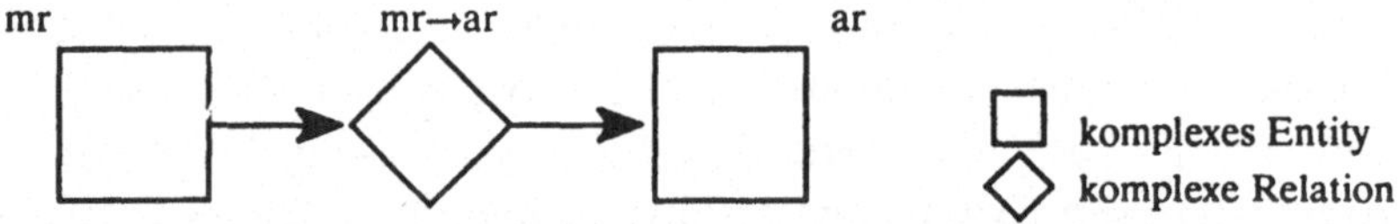

Abb. 8.3 Realisierungsmodell auf der grobkörnigen Ebene

Dieses Realisierungsmodell berücksichtigt insbesondere die **Anforderungen**, die sich aus dem IPSEN–spezifischen Konsistenzkontrollmodell ergeben (s. dazu auch die Abschnitte 4.2.2 und 5.2.2):

- Im Zuge des **Ableitens einer Revision** müssen graphübergreifende Kanten zu bestimmenden Revisionen kopiert werden (s. Unterabschnitt 5.2.2.1). Dies läßt sich einfach und effizient dadurch realisieren, daß die entsprechenden Verbindungsgraphen kopiert werden. Hier zahlt sich die **paarweise Zusammenfassung**[9] graphübergreifender Kanten aus.
- Auch im Zuge des **inkrementellen Aktualisierens** müssen graphübergreifende Kanten kopiert werden (s. Unterabschnitt 5.2.2.3). Neben der paarweisen Zusammenfassung ist dabei die **getrennte Speicherung** graphübergreifender Kanten von Bedeutung. Sie garantiert, daß die bestimmende Revision, an die die abhängige Revision angepaßt wird, nicht im Zuge des Aktualisierens physikalisch geändert werden muß[10].

Um die Vorteile des Realisierungsmodells zu illustrieren, betrachten wir das folgende **Beispiel** (Abb. 8.4): Zu einer (eingefrorenen) Architekturrevision ar1 wird eine technische Dokumentation tr1 erstellt. Bei der Erstellung der technischen Dokumentation werden insbesondere Referenzen auf Inkremente der Architektur eingetragen. Gleichzeitig wird eine neue Architekturrevision ar2 erstellt. Nachdem tr1 und ar2 fertiggestellt sind, wird schließlich eine Dokumentationsrevision tr2 erstellt, die an ar2 angepaßt wird.

---

9. Mit "Paar" ist hier ein Paar von komplexen Entities gemeint.

10. Auf logischer Ebene muß die bestimmende Revision auf jeden Fall unverändert bleiben.

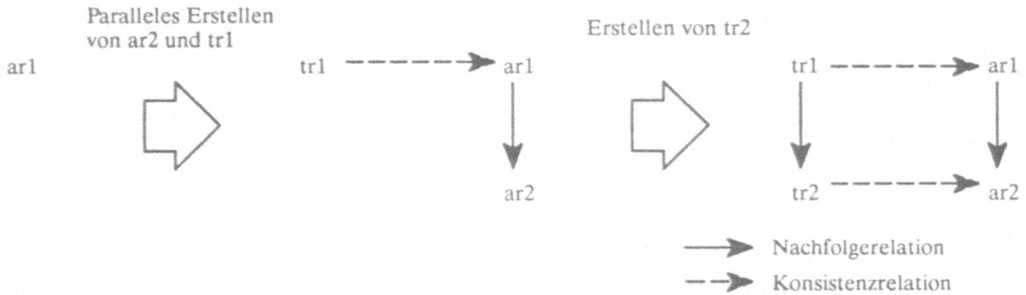

Abb. 8.4 Beispiel zur Motivierung des grobkörnigen Realisierungsmodells

Die Erstellung von tr2 läßt sich in folgende Schritte zerlegen:

- **Ableiten einer Revision.** Der Dokumentgraph zu tr1 und der Verbindungsgraph tr1→ar1 werden jeweils kopiert. Dadurch entstehen ein Dokumentgraph zu tr2 und ein Verbindungsgraph tr2→ar2. Dies zeigt den Vorteil der paarweisen Zusammenfassung graphübergreifender Kanten.

- **Inkrementelles Aktualisieren.** Hier wird zunächst der Verbindungsgraph tr2→ar1 kopiert, so daß sich die von tr2 ausgehenden graphübergreifenden Kanten auf ar2 beziehen[11]. Dabei sind keinerlei inhaltliche Veränderungen des Verbindungsgraphen erforderlich. Man beachte, daß hier das Kopieren graphübergreifender Kanten nicht mit dem Kopieren von Dokumentgraphen gekoppelt ist. Durch die Entkopplung wird hier insbesondre erreicht, daß Referenzen, die auf Inkremente in ar1 nach der Erzeugung von ar2 eingetragen wurden, sich in einfacher Weise auf die entsprechenden Inkremente in ar2 übertragen lassen. Nach dem Kopieren des Verbindungsgraphen wird schließlich tr2 an ar2 angepaßt.

- **Edieren.** Im Zuge des Edierens von tr2 werden insbesondere graphübergreifende Kanten zur Darstellung von Referenzen in den Verbindungsgraphen eingetragen.

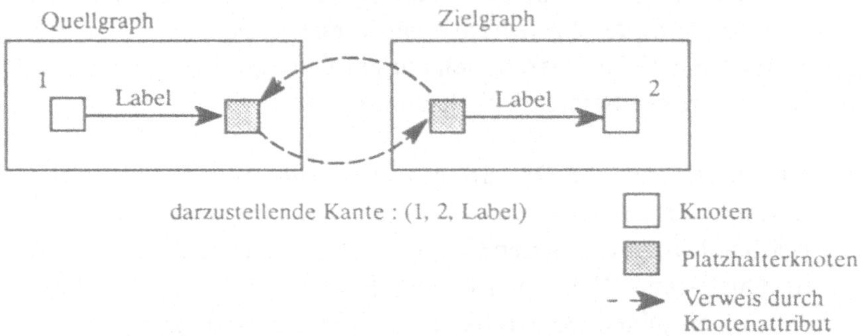

Abb. 8.5 Eingebettete Realisierung einer graphübergreifenden Kante

11. Der Verbindungsgraph tr2→ar1 kann anschließend gelöscht werden, da er nicht mehr benötigt wird.

Es muß nun noch der **Vorteil der getrennten Speicherung** graphübergreifender Kanten näher erläutert werden. Die Alternative zur getrennten Speicherung besteht in der eingebetteten Speicherung, d.h. graphübergreifende Kanten werden in den Dokumentgraphen selbst gespeichert. Dies läßt sich beispielsweise dadurch erreichen, daß man jeweils Kanten zu "Platzhalterknoten" zieht, denen der eindeutige Knotenbezeichner des entsprechenden Knotens im anderen Graphen als Attribut zugeordnet wird (Abb. 8.5).

Die eingebettete Realisierung aus Abb. 8.5 wurde lediglich zu Illustrationszwecken angegeben. Für die folgende Argumentation ist es irrelevant, ob diese oder eine andere eingebettete Realisierung gewählt wird. Der entscheidende **Nachteil jeder eingebetteten Realisierung** besteht nämlich darin, daß beim Eintragen einer graphübergreifenden Kante Quell- und Zielgraph physikalisch verändert müssen[12]. In unserem Beispiel aus Abb. 8.4 bedeutet dies, daß im Falle einer eingebetteten Realisierung beim Eintragen einer Referenz von tr1 auf ar1 insbesondere auch ar1 physikalisch verändert werden muß. Da diese Änderungen erfolgen, nachdem ar2 aus ar1 abgeleitet worden ist, müssen sie beim Anpassen von tr2 an ar2 von ar1 nach ar2 propagiert werden.

Probleme bereitet die eingebettete Realisierung auch hinsichtlich des **Mehrbenutzerbetriebs**. Da logisch gesehen ar1 nicht verändert wird, wenn abhängige Revisionen an ar1 angepaßt werden, muß es möglich sein, daß mehrere Benutzer gleichzeitig Revisionen an ar1 anpassen (z.B. Implementationsrevisionen verschiedener in ar1 spezifizierter Module). Um dies zu unterstützen, müssen dann aber sämtliche parallel ablaufenden physikalischen Änderungen in irgendeiner Weise gesammelt und kombiniert werden. Will man sich diese Komplikationen ersparen, so ist man gezwungen, das Aktualisieren unter gegenseitigem Ausschluß ablaufen zu lassen.

Bevor wir nun auf die **Realisierung graphübergreifender Kanten auf der feinkörnigen Ebene** (d.h. auf die interne Struktur von Verbindungsgraphen) eingehen, muß noch genauer geklärt werden, welchen Anforderungen diese Realisierung genügen soll. Anders formuliert: Es muß festgelegt werden, welche Operationen auf graphübergreifenden Kanten zur Verfügung zu stellen sind und welche Semantik sie haben sollen.

Betrachten wir zunächst die **Operationen auf lokalen Kanten**, die von GRAS angeboten werden und in Abb. 8.6 in Modula–2–Notation zusammengefaßt sind. Alle Operationen beziehen sich auf einen geöffneten Graphen Graph, der durch eine Graphnummer identifiziert wird. Quell- und Zielknoten lokaler Kanten werden jeweils durch Knotenummern identifiziert. Im einzelnen werden folgende Operationen angeboten:
- Erzeugen und Löschen einzelner Kanten (CreateEdge, DeleteEdge).

---

12. Es müssen immer beide Graphen verändert werden, um das Navigieren in beiden Richtungen zu ermöglichen.

- Löschen eines Knotens inklusive aller ein– und auslaufenden Kanten (DeleteNode). Diese Operation garantiert, wie bereits erwähnt, die referentielle Integrität.
- Ermitteln aller Ziel– oder Quellknoten von Kanten bestimmter Markierung (GetTarget-Nodes, GetSourceNodes).

```
PROCEDURE  CreateEdge(Graph : Graphnumber;
                      SourceNode, TargetNode : Nodenumber;
                      Label : EdgeLabel);
  (*  erzeugt eine mit Label markierte Kante zwischen den Knoten SourceNode und TargetNode im ge-
      öffneten Graphen Graph. *)
PROCEDURE  DeleteEdge(Graph : Graphnumber;
                      SourceNode, TargetNode : Nodenumber;
                      Label : EdgeLabel);
  (*  zu CreateEdge inverse Operation. *)
PROCEDURE  DeleteNode(Graph : Graphnumber; Node : Nodenumber);
  (*  löscht den Knoten Node im Graphen Graph mitsamt aller ein- und auslaufenden Kanten. *)
PROCEDURE  GetTargetNodes(Graph : Graphnumber;
                      SourceNode : Nodenumber;
                      Label : EdgeLabel;
                      VAR TargetNodeSet : NodeSet);
  (*  ermittelt die Zielknoten aller Kanten, die von SourceNode ausgehen und mit Label markiert sind.
      *)
PROCEDURE GetSourceNodes(Graph : Graphnumber;
                      TargetNode : Nodenumber;
                      Label : EdgeLabel;
                      VAR SourceNodeSet : NodeSet);
  (*  analog zu GetTargetNodes. *)
```

Abb. 8.6 GRAS–Ressourcen für lokale Kanten

Im Interesse einer einheitlichen Behandlung graphübergreifender und lokaler Kanten liegt es nun nahe, **analoge Ressourcen für graphübergreifende Kanten** zur Verfügung zu stellen. Dies bedeutet, daß zu den Operationen CreateEdge, DeleteEdge, GetTargetNodes und GetSourceNodes analoge Operationen einzuführen sind, denen jeweils Quell-, Ziel- und Verbindungsgraph als Parameter übergeben werden. Die Operation DeleteNode zum Löschen von Knoten, die in Dokumentgraphen enthalten sind, bleibt syntaktisch unverändert; ihre Semantik ist so zu erweitern, daß auch ein- und auslaufende graphübergreifende Kanten gelöscht werden.

Eine **Datenstruktur**, mit deren Hilfe sich die oben beschriebenen Ressourcen implementieren lassen, ist in Abb. 8.7 angegeben. Es wird vorausgesetzt, daß den zu verbindenden Knoten Knotenbezeichner mit den in Abschnitt 8.2.1 beschriebenen Eigenschaften zugeordnet sind. Knoten des Quell- bzw. Zielgraphen werden im Verbindungsgraphen durch Platzhalterknoten vom Typ NodeOfSourceGraph bzw. NodeOfTargetGraph dargestellt, die durch lokale Kanten verbunden werden. Den Platzhalterknoten werden die Knotenbezeichner der

Knoten, die sie repräsentieren, als externe Namen zugeordnet. Dabei werden Knoten des Quell- bzw. Zielgraphen unterschiedliche externe Namen (NodeOfSourceGraphId bzw. NodeOfTargetGraphId) zugeordnet, um Kollisionen zu vermeiden. Diese können z.B. entstehen, wenn graphübergreifende Kanten zwischen Revisionen desselben Dokuments gezogen werden[13]. Hätte man nur einen Typ von externen Namen zur Verfügung, so würden bei Kanten zwischen gleichbezeichneten Knoten zwei Platzhalterknoten mit demselben externen Namen entstehen. Dies wird jedoch von GRAS verboten.

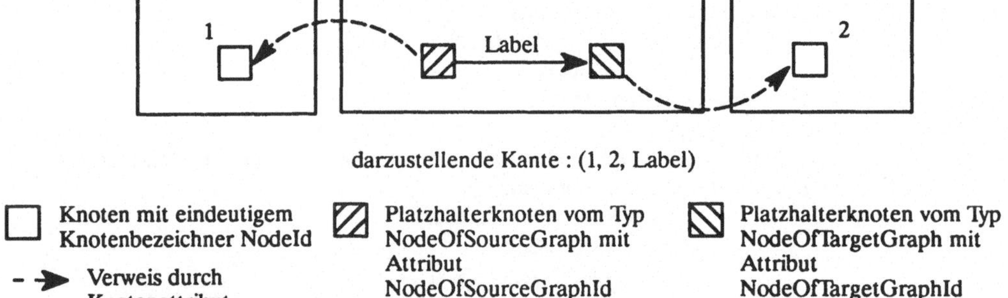

Abb. 8.7 Realisierung einer graphübergreifenden Kante

Mit Hilfe dieser Datenstruktur lassen sich **Operationen auf graphübergreifenden Kanten** folgendermaßen **implementieren:**

- Beim **Erzeugen einer graphübergreifenden Kante** werden zunächst die Knotenbezeichner der beiden Endknoten ermittelt. Anschließend werden die entsprechenden Platzhalterknoten erzeugt, soweit sie noch nicht vorhanden sind, und ihnen die Knotenbezeichner als externe Namen zugeordnet. Schließlich werden die Platzhalterknoten durch eine Kante miteinander verbunden.

- Das **Löschen einer graphübergreifenden Kante** ist der zum Erzeugen inverse Vorgang.

- Die Implementierung des **Löschens eines Knotens** in einem Dokumentgraphen bleibt unverändert (d.h. es werden nur die lokalen Kanten physikalisch gelöscht).

- Beim **Ermitteln von Zielknoten graphübergreifender Kanten** (analog für Quellknoten) wird zunächst der Knotenbezeichner des Quellknotens ermittelt. Anschließend wird der entsprechende Platzhalterknoten im Verbindungsgraphen anhand seines externen Namens gesucht. Falls er vorhanden ist, werden die Zielknoten der von ihm ausgehenden Kanten im Verbindungsgraphen ermittelt. Für jeden dieser Platzhalterknoten wird dann festgestellt, ob ein Knoten im Zielgraphen mit dem Knotenbezeichner existiert, der dem Platzhalterknoten als externer Name zugeordnet ist. Ist dies der Fall, so wird dessen Knotennummer in die Ergebnismenge aufgenommen.

---

13. In der vorliegenden Arbeit wurde dies nicht getan.

Die hier skizzierte Realisierung garantiert insbesondere die **referentielle Integrität**. Obwohl das Löschen eines Knotens physikalisch gesehen weiterhin eine lokale Operation ist (Zugriffe auf Verbindungsgraphen sind dabei nicht erforderlich[14]), werden logisch gesehen auch die graphübergreifenden Kanten gelöscht. Zurückgebliebene "Leichen" können später im Zuge einer Reorganisation des Verbindungsgraphen gelöscht werden.

Schließlich sei noch darauf hingewiesen, daß die oben beschriebene Realisierung auch beim **Kopieren von Verbindungsgraphen** das gewünschte Verhalten zeigt. Physikalisch gesehen wird der gesamte Verbindungsgraph kopiert; logisch gesehen werden nur die Kanten kopiert, deren Endknoten im neuen Quell- oder Zielgraphen vorhanden sind.

Die oben beschriebenen Überlegungen zur Realisierung graphübergreifender Kanten liefern bereits recht brauchbare Ansatzpunkte für eine **GRAS-interne Realisierung**. Eine solchermaßen realisierte Erweiterung setzt natürlich voraus, daß (zumindest intern) eindeutige Knotenbezeichner eingeführt werden (s. dazu Abschnitt 8.2.1). Es sei aber nochmals darauf hingewiesen, daß im Zuge einer GRAS-Erweiterung noch einige schwerwiegende Probleme gelöst werden müssen (z.B. Modifikation des Sperr- und des Transaktionskonzepts).

Wir haben oben bereits darauf hingewiesen, daß graphübergreifende Kanten den **Links** in Hypertextsystemen recht ähnlich sind. Aus diesem Grund haben wir IPSEN in Kapitel 2 als syntaxgesteuertes Hypertextsystem bezeichnet (s. Abschnitt 2.3). Im folgenden gehen wir nun näher auf die Gemeinsamkeiten und Unterschiede zwischen graphübergreifenden Kanten und Links ein und entwickeln eine **gemeinsame Realisierung**, mit deren Hilfe sich sowohl die oben besprochenen Operationen auf graphübergreifenden Kanten als auch die noch einzuführenden Operationen auf Links implementieren lassen.

Wie wir noch sehen werden, ist die im folgenden beschriebene Realisierung **mächtiger** (allerdings auch etwas aufwendiger) als die oben dargestellte. Sie bietet eine Reihe von Vorteilen, die unten im einzelnen noch erläutert werden. Daher haben wir dieser Realisierung gegenüber der oben dargestellten den Vorzug gegeben.

Sowohl graphübergreifende Kanten als auch Links dienen zur Darstellung feinkörniger dokumentübergreifender Relationen. Links sind häufig insofern mächtiger als graphübergreifende Kanten, als ihnen in vielen Hypertextsystemen **Attribute** zugeordnet werden können. Als typische Beispiele lassen sich Autor, Datum der Erzeugung, Kommentar etc. nennen. Attribute geben dem Benutzer wertvolle Informationen, die ihm bei der Bearbeitung eines Hypertexts hilfreich sind. Die Zuordnung von Attributen impliziert, daß Links als

---

14. Man beachte, daß derartige Zugriffe die Laufzeit, die zum Löschen eines Knotens benötigt wird, um ein Vielfaches erhöhen würden. Im übrigen würden sie auch zu Problemen im Mehrbenutzerbetrieb führen, wenn zwei Benutzer an verschiedenen, voneinander abhängigen Dokumenten arbeiten.

eigenständige Objekte zu behandeln sind, die eigene Identifikatoren haben (Kanten werden im Gegensatz dazu durch Tripel (Quelle, Ziel, Markierung) identifiziert).

Eine **Datenstruktur zur Realisierung eines Links** (Abb. 8.8) läßt sich in einfacher Weise dadurch gewinnen, daß man die Datenstruktur zur Realisierung einer graphübergreifende Kante (Abb. 8.7) erweitert. Dies geschieht, indem zwischen die Platzhalterknoten ein **Link-knoten** eingeschoben wird, an den Attribute angehängt werden können[15]. Zusätzlich werden die Linkknoten durch ToNext-Kanten miteinander verbunden, die das sequentielle Durch-laufen aller Links eines Verbindungsgraphen ermöglichen.

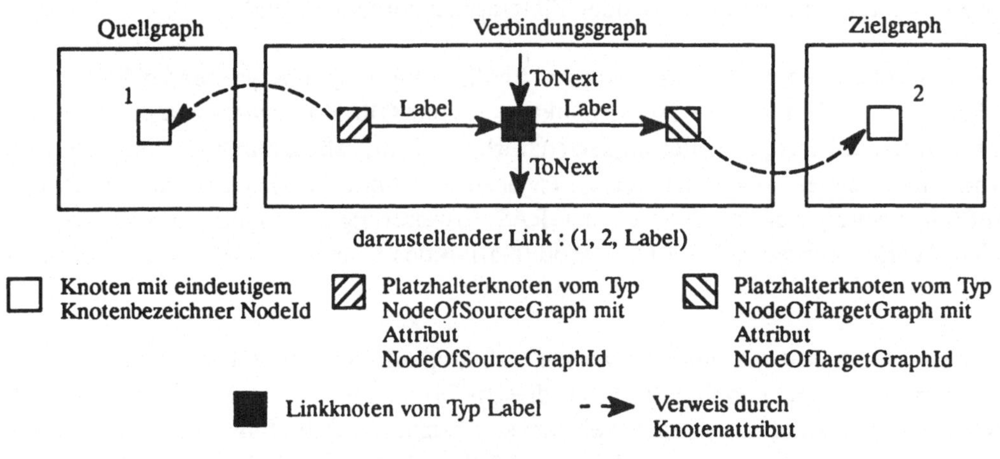

Abb. 8.8 Realisierung eines Links

Im Gegensatz zu den graphübergreifenden Kanten, die als atomar betrachtet werden, werden Links als **Paare von Halbkanten** aufgefaßt. Dementsprechend werden Links in zwei Schritten erzeugt und auch in zwei Schritten traversiert. Für die Halbkanten wird referentielle Integri-tät gewährleistet, d.h. eine Halbkante existiert logisch gesehen nur, solange der Link und der entsprechende Endknoten existieren. Die Existenz eines Links ist nicht an die Existenz seiner Halbkanten gebunden, d.h. er existiert so lange, bis er explizit gelöscht wird. "Hängende" Links sind insbesonderer ein nützliches Hilfsmittel zur Realisierung des inkrementellen Aktualisierens (s.u.).

Im einzelnen werden folgende **Operationen auf Links** angeboten[16] (Abb. 8.9):
- Erzeugen eines Links in zwei Schritten (StartLink, CompleteLink).
- Löschen eines Links (DeleteLink).

---

15. Man beachte, daß die Markierung des Links sowohl als Knoten– als auch als Kantenmarkierung verwendet wird.

16. Die attributbezogenen Operationen werden von GRAS übernommen. Auf ihre Beschreibung wurde hier verzichtet.

```
PROCEDURE StartLink(LinkGraph, SourceGraph : Graphnumber;
                    SourceNode : Nodenumber;
                    Label : LinkLabel;
                    VAR LinkNode : Nodenumber);
```
(* erzeugt einen Link mit der Markierung Label, der von SourceNode ausgeht. *)

```
PROCEDURE CompleteLink(LinkGraph, TargetGraph : Graphnumber;
                       LinkNode, TargetNode : Nodenumber);
```
(* vervollständigt einen Link zum Zielknoten TargetNode. *)

```
PROCEDURE DeleteLink(LinkGraph : Graphnumber; LinkNode : Nodenumber);
```
(* löscht einen Link. *)
```
PROCEDURE  GetOutgoingLinks( LinkGraph, SourceGraph : Graphnumber;
                            SourceNode : Nodenumber;
                            Label : LinkLabel;
                            VAR LinkNodeSet : NodeSet);
```
(* ermittelt alle Links mit der Markierung Label, die von SourceNode ausgehen. *)

```
PROCEDURE  GetIncomingLinks( LinkGraph, TargetGraph : Graphnumber;
                            TargetNode : Nodenumber;
                            Label : LinkLabel;
                            VAR LinkNodeSet : NodeSet);
```
(* analog zu GetOutgoingLinks.*)

```
PROCEDURE GetTargetOfLink(LinkGraph, TargetGraph : Graphnumber;
                          LinkNode : Nodenumber;
                          VAR TargetNode : Nodenumber;
                          VAR Existent : BOOLEAN);
```
(* bestimmt den Zielknoten eines Links. Der entsprechende Dokumentgraph muß vorher geöffnet
worden sein. *)

```
PROCEDURE GetSourceOfLink(LinkGraph, SourceGraph : Graphnumber;
                          LinkNode : Nodenumber;
                          VAR SourceNode : Nodenumber;
                          VAR Existent : BOOLEAN);
```
(* analog zu GetTargetOfLink.*)

```
PROCEDURE GetLabelOfLink(LinkGraph : Graphnumber;
                         LinkNode : Nodenumber;
                         VAR Label : LinkLabel);
```
(* ermittelt die Markierung eines Links. *)

```
PROCEDURE GetFirstLink(LinkGraph : Graphnumber;
                       VAR LinkNode : Nodenumber;
                       VAR Existent : BOOLEAN);
```
(* liefert den ersten Link zurück, der im Verbindungsgraphen gespeichert ist.*)

```
PROCEDURE GetNextLink(LinkGraph : Graphnumber;
                      LinkNode : Nodenumber;
                      VAR NextLinkNode : Nodenumber;
                      VAR Existent : BOOLEAN);
```
(* liefert den nächsten Link zurück.*)

Abb. 8.9 Operationen auf Links

- Traversieren von Links in zwei Schritten(GetOutgoingLinks bzw. GetIncomingLinks für den ersten Schritt und GetTargetOfLink bzw. GetSourceOfLink für den zweiten Schritt).
- Ermitteln der Markierung eines Links (GetLabelOfLink).
- Durchlaufen aller Links eines Verbindungsgraphen (GetFirstLink bzw. GetNextLink).

Durch Kombination dieser Operationen lassen sich die weiter oben beschriebenen Operationen auf graphübergreifenden Kanten implementieren.

Abschließend gehen wir nun noch auf einige **Vorteile** ein, die die oben beschriebenen Operationen auf Links gegenüber den Operationen auf graphübergreifenden Kanten bieten:

- Beim Erzeugen eines Links müssen Quell- und Zielgraph nicht gleichzeitig geöffnet sein, da ein Link in zwei Schritten erzeugt wird. Dies führt zum einen zu einer größeren Flexibilität an der Benutzerschnittstelle und bringt zum anderen Vorteile im Mehrbenutzerbetrieb (falls der Zielgraph gesperrt ist, kann die zweite Halbkante zeitlich verzögert eingetragen werden).
- Eine gängige Anforderung an ein Hypertextsystem besteht darin, die Inkremente eines Dokuments visuell hervorzuheben, an denen Links enden. Dies läßt sich dadurch realisieren, daß man die Links in den entsprechenden Verbindungsgraphen durchläuft und deren Endknoten ermittelt. Man beachte, daß im Gegensatz dazu die auf graphübergreifenden Kanten zur Verfügung gestellten Ressourcen die Traversierung des gesamten Dokuments erforderlich machen würden.
- Auch die inkrementelle Aktualisierung läßt sich mit Hilfe von Links vereinfachen. So können alle abhängigen Inkremente, deren bestimmenden Inkremente gelöscht worden sind, ermittelt werden, indem man die Liste der Links durchläuft und nach "hängenden" Links sucht. Dies zeigt, daß Links gut dafür geeignet sind, die entkoppelte Bearbeitung voneinander abhängiger Dokumente zu unterstützen.

8.2.3 Literaturvergleich

In dem nun folgenden kurzen Literaturvergleich beschränken wir uns auf Ansätze zur **Realisierung von graphübergreifenden Kanten bzw. Links** (Abschnitt 8.2.2). Auf die Realisierung eindeutiger Knotenbezeichner (Abschnitt 8.2.1) gehen wir dagegen nicht ein, da uns dieses Thema nicht ergiebig genug erscheint, um einen Literaturvergleich zu rechtfertigen.

Im **IPSEN-Projekt** sind bereits verschiedene Techniken zur Realisierung graphübergreifender Kanten eingesetzt worden. Diese Realisierungen sind alle erheblich einfacher und effizienter, aber auch nur unter stärker eingeschränkten Voraussetzungen einsetzbar als die im Rahmen dieses Buchs entwickelte Realisierung. In allen Fällen handelt es sich um eingebettete Realisierungen, die im Mehrbenutzerbetrieb und beim Ableiten von Revisionen kaum verwenbar sind. Beispielsweise wurde im IPSEN-Prototyp '88 zur Realisierung graphübergreifender Kanten zwischen der Architektur und der technischen Dokumentation die in Abb. 8.5 dargestellte Technik eingesetzt /Be 87/.

Dagegen werden in **Hypertextsystemen** /Co 87, HP 90/ Links häufig getrennt von den Dokumenten gespeichert. Dies liegt jedoch weniger an den Anforderungen, die sich aus dem Mehrbenutzerbetrieb und der Revisionskontrolle ergeben. Der primäre Grund für die getrennte Speicherung besteht vielmehr darin, daß vom Inhalt der Dokumente häufig völlig abstrahiert wird (in IPSEN wird ja zumindest angenommen, daß Dokumente als GRAS-Graphen gespeichert sind). Während die Speicherung und Bearbeitung von Dokumenten in der Verantwortung der entsprechenden Werkzeuge liegt, ist das Hypertextsystem für die Verwaltung der Links zuständig.

Wegen der **Abstraktion vom Inhalt der Dokumente** kann die referentielle Integrität nicht allein vom Hypertextsystem selbst gewährleistet werden. Zwar kann das Hypertextsystem beim Löschen eines Dokuments alle ein- und auslaufenden Links löschen, es kann aber nicht kontrollieren, welche Konsequenzen die Veränderung eines Dokuments hat. Um eine Anwendung (z.B. einen Editor) mit einem Hypertextsystem zu integrieren, muß sie um eine Verwaltung der Endpunkte von Links erweitert werden. Dagegen braucht sich in IPSEN die Anwendung (z.B. ein strukturbezogener Editor) um die graphübergreifenden Kanten überhaupt nicht zu kümmern, sofern gewährleistet ist, daß den Knoten eindeutige Knotenbezeichner zugeordnet werden.

Ein wesentliches Charakteristikum der von uns entwickelten Realisierung besteht darin, daß alle Links zwischen je zwei (Revisionen von) Dokumenten bei der Abspeicherung zusammengefaßt werden. Dies ermöglicht es insbesondere, die **Links** zwischen zwei Dokumenten **effizient zu kopieren.** Von den uns bekannten Hypertextsystemen wird dies nicht unterstützt. Sollen im Zuge des Kopierens eines Dokuments auch dessen Links kopiert werden, so müssen alle Links einzeln kopiert werden[17].

Über diese allgemeinen Bemerkungen hinaus lohnt es sich hier nicht, einen Vergleich mit konkreten Hypertextsystemen durchzuführen. Dennoch sollen zum Abschluß dieses kurzen Literaturvergleichs zumindest zwei Systeme genannt werden, deren Studium Denkanstöße für die von uns entwickelte Realisierung von graphübergreifenden Kanten bzw. Links gegeben hat. Dies ist zum einen Intermedia /Me 86, SZ 87, YHD 88, YHMD 88/, ein mehrbenutzerfähiges Hypertextsystem, das für den Einsatz in der Lehre konzipiert wurde[18], und zum

---

17. Eine Ausnahme bildet Eclipse (s. Unterabschnitt 5.3.1). Allerdings sind Eclipse-Links unidirektional, referentielle Integrität wird nicht garantiert, und es werden beim Kopieren eines Dokuments nur die auslaufenden Links kopiert.

18. Aus Intermedia wurden die getrennte Abspeicherung und das Erzeugen von Links in zwei Schritten übernommen.

anderen Neptune /DS 86, DS 87/, ein für den CAD–Bereich und die Softwareentwicklung gedachtes Hypertextsystem, in das eine primitive Form der Revisionskontrolle integriert ist[19].

8.3 Realisierung von Basisoperationen zur Änderungsverwaltung

Der vorliegende Abschnitt ist den **Basisoperationen** gewidmet, die das erweiterte GRAS–System den Anwendungen zur **Änderungsverwaltung** anbietet. Als Ausgangspunkt dienen die in Abschnitt 2.4 dargestellten Überlegungen, denen zufolge sich Undo/Redo, Transaktionen und Deltas auf einen einheitlichen Mechanismus, nämlich die Protokollierung graphverändernder Operationen zurückführen lassen.

Der vorliegende Abschnitt ist folgendermaßen **gegliedert**: In Abschnitt 8.3.1 wird zunächst die Funktionalität der Basisoperationen beschrieben. Abschnitt 8.3.2 geht dann darauf ein, wie die Basisoperationen realisiert werden. Schließlich wird in Abschnitt 8.3.3 ein Vergleich mit anderen Ansätzen durchgeführt.

8.3.1 Funktionalität der Basisoperationen

In diesem Abschnitt wird die Funktionalität der Basisoperationen beschrieben, die das erweiterte GRAS–System den Anwendungen zur Änderungsverwaltung zur Verfügung stellt. Dabei konzentrieren wir uns auf Undo/Redo und Transaktionen. Die Unterstützung, die GRAS für die effiziente Abspeicherung von Revisionen bietet, wurde bereits in Abschnitt 2.4 ausführlich beschrieben: GRAS stellt eine Operation zum speicherplatzeffizienten Kopieren von Graphen bereit, die dafür sorgt, daß Unterschiede zwischen Quell– und Zielgraph mit Hilfe eines **Graphdeltas** dargestellt werden. Dabei kann man zwischen Vor– und Rückwärtsdeltas wählen. Die Deltas werden durch Protokollieren von Änderungsoperationen gewonnen und von GRAS automatisch verwaltet. Im weiteren Verlauf dieses Abschnitts gehen wir auf Graphdeltas nicht mehr näher ein.

Während die Revisionskontrolle auf die langfristige Verwaltung von Entwicklungszuständen abzielt, sind **Undo/Redo** und **Transaktionen** darauf ausgerichtet, Entwicklungszustände zu rekonstruieren, die von kurzfristigem Interesse sind. Wie bereits in Abschnitt 2.4 ausgeführt wurde, dienen Undo und Redo dem Benutzer–Recovery, während Transaktionen für das System–Recovery eingesetzt werden. Im folgenden gehen wir zunächst auf Undo/Redo ein, setzen uns dann mit Transaktionen auseinander und grenzen schließlich Undo/Redo und Transaktionen gegeneinander ab.

---

19. Zu jedem Dokument kann optional eine Revisionssequenz verwaltet werden. Bei der Erzeugung eines Links kann angegeben werden, ob sich die Endpunkte auf eine fixe oder auf die jeweils aktuelle Revision beziehen sollen.

Um die Implementierung von Undo/Redo–Kommandos zu erleichtern, werden von GRAS **Basisoperationen** zur Verfügung gestellt, mit deren Hilfe sich graphverändernde Operationen zurücksetzen und anschließend wiederholen lassen. Dabei beschränkt sich die Unterstützung auf **Inhaltsoperationen auf geöffneten Graphen**. Die von GRAS angebotenen Basisoperationen sind insbesondere dafür geeignet, um Undo/Redo in strukturbezogenen Editoren oder Ausführungswerkzeugen zu unterstützen. Kommandos, bei deren Ausführung Verwaltungsoperationen anfallen (z.B. Ableiten einer Revision), lassen sich mit Hilfe der Basisoperationen jedoch nicht realisieren.

Verwaltungsoperationen werden vor allem deshalb nicht berücksichtigt, weil sie zu **Problemen im Mehrbenutzerbetrieb** führen. Undo und Redo lassen sich nur so lange problemlos unterstützen, wie die Änderungen, die zurückgesetzt bzw. wiederholt werden sollen, nur für einen Benutzer sichtbar sind. Dies ist beispielsweise während einer Ediersitzung der Fall. Sobald jedoch die durchgeführten Änderungen für andere Benutzer sichtbar geworden sind, endet die Unterstützung für Undo/Redo, da ansonsten die Gefahr besteht, daß Änderungen zurückgesetzt werden, die bereits als Basis für die Aktivitäten anderer Benutzer gedient haben. Beispiel: Benutzer 1 erzeugt ein Dokument, das anschließend von Benutzer 2 weiterverarbeitet wird. Danach versucht Benutzer 1, das Erzeugen des Dokuments zurückzusetzen.

Mit Hilfe der von GRAS zur Verfügung gestellten Basisoperationen lassen sich insbesondere Undo/Redo–Kommandos realisieren, die durch folgende **Merkmale** gekennzeichnet sind[20]:
* **Lineares Protokoll.** Undo und Redo beziehen sich auf ein lineares Protokoll, d.h. eine Folge von ausgeführten bzw. zurückgesetzten Kommandos.
* **Unbeschränktes Undo/Redo.** Die Zahl der Kommandos, die sich mit Hilfe von Undo und Redo zurücksetzen bzw. wiederholen lassen, ist nicht nach oben beschränkt.
* **Metakommandos.** Undo und Redo sind Metakommandos, die nicht auf sich selbst angewendet werden können.
* **Zustandsgebundenheit.** Jedes Kommando läßt sich nur in dem Zustand wiederholen, in dem es ursprünglich ausgeführt wurde. Analog läßt sich jedes Kommando nur in dem Zustand zurücksetzen, den es bei seiner erstmaligen Ausführung hinterlassen hat.

Bevor wir diese Eigenschaften motivieren, präzisieren wir (in Anlehnung an /ACS 84/) die **Semantik von Undo/Redo.** Zu diesem Zweck wird der **Zustand des Systems** durch eine Folge

$$s = (e_1....e_m, u_1...u_n)$$

beschrieben, wobei

$$e = e_1....e_m$$

die Folge der **ausgeführten Kommandos** und

$$u = u_1...u_n$$

20. Natürlich sind auch Undo/Redo–Kommandos mit anderen (stärker eingeschränkten) Eigenschaften realisierbar.

die Folge der **zurückgesetzten Kommandos** bezeichnen. Folgende Zustandsübergänge sind möglich:

- Mit Hilfe von Undo(i) werden die $i \leq m$ zuletzt ausgeführten Kommandos zurückgesetzt. Dies führt zum Zustand

    $s' = (e_1....e_{m-i}, e_{m-i+1}...e_m u_1...u_n).$

- Mit Hilfe von Redo(j) werden die $j \leq n$ zuletzt zurückgesetzten Kommandos erneut ausgeführt. Es ergibt sich der Zustand

    $s' = (e_1....e_m u_1...u_j, u_{j+1}...u_n).$

- Durch Ausführung des Benutzerkommandos e_{m+1} wird wegen der Zustandsgebundenheit die Folge der wiederholbaren Kommandos leer. Somit erhält man den Zustand

    $s = (e_1....e_{m+1}, \text{empty}).$

Die Merkmale von Undo/Redo lassen sich folgendermaßen **begründen**:

- Im Gegensatz zu einem linearen Protokoll hätte man auch ein baumartiges Protokoll /Vi 84/ unterstützen können, das das Ausprobieren verschiedener Alternativen unterstützt (s. dazu auch den Literaturvergleich in Abschnitt 8.3.3). Dies hätte jedoch die GRAS–Schnittstelle und auch die Implementierung von Undo/Redo gleichermaßen komplizierter gemacht.

- Innerhalb einer Sitzung ist die Anzahl der zurücksetzbaren bzw. wiederholbaren Kommandos unbeschränkt, um es dem Benutzer zu ermöglichen, beliebig weit vor– und zurückzugehen.

- Undo und Redo werden als Metakommandos behandelt, weil selbstbezügliches Undo/Redo sehr verwirrende Effekte haben kann.

- Undo und Redo sind zustandsgebunden, weil andernfalls nicht garantiert werden kann, daß Kommandos sich zurücksetzen bzw. wiederholen lassen (Beispiel: Nach dem Löschen einer Variablendeklaration wird versucht, das Eintragen eines Bezeichners auf der linken Seite zurückzusetzen). I.a. können sich Inkonsistenzen sowohl auf der Ebene der GRAS–Schnittstelle (z.B. Zugriff auf einen nicht mehr existierenden Knoten) als auch auf höheren Ebenen ergeben (z.B. kann das "blinde" Zurücksetzen einer Folge von GRAS–Operationen zu fehlerhaften kontextsensitiven Kanten führen).

Es bleibt festzuhalten, daß die von GRAS angebotenen Operationen in verschiedener Hinsicht **eingeschränkt** sind (Beschränkung auf eine Sitzung, lineares Protokoll, Zustandsgebundenheit). Dementsprechend sind auch die Möglichkeiten zur Realisierung von Undo/Redo-Kommandos begrenzt. Die hier getroffenen Einschränkungen erscheinen uns jedoch im Interesse der Sicherheit und Einfachheit der zur Verfügung gestellten Operationen geboten zu sein.

Die von GRAS angebotenen **Basisoperationen für Undo/Redo** sind in Abb. 8.10 beschrieben. Mit Hilfe von SetCheckpoint lassen sich **Sicherungspunkte** setzen, zu denen man mit Hilfe von Undo bzw. Redo durch Angabe einer relativen Nummer gelangt. Als Sicherungspunkte bieten sich dabei Kommandogrenzen an. Sicherungspunkte werden nicht nur für das Benutzer–Recovery, sondern auch für das System–Recovery ausgenutzt : Nach einem Absturz der Anwendung wird der Zustand rekonstruiert, der beim Setzen des letzten Sicherungspunkts vorlag. Dies ist sinnvoll, wenn jeweils ein Werkzeug nach der Ausführung eines Kommandos einen Sicherungspunkt setzt, da dann durch einen Sicherungspunkt ein konsistenter Zustand gekennzeichnet wird.

```
PROCEDURE SetCheckpoint(Graph : Graphnumber);
    (*  setzt einen Sicherungspunkt auf dem (offenen) Graphen Graph.*)

PROCEDURE Undo(Graph : Graphnumber;
               No : CARDINAL;
               VAR  ActNo : CARDINAL);
    (*  setzt den Graphen Graph um No Sicherungspunkte zurück, falls dies möglich ist (ActNo = No).
        Ansonsten ist ActNo < No und gibt die Zahl der tatsächlich zurückgesetzten Sicherungspunkte
        an.*)

PROCEDURE Redo(Graph : Graphnumber;
               No : CARDINAL;
               VAR  ActNo : CARDINAL);
    (*  setzt den Graphen Graph um No Sicherungspunkte vorwärts, falls dies möglich ist (ActNo = No).
        Ansonsten ist ActNo < No und gibt die Zahl der tatsächlich vorwärts gesetzten Sicherungspunkte
        an.*)
```

Abb. 8.10 Basisoperationen für Undo/Redo

Die GRAS–Version, die als Ausgangspunkt der hier beschriebenen Erweiterung diente, bot **(kurze) geschachtelte Transaktionen** auf einem geöffneten Graphen an (Abb. 8.11). Eine mit StartTransaction begonnene Transaktion kann entweder regulär mit Hilfe von CommitTransaction beendet werden – die in ihr erfolgten Änderungen werden dann wirksam –, oder sie wird mit AbortTransaction abgebrochen und hinterläßt keine Effekte im Graphen. Transaktionen lassen sich schachteln. Eine mit CommitTransaction beendete untergeordnete Transaktion wird nur dann wirksam, wenn die ihr übergeordnete Transaktion ebenfalls regulär beendet wird. Im Falle eines Absturzes wird der Zustand rekonstruiert, der zu Beginn der äußersten offenen Transaktion vorlag.

```
PROCEDURE StartTransaction(Graph : Graphnumber);
    (*  startet eine Transaktion auf dem (offenen) Graphen Graph. Transaktionen lassen sich schachteln.*)
PROCEDURE CommitTransaction(Graph : Graphnumber);
    (*  beendet eine Transaktion regulär, d.h. ihre Effekte bleiben erhalten.*)
PROCEDURE AbortTransaction(Graph : Graphnumber);
    (*  bricht eine Transaktion ab, d.h. der Zustand, der beim Starten der Transaktion vorlag, wird rekon-
        struiert.*)
```

Abb. 8.11 Transaktionsoperationen

Beim Vergleich der Operationen für Undo/Redo und Transaktionen zeigt sich, daß mit ihnen recht ähnliche Ziele verfolgt werden. In beiden Fällen geht es darum, von der Anwendung festgelegte Graphzustände zu rekonstruieren. Es stellt sich daher die Frage, ob man die eine Gruppe von Operationen durch die andere simulieren kann. Dies ist weder in der einen noch in der anderen Richtung der Fall:

* Zwar lassen sich das Setzen von Sicherungspunkten und die Operation Undo mit Hilfe von Transaktionen in eingeschränktem Maße simulieren, indem man beim Setzen eines Sicherungspunkts eine Transaktion startet, die erst beim Schließen des Graphen regulär beendet wird, und beim Zurücksetzen Transaktionen abbricht. Dies ist jedoch im Falle von Abstürzen ungünstig, da dann stets der Zustand rekonstruiert wird, der beim Öffnen des Graphen vorlag[21]. Im übrigen läßt sich die Operation Redo überhaupt nicht mit Hilfe von Transaktionsoperationen simulieren.

* Versucht man umgekehrt das Starten einer Transaktion durch das Setzen eines Sicherungspunkts und das Abbrechen einer Transaktion durch ein Undo zu simulieren, so ergeben sich Probleme beim Recovery nach Systemabstürzen. Es ist dann u.U. nicht sinnvoll, den Zustand zu rekonstruieren, der beim Setzen des letzten Sicherungspunkts vorlag, da dieser den Start einer inneren Transaktion markieren könnte.

Aus diesen Gründen werden sowohl die Operationen für Undo/Redo aus Abb. 8.10 als auch die Operationen für Transaktionen aus Abb. 8.11 an der GRAS–Schnittstelle angeboten. Sie werden folgendermaßen gegeneinander **abgegrenzt** (wobei die Transaktionsoperationen leicht eingeschränkt werden):

* Undo/Redo–Operationen sind für das Benutzer–Recovery gedacht. Darüber hinaus werden sie bei Abstürzen auch für das System–Recovery verwendet, da man davon ausgehen kann, daß durch Sicherungspunkte logisch konsistente Zustände markiert werden.

* Transaktionen werden ausschließlich für das System–Recovery in regulären Fällen verwendet. D.h. daß die Anwendung eine Transaktion kontrolliert abbrechen kann, bei Abstürzen jedoch nur die für das Undo/Redo verwendeten Sicherungspunkte relevant sind.

* Undo/Redo ist den Transaktionen übergeordnet. Während Undo/Redo zum Zurücksetzen bzw. Wiederholen von Benutzerkommandos eingesetzt wird, dienen Transaktionen als Hilfsmittel zur Implementierung einzelner Kommandos. Dabei lassen sich mittels der Schachtelung von Transaktionen verschiedene Ebenen von Konsistenzüberprüfungen unterscheiden.

Das Zusammenspiel von Undo/Redo und Transaktionen wird durch die Abb. 8.12 veranschaulicht. Dort werden Operationsebenen unterschieden, die jeweils durch die Anzahl der offenen Transaktionen festgelegt werden. StartTransaction bewirkt einen Übergang von Ebene i zu Ebene i + 1, CommitTransaction bzw. AbortTransaction führen zu einem Über-

---

21. Wir nehmen an, daß beim Öffnen eines Graphen ein Sicherungspunkt gesetzt wird.

gang in der umgekehrten Richtung. Die Operationen SetCheckpoint, Undo und Redo sind nur auf Ebene 0 erlaubt, d.h. wenn keine Transaktionen laufen. Dadurch wird sichergestellt, daß Beginn und Ende einer Transaktion zwischen zwei unmittelbar benachbarten Sicherungspunkten liegen und Transaktionen somit dem Undo/Redo untergeordnet sind. Ferner wird garantiert, daß ein Undo nicht den (i.a. unerwünschten) Seiteneffekt hat, daß noch laufende Transaktionen abgebrochen werden.

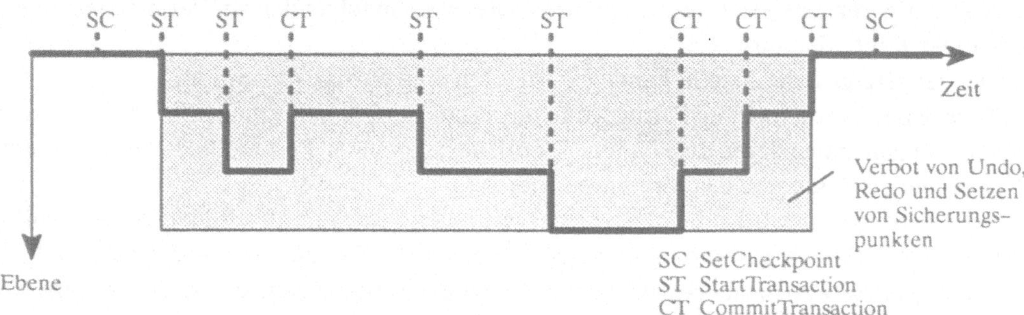

Abb. 8.12 Zusammenspiel von Undo/Redo und Transaktionen

Eine Alternative zu der oben beschriebenen Vorgehensweise, sowohl Undo/Redo als auch Transaktionen zu unterstützen, besteht darin, nur Undo/Redo zu unterstützen und dabei den Sicherungspunkten jeweils eine Zahl zuzuordnen, die die Ebene des Sicherungspunkts festlegt (**gewichtete Sicherungspunkte**). Undo/Redo mit ungewichteten Sicherungspunkten und geschachtelte Transaktionen lassen sich mit gewichtetem Undo/Redo implementieren, wenn im Falle eines Absturzes der Zustand wiederhergestellt wird, der beim Setzen des letzten Sicherungspunktes auf der Ebene 0 vorlag. Diese Lösung hat zwar den Vorteil, daß an der GRAS–Schnittstelle nur ein Konzept unterstützt werden muß, wurde aber verworfen, weil sie der Anwendung zu viele Freiheitsgrade bietet, die sich u.E. nicht sinnvoll ausnutzen lassen.

8.3.2 Realisierung der Basisoperationen

Sowohl Graphdeltas als auch Undo/Redo und Transaktionen lassen sich mit Hilfe von **Protokollen** graphverändernder Operationen realisieren. Dabei werden Protokolle in beiden Richtungen benötigt: **Vorwärtsprotokolle** werden für Vorwärtsdeltas und Redo benutzt, während mit Hilfe von **Rückwärtsprotokollen,** in denen die inversen Operationen aufgezeichnet werden, Rückwärtsdeltas und Undo realisiert werden. Während einer Sitzung werden mit Hilfe von Protokollen Operationen für Undo/Redo und Transaktionen ausgeführt. Nach Abschluß einer Sitzung werden dann die Protokolle als Graphdeltas genutzt. Darüber hinaus wird nach einem irregulären Ende einer Sitzung – d.h. einem Absturz – mit Hilfe von

Protokollen der durch den letzten gesetzten Sicherungspunkt bestimmte Graphzustand rekonstruiert.

Protokolle lassen sich in GRAS auf verschiedenen **Abstraktionsebenen** realisieren (s. Abb. 8.1). Je tiefer man die Ebene des Protokollierens wählt, desto höher ist der Speicherplatzbedarf, da jede Operation einer höheren Ebene auf eine Folge von Operationen auf der nächstniedrigeren Ebene zurückgeführt wird. Dies wird im folgenden am Beispiel des Erzeugens einer Kante demonstriert:

- An der GRAS-Schnittstelle handelt es sich um eine einzige Operation.
- Jede Kante wird in zwei Permutationen gespeichert, um Kanten effizient in beiden Richtungen traversieren zu können. Zum Eintragen einer Permutation dient eine entsprechende Ressource des Kantenspeichers.
- Jede Permutation wird auf einen Satz des virtuellen Speichers abgebildet, dessen Schlüssel sich aus Kantenmarkierung und Quellknoten (bzw. Zielknoten) zusammensetzt. Falls ein solcher Satz noch nicht existiert, muß er erzeugt werden. Dem Satz ist eine Menge von Zielknoten (bzw. Quellknoten) zugeordnet, in die der Zielknoten (Quellknoten) der einzutragenden Kante aufgenommen wird.
- Schließlich ist noch die neu einzutragende Information auf Speicherseiten abzubilden. Dabei können umfangreiche Reorganisationsmaßnahmen erforderlich sein, wenn die zur Abspeicherung vorgesehene Seite überläuft. Protokolle auf der Ebene von Speicherseiten erfordern daher einen hohen Speicherplatzbedarf.

Um den Speicherplatzbedarf für Graphdeltas so gering wie möglich zu halten, wird daher auf der **graphbezogenen Ebene** protokolliert.

Im folgenden gehen wir auf die Konstruktion der Protokolle sowie die Realisierung von Undo/Redo und Transaktionen nicht näher ein und verweisen auf /Br 90/. Statt dessen konzentrieren wir uns auf die **Verwaltung von Graphdeltas**, da diese uns ein weiteres Beispiel für den Einsatz von Graphen liefert und somit gut in den Rahmen dieses Buchs passen.

Zur Verwaltung von Graphen und der zwischen ihnen bestehenden Graphdeltas dient eine **GRAS-interne Datenstruktur**, die als Graph modelliert und auch realisiert wurde. Diese Datenstruktur wird als **Verwaltungsgraph** bezeichnet. Mit Hilfe eines Verwaltungsgraphen werden die in einem Graphpool angeordneten Graphen und die zwischen ihnen bestehenden Graphdeltas verwaltet[22]. Die an der GRAS-Schnittstelle angebotenen Verwaltungsoperationen werden mit Hilfe von Verwaltungsgraphen realisiert. Beispiele für Verwaltungsgraphen und auf ihnen durchgeführte Operationen wurden bereits in Abschnitt 2.4 angegeben.

---

22. Es sei darauf hingewiesen, daß zwei durch ein Delta verbundene Graphen stets im selben Graphpool liegen, da eine graphpoolübergreifende Anwendung von DeltaCopyGraph z.Zt. noch nicht unterstützt wird.

```
class NODE;
    external NodeId : T_Id := UniqueId();
end;

class STATE is_a NODE;
    derived Cost := Min(all < -ToTarget-.ApplCost);
end;

class VISIBLE_STATE is_a STATE;
    external Name : T_String;
end;

class DIRECT_STATE is_a STATE;
    external Contents : T_Contents := nil;
end;

class VISIBLE_DIRECT_STATE is_a VISIBLE_STATE, DIRECT_STATE;

node type VisibleDirectState : VISIBLE_DIRECT_STATE;
node type VisibleIndirectState : VISIBLE_STATE;
node type InvisibleDirectState : DIRECT_STATE;
node type InvisibleIndirectState : STATE;

class DELTA is_a NODE;
    external OpSequence : T_Delta := nil;
    derived ApplCost := Length(self.OpSequence) + < -FromSource-.Cost;
    external Compressed : T_Boolean := false;

node type Delta : DELTA;

edge type FromSource : STATE - > DELTA;
edge type ToTarget : DELTA - > STATE;
```

Abb. 8.13 PROGRESS–Schema für Verwaltungsgraphen

Zur **formalen Spezifikation** von Verwaltungsgraphen wird PROGRESS eingesetzt.
Abb. 8.13 zeigt die entsprechende **Schemadeklaration**, die im einzelnen folgendermaßen
aufgebaut ist:

- NODE ist die Wurzel der Knotenklassenhierarchie. Wie immer wird das Knotenattribut
  NodeId dazu benutzt, um Knoten in Tests und Graphersetzungen eindeutig zu identifizieren[23].

- STATE faßt alle Zustandsknoten zusammen. Das abgeleitete Attribut Cost gibt die
  minimalen Kosten zur Rekonstruktion des Zustands an (nähere Erläuterungen s.u.).

- Sichtbare Zustände werden durch Knoten der Klasse VISIBLE_STATE repräsentiert,
  denen jeweils der entsprechende Graphname Name als Attribut zugeordnet ist.

- Knoten der Klasse DIRECT_STATE repräsentieren direkt verfügbare Zustände. Mit
  Hilfe des externen Attributs Contents wird jeweils der entsprechende Inhalt des Graphen
  dargestellt.

---

23. In der realen Implementierung werden zu diesem Zweck Knotennummern verwendet.

- Knoten der Klasse VISIBLE_DIRECT_STATE repräsentieren Zustände, die sowohl sichtbar als auch direkt verfügbar sind (Mehrfachvererbung).
- Die Knotentypen VisibleDirectState,..., InvisibleIndirectState dienen dazu, alle möglichen Kombinationen von Zustandseigenschaften darzustellen.
- Deltas werden durch Knoten des Typs Delta repräsentiert, der seinerseits der Klasse DELTA zugeordnet ist. Einem Deltaknoten ist ein externes Attribut OpSequence zugeordnet, das die entsprechende Operationsfolge repräsentiert. Hinzu kommt ein abgeleitetes Attribut ApplCost, mit dessen Hilfe die Rekonstruktion von Zuständen gesteuert wird (näheres dazu s.u.). Das Attribut Compressed wird schließlich beim Reorganisieren eines Verwaltungsgraphen verwendet, um Deltas zu erkennen, die noch komprimiert werden können (s. Unterabschnitt 8.3.2.7).
- Deltaknoten werden durch Kanten der Typen FromSource bzw. ToTarget mit Quell- und Zielzustandsknoten verbunden.

Ist ein Zustand nicht direkt verfügbar, so gibt es i.a. mehrere Möglichkeiten, um ihn zu **rekonstruieren**. Unter diesen Möglichkeiten wählt GRAS diejenige aus, die den geringsten Laufzeitaufwand erfordert. Die Rekonstruktion wird durch die abgeleiteten Attribute Cost und ApplCost gesteuert, die folgende Bedeutung haben:

- Cost gibt die minimalen Kosten zur Rekonstruktion eines Zustands an.
- ApplCost gibt die minimalen Kosten an, die entstehen, wenn der Zielzustand mit Hilfe des entsprechenden Deltas rekonstruiert wird. Diese Kosten setzen sich aus den minimalen Kosten für die Rekonstruktion des Quellzustands und den Kosten für die Anwendung des Deltas zusammen, die in einfacher Weise durch dessen Länge gemessen werden.

Im folgenden werden nun die **Operationen auf Verwaltungsgraphen** formal spezifiziert. Mit Hilfe dieser Spezifikation wird modelliert, wie der Verwaltungsgraph beim Erzeugen, (effizienten) Kopieren, Öffnen, Schließen und Löschen von Graphen modifiziert wird.

8.3.2.1 Erzeugen eines Graphen

Falls ein Graph dieses Namens noch nicht existiert, wird ein Knoten erzeugt, der einen direkt verfügbaren und sichtbaren Graphzustand repräsentiert, der anfänglich leer ist [24](Abb. 8.14).

```
transaction CreateGraph(Name : T_String) =
begin
    not GraphExistent(Name) &
    InternalCreateGraph(Name)
end;
```

24. Der Initialwert des Attributs Contents wird durch die Knotenklassendeklaration festgelegt(s. Abb. 8.13).

test GraphExistent(Name : T_String) =

> 1 : VISIBLE_STATE

    condition   1.Name = Name;
end;

production InternalCreateGraph(Name : T_String) =

    empty   :: =   1' : VisibleDirectState

    transfer 1'.Name := Name;
end;

Abb. 8.14 Erzeugen eines Graphen

8.3.2.2   Kopieren eines Graphen mit Deltas

Beim Kopieren eines Graphen mit Deltas (Abb. 8.15) wird zunächst sichergestellt, daß der Quellgraph existiert und der Zielgraph noch nicht vorhanden ist. Im Falle eines Vorwärtsdeltas wird ein Knoten erzeugt, der einen sichtbaren und nicht direkt verfügbaren Zustand repräsentiert, der mittels eines (zunächst leeren) Vorwärtsdeltas aus dem Quellgraphen rekonstruiert wird. Das Delta wird durch einen Knoten dargestellt, der mit Quelle und Ziel durch FromSource– und ToTarget–Kanten verbunden wird. Analoges geschieht im Falle eines Rückwärtsdeltas. Da der sichtbare Quellzustand in diesem Fall nach dem Kopieren nicht mehr direkt verfügbar ist, wird der ihn repräsentierende Knoten durch einen Knoten des Typs VisibleIndirectState ersetzt, der die Einbettungskanten des alten Knotens übernimmt (s. **embedding**–Klausel der Graphersetzung). Der Zielzustand wird durch einen Knoten vom Typ VisibleDirectState repräsentiert. Um diesem den Inhalt des Graphen als Attribut zuordnen zu können, muß dieser ggf. zuvor rekonstruiert werden. Diese Aufgabe übernimmt die Transaktion ReconstructState (s. Unterabschnitt 8.3.2.4).

```
transaction DeltaCopyGraph(SourceName, TargetName : T_String; Forward : T_Boolean) =
    var SourceGraphId : T_Id; Contents : T_Contents;
begin
    GetGraphId(SourceName, out SourceGraphId) &
    not GraphExistent(TargetName) &
    try
        on Forward do
            InternalForwardCopyGraph(SourceGraphId, TargetName)
    else
        ReconstructState(SourceGraphId, out Contents) &
        InternalBackwardCopyGraph(SourceGraphId, TargetName, Contents)
    end
end;
```

test GetGraphId(Name : T_String; **out** GraphId : T_Id) =

> 1 : VISIBLE_STATE

    condition   1.Name = Name;
    return   GraphId := 1.NodeId;
end;

production InternalForwardCopyGraph(SourceGraphId : T_Id; TargetName : T_String) =

> 1 : VISIBLE_STATE ::= 1' = 1 —FromSource→ 2' : Delta —ToTarget→ 3' : Visible IndirectState

    condition   1.NodeId = SourceGraphId;
    transfer   3'.Name := TargetName;
end;

production InternalBackwardCopyGraph(SourceGraphId : T_Id;
                                     TargetName : T_String;
                                   Contents : T_Contents) =

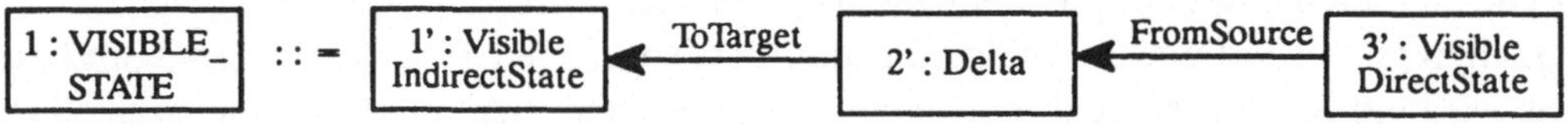

> 1 : VISIBLE_STATE ::= 1' : Visible IndirectState ←ToTarget— 2' : Delta ←FromSource— 3' : Visible DirectState

    condition   1.NodeId = SourceGraphId;
    embedding **redirect < -ToTarget- from 1 to 1';**
                      redirect -FromSource-> from 1 to 1';
    transfer   1'.Name := 1.Name;
                      3'.Name := TargetName; 3'.Contents := Contents;
end;

Abb. 8.15 Kopieren eines Graphen mit Deltas

8.3.2.3   Öffnen eines Graphen

Beim Öffnen eines Graphen (Abb. 8.16) wird zunächst sichergestellt, daß dieser existiert, und anschließend der entsprechende Inhalt mit Hilfe der Transaktion ReconstructState rekonstruiert.

```
transaction OpenGraph(Name : T_String; out Contents : T_Contents) =
    var GraphId : T_Id;
begin
    GetGraphId(Name, out GraphId) &
    ReconstructState(GraphId, out Contents)
end;
```

Abb. 8.16 Öffnen eines Graphen

8.3.2.4 Rekonstruieren eines Zustands

Das Rekonstruieren eines Zustands (Abb. 8.17) wird mit Hilfe einer rekursiven Transaktion spezifiziert[25]. Ist der Zustand direkt verfügbar, so wird zu diesem Zweck auf das Contents-Attribut des Knotens zugegriffen. Andernfalls wird derjenige Quellzustand ausgewählt, über den der Zielzustand mit dem geringsten Laufzeitaufwand rekonstruiert werden kann. Um den Quellzustand auszuwählen, werden die Kostenattribute Cost und ApplCost benutzt. Der Quellzustand wird dann durch einen rekursiven Aufruf von ReconstructState rekonstruiert. Schließlich wird auf den rekonstruierten Quellzustand noch das Delta angewendet, durch das Quell- und Zielzustand miteinander verbunden sind.

```
transaction ReconstructState(StateId : T_Id; out Contents : T_Contents) =
    var SourceStateId : T_Id;
        SourceContents : T_Contents;
        OpSequence : T_Delta;
begin
    try
        GetDirectState(StateId, out Contents)
    else
        SelectSourceStateAndDelta(StateId, out SourceStateId, out OpSequence) &
        ReconstructState(SourceStateId, out SourceContents) &
        Contents := ApplyDelta(SourceContents, OpSequence)
    end
end;

test GetDirectState(StateId : T_Id; out Contents : T_Contents) =
```

```
        ┌─────────────────────┐
        │  1 : DIRECT_STATE   │
        └─────────────────────┘
```

```
    condition    1.NodeId = StateId;
    return       Contents := 1.Contents;
end;

test SelectSourceStateAndDelta( StateId : T_Id;
                                out SourceStateId : T_Id;
                                out OpSequence : T_Delta) =
```

```
  ┌─────────────┐  FromSource   ┌─────────────┐  ToTarget   ┌─────────────┐
  │  1 : STATE  │ ────────────▶ │  2 : DELTA  │ ──────────▶ │  3 : STATE  │
  └─────────────┘               └─────────────┘             └─────────────┘
```

```
    condition    3.NodeId = StateId;
                 3.Cost = 2.ApplCost;
    return       SourceStateId := 1.NodeId;
                 OpSequence := 2.OpSequence;
end;
```

Abb. 8.17 Rekonstruieren eines Zustands

25. Dabei handelt es sich im Gegensatz zu allen bisher beschriebenen Transaktionen um eine interne Hilfstransaktion, die nicht an der Exportschnittstelle des Verwaltungsgraphen angeboten wird.

Man beachte, daß man außer den Rekonstruktionskosten auch den Graphzustand selbst als abgeleitetes Attribut spezifizieren könnte. Die Transaktion ReconstructState wäre dann überflüssig. Diese Vorgehensweise wurde verworfen, da sich dann durch die Spezifikation nicht mehr ausdrücken läßt, wann Graphen tatsächlich rekonstruiert werden. Verwendet man abgeleitete Attribute, so hängt dies davon ab, welcher Algorithmus zur Attributauswertung benutzt wird. Die von uns gewählte Spezifikation entspricht einer verzögerten Auswertung eines abgeleiteten Zustandsattributs.

8.3.2.5   Schließen eines Graphen

```
transaction CloseGraph(Name : T_String;
                       Contents : T_Contents;
                       ForwardDelta, BackwardDelta : T_Delta) =
    var GraphId : T_Id;
begin
    GetGraphId(Name, out GraphId) &
    try
        SaveIndependent(GraphId, Contents)
    else
        SaveBackward(GraphId, Contents, BackwardDelta)
    else
        SaveForward(GraphId, ForwardDelta)
    end
end;
```

```
production SaveIndependent(GraphId : T_GraphId; Contents : T_Contents) =
```



```
    condition    1.NodeId = GraphId;
    transfer     1'.Contents := Contents;
end;
```

```
production SaveBackward(GraphId : T_GraphId; Contents : T_Contents; BackwardDelta : T_Delta) =
```



```
    condition    1.NodeId = GraphId;
    embedding    redirect –FromSource-> from 1 to 1';
    transfer     2'.OpSequence := BackwardDelta;
                 3'.Name := 1.Name; 3'.Contents := Contents;
end;
```

production SaveForward(GraphId : T_Id; ForwardDelta : T_Delta) **=**

<table>
<tr>
<td>1 : VISIBLE_
STATE</td>
<td>: : =</td>
<td>1' : Invisible
IndirectState</td>
<td>—FromSource→</td>
<td>2' : Delta</td>
<td>—ToTarget→</td>
<td>3' : Visible
IndirectState</td>
</tr>
</table>

    condition   1.NodeId **=** GraphId;
    embedding **redirect < -ToTarget- from 1 to 1';**
                     redirect -FromSource- > from 1 to 1';
    transfer   2'.OpSequence : **=** ForwardDelta; 3'.Name : **=** 1.Name;
end;

Abb. 8.18 Schließen eines Graphen

Beim Schließen eines Graphen (Abb. 8.18) wird vorausgesetzt, daß der neue Graphzustand sowie die während der Sitzung durch Protokollieren konstruierten Deltas als Parameter übergeben werden. Es werden folgende Fälle unterschieden:

- Es handelt sich um einen Graphen, der mit keinem anderen über Deltas in Verbindung steht. In diesem Fall wird der bisherige Inhalt überschrieben.
- Der Graph ist direkt verfügbar, dient aber zur Rekonstruktion anderer Graphen. Um diese beiden Eigenschaften zu erhalten, wird der Verwaltungsgraph folgendermaßen geändert: Der bisherige Zustand wird durch einen Knoten vom Typ InvisibleIndirectState repräsentiert[26]. Für den neuen Zustand wird ein Knoten vom Typ VisibleDirectState erzeugt, der mit dem Knoten für den alten Zustand durch das Rückwärtsdelta verbunden wird.
- Der Graph ist nicht direkt verfügbar. Dieser Fall wird analog zum vorigen Fall behandelt, wobei anstelle des Rückwärtsdeltas das als Paramter übergebene Vorwärtsdelta gespeichert wird.

8.3.2.6   Löschen eines Graphen

```
transaction DeleteGraph(Name : T_String) =
    var GraphId : T_Id;
begin
    GetGraphId(Name, out GraphId) &
    try
        InternalDeleteDirectGraph(GraphId)
    else
        InternalDeleteIndirectGraph(GraphId)
    end
end;
```

---

26. Dieser Knoten wird eventuell durch anschließendes Reorganisieren eliminiert (s. Unterschnitt 8.3.2.7).

```
production InternalDeleteDirectGraph(GraphId : T_Id) =
```

| 1 : VisibleDirectState | : : = | 1' : InvisibleDirectState |

```
condition      1.NodeId = GraphId;
embedding      redirect -FromSource-> from 1 to 1';
transfer       1'.Contents := 1.Contents;
end;
```

```
production InternalDeleteIndirectGraph(GraphId : T_Id) =
```

| 1 : VisibleIndirectState | : : = | 1' : InvisibleIndirectState |

```
condition      1.NodeId = GraphId;
embedding      redirect -FromSource-> from 1 to 1';
               redirect <-ToTarget- from 1 to 1';
end;
```

Abb. 8.19 Löschen eines Graphen

Die Transaktion zum Löschen eines Graphen (Abb. 8.19) sorgt lediglich dafür, daß der entsprechende Zustand unsichtbar wird. Alle weiteren Operationen (z.B. das physikalische Löschen) werden auf das Reorganisieren verschoben.

8.3.2.7   Reorganisieren des Verwaltungsgraphen

Durch die oben beschriebenen Operationen entstehen Zustände, die nicht mehr benötigt werden, und Deltas, die sich noch zusammenfassen und verkürzen lassen. Daher ist es sinnvoll, den Verwaltungsgraphen von Zeit zu Zeit zu reorganisieren. Abb. 8.20 zeigt den Gesamtablauf der Reorganisation; bezüglich der Detailspezifikation der einzelnen Reorganisationsoperationen sei auf /Br 90/ verwiesen. Die Reorganisation zerfällt in folgende Phasen:

1. Es werden alle unsichtbaren Zustände gelöscht, die nicht zur Rekonstruktion sichtbarer Zustände benötigt werden (RemoveInvisibleState). Beim Löschen direkt verfügbarer Zustände werden die entsprechenden Graphen physikalisch gelöscht. Ferner werden auch alle Deltas gelöscht, die Quelle oder Ziel gelöschter Zustände gewesen sind.

2. Um die Zeiten zur Rekonstruktion sichtbarer Zustände zu verringern, werden auf direkt verfügbare unsichtbare Zustände Deltas angewendet (ApplyDeltaToInvisibleDirectState). Der Zielzustand wird durch die Anwendung des Deltas direkt verfügbar; Quellzustand und Delta werden eliminiert. Dies geschieht allerdings nur dann, wenn ein direkt verfügbarer unsichtbarer Zustand nicht als Quellzustand mehrer Deltas dient, um den Speicherplatzbedarf nicht zu groß werden zu lassen.

3. Aufeinanderfolgende Deltas werden konkateniert, wenn sie durch einen Zwischenzustand verbunden sind, der für keine weiteren Rekonstruktionen mehr benötigt wird (kei-

ne weiteren ein- bzw. auslaufenden ToTarget- bzw. FromSource-Kanten). Das zusammengesetzte Delta wird dann in Phase 4 komprimiert.

4. Deltas werden komprimiert, indem zueinander inverse Operationen (z.B. Erzeugen eines Knotens, der später gelöscht wird) und Operationen, die durch nachfolgende Operationen obsolet werden (z.B. mehrfaches Schreiben eines Knotenattributs) entfernt werden (näheres dazu s. /Br 90/).

```
transaction Reorganize =
begin
    loop
        RemoveInvisibleState
    end &
    loop
        ApplyDeltaToInvisibleDirectState
    end &
    loop
        ConcatenateDeltas
    end &
    loop
        CompressDelta
    end
end;
```

Abb. 8.20 Reorganisation des Verwaltungsgraphen

8.3.3 Literaturvergleich

Nahezu alle Revisionskontrollsysteme unterstützen die **effiziente Abspeicherung** von Revisionen. Dies läßt sich mit Hilfe von Deltas (Folgen von Änderungsoperationen), aber, wie wir unten noch sehen werden, auch auf andere Weise erreichen.

Insbesondere zur effizienten Abspeicherung von Revisionen von **Textdateien** sind eine ganze Reihe von Ansätzen entwickelt worden. Als bekannte Beispiele für textbasierte Revisionskontrollsysteme lassen sich SCCS /Ro 75/, RCS /Ti 85/ und der History Manager von DSEE /LC 84/ anführen. In all diesen Systemen werden Deltas durch einen **A-posteriori-Vergleich** ermittelt, der entweder zeilenorientiert /HS 77, He 78, Ti 84/ oder zeichenorientiert /Ob 87/ arbeitet. Der A-posteriori-Vergleich ermöglicht, daß Textdateien mit beliebigen Werkzeugen bearbeitet und anschließend an das Revisionskontrollsystem übergeben werden können. Dies ist in einer Werkzeugkasten-Umgebung von entscheidender Bedeutung, um die Integration mit beliebigen anderen Werkzeugen zu unterstützen.

Aber auch zur effizienten Abspeicherung **nichttextueller Objekte** sind viele Verfahren entwickelt worden (z.B. /Al 88, CDRS 89, DLW84, KL 84/). Insbesondere gibt es einige Ansätze aus dem Datenbank- bzw. CAD-Bereich, in denen Deltas wie in GRAS durch **Protokollieren** gewonnen werden /DLW 84, KL 84/. Diese Vorgehensweise ist unter der Voraussetzung anwendbar, daß Objekte ausschließlich mit Hilfe des entsprechenden Datenbanksystems manipuliert werden. Sie erspart einen expliziten Vergleich und hat darüber hinaus den Vorteil, daß sich Undo/Redo, Transaktionen und Deltas auf denselben Basismechanismus zurückführen lassen.

Nicht in allen oben zitierten Ansätzen entsprechen Deltas der Definition, die am Anfang von Abschnitt 8.3 gegeben wurde. Deltas, die dieser Definition entsprechen, werden in /Ti 85/ als **gerichtete Deltas** bezeichnet. Während RCS auf gerichteten Deltas basiert, werden in DSEE und SCCS **gemischte Deltas** verwendet. Dort werden alle Revisionen in einer gemeinsamen Liste von Textblöcken gespeichert, zu denen jeweils die Menge der Revisionen vermerkt ist, die diesen Block enthalten. Eine Revision wird rekonstruiert, indem die Liste der Textblöcke durchlaufen wird und alle entsprechend gekennzeichneten Textblöcke aufgesammelt werden.

Im Gegensatz zu den gerichteten Deltas liegt den gemischten Deltas das Konzept der **überlappenden Abspeicherung** von Revisionen zugrunde. Obwohl in SCCS alle Revisionen explizit rekonstruiert werden müssen, erlaubt es dieses Konzept prinzipiell, auf Revisionen direkt zuzugreifen. Dies wird in DSEE auch in beschränktem Maße (für Lesezugriffe) unterstützt. Darüber hinaus gibt es einige Ansätze, in denen Revisionen überlappend gespeichert werden und **Rekonstruktionen völlig vermieden** werden /Al 88, CDRS 89, FM 86/. In all diesen Ansätzen werden verschiedene Arten von Bäumen (B-Bäume, B^+-Bäume, AVL-Bäume) als interne Datenstrukturen zur Abspeicherung benutzt. Bäume werden überlappend abgespeichert, so daß insgesamt ein azyklischer Graph entsteht. Zur Manipulation von Bäumen werden applikative Operationen verwendet (d.h. Operationen, die keine Seiteneffekte auf ihre Argumente haben).

Trotz des Vorteils, daß die Rekonstruktionszeiten entfallen, ist in GRAS keine der oben angesprochenen Techniken zur überlappenden Speicherung eingesetzt worden. Prinzipiell wäre es zwar denkbar, auf der seitenbezogene Ebene überlappende Speicherung einzusetzen. Ein virtueller Speicher ist ja als Indexbaum implementiert, dessen Blätter auf Speicherseiten verweisen. Eine überlappende Speicherung auf dieser niedrigen Abstraktionsebene würde aber wegen der hohen Dynamik des Datenbestands und der groben Granularität der atomaren, gemeinsam benutzten Speichereinheiten (jede Änderung auf einer Seite führt dazu, daß die komplette Seite kopiert wird) zu einem hohen Speicherplatzbedarf führen (s. auch Abschnitt 8.1). Dieser Speicherplatzbedarf dürfte auch dann noch höher liegen als bei der von uns gewählten Lösung, wenn man wie im Gypsy-System /Co 88/ die Rekonstruktionszeiten durch Einführung eines Cache für rekonstruierte Graphen reduziert.

Ein wichtiges Charakteristikum der von uns durchgeführten GRAS–Erweiterung besteht in der **Flexibilität des Einsatzes von Deltas.** Dieser Gesichtspunkt wird in den meisten Revisionskontrollsystemen überhaupt nicht berücksichtigt. So hat man beispielsweise in SCCS und RCS keinen Einfluß darauf, auf welche Weise Revisionen abgespeichert werden. Nur in sehr wenigen Systemen läßt sich der Einsatz von Deltas beeinflussen. Eines dieser Systeme ist Gypsy /Co 88/, das es den Anwendungen erlaubt, festzulegen, wie die in einem Revisionsbaum angeordneten Revisionen abgespeichert werden. Dabei kann für jeden Ast getrennt spezifiziert werden, ob Vor– oder Rückwärtsdeltas verwendet werden oder alle Revisionen vollständig abgespeichert werden. Beim Rekonstruieren wird wie in unserem Ansatz der kürzeste Rekonstruktionsweg automatisch ermittelt.

Darüber hinaus ist auch die **Trennung von Revisionsmodell und Deltas** ein wesentliches Merkmal des von uns verfolgten Ansatzes. In SCCS und RCS gibt es eine solche Trennung nicht. In Gypsy sind zwar Revisionsmodell und Deltas voneinander getrennt, es wird aber gerade die umgekehrte Philosophie wie bei der GRAS–Erweiterung verfolgt: Gypsy ist als ein erweiterbares System konzipiert, das ein Revisionsmodell festlegt, aber offenläßt, welche Objekte verwaltet werden. Methoden zur Konstruktion von Deltas müssen daher von den Anwendungen zur Verfügung gestellt werden. Am stärksten ähnelt unser Ansatz dem in Exodus /CDRS 89/ verfolgten. Das Exodus–System unterstützt ebenfalls die effiziente Abspeicherung von Revisionen, ohne ein Revisionsmodell festzulegen.

Die Unterstützung für **Transaktionen,** die GRAS anbietet, läßt sich mit Ansätzen aus dem Datenbankbereich vergleichen (s. z.B. /Re 81, We 88, Ke 85/). Hinsichtlich ihrer Funktionalität sind GRAS–Transaktionen viel stärker eingeschränkt als Transaktionen in Datenbanksystemen, da in ihnen keine Sperren gesetzt werden, sie somit nichts mit der Synchronisation im Mehrbenutzerbetrieb zu tun haben und darüber hinaus nach der GRAS–Erweiterung auch nicht mehr für das Recovery nach Systemzusammenbrüchen benutzt werden[27]. Hinsichtlich ihrer Realisierung läßt sich feststellen, daß die Idee, Transaktionen mit Hilfe von Protokollen zu realisieren, nicht neu ist, sondern schon in vielen Datenbanksystemen verwirklicht worden ist.

Undo und **Redo** werden von einer ganzen Reihe interaktiver Systeme unterstützt (s. z.B. /Te 72, Vi 84, ACS 84, Re 85, FM 86, Ya 90/). Für ihre Realisierung bieten sich die gleichen Verfahren wie für Transaktionen und Deltas an, so daß wir auf diesen Aspekt hier nicht noch einmal einzugehen brauchen. Es sei lediglich darauf hingewiesen, daß die Idee, Undo/Redo und die effiziente Abspeicherung von Revisionen mit Hilfe des gleichen Basismechanismus zu realisieren, außer in unserer GRAS–Erweiterung auch im Texteditor EH /FM 86/ verwirklicht wurde (dort werden Revisionen von Textdateien als AVL–Bäume gespeichert, die sich überlappen).

---

27. Diese Funktion wird durch Sicherungspunkte übernommen, s. Abschnitt 8.3.1.

Hinsichtlich ihrer **Funktionalität** unterscheiden sich die verschiedenen Ansätze z.T. recht beträchtlich. Sie stimmen aber alle darin überein, daß es sich jeweils um ein **Einbenutzer–Undo** handelt. D.h. es ist nicht möglich, Änderungen zurückzusetzen, deren Effekte für andere Benutzer bereits sichtbar geworden sind. Allgemeiner formuliert, lassen sich Seiteneffekte auf die Außenwelt (z.B. Ausdrucken einer Datei, Versenden einer Nachricht) nicht zurücksetzen.

Die meisten Ansätze basieren wie das GRAS–Undo/Redo auf einem **linearen Protokoll**, das oft auch als Skript bezeichnet wird. Falls die Benutzerkommandos textuell eingegeben werden, ist ein solches Skript eine spezielle Textdatei, die in manchen Systemen auch in eingeschränkter Weise ediert werden kann. Z.B. können in COPE /ACS 84/ zurückgesetzte Kommandos ediert und anschließend ausgeführt werden. In Systemen mit textueller Kommandoeingabe hat das Redo in der Regel die gleiche Semantik wie eine gewöhnliche Kommandowiederholung.

Lediglich in US&R (Undo, Skip & Redo, /Vi 84/) wird ein **baumartiges Protokoll**[28] verwendet, das dem Benutzer das Experimentieren mit verschiedenen Möglichkeiten erlaubt. Ausgehend vom aktuellen Knoten, bewirkt Undo den Übergang zum Vaterknoten und Redo den Übergang zu einem Sohnknoten; dabei wird jeweils das entsprechende Kommando ausgeführt bzw. zurückgesetzt. Mit Skip bewirkt man den Übergang zu einem Sohnknoten; das entsprechende Kommando wird aber nicht ausgeführt, sondern übersprungen. Der US&R–Ansatz ist zwar sehr mächtig, andererseits aber auch für den Benutzer wegen seiner Komplexität u.U. sehr schwierig zu handhaben. Aufgrund der damit verbundenen Komplexität wurde darauf verzichtet, baumartige Protokolle durch GRAS zu unterstützen.

Undo und Redo werden entweder als **Metakommandos** /ACS 84, Vi 84/ oder als **gewöhnliche Kommandos** /Te 72, FM 86/ behandelt, die mitprotokolliert werden. Der zweite Ansatz hat den Vorteil, daß man auf das Redo verzichten kann, da es sich mit selbstbezüglichem Undo simulieren läßt. Andererseits kann die selbstbezügliche Anwendung von Undo sehr verwirrende Effekte haben, so daß wir uns entschlossen haben, Undo/Redo an der GRAS–Schnittstelle als Metakommandos zu behandeln.

Schließlich sei noch darauf hingewiesen, daß in einigen Ansätzen (z.B. /Te 72, Vi 84, ACS 84/) Undo und Redo **nicht zustandsgebunden** sind. Hinsichtlich des Redo gilt diese Aussage insbesondere in solchen Systemen, in denen der eingegebene Kommandotext erneut dem Kommandointerpreter zur Ausführung übergeben werden wird. Eine erfolgreiche Ausführung kann dann natürlich nicht garantiert werden. Aber auch das Undo ist nicht immer zustandsgebunden. So wird z.B. in /Te 72/ ein selektives Undo unterstützt (d.h. es kann ein beliebiges Kommdo zurückgesetzt werden und nicht etwa nur das zuletzt ausgeführte). Dies

---

28. Dies ist sogar noch eine vereinfachende Vorstellung, die aber für die folgende Diskussion ausreicht.

ist allerdings nur sinnvoll, wenn das Zurücksetzen durch eine anwendungsspezifische Funktion realisiert wird[29].

8.4 Stand der Implementierung

In diesem Abschnitt fassen wir den **Stand der Implementierungsarbeiten** zusammen, die von uns in Angriff genommen wurden, um einen IPSEN-Prototyp zu realisieren, der Revisions- und Konsistenzkontrolle unterstützt. Diese Arbeiten beschränken sich nicht auf die in diesem Kapitel dargestellten GRAS-Erweiterungen, sondern gehen weit darüber hinaus. Einen Überblick über den bisher erbrachten Implementierungsaufwand gibt Abb. 8.21. Aus der Abbildung ist ersichtlich, daß neben den GRAS-Erweiterungen auch Werkzeuge zur Revisions- und Konsistenzkontrolle realisiert wurden, die auf den Konzepten basieren, die in den vorangehenden Kapiteln dargestellt wurden.

Integration Programmieren im Großen - Programmieren im Kleinen	2900
Integration Programmieren im Großen/Programmieren im Kleinen - technische Dokumentation	2400
Verschmelzen	3300
GRAS-Erweiterungen	8500
Revisionsdokument	9500
	26600

Abb. 8.21 Implementierungsaufwand in Quelltextzeilen (Modula-2)

Die in diesem Kapitel vorgestellten **GRAS-Erweiterungen** wurden vollständig implementiert. Hinsichtlich der Speicherplatz- und Laufzeiteffizienz der Erweiterungen lassen sich folgende Aussagen machen:

- Eindeutige Knotenbezeichner belasten die Speicherplatz- und Laufzeiteffizienz nur sehr unwesentlich (bis zu 5 %), wenn man sich auf das Neuerzeugen von Knoten beschränkt (vgl. dazu auch Abschnitt 8.2.1). Anders verhält sich es dagegen, wenn Knoten im Zuge des Verschmelzens einkopiert werden, da dann eindeutige Knotenbezeichner als externe Namen gespeichert werden müssen.
- Die Realisierung graphübergreifender Kanten ist extrem teuer, da hierfür insgesamt je drei Knoten und drei Kanten erforderlich sind. Hinzu kommt, daß zwei dieser Knoten über externe Namen angesprochen werden können müssen. Sind die Anforderungen, die man an graphübergreifende Kanten stellt, stärker eingeschränkt als die in diesem Buch gestellten Anforderungen, empfiehlt es sich daher, auf billigere Speziallösungen zurückzugreifen.

---

29. Beispiel aus IPSEN: Will man selektiv das Eintragen einer Deklaration zurücksetzen, so reicht es nicht aus, die protokollierten Operationen zurückzusetzen. Darüber hinaus muß dafür gesorgt werden, daß alle angewandten Auftreten, die nach dem Eintragen der Deklaration erzeugt worden sind, neu gebunden werden.

- Baut man einen Graphen vollständig neu auf, so ergibt sich ein Größenverhältnis des Graphdeltas zum Graphen selbst von ca. 30 %. Dieser Faktor läßt sich durch weitere Komprimierungen auf ca. 10 % verbessern /Ei 88/. Man beachte, daß bei geringen Unterschieden zwischen verschiedenen Revisionen der Faktor gegenüber der vollständigen Speicherung noch sehr viel günstiger ist. Auch die Rekonstruktionszeiten (bzw. Zeiten für die Ausführung von Undo bzw. Redo) sind akzeptabel; im Falle einer (textuell notierten) PROGRESS-Spezifikation mit einer Länge von über 10 Seiten wurden für Undo/Redo des vollständigen Aufbaus des abstrakten Syntaxgraphen Zeiten im Minutenbereich (1–2 min.) gemessen[30].

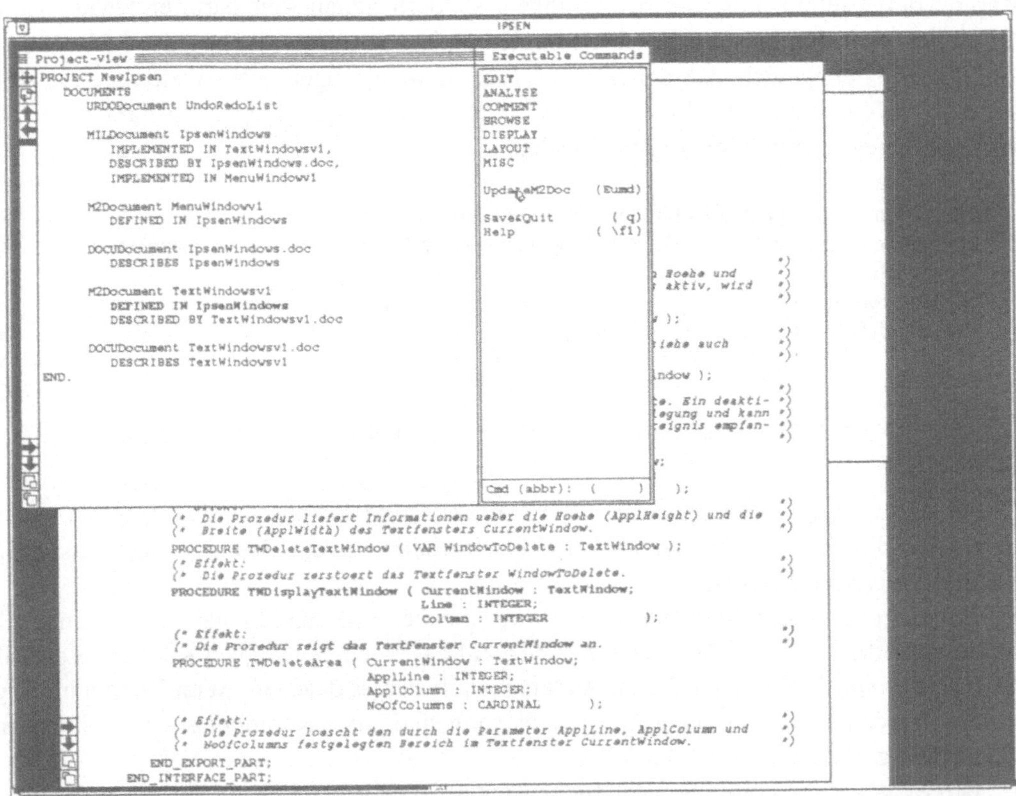

Abb. 8.22 Aktualisieren auf der grobkörnigen Ebene

Über die GRAS-Erweiterungen hinaus konnte die Entwicklung eines **Prototyps,** der die Integration zwischen Programmieren im Großen, Programmieren im Kleinen und der technischen Dokumentation sowie das kontextfreie Verschmelzen von Revisionen unterstützt, bereits abgeschlossen werden. Dabei lagen die in den Kapiteln 6 und 7 erarbeiteten Ansätze

---

30. Dabei handelt es sich um System- und nicht CPU-Zeiten.

zugrunde. Der Prototyp unterstüzt aber noch keine Revisionen (beim Verschmelzen werden Dokumente bearbeitet, die durch Kopieren auseinander hervorgegangen sind).

Um die **Benutzerschnittstelle** und **Funktionalität** dieses Prototyps zu illustrieren, geben wir im folgenden einige Screendumps an. Die Dokumente eines Softwaresystems und die zwischen ihnen bestehenden Beziehungen werden dem Benutzer in einem Projektinhaltsverzeichnis angezeigt (vorderes Fenster in Abb. 8.22). Man beachte, daß zu jedem Dokument nur dessen aktueller Zustand verwaltet wird. Zwischen den Dokumenten gibt es Abhängigkeitsrelationen, auf denen Kommandos zum **Aktualisieren** angeboten werden. Wird ein solches Kommando aktiviert, so wird das abhängige Dokument aktualisiert. Das Ergebnis einer solchen Aktualisierung zeigt Abb. 8.23. Dort ist im vorderen Fenster eine Modulimplementation zu sehen, in der eine Vorgabe für die Implementierung einer Prozedur erzeugt wurde (markierter Bereich). Der Benutzer paßt nun die Modulimplementation an die Änderungen in der Architektur an und beseitigt dabei die Markierungen, die ihn über Änderungen informieren.

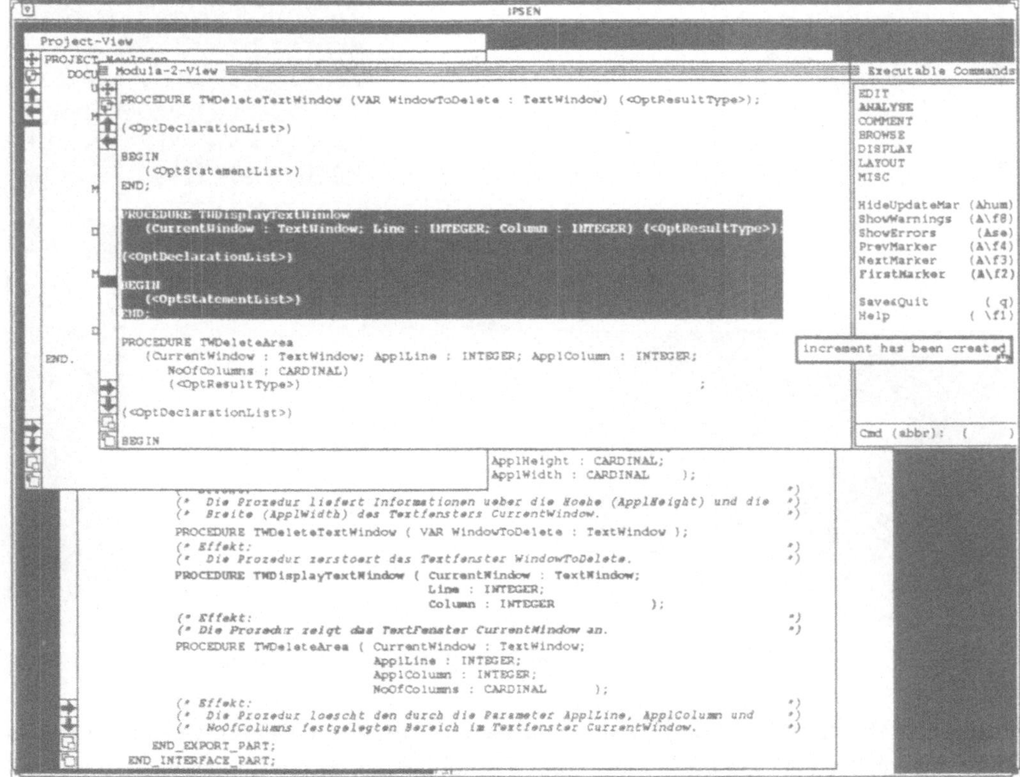

Abb. 8.23 Aktualisieren auf der feinkörnigen Ebene

Der Prototyp unterstützt auch in eingeschränktem Maße das **Verschmelzen von Revisionen**. Dabei werden z.Zt. nur kontextfreie Relationen berücksichtigt; ferner werden dokumentübergreifende Relationen beim Verschmelzen ignoriert. Abb. 8.24 zeigt, wie das Verschmelzungswerkzeug im Projektinhaltsverzeichnis aktiviert wird. Als Eingabeparameter werden nacheinander die beiden Alternativrevisionen und die Basisrevision angegeben. Man beachte, daß es keine explizite Revisionskontrolle gibt, sondern lediglich beim Kopieren von Dokumenten Nachfolgerelationen zwischen Original und Kopie hergestellt werden. Danach werden die Alternativrevisionen miteinander kombiniert. Wird ein Konflikt erkannt (z.B. unterschiedliche Änderungen von Bezeichnern), so wird die Konfliktstelle markiert und der Benutzer konsultiert (Abb. 8.25).

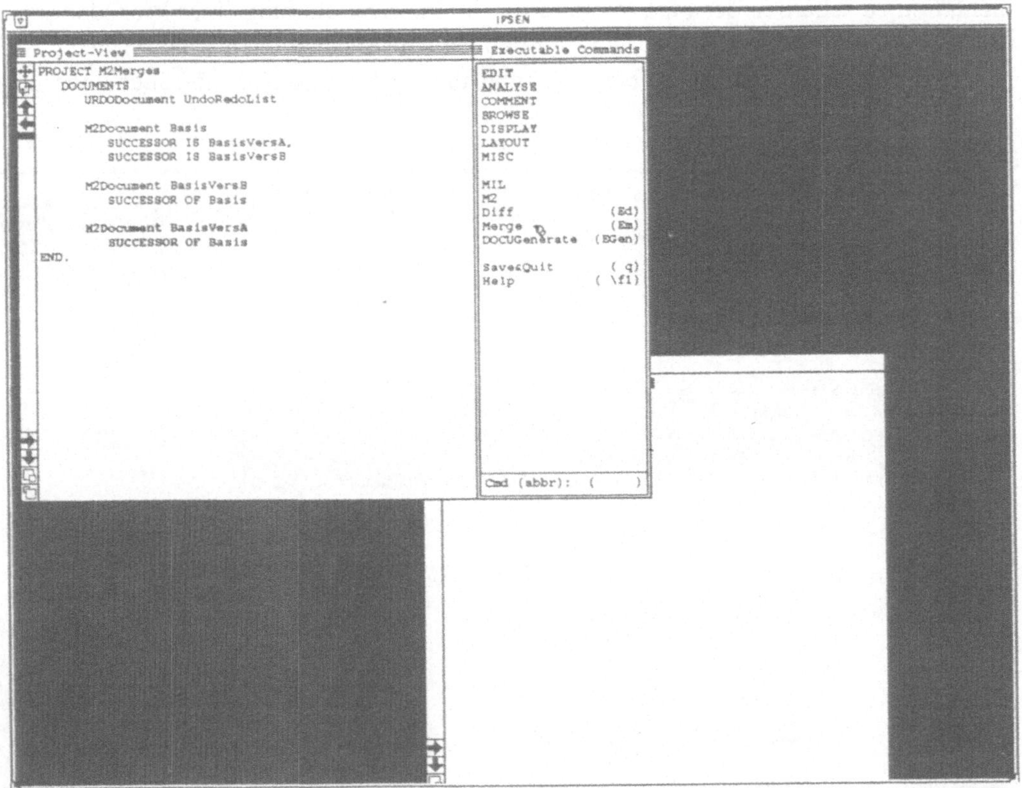

Abb. 8.24 Verschmelzen auf der grobkörnigen Ebene

Sowohl beim Verschmelzen von Revisionen als auch beim Aktualisieren weicht die Implementierung von der PROGRESS–Spezifikation erheblich ab, da die Implementierungssprache Modula–2 die regelorientierte Programmierung nicht unterstützt. Stattdessen wurden in beiden Fällen die beteiligten Dokumente per **rekursivem Abstieg** durchlaufen. Dies ist schon aus Effizienzgründen dringend geboten, da im Falle einer globalen Suche nach Anwendungsstellen für Transformationsregeln ein erheblicher Overhead zu erwarten ist. Die Übersetzung von PROGRESS–Spezifikationen in eine effiziente Implementierung ist ein z.Zt. noch offenes Forschungsproblem.

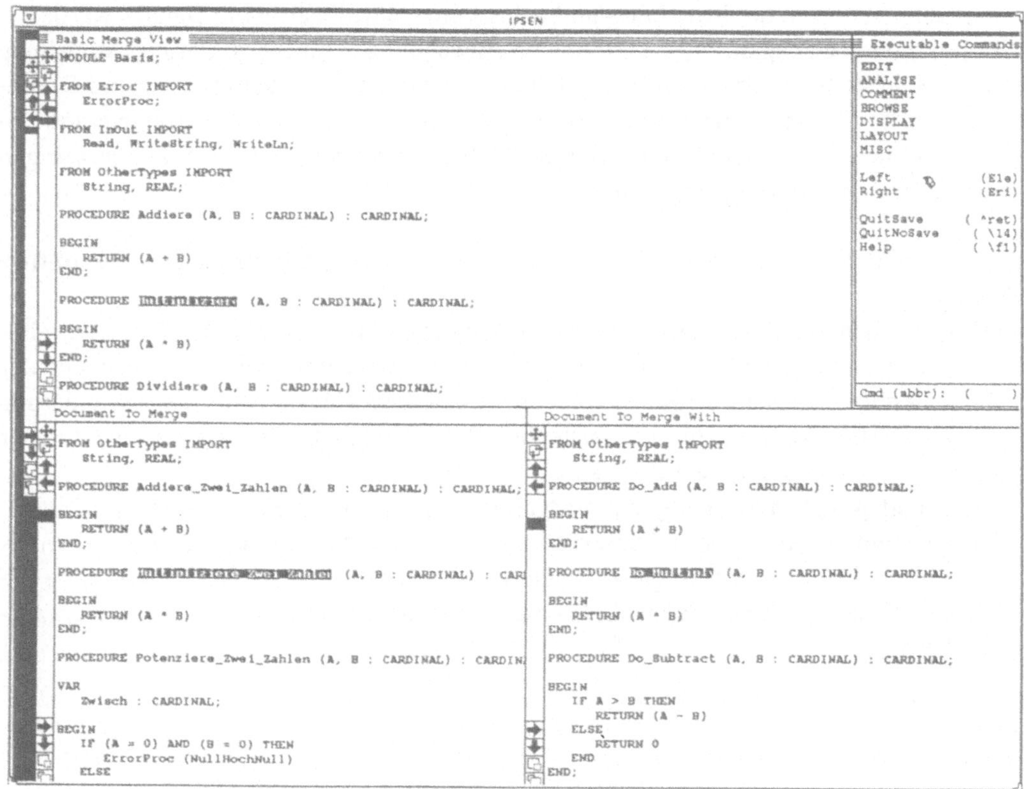

Abb. 8.25 Verschmelzen auf der feinkörnigen Ebene

Schließlich wurde in /Me 91/ ausgehend von den in Kapitel 4 beschriebenen Revisionsgraphen eine Graphenklasse **Revisionsdokument** implementiert. Revisionsdokumente sind intern als abstrakte Syntaxgraphen dargestellte Verzeichnisse für Dokumente, Revisionen und deren Querbeziehungen. Der Umweg über abstrakte Syntaxgraphen wurde gewählt, um die "Maschinerie" nutzen zu können, die in IPSEN für Werkzeuge entwickelt wurde, die auf abstrakten Syntaxgraphen operieren /Sc 91, Ko 90/. Das Revisionsdokument soll in Zukunft das Projektinhaltsverzeichnis ersetzen. Hier ist aber noch viel Arbeit zu leisten, da bisher i.w. nur baumorientierte und nicht etwa problembezogene Operationen zur Verfügung stehen und die Integration mit der Dokumentenverwaltung /He 90/ noch nicht berücksichtigt ist (z.B. Kopieren des Dokumentgraphen beim Ableiten einer Revision).

8.5 Zusammenfassung und Ausblick

Dieses Kapitel war der **Realisierung der Revisions– und Konsistenzkontrolle** gewidmet. Dabei stand das Dokumentenverwaltungssystem GRAS im Mittelpunkt. Zunächst wurden Realisierungen eindeutiger Knotenbezeichner und graphübergreifender Kanten angegeben, die die Anforderungen der Revisions– und Konsistenzkontrolle erfüllen. Danach wurde auf Basisoperationen eingegangen, die GRAS den Anwendungen für die Änderungsverwaltung zur Verfügung stellt. Im einzelnen ging es dabei um Undo/Redo, Transaktionen und Graphdeltas, die alle auf einen gemeinsamen Mechanismus – die Protokollierung graphverändernder Operationen – zurückgeführt wurden. Schließlich wurde noch kurz auf den derzeitigen Stand der Implementierung eingegangen.

Zum Abschluß dieses Kapitels geben wir noch einen kurzen Überblick über **zukünftige Arbeiten:**

- GRAS ist so zu erweitern, daß es die **molekulare Aggregation** unterstützt. Diese Erweiterung wird umfangreiche Arbeiten sowohl auf der konzeptionellen als auch auf der Implementierungsebene erfordern und insbesondere zu einer erheblichen Veränderung des Transaktionskonzepts führen. Auch Undo/Redo und Deltas müssen im Zuge solcher Erweiterungen neu überdacht werden.
- Die **Prototypimplementierung** muß fortgesetzt werden, um zu einer integrierten Umgebung zu kommen, die sowohl die Revisions– als auch die Konsistenzkontrolle voll unterstützt. Dabei sind noch eine ganze Reihe von Fragen zu klären, die insbesondere die Dokumentenverwaltung und ihr Zusammenspiel mit den auf ihr basierenden Werkzeugen betreffen.

Literaturverzeichnis

/ACS 84/   J.E. Archer, R. Conway, F.B. Schneider : User Recovery and Reversal in Interactive Systems, ACM Transactions on Programming Languages and Systems, vol. 6–1 (Januar 1984), 1–19

/AGMT 86/   E. Adams, W. Gramlich, S. Muchnick, S. Tirfing : SunPro – Engineering a Practical Program Development Environment, in /CDW 86/, 86–96

/AHM 89/   E.W. Adams, M. Honda, T.C. Miller : Object Management in a CASE Environment, Proceedings of the 11th International Conference on Software Engineering 1989, 154–163

/AI 87/   P. Asirelli, P. Inverardi : A Logic Database to Support Configuration Management in Ada, in : S. Tafvelin (Hrsg.) : Ada Components, Libraries and Tools, Cambridge University Press, 19–31

/AI 87a/   P. Asirelli, P. Inverardi : Enhancing Configuration Facilities in Software Development: A Logic Approach, Proceedings of the First European Software Engineering Conference 1987, 59–68

/Al 88/   A. Alderson : A Space-Efficient Technique for Recording Versions of Data, Software Engineering Journal (November 1988), 240–246

/Ba 86/   W.A. Babich : Software Configuration Management – Coordination for Team Productivity, Addison–Wesley Verlag, Reading, Massachusetts

/BB 84/   D.S. Batory, A.P. Buchmann : Molecular Objects, Abstract Data Types, and Data Models : A Framework, Proceedings of the 10th International Conference on Very Large Data Bases (August 1984), 172–184

/BE 86/   N. Belkhatir, J. Estublier : Experience with a Data Base of Programs, in /He 86/, 84–91

/Be 86/   V. Berzins : On Merging Software Extensions, Acta Informatica, vol. 23 (1986), 607–619

/Be 87/   E. Berens : Unterstützung der technischen Dokumentation in einer Software–Entwicklungsumgebung, Diplomarbeit, Universität Osnabrück

/Be 87a/   P. Bernstein : Database System Support for Software Engineering, Proceedings of the 9th International Conference on Software Engineering 1987, 166–178

/BE 87/   N. Belkhatir, J. Estublier : Software Management Constraints and Action Triggering in the Adele Program Database, Proceedings of the First European Software Engineering Conference 1987, 47–58

/BH 89/   A. Björnerstedt, C. Hulten : Version Control in an Object–Oriented Architecture, in : W. Kim, F.H. Lochovsky : Object–Oriented Concepts, Databases, and Applications, ACM Press, 451–485

/BHG 87/   P.A. Bernstein, V. Hadzilacos, N. Goodman : Concurrency Control and Recovery in Database Systems, Addison–Wesley Verlag, Reading, Massachusetts

/BHS 80/   E.H. Bersoff, V.D. Henderson, S.G. Siegel : Software Configuration Management – An Investment in Product Integrity, Prentice Hall Verlag, Englewood Cliffs

/Bi 88/   J. Bigelow : Hypertext and CASE, IEEE Software (März 1988), 23–27

/BK 87/   R. Bhateja, R.H. Katz : VALKYRIE: A Validation Subsystem of a Version Server for Computer-Aided Design Data, Proceedings of the 24th ACM/IEEE Design Automation Conference 1987, 321–327

/BKSW 87/   Th. Berkel, P. Klahold, G. Schlageter, W. Wilkes : Integration des Versionsbegriffs und des Objektbegriffs durch Abstraktion, Datenbanksysteme in Büro, Technik und Wissenschaft, IFB 136 (April 1987), 299–305

/BL 85/   T. Brandes, C. Lewerentz : GRAS : A Non–Standard Database System within a Software Development Environemt, Workshop for Software Engineering Environments for Programming in the Large, Harwichport, Massachusetts 1985, 113–121

/BLLV 87/   Y. Bernard, M. Lacroix, P. Lavency, M. Vanhoedenaghe : Configuration Management in an Open Environment, Proceedings of the First European Software Engineering Conference 1987, 37–46

/BMT 88/   G. Boudier, R. Minot, I.M. Thomas : An Overview of PCTE and PCTE +, in /He 88/, 248–257

/Bo 86/   E. Borison : A Model of Software Manufacture, in /CDW 86/, 197–220

/Bo 89/   F. Bott : Eclipse : An Integrated Project Support Environment, IEE Computing Series 14

/BS 86/   R. Bahlke, G. Snelting : The PSG System : From Formal Language Definitions to Interactive Programming Environments, ACM Transactions on Programming Languages and Systems, vol. 8–4 (Oktober 1986), 547–576

/Br 90/   M. Broekmanns : Änderungsverwaltung in einem Nichtstandard–Datenbanksystem, Diplomarbeit, RWTH Aachen

/BSS 84/   D. Barstow, H. Shrobe, E. Sandewall : Interactive Programming Environments, McGraw–Hill Verlag, New York

/CA 89/   J. Cartmell, A. Alderson : The Eclipse Two–Tier Database, in /Bo 89/, 39–66

/CDRS 89/   M. Carey, D.J. DeWitt, J.E. Richardson, E.J. Shekita : Storage Management for Objects in EXODUS, in : W. Kim, F.H. Lochovsky (Hrsg.) : Object–Oriented Concepts, Databases, and Applications, ACM Press, Frontier Series (1989), 341–369

/CDW 86/   R. Conradi, T. Didriksen, D. Wanvik (Hrsg.) : Proceedings of the International Workshop on Advanced Programming Environments, LNCS 244

/CGK 89/   E. Chang, D. Gedye, R.H. Katz : The Design and Implementation of a Version Server for Computer–Aided Design Data, Software – Practice and Experience, vol. 19–3 (März 1989), 199–222

/Ch 76/   P.P. Chen : The Entity–Relationship Model – Toward a Unified View of Data, ACM Transactions on Database Systems, vol. 1–1 (März 1976), 9–36

/CI 84/   R.D. Cameron, M.R. Ito : Grammar–Based Definition of Metaprogramming Systems, ACM Transactions on Programming Languages and Systems, vol. 6–1 (Januar 1984), 20–54

/CK 86/   H.–T. Chou, W. Kim : A Unifying Framework for Version Control in a CAD Environment, Proceedings of the 12th International Conference on Very Large Databases 1986, 336–344

/CK 88/   H.–T. Chou, W. Kim : Versions and Change Notification in an Object–Oriented Database System, Proceedings of the 25th ACM/IEEE Design Automation Conference 1988, 275–281

/CL 84/   R. Chase, D. Leblang : Computer–Aided Software Engineering in a Distributed Workstation Environment, in /He 84/, 104–112

/Cl 88/   G.M. Clemm : The Odin Specification Language, in /Wi 88/, 144–158

/Co 87/   J. Conklin : Hypertext : An Introduction and Survey, IEEE Computer (September 1987), 17–41

/Co 88/   E.S. Cohen et al. : Version Management in Gypsy, in /He 88/, 201–215

/CS 89/   S. Choi, W. Scacchi : Assuring the Correctness of Configured Software Descriptions, in /Wi 89/, 66–75

/CT 86/   R.H. Campbell, R.B. Terwilliger : The SAGA Approach to Automated Project Management, in /CDW 86/, 142–155

/Da 87/   M. Dausmann : Version Control and Separate Compilation in Ada, in : S. Tafvelin (Hrsg.) : Ada Components, Libraries and Tools, Cambridge University Press 1987, 157–169

/DEFH 87/ S. Dart, R. Ellison, P. Feiler, N. Habermann : Software Development Environments, IEEE Computer (November 1987), 18–28

/DGL 86/   K.R. Dittrich, W. Gotthard, P.C. Lockemann : DAMOKLES, A Database System for Software Engineering Environments, in /CDW 86/, 353–371

/DHKL 84/ V. Donzeau-Gouge, G. Huet, G. Kahn, B. Lang : Programming Environments Based on Structured Editors : The Mentor Experience, in /BSS 84/, 128–140

/DKM 84/   V. Donzeau-Gouge, G. Kahn, B. Melese : Document Structure and Modularity in Mentor, in /He 84/, 141–148

/DL 88/   K.R. Dittrich, R.A. Lorie : Version Support for Engineering Database Systems, IEEE Transactions on Software Engineering, vol. 14–4 (April 1988), 429–437

/DLW 84/   P. Dadam, V. Lum, H.-D. Werner : Integration of Time Versions into a Relational Database System, Proceedings of the Tenth International Conference on Very Large Databases 1984, 509–521

/DS 86/   N.M. Delisle, M.D. Schwartz : Neptune – A Hypertext System for CAD Applications, Proceedings of the ACM SIGMOD '86 Conference on Management of Data, 132–143

/DS 87/   N.M. Delisle, M.D. Schwartz : Contexts – A Partitioning Concept for Hypertext, ACM Transactions on Office Information Systems, vol. 5–2 (April 1987), 168–186

/EEET 87/ D.J. Ecklund, E.F. Ecklund, R.O. Eifrig, F.M. Tonge : DVSS: A Distributed Version Storage Server for CAD Applications, Proceedings of the 13th Conference on Very Large Data Bases 1987, 433–453

/Ei 88/   M. Eichstädt : Linearisierung von Graphen, Diplomarbeit, RWTH Aachen

/Eh 89/   H. Ehrig et al. : Algebraic Specification of Modules and Configuration Families, Journal of Information Processing and Cybernetics, vol. 25–5/6 (1989), 205–232

/EJS 88/   G. Engels, T. Janning, W. Schäfer : A Highly Integrated Tool Set for Program Development Support, Proceedings of the ACM SIGSMALL/PC Symposium 1988, 1–10

/En 86/   G. Engels : Graphen als zentrale Datenstrukturen in einer Software-Entwicklungsumgebung, VDI Fortschrittsberichte, VDI-Verlag, Düsseldorf

/Es 85/   J. Estublier : A Configuration Manager: The Adele Database of Programs, Workshop on Software Engineering Environments for Programming in the Large, Harwichport, Massachusetts 1985, 140–147

/Es 88/   J. Estublier : Configuration Management: The Notion and the Tools, in /Wi 88/, 38–61

/ES 89/   G. Engels, W. Schäfer : Programmentwicklungsumgebungen, Teubner Verlag, Stuttgart

/Fe 79/   S.I. Feldman : Make – A Program for Maintaining Computer Programs, Software – Practice and Experience, vol. 9 (1979), 255–265

/Fe 88/	S.I. Feldman : Evolution of Make, in /Wi 88/, 413–416
/Fe 89a/	M. Feather : Detecting Interference when Merging Specification Evolutions, Proceedings of the 5th International Workshop on Software Specification and Design 1989, 169–176
/Fe 89b/	M.S. Feather : Constructing Specifications by Combining Parallel Elaborations, IEEE Transactions on Software Engineering, vol. 15–2 (Februar 1989), 198–208
/Fe 91/	P. Feiler (Hrsg.) : Proceedings of the 3rd International Workshop on Software Configuration Management, Trondheim (Juni 1991), ACM Press
/FM 86/	C.W. Fraser, E.W. Myers : An Editor for Revision Control, ACM Transactions on Programming Languages and Systems, vol. 9–2 (April 1986), 277–295
/GB 80/	I.P. Goldstein, D.G. Bobrow : A Layered Approach to Software Design, XEROX PARC, Palo Alto, Technischer Bericht CSL–80–5 (1980)
/Go 88/	W. Gotthard : Datenbanksysteme für Software-Produktionsumgebungen, IFB 193
/GS 88/	P.K. Garg, W. Scacchi : A Software Hypertext Environment for Configured Software Descriptions, in/ Wi 88/, 326–343
/Ha 79/	A.N. Habermann : A Software Development Control System, Technischer Bericht, Carnegie–Mellon University Pittsburgh (1979)
/Ha 82/	A.N. Habermann et al. : The Second Compendium fo GANDALF Documentation, Technischer Bericht, Carnegie Mellon University, Pittsburgh (1982)
/Ha 88/	F.G. Halasz : Reflections on Notecards : Seven Issues for the Next Generation of Hypermedia Systems, Communications of the ACM, vol. 31–7 (Juli 1988), 836–852
/He 78/	P. Heckel : A Technique for Isolating Differences Between Files, Communications of the ACM, vol. 21–4 (April 1978), 264–268
/He 89/	R. Herbrecht : Ein Graph–Grammatik–Editor, Diplomarbeit, RWTH Aachen
/He 90/	P. Heimann : Dokumentenverwaltung in einer integrierten Softwareentwicklungsumgebung, Diplomarbeit, RWTH Aachen
/He xx/	P. Henderson (Hrsg.) : Proceedings of the ACM SIGSOFT/SIGPLAN Software Engineering Symposia on Practical Software Development Environments (1984, 1986, 1988, 1990), SIGPLAN Notices bzw. Software Engineering Notes
/HN 86/	N. Habermann, D. Notkin : Gandalf : Software Development Environments, IEEE Transactions on Software Engineering, vol. 12–2 (Dezember 1986), 1117–1127
/Ho 90/	S. Horwitz : Identifying the Semantic and Textual Differences between two Versions of a Program, Proceedings of the ACM SIGPLAN '90 Conference on Programming Language Design and Implementation, SIGPLAN Notices, vol. 25–6 (Juni 1990), 234–245
/HP 90/	P. Hall, S. Papadopoulos : Hypertext Systems and Applications, Information and Software Technology, vol. 32–7 (September 1990), 477–490
/HPR 89/	S. Horwitz, J. Prins, T. Reps : Integrating Non–Interfering Versions of Programs, ACM Transactions on Programming Languages and Systems, vol. 11–3 (Juli 1989), 345–387
/Hr 87/	P. Hruschka : Promod at the Age of 5, Proceedings of the First European Software Engineering Conference 1987, 307–316
/HS 77/	J.W. Hunt, T.G. Szymanski : A Fast Algorithm for Computing Longest Common Subsequences, Communications of the ACM, vol. 20–5 (Mai 1977), 350–353
/Ja 90/	S. Jarzabek : Specifying and Generating Multilanguage Software Development Environments, Software Engineering Journal (März 1990), 125–137

/Ja 92/   T. Janning : Integration von Requirements Engineering und Programmieren im Großen, Dissertation RWTH Aachen, in Vorbereitung

/KAC 85/   R.H. Katz, M. Anwarrudin, E. Chang : Organizing a Design Database Across Time, in : M.L. Brodie, J. Mylopoulos (Hrsg.) : On Knowledge Base Management Systems, Springer Verlag 1985, 287–295

/KC 87/   R.H. Katz, E. Chang : Managing Change in a Computer–Aided Design Database, Proceedings of the 13th Conference on Very Large Data Bases, 455–462

/KC 88/   W. Kim, H.-T. Chou : Versions of Schema for Object–Oriented Databases, Proceedings of the 14th Conference on Very Large Databases 1988, 148–159

/KCB 86/   R.H. Katz, E. Chang, R. Bhateja : Version Modeling Concepts for Computer–Aided Design Databases, Proceedings ACM SIGMOD '86 International Conference on Management of Data, 379–386

/Ke 85/   U. Kelter : Parallele Transaktionen in Datenbanksystemen, BI–Verlag, Mannheim

/Ke 87/   U. Kelter : Concurrency Control for Design Objects with Versions in CAD Databases, Information Systems, vol. 12–2 (1987), 137–143

/KG 87a/   G.E. Kaiser, D. Garlan : MELDing Data Flow and Object–Oriented Programming, OOPSLA '87 Proceedings, 254–267

/KG 87b/   G.E. Kaiser, D. Garlan : Melding Software Systems from Reusable Building Blocks, IEEE Software (Juli 1987), 17–24

/KH 82/   G.E. Kaiser, A.N. Habermann : An Environment for System Version Control, Technischer Bericht, Carnegie–Mellon University, Pittsburgh (1982)

/KKST 79/   R. Kimm, W. Koch, W. Simonsmeier, F. Tontsch : Einführung in Software Engineering, Walter de Gruyter Verlag, Berlin/New York

/KL 84/   R.H. Katz, T.J. Lehman : Database Support for Versions and Alternatives of Large Design Files, IEEE Transactions on Software Engineering, vol. 10–2 (März 1984), 191–200

/KMS 89/   J. Kramer, J. Magee, M. Sloman : Configuration Support for System Description, Construction and Evolution, Proceedings of the 5th International Workshop on Software Specification and Design 1989, 28–33

/Ko 90/   R. Koether : Der EBNF-Editor/Generator, Diplomarbeit, RWTH Aachen

/KR 84/   B. Kernighan, R. Ritchie : The Unix Programming Environment, Prentice-Hall Verlag, Englewood Cliffs

/KSW 86/   P. Klahold, G. Schlageter, W. Wilkes : A General Model for Version Management in Databases, Proceedings of the 12th International Conference on Very Large Data Bases 1986, 319–327

/La 88/   A. van Lamsweerde et al. : Generic Lifecycle Support in the ALMA Environment, IEEE Transactions on Software Engineering, vol. 14–6 (Juni 1988), 720–741

/LC 84/   D.B. Leblang, R.P. Chase : Computer-Aided Software Engineering in a Distributed Workstation Environment, in /He 84/, 104–112

/LCS 88/   D.B. Leblang, R.P. Chase, H. Spilke : Increasing Productivity with a Parallel Configuration Manager, in /Wi 88/, 21–38

/Le 86/   G.B. Leeman : A Formal Approach to Undo Operations in Programming Languages, ACM Transactions on Programming Languages and Systems, vol. 8–1 (Januar 1986), 50–87

/Le 88/   C. Lewerentz: Interaktives Entwerfen großer Programmsysteme – Konzepte und Werkzeuge, IFB 194

/Le 88a/   C. Lewerentz: Variant and Revision Control within an Incremental Programming Environment, in /Wi 88/, 426–429

/Le 88b/   C. Lewerentz: Extended Programming in the Large in a Software Development Environment, in /He 88/, 173–182

/Le 90/   M. Lefering : Ein Übergang von einer integrierten Requirements–Engineering–Methode zum Programmieren im Großen, Diplomarbeit RWTH Aachen

/Li 89/   A. Lie et al. : Change Oriented Versioning in a Software Engineering Database, in /Wi 89/, 56–65

/Li 89a/   A. Lie et al. : Change Oriented Versioning, Proceedings of the 2nd European Software Engineering Conference 1989, 191–202

/LM 85/   D.B. Leblang, G.D. McLean: Configuration Management for Large–Scale Software Development Efforts, Workshop on Software Engineering Environments for Programming in the Large, Harwichport, Massachusetts 1985, 140–147

/LNW 88/   C. Lewerentz, M. Nagl, B. Westfechtel : On Integration Mechanisms within a Graph–Based Software Development Environment, in : H. Göttler, H.–J. Schneider (Hrsg.) : Proceedings WG' 87 Workshop on Graph–Theoretic Concepts in Computer Science, LNCS 314, 219–229

/Lo 83/   P.C. Lockemann : Analysis of Version and Configuration Control in a Software Engineering Environment, in : C.G. Davis et al. (Hrsg.) : Entity–Relationship–Approach to Software Engineering, North–Holland Verlag, Amsterdam, 701–713

/LS 83/   B.W. Lampson, E.E. Schmidt : Organizing Software in a Distributed Environment, ACM Symposium on Programming Language Issues in Software Systems 1983, 1–13

/LS 83a/   B.W. Lampson, E.E. Schmidt : Practical Use of a Polymorphic Applicative Language, ACM Proceedings 10th International Conference on Principles of Programming Languages 1983, 237–255

/LS 88/   C. Lewerentz, A. Schürr : GRAS, a Management System for Graph–Like Documents, in: Beeri, Schmidt, Dayal (Hrsg.) : Proceedings 3rd International Conference on Data and Knowledge Bases, Morgan–Kaufmann Verlag, 19–31

/Ma 86a/   K. Marzullo : Jasmine : A Software System Modelling Facility, in /He 86/, 121–130

/Me 86/   N. Meyrowitz : Intermedia : The Architecture and Construction of an Object–Oriented Hypermedia System and Applications Framework, OOPSLA '86 Proceedings (September 1986), 186–201

/Me 91/   G. Metzen : Revisionsverwaltung in einer integrierten Softwareentwicklungsumgebung, Diplomarbeit, RWTH Aachen

/Mi 89/   T.C. Miller : A Schema for Configuration Management, in /Wi 89/, 26–29

/MK 88/   H.A. Müller, K. Klashinsky : Rigi: A System for Programming–in–the–large, Proceedings of the 10th International Conference on Software Engineering 1988, 80–86

/MK 88a/   J. Micallef, G.E. Kaiser : Version and Configuration Control in Distributed Language–Based Environments, in /Wi 88/, 119–143

/ML 88/   A. Mahler, A. Lampen : shape – A Software Configuration Management Tool, in /Wi 88/, 228–243

315

/ML 88a/   A. Mahler, A. Lampen : An Integrated Toolset for Engineering Software Configurations, in /He 88/, 191–200

/Mo 88/   T.M. Morgan : Configuration Management and Version Control in the Rational Programming Environment, Proceedings of the Ada–Europe International Conference 1988, Cambrigde University Press, 17–28

/MSK 89/   D.B. Miller, R.G. Stockton, C.W. Krueger : An Inverted Approach to Configuration Management, in /Wi 89/, 1–4

/Na 79/   M. Nagl : Graph–Grammatiken : Theorie, Anwendungen, Implementierung, Vieweg-Verlag, Braunschweig

/Na 86/   M. Nagl : Graph Technology Applied to a Software Project, in : L. Rozenberg, G. Salomaa : The Book of L, Springer Verlag, 303–322

/Na 89/   M. Nagl : Eine integrierte Softwareentwicklungs–Umgebung – ein alternativer konzeptioneller Ansatz, in : W.-M. Lippe : Software-Entwicklung, Springer Verlag, 21–42

/Na 90/   M. Nagl : Softwaretechnik : Methodisches Programmieren im Großen, Springer Verlag

/Na 90a/   M. Nagl : Characterization of the IPSEN Project, in : H. Weber (Hrsg.) : Proceedings of the International Conference on Systems Development Environments & Factories 1989, Pittman Verlag, London

/Ne 90/   J.R. Nestor et al. : IDL – The Language and its Implementation, Prentice Hall Verlag, Englewood Cliffs

/No 87/   K. Normark : Transformations and Abstract Presentations in a Language Development Environment, Dissertation Universität Aarhus (Februar 1987)

/NS 85/   K.-H. Narfelt, D. Schefstrom : Extending the Scope of the Program Library, Proceedings on the International Conference on Ada in Use 1985, Cambridge University Press, 25–40

/NS 87/   K. Narayanaswamy, W. Scacchi : A Database Foundation to Support Software System Evolution, Journal of Systems and Software, vol. 7 (1987), 37–49

/NS 87a/   K. Narayanaswamy, W. Scacchi : Maintaining Configurations of Evolving Software Systems, IEEE Transactions on Software Engineering, vol. 13–3 (März 1987), 324–334

/Ob 87/   W. Obst : Delta Technique and String–to–String Correction, Proceedings of the First European Software Engineering Conference 1987, 69–73

/Oq 89/   F. Oquendo et al. : Version Management in the PACT Integrated Software Engineering Environment, Proceedings of the 2nd European Software Engineering Conference 1989, 222–242

/Pe 87/   D.E. Perry : Version Control in the Inscape Environment, Proceedings of the 9th International Conference on Software Engineering 1987, 142–149

/Pe 87a/   D.E. Perry : Software Interconnection Models, Proceedings of the 9th International Conference on Software Engineering 1987, 61–69

/Pe 89/   D.E. Perry : The Inscape Environment, Proceedings of the 11th International Conference on Software Engineering 1989, 2–12

/PF 89/   E. Ploedereder, A. Fergany : The Data Model of the Configuration Management Assistant (CMA), in /Wi 89/, 5–14

/PN 86/   R. Prieto–Diaz, J. Neighbors : Module Interconnection Languages, Journal of Systems and Software, vol. 6 (1986), 307–334

/Pr 71/   T.W. Pratt : Pair Grammars, Graph Languages and String–to–Graph Translations, Journal of Computer and System Sciences, vol. 5 (1971), 560–595

/Pr 78/   T.W. Pratt : Definition of Programming Language Semantics Using Grammars for Hierarchical Graphs, in : V. Claus, H. Ehrig, G. Rozenberg (Hrsg.) : Graph–Grammars and their Application to Computer Science and Biology, LNCS 73, 389–400

/RB 89/   T. Reps, T. Bricker : Illustrating Interference in Interfering Versions of Programs, in /Wi 89/, 46–55

/RC 88/   H.S. Render, R.H. Campbell : CLEMMA : The Design of a Practical Configuration Librarian, Proceedings of the Conference on Software Maintenance 1988, 222–228

/Re 81/   A. Reuter : Fehlerbehandlung in Datenbanksystemen, Hanser Verlag, München

/Re 85/   S. Reiss : PECAN : Program Development Systems that Support Multiple Views, IEEE Transactions on Software Engineering, vol. 11–3 (März 1985), 276–285

/Re 89/   C. Reichenberger : Orthogonal Version Management, in /Wi 89/, 137–140

/Re 89a/   T. Reps : On the Algebraic Properties of Program Integration, Technischer Bericht 856, University of Wisconsin–Madison

/Re 90/   S. Reiss : Interacting with the FIELD Environment, Software : Practice and Experience, vol. 20–S1 (Juni 1990), 89–115

/RHP 88/   T. Reps, S. Horwitz, J. Prins : Support for Integrating Program Variants in an Environment for Programming in the Large, in /Wi 88/, 197–216

/Ro 75/   M.J. Rochkind : The Source Code Control System, IEEE Transactions on Software Engineering, vol. 1–4 (Dezember 1975), 364–370

/Ro 85/   R.E. Robbins : BUILD : A Tool for Maintaining Consistency in Modular Systems, Technischer Bericht, MIT Artificial Intelligence Laboratory (November 1985)

/RT 84/   T. Reps, T. Teitelbaum : The Synthesizer Generator, in /He 84/, 42–48

/RT 88/   T. Reps, T. Teitelbaum : The Synthesizer Generator, Springer Verlag

/Sc 82/   E.E. Schmidt : Controlling Large Software Development in a Distributed Environment, Dissertation, University of California, Berkely (Dezember 1982)

/Sc 86/   W. Schäfer : Eine integrierte Software–Entwicklungsumgebung : Konzepte, Entwurf und Implementierung, VDI Fortschrittsberichte, VDI–Verlag, Düsseldorf

/Sc 89/   A. Schürr : Introduction to PROGRESS, an Attribute Graph Grammar Based Specification Language, in : M. Nagl (Hrsg.) : WG '89 Workshop on Graph–Theoretic Concepts in Computer Science, LNCS 411, 151–165

/Sc 89a/   R.W. Schwanke : Configuration Management in BiiN SMS, Proceedings of the 11th International Conference on Software Engineering 1989, 383–393

/Sc 91/   A. Schürr : Operationales Spezifizieren mit programmierten Graphersetzungssystemen: Formale Definitionen, Anwendungsbeispiele und Werkzeuge, Vieweg Verlag, Braunschweig

/Se 77/   S.M. Selkow : The Tree–to–Tree Editing Problem, Information Processing Letters, vol.6–6 (Dezember 1977),184–186

/Si 89/   I. Simmonds : Configuration Management in the PACT Software Engineering Environment, in /Wi 89/, 118–121

/SK 88/   R.W. Schwanke, G.E. Kaiser : Smarter Recompilation, ACM Transactions on Programming Languages and Systems, vol. 10–4 (Oktober 1988), 627–632

/SP 89/   R.W. Schwanke, M.A. Platoff : Cross References are Features, in /Wi 89/, 86–95

/SZ 87/   K.E. Smith , S.B. Zdonik : Intermedia : A Case Study of the Differences Between Rela-
           tional and Object–Oriented Database Systems, Proceedings OOPSLA '87, 452–465

/Ta 79/   K.-C. Tai : The Tree-to-Tree Correction Problem, Journal of the ACM, vol. 26–3 (Juli
           1979), 422–433

/Te 72/   W. Teitelman : Automated Programmering : The Programmer's Assistant, Fall Joint
           Computer Conference Proceedings, 1972, AFIPS Vol. 41, 917–921

/Te 84/   W. Teitelman : A Tour Through Cedar, Proceedings of the 7th IEEE International Con-
           ference on Software Engineering, 181–195

/Th 83/   R.M. Thall : Large Scale Software Development with the Ada Language System, Pro-
           ceedings of the 11th Annual ACM Computer Science Conference 1983, 55–67

/Th 89/   I. Thomas : Tool Integration in the Pact Environment, Proceedins of the 11th Interna-
           tional Conference on Software Engineering 1989, 13–22

/Ti 82/   W.F. Tichy : Design, Implementation, and Evaluation of a Revision Control System, Pro-
           ceedings of the 6th International Conference on Software Engineering 1982, 58–67

/Ti 84/   W.F. Tichy : The String-to-String Correction Problem with Block Moves, ACM Transac-
           tions on Computer Systems, vol. 2–4 (November 1984), 309–321

/Ti 85/   W.F. Tichy : RCS – A System for Version Control, Software : Practice and Experience,
           vol. 15–7 (Juli 1985), 637–654

/Ti 88/   W.F. Tichy : Tools for Software Configuration Management, in /Wi 88/, 1–20

/TJ 88/   D. Thomas, K. Johnson : Orwell : A Configuration Management System for Team Pro-
           gramming, Proceedings OOPSLA '88, 135–141

/TL 85/   I. Thomas, J. Loerscher : MOSAIX – A Version Control and History Management Sys-
           tem, Workshop on Software Engineering Environments for Programming in the Large,
           Harwichport, Massachusetts 1985, 128–139

/TM 81/   W. Teitelman, L. Masinter: The Interlisp Programming Environment, in: A. Wasserman
           (Hrsg.) : Tutorial: Software Development Environments, IEEE Computer Society Press,
           Los Alamitos, 73–81

/Vi 84/   J.S. Vitter : US&R : A New Framework for Redoing, in /He 84/, 168–176

/Wa 84/   K. Walden : Automatic Generation of Make Dependencies, Software – Practice and Ex-
           perience, vol. 14–6 (Juni 1984), 575–585

/WBMN 88/ J. Walpole, G.S. Blair, J. Malik, J.R. Nicol : A Unifying Model for Consistent Distributed
           Software Development Environments, in /He 88/, 183–190

/We 87/   W.E. Weihl : Distributed Version Management for Read-Only Actions, IEEE Transac-
           tions on Software Engineering, vol. 13–1 (Januar 1987), 55–64

/We 88/   G. Weikum : Transaktionen in Datenbanksystemen, Addison-Wesley Verlag (Deutsch-
           land), Bonn

/We 89/   B. Westfechtel : Revision Control in an Integrated Software Development Environment,
           in /Wi 89/, 96–105

/We 89a/   B. Westfechtel : Extension of a Graph Storage for Software Documents with Primitives
           for Undo/Redo and Revision Control, Aachener Informatik-Berichte Nr. 89-8

/We 91/   B. Westfechtel : Structure-Oriented Merging of Revisions of Software Documents, in
           /Fe 91/

/Wi 85/   J. Winkler : Language Constructs and Library Support for Families of Large Ada Programs, Workshop on Software Engineering Environments for Programming in the Large, Harwichport, Massachusetts 1985, 17–28

/Wi 86/   J. Winkler : The Integration of Version Control into Programming Languages, in /CDW 86/, 230–250

/Wi 87/   J. Winkler : Version Control in Families of Large Programs, Proceedings of the 9th International Conference on Software Engineering 1987, 150–161

/Wi 87a/   W. Wilkes : Der Versionsbegriff und seine Modellierung in CAD/CAM-Datenbanken, Dissertation Fernuniversität Hagen 1987

/Wi 88/   J. Winkler (Hrsg.) : Proceedings of the International Workshop on Software Version and Configuration Control 1988, Teubner Verlag, Stuttgart

/Wi 89/   J. Winkler (Hrsg.) : Proceedings of the 2nd International Workshop on Software Configuration Management, ACM Software Engineering Notes, vol. 17-7 (November 1989)

/WS 88/   J. Winkler, C. Stoffel : Program Variations-in-the-Small, in /Wi 88/, 175–196

/WWFT 88/ A. Wolf, J. Wileden, C. Fisher, P. Tarr : P Graphite, An Experiment in Persistent Typed Object Management, in /He 88/, 130–142

/Ya 90/   Y. Yang : Experimental Rapid Prototype of Undo Support, Information and Software Technology, vol. 32-9 (November 1990), 625–635

/YHMD 88/ N. Yankelovich, B.J. Haan, N.K. Meyrowitz, S.M. Drucker : Intermedia : The Concept and the Construction of a Seamless Information Environment, IEEE Computer, Januar 1988, 81–96

/Zd 86/   S.B. Zdonik : Version Management in an Object-Oriented Database, in /CDW 86/, 405–422

/ZS 89/   K. Zhang, D. Shasha : Simple Fast Algorithms for the Editing Distance Between Trees and Related Problems, SIAM Journal on Computing, vol. 18-6 (Dezember 1989), 1245–1262

Stichwortverzeichnis